2016 敦煌學國際聯絡委員會通訊

2016 Newsletter of International Liaison Committee for Dunhuang Studies

高田時雄 柴劍虹
策 劃

郝春文
主 編

陳大爲
副主編

敦煌學國際聯絡委員會
中國敦煌吐魯番學會
首都師範大學古文獻研究中心
主 辦

上海古籍出版社
2016.8.上海

敦煌學國際聯絡委員會幹事名單：
中　　國：樊錦詩　郝春文　柴劍虹　榮新江　張先堂　鄭阿財(臺灣)
　　　　　汪　娟(臺灣)
日　　本：高田時雄　荒見泰史　岩尾一史
法　　國：戴　仁
英　　國：吳芳思　高奕睿
俄羅斯：波波娃
美　　國：梅維恒　太史文
德　　國：茨　木
哈薩克斯坦：克拉拉・哈菲佐娃

敦煌學國際聯絡委員會網頁：
http：//www.zinbun.kyoto-u.ac.jp/~takata/ILCDS/
敦煌學國際聯絡委員會秘書處地址：
日本國　京都市　左京區北白川東小倉町47
　　　　京都大學人文科學研究所
　　　　高田時雄教授　Tel：075－753－6993
INSTITUTE FOR RESEARCH IN HUMANITIES
KYOTO UNIVERSITY KYOTO 606－8265,JAPAN

2016
敦煌學國際聯絡委員會通訊

目錄

學術綜述

2015 年敦煌學研究綜述 ……………………………………… 宋雪春（ 1 ）
2015 年吐魯番學研究綜述 ………………………… 殷盼盼　李曉明（ 30 ）
敦煌祆教研究述評 ………………………………… 楊富學　蓋佳擇（ 60 ）
敦煌講經文研究綜述 ………………………………………… 魏晴晴（ 86 ）
中國大陸回鶻文社會經濟文書及回鶻經濟史研究綜述 ……… 臧存艷（106）

會議介紹

2015 敦煌論壇：敦煌與中外關係國際學術討論會綜述 ……… 彭曉靜（125）
2015 鎖陽城遺址與絲綢之路歷史文化學術研討會綜述 ……… 莫秋新（135）
西域與東瀛
　　——中古時代經典寫本國際學術研討會綜述 ……………… 袁　苑（139）
霞浦摩尼教學術研討會綜述 ………………………………… 李曉燕（142）

書評

何爲敦煌文獻 ……………………………… 岩本篤志撰　田衛衛譯（145）

出版信息

書訊二則 ……………………………………………………… 盧雅凝（149）

論文

敦煌文獻 S. 5894 寫卷内容之疑問 …………………………… 胡同慶（150）

學會信息

優秀學術領導人應該具備的品質
　　——2015年8月15日在敦煌吐魯番學會會員代表大會上
　　的講話(節選) ………………………………………… 郝春文(155)
中國敦煌吐魯番學會第六屆理事會和領導機構成員名單
　　………………………………… 中國敦煌吐魯番學會秘書處(157)

論著目錄

2015年敦煌學研究論著目錄 ……………………………… 宋雪春(159)
2015年吐魯番學研究論著目錄 …………………… 殷盼盼　李曉明(181)
2015年西夏學研究論著目錄 ……………………………… 馬振穎(194)
2012年日本敦煌學研究論著目錄 ………………………… 林生海(206)
2013年日本敦煌學研究論著目錄 ………………………… 林生海(231)
2009年以來中國大陸敦煌學博碩士學位論文目錄 ………… 朱國立(253)
近六十年河西魏晉十六國壁畫墓研究著述目錄 …………… 朱國立(278)

《敦煌學國際聯絡委員會通訊》稿約 ……………………………… (294)

2015 年敦煌學研究綜述

宋雪春（華東師範大學）

據不完全統計，2015 年度大陸地區出版與敦煌學相關的學術專著 30 餘部，公開發表研究論文 400 餘篇。兹分概説、歷史地理、社會文化、宗教、語言文字、文學、藝術、考古與文物保護、少數民族歷史語言、古籍、科技、書評與學術動態等十二個專題擇要介紹如下。

一、概　　説

本年度有關敦煌寫本學與寫本文化、敦煌文獻與中古史研究的關係、敦煌文化概説、敦煌外流文物的考索、敦煌文獻的釋録與刊布、敦煌研究院院史的回顧、敦煌歷史人物的考述等研究成果較爲突出。

敦煌寫本學與中國古代寫本學研究開闢了新時期敦煌文獻與中古史研究的新領域，郝春文《敦煌寫本學與中國古代寫本學》（《中國高校社會科學》2 期）首先追溯了敦煌寫本學的名稱由來及研究史，認爲敦煌寫本學是敦煌學的組成部分，也是中國古代寫本學的組成部分；作者對中國古代寫本學的含義、研究對象、分期及研究內容做了恰當的界定，並對中國古代寫本學與敦煌寫本學的未來研究方向提出展望。敦煌莫高窟藏經洞和吐魯番盆地的各個遺址發現的文獻，給中古史研究帶來珍貴的新資料。榮新江《從"補史"到"重構"——敦煌吐魯番文書與中古史研究》（《中國高校社會科學》2 期）論證了敦煌吐魯番文獻具有"補史"和"證史"的重要價值，同時希冀敦煌吐魯番研究在 21 世紀邁出新的步伐，充分利用敦煌吐魯番文獻的特徵，重構新的歷史篇章。余欣《博物學與寫本文化：敦煌學的新境域》（《中國高校社會科學》2 期）呼籲建立中國乃至東亞世界古代"學"與"術"的整體解釋性框架，探索建立博物學、寫本文化、知識社會史與中外關係史相融合的史學研究新範式。馮培紅《敦煌基層社會史芻議》（《中國高校社會科學》2 期）指出敦煌文書爲研究中古基層社會史提供了豐富資料，全方位開展敦煌基層社會史研究具有廣闊的學術前景。游自勇《敦煌吐魯番占卜文獻與日常生活史研究》（《中國高校社會科學》2 期）從"日常生活史"的視野來關照敦煌吐魯番占卜文獻，並提出了自己的設想。

敦煌文化概説方面，項楚、戴瑩瑩《敦煌文化》（江蘇人民出版社）以圖文並茂的形式，對敦煌文化做了全方位的介紹，包括敦煌在東西文化交流中的特殊地理位置、輝煌燦爛的莫高窟、精妙絕倫的彩塑、宏偉瑰麗的壁畫、包羅萬象的遺書等，敍述了敦煌在近代遭受的劫難，以及近代以來中國學者爲復興敦煌學所付出的辛勤努力等。有關敦煌外流文物的考索，王冀青《斯坦因在安西所獲敦煌寫本之外流過程研究》（《敦煌研究》6期）根據英藏斯坦因檔案資料首次對斯坦因1907年10月初在安西私購敦煌藏經洞寫本的事件進行了專題研究，並復原了這批文物在隨後外流過程中的路線圖。馬德《敦煌遺書的再度流失與陸續面世》（《敦煌學輯刊》3期）指出，自1920年以後留在敦煌的藏文寫經，最少有3000卷左右的卷軸本和2000多張梵夾頁流失，雖然這批寫本在近百年來也在陸續面世，但目前所見卷軸本不過四百餘卷，而梵夾頁基本上只有十數頁，繼續搜集這批敦煌寫卷的任務仍然十分艱巨。

敦煌文獻的整理、釋録與刊布在本年度取得新的重要成果。郝春文主編《英藏敦煌社會歷史文獻釋録》（社會科學文獻出版社）第十二、十三卷分别於2015年3月和7月出版，釋録了《英藏敦煌文獻》第四卷所收寫本S.2353—S.2710號，並對每一件文書的定名、定性和寫本形態、研究狀況等給予介紹和説明。金雅聲、趙德安、沙木主編《英國國家圖書館藏敦煌西域藏文文獻》（上海古籍出版社）第七册出版，著録編號至5371號。另由金雅聲、郭恩主編《法國國家圖書館藏敦煌西域藏文文獻》（上海古籍出版社）於本年度出版第十七和十八兩册，著録編號爲P.T.1322—P.T.1352。郝春文主編《2015敦煌學國際聯絡委員會通訊》（上海古籍出版社）爲敦煌吐魯番學會2015年刊，刊發的學術研究綜述涉及2014年度的敦煌學、吐魯番學、敦煌石窟藝術、敦煌壁畫兵器、蒙元統治敦煌史、明清時期敦煌史研究等，並有當年相關的學術會議介紹，同時刊發了與學術綜述相關的書目、2010年至2011年日本敦煌學研究論著目録等。

敦煌研究院年長學者的口述歷史對敦煌研究院院史的建設具有重要意義。石室寶藏牌坊和慈氏之塔原本不在敦煌莫高窟，孫儒僩《莫高軼事·我的敦煌生涯（六）——關於石室寶藏牌坊和慈氏之塔的拆遷與復原記事》（《敦煌研究》5期）對莫高窟石室寶藏牌坊和慈氏之塔的來歷、拆遷和復原進行回憶和記述，展現了敦煌文物的保護歷程。另外，孫儒僩《莫高軼事·我的敦煌生涯（七）——千相塔殘塑的整理及第17窟洪辯像的遷移》（《敦煌研究》6期）回憶了兩件事情：一是關於王圓籙所建千相塔的拆除時間，以及後來對塔中殘塑的處理；二是藏經洞中的洪辯真身原本存放於第362窟中。親身經歷者的記憶也具有傳承歷史的重要作用，劉進寶《中國敦煌吐魯番學會成立初期的點滴記憶》（《中國文化遺產》3期）追憶了學會成立時的一些不爲公衆所知的事情。何鴻、何如珍《莫高窟舊影》（西泠印社出版社）收錄了一批拍攝於20世紀40—60年代的莫高窟原版照片，包括莫高窟各個時期的壁畫、彩塑作品，同時包括部分莫高窟外景照片，對敦煌學的研究和石窟的修復保護均有相當重要的參考價值。

對敦煌地區歷史人物的考述對象，包括漢末的侯瑾和唐末的竇良驥。侯瑾是漢末敦煌地區的隱逸高士和學者大儒。張清文《論敦煌學人侯瑾的形象演變及其影響》（《敦煌研究》4期）通過文獻分析，並結合歷史背景，論證了侯瑾被神化的原因是前涼統治者為強化自己統治而製造輿論的結果。竇良驥是吐蕃統治敦煌時期的重要文人，敦煌寫卷中保存有他的十數篇作品，主要以功德記、邈真讚等實用性文章為主。朱利華、伏俊璉《敦煌文人竇良驥生平考述》（《敦煌學輯刊》3期）通過上述作品考證了竇良驥的生平經歷，從中揭示出吐蕃統治下漢族文人的真實心態。

有關"敦煌哲學"的話題依然在持續。穆紀光《西王母：中華文化東西交流的神話先驅——並論"交流"是"敦煌哲學"的重要範疇》（《甘肅社會科學》1期）指出，西王母作為以敦煌為中心的西部女神，是同東部帝王進行物質與精神交流的積極使者，在其被塑成的衆多形象中，寄寓著先民陰陽互補、東西相依、國家認同等價值觀念。張堡《論歷史原生態與生命原生態的敦煌生命哲學》（《甘肅社會科學》）指出，存在於人類文化史和人文中的敦煌哲學精神，在生命哲學向度與視域中，有獨特的歷史永恒意義，不僅其歷史原生態彰顯了生命哲學的具態現象學價值，而其生命原生態的意義仍然啓示、養育著人類的生命之流。

二、歷 史 地 理

敦煌史地的研究成果，主要集中在歸義軍史、地理交通、經濟史、秦漢簡牘研究等方面。

歸義軍史方面，榮新江《歸義軍史研究——唐宋時代敦煌歷史考索》（上海古籍出版社）乃上海古籍出版社1996年初版之再版。作者以揭示史實為主要目的，重點探討歸義軍的政治史和對外關係史，對9世紀後半期至11世紀前期近200年的晚唐五代宋初的西北地區歷史作了深入研究。李軍《歸義軍節度使張淮深稱號問題再探》（《敦煌研究》4期）認為張淮深在歸義軍內部並未自稱過"常侍"，而是曾使用與"常侍"相搭配的憲銜之簡稱"大夫"作為自己的稱號。乾符四年至中和元年間，張淮深先後獲得過散騎常侍、戶部尚書及兵部尚書等三次檢校官的晉升。光啓三年五月至九月間，張淮深開始在歸義軍內部使用"僕射"稱號。張淮深獲得的"司徒"贈官，當與索勛有關。雖然歸義軍在張承奉時期一度不再使用"司徒"指代張淮深,但到了曹議金統治時期,張淮深的"司徒"稱號又得以恢復並沿用。杜海《曹元德稱司徒考》(《敦煌研究》4期)認爲曹元德在長興四年(933)以節度副使檢校司空,935年曹元德出任歸義軍節度使後,未能順利地與中央王朝建立聯繫。939年,曹元德已以"司徒"自稱。曹元德去世後,940年沙州刺史曹元深繼任歸義軍節度使,任職之初號稱"司空"。曹元德的"太保"稱號是在其去世後中央王朝詔贈的。韓春平《敦煌金山國郊祀蠡測》(《敦煌學輯刊》3期)一文結合敦煌文獻與傳世文獻,認爲金山國時期具備了舉行郊祀的多種有利條件,應該舉行過相關活動。

王使臻《曹元忠、曹延禄父子兩代與于闐政權的聯姻》(《敦煌學輯刊》2期)採用文獻細讀的方法,試圖將呈現碎片化的曹氏歸義軍政權曹元忠、曹延禄與于闐的聯姻線索,進行實證性的梳理,尤其是解釋了促成歸義軍與于闐聯姻的政治因素。杜海《敦煌歸義軍政權與沙州回鶻關係述論》(《敦煌學輯刊》4期)認爲曹延禄時期的沙州回鶻與歸義軍關係良好;隨著沙州回鶻的壯大,曾一度參與歸義軍內政,支持曹宗壽推翻曹延禄的統治;但隨著曹氏歸義軍的衰落,沙州回鶻取而代之。張小剛、楊曉華、郭俊葉《于闐曹皇后畫像及生平事蹟考述》(《西域研究》1期)指出曹皇后在諸姊妹排行中至多排在第八,她於934年嫁給于闐國王李聖天,此後在于闐與敦煌兩地的政治和社會生活中發揮了重要作用,歸義軍及其到于闐的使臣對她多有"宣問",繼李聖天成爲于闐國王的從德太子即其親子。曹皇后晚年可能回到敦煌居住,其卒年難考,但在994年參加陰家宴會時,已經七十餘歲。

楊寶玉《〈張淮深碑〉作者再議》(《敦煌學輯刊》3期)認爲敦煌文獻《敕河西節度兵部尚書張公德政碑》之作者爲張球,依據有四條:其一,抄寫該碑文的寫卷背面所存詩文當是張球所作,內容、筆蹟與正面相關,諸卷所抄爲張球作品集;其二,從張球任職及其與張淮深關係看,張淮深理應延請當時職掌"文辭之事"的節度判官張球撰寫碑文;其三,張球是虔誠的佛教徒,完全可以勝任爲張淮深的佛教功德作歌功頌德的撰寫;其四,碑文抄件中的大量雙行小注係張球爲晚年教授生徒而增補,內容常見於張球所刪《略出籯金》,同樣可證碑文爲張球所撰。張穩剛《敦煌文獻P.4064〈將軍論〉殘卷考釋——敦煌寫本兵書與歸義軍軍事研究之一》(《敦煌學輯刊》3期)在對P.4064《將軍論》進行錄校的基礎上,解析了其中蘊含的古代軍事材料。聶順新《張氏歸義軍時期敦煌與內地諸州府國忌行香制度的差異及其原因初探》(《敦煌研究》6期)認爲晚唐敦煌的國忌行香活動與內地諸州府相比,至少存在三點差異:國忌日數不同;國忌行香舉行地點不同;沙州的國忌行香活動允許士庶百姓參加,内地則不允許。

有關敦煌地理、交通的考證方面,劉滿、關楠楠《左南城位置考辨》(《敦煌學輯刊》1 期)通過梳理古今學者對左南城位置的考訂,分析《水經注》等古籍文獻的記載,採用歷史文獻和地理測量相結合的方法,考證出左南城的位置。甘肅永靖炳靈寺石窟周邊的交通問題是絲綢之路東段交通路線研究中的重要一環,吳炯炯、劉滿《也談炳靈寺石窟周邊的交通問題》(《敦煌研究》6 期)從四個方面對炳靈寺石窟周邊的交通問題做了詳細探討。王冀青《關於"絲綢之路"一詞的詞源》(《敦煌學輯刊》2 期)從學術史的角度出發,探討了西方古典地理學家托勒密所著《地理志》中對"賽里斯之路"的記錄過程,以及近代英國東方學家玉爾所著《中國和通往中國之路》中對"賽里斯之路"的研究,指出上述記錄和研究是近代德國地理學家李希霍芬所著《中國》第一卷中創造"絲綢之路"一詞的學術基礎。

經濟史方面,蘇金花《從敦煌、吐魯番文書看古代西部綠洲農業的灌溉特點——基於唐代沙州和西州的比較研究》(《中國經濟史研究》6 期)指出,唐代西州和沙州兩地的綠洲農業充分利用各種水資源,修建了完備的水利灌溉系統,制定了嚴格的灌溉用水制度,設立了完善的水利管理機制。西州和沙州綠洲農業的灌溉受地形、氣候、水源等自然因素的制約,更受到政治、經濟、文化等社會因素的影響,國家和地方政府在灌溉管理中佔主導地位。郝二旭《唐五代敦煌農業對生態環境的影響研究》(《敦煌學輯刊》2 期)指出唐五代時期敦煌地區持續四百餘年的大規模農業開發,不僅蠶食了當地綠洲邊緣不可替代的具有防風固沙功能的天然植被,而且將幾乎全部的河流水源用於農業生產,使得當地生態用水嚴重短缺,造成嚴重的生態危機,最終導致包括壽昌古城在內的大面積綠洲的沙漠化。趙貞《唐前期"中男"承擔差役考——以敦煌吐魯番文書爲中心》(《西域研究》1 期)依據傳世文獻和敦煌吐魯番文書的記載,認爲中男可承擔征行、村正、曲長、侍丁、執衣、門夫、烽子、郡史等多種差役,但具體差配時往往還要考慮中男的身份特徵及家庭背景等因素。此外,太常寺司儀署及岳瀆齋郎由 16 歲以上中男充任,太史局中的天文生、曆生和卜筮生,通常也從那些有專門技藝特長的中男群體中選取。作爲唐代徭役的組成部分,中男承擔的差役同樣享受"終服"之制。張新國《唐前期的女户及相關問題——以敦煌吐魯番文書爲中心》(《中國邊疆史地研究》1 期)利用唐前期敦煌吐魯番文書中的女户户籍以及相關史料,探討了唐前期女户户主的特徵與稱謂、女户的家庭架構、户等、賦役以及受田情況等問題,認爲唐前期的女户是一個比較特殊的社會群體,女户户籍不僅有助於瞭解唐前期女户家庭的真實面貌,而且相關研究也可補正史記載之不足。黄樓《闞氏高昌雜差科帳研究——吐魯番洋海一號墓所出〈闞氏高昌永康年間供物、差役帳〉的再考察》(《敦煌學輯刊》2 期)認爲闞氏高昌雜差科分爲供物、差役兩部分,供物主要是木薪、苜蓿、土堆葡萄、酒等,同時也徵用百姓驢、車等運輸工具,差役主要有燒炭、取楨、作瓪等。黑水城文獻的整理與研究方面,潘潔、陳朝輝《黑水城文書中錢糧物的放支方式》(《敦煌研究》4 期)通過研究指出,黑水城文書中錢糧物的放支方式可歸納爲該支、實支、正支、折支、添支五種。

秦漢簡牘的研究主要集中於對《肩水金關漢簡》的校考和補正。黃艷萍《〈肩水金關漢簡(叁)〉紀年簡校考》(《敦煌研究》2 期)就《肩水金關漢簡(叁)》中收錄的 20 枚殘損紀年簡、月朔有誤的簡以及曆譜簡進行校考。周艷濤《〈肩水金關漢簡(貳)〉釋文補正四則》(《敦煌研究》2 期)結合簡牘本身的行文習慣,通過漢簡材料的内部對比及與碑刻等其他材料的對比,從文字在簡文版式的位置、其本身構件的佈局、筆劃的走勢等方面,對原釋文的一處誤釋字予以糾正。羅見今、關守義《肩水金關漢簡(叁)曆簡年代考釋》(《敦煌研究》4 期)考釋了《肩水金關漢簡(叁)》的 6 枚紀年簡、13 枚曆譜散簡和 13 枚月朔簡的年代。張英梅《試探〈肩水金關漢簡(叁)〉中所見典籍簡及相關問題》(《敦煌研究》4 期)指出,《肩水金關漢簡(叁)》中出現的《論語》、《孝經》、《孟子》、《周易》、《左傳》等語句與傳世本有所不同,反映了西漢人以"經"治世的積極思想以及用"經"但不拘束於"經"的特殊態度。位於甘肅省金塔縣境内的肩水塞,是漢代"居延塞"防禦體系的重要組成部分,陶玉樂《漢代肩水塞的佈防特點及歷史價值》(《敦煌研究》3 期)認爲,肩水塞在歷史上不僅是居延漢塞中最爲重要和關鍵的軍事防禦體系,也是居延漢塞賴以存在的重要屯戍生活區。由於其地處要衝,佈防嚴密,因此是漢代軍事防禦體系建設的典範。孫聞博《河西漢塞"河渠卒"爲"治渠卒"辨》(《敦煌研究》5 期)通過辨析居延漢簡、肩水金關漢簡史料,參以傳世文獻,指出傳統認識上的"河渠卒"似應定名爲"治渠卒","治渠卒"主要在河西屯田地區從事水渠修築建設與水利工程維護。

三、社 會 文 化

對於敦煌社會文化的研究,主要涉及敦煌大衆文化、婚姻與家庭生活、民俗信仰等多個方面。楊秀清《論唐宋時期敦煌文化的大衆化特徵》(《敦煌吐魯番研究》15 卷)認爲唐宋時期敦煌大衆文化的價值取向直指民生,這成爲唐宋時期敦煌地區長期相對穩定的文化原因。王使臻《晚唐五代宋初敦煌地區的文書教育》(《陝西理工學院學報》4 期)認爲晚唐五代宋初敦煌地區的文化教育表現出一種精英教育爲輔、實用主義教育爲主的特色。一方面歸義軍政權有意識地加強對中原傳統精英文化的繼承與學習,吸納中原及敦煌本土的精英進入歸義軍政權,這些文化精英對敦煌地區的文書教育做出了突出的貢獻;另一方面,歸義軍政權在敦煌地區實行的文化教育,仍以實用性教育爲主,尤其以服務於歸義軍政權的文書教育爲最突出的特徵表現。

婚姻與家庭生活方面,買小英《敦煌願文中的家庭倫理管窺》(《敦煌學輯刊》1期)指出敦煌願文中留存的反映古代敦煌民衆家庭倫理關係的文書,體現了敦煌地區民衆在處理父子、夫妻、兄弟姐妹、師徒等關係時所遵循的倫理準則和道德規範。買小英《論敦煌佛教家庭倫理中的行孝方式》(《敦煌研究》3期)認爲,古代敦煌地區的佛教信衆在實踐家庭倫理、處理父母與子女、現世與來世之間關係的過程中,遵循著佛教家庭倫理中父慈子孝、知恩報恩的基本倫理關係,並將其作爲佛教信仰活動的重要組成部分。石小英《唐五代宋初婚姻開放性初探——以敦煌婦女爲中心考察》(《敦煌學輯刊》4期)依據豐富的敦煌文獻所載相關敦煌婦女的材料,對唐五代宋初婚姻開放性的表現及其原因進行系統探討。宋翔《唐宋時期沙州的城市形態與居住空間》(《中國社會經濟史研究》1期)指出,作爲當地居民主要聚居地的沙州城有子城、羅城之分,子城位於地勢較高的西南隅,以便於控禦與防守,其內設有衙署等建築,羅城則主要分佈著坊市以及寺觀。祁曉慶《敦煌壁畫婚禮圖中的鏡》(《敦煌研究》6期)對敦煌石窟壁畫婚禮圖中的鏡子圖像進行了分析,認爲鏡子是當地婚禮儀俗中的常用之物,具有辟邪的功用,也可作爲神聖之物,供新婚夫婦在婚禮儀式中加以參拜。鏡子象徵著夫婦同心,表達了對新人的美好祝願。

民俗信仰方面,何劍平《論〈維摩詰經〉在中國中古庶民階層中的信仰特質》(《甘肅社會科學》6期)一文重點考察了《維摩詰經》在中國中古庶民信仰中的演進特質,認爲《維摩詰經》在傳播過程中形成了士大夫和普通民衆兩個文化世界,這種傳播過程中產生的信仰差別,主要源於其教理本身內涵的豐富性,以及因其化他利物、隨物根緣的目的顯示出的隨衆生不同而施教的特性。梁麗玲《敦煌文獻中的孕產習俗與佛教信仰》(《敦煌吐魯番研究》15卷)通過梳理佛典、《講經文》、佛曲歌讚等材料,結合敦煌文獻中與孕產有關的《難月文》、經咒符印等,說明懷孕期間之憂苦煩惱、屆臨難月至祈神保護、免除產難之經咒符印的情況。趙玉平《唐五代敦煌蠶神考——以敦煌文獻S.5639〈蠶延願文〉爲中心》(《敦煌學輯刊》3期)從民俗學的角度對S.5639《蠶延願文》中的十位蠶神進行考察,從中探究敦煌佛教信仰民俗化的發生模式,即敦煌佛教信仰的民俗化是以佛教思維方法來解讀中國傳統文化。李瑞哲《對"圖像程序"的重新認識——入華粟特人石質葬具圖像所表現的共同主題》(《敦煌學輯刊》1期)認爲粟特人墓葬的圍屏石榻與石槨壁上的雕刻圖案以表現宴飲、狩獵、出行的場面居多,出行圖、宴飲圖是粟特人墓葬中存在的一種普遍現象,能夠反映入華粟特人宗教信仰、精神與物質生活等方面的真實情況。

四、宗 教

本年度宗教研究的相關成果主要涉及佛教、道教、景教和摩尼教。

佛教研究包括佛教文獻整理與考釋、佛教信仰與儀軌探討、敦煌佛教教團及僧尼的社會生活等。

敦煌佛教文獻的整理與考釋方面,張小艷《敦煌本〈衆經要攬〉研究》(《敦煌吐魯番研究》15卷)在校録文本的基礎上,對《衆經要攬》進行了正名解題、印經考察、抄寫年代等問題的考探;還從文獻校勘、輯佚、證源和寫本校改的層次性上對其研究價值作了論述。《佛説孝順子修行成佛經》爲漢譯佛教典籍,早佚。王孟《談敦煌遺書〈佛説孝順子修行成佛經〉的研究》(《敦煌研究》4期)對敦煌遺書《佛説孝順子修行成佛經》研究史進行評述,進而對該經今後的深入研究提出自己的觀點。廖旸《〈大威德熾盛光如來吉祥陀羅尼經〉文本研究》(《敦煌研究》4期)首先指出《大威德熾盛光如來吉祥陀羅尼經》是一種未入藏的熾盛光陀羅尼經,接著概括了現存唐至明時期藏外經寫本、刻本的情況,並探析了該經從中唐到明代的寫本內容和時代特徵。郭麗英《六世紀上半葉敦煌寫本〈大方等陀羅尼經〉新探》(《敦煌吐魯番研究》15卷)以一部懺悔滅罪禮儀所依據的重要經典,而且是漢傳佛經中最早的陀羅尼經爲例,證明某些敦煌佛經正本抄經對我們研究經典成立、翻譯過程和當地人的佛教信仰互動有非常珍貴的意義。何瑩、張總《敦煌寫本〈千手經〉與〈大悲啓請〉》(《敦煌學輯刊》4期)介紹了敦煌寫本《千手經》與《大悲啓請》的詳細情況,注意到其開首"仰啓月輪觀自在"句,對於瞭解水月觀音與千手觀音的關係,水月與密宗觀音的關聯,即水月觀音的真正緣起有啓發作用。

黃京《〈懺悔滅罪金光明經傳〉成書年代與作者等相關問題考論》(《敦煌研究》2期)指出目前所見的《懺悔滅罪金光明經傳》的寫本有三十餘件,漢文版本達七種。作者根據其中所反映的官名、地名,初步推斷出該傳的成書時間爲公元685年至765年,並根據其所反映的社會風俗和制度情況,進一步推論該傳的作者可能是鄭愔,成書年代可具體爲公元709年至710年。方廣錩《僞敦煌遺書〈般若波羅蜜菩薩教化經〉考》(《敦煌研究》3期)從文獻內容、所謂李盛鐸題跋兩個方面,考證北京瀚海拍賣有限公司"2007年春季拍賣會"出現的《般若波羅蜜菩薩教化經》乃現代人僞造的贗品。張總《〈十王經〉新材料與研考轉遷》(《敦煌吐魯番研究》15卷)一文,作者把近年來新發現的有關《十王經》的材料進行匯總研究,涉及浙江、陝西、四川、山西等地,研究視野大有擴展。鄭阿財《〈佛頂心大陀羅尼經〉在漢字文化圈的傳布》(《敦煌學輯刊》3期)以《佛頂心觀世音菩薩大陀羅尼經》爲例,借鑒"傳播學派"、"歷史地理學派"等理論和方法,考察其在漢字文化圈的傳布及相關問題。彭瑞花《惠真與敦煌本〈佛説善信菩薩二十四戒經〉及其他律學行蹟考》(《西北民族大學學報》3期)根據李華撰《荆州南泉大雲寺故蘭若和尚碑》對惠真的律學行蹟加以考證,論證了敦煌本《佛説善信菩薩二十四戒經》爲惠真編寫並流傳於世,並探討了他在不同時期所研習弘揚的不同戒律和主要律學思想,以及作爲天台宗玉泉系第六代傳人的廣泛社會影響。王惠民《P.2550〈略説禪師本末〉所反映的三階教實踐活動》(《敦煌吐魯番研究》15卷)圍繞《禪師本末》所反映的三階教教徒的宗教活動進行論述,並結合其他文獻討論三階院的結構與功能,爲後來三階教遭到禁斷提供了詳細的背景資料。張先堂《中國古代的温室浴僧供養活動——以唐宋時期敦煌文獻爲中心》(《敦煌吐魯番研究》15卷)在對敦煌研究院藏218號文書進行釋録的基礎上,對該文書進行定名和定性,但並未解決斷代問題。

文本綴合可使原本分裂的殘卷得以團聚一處,綴合後的寫本顯示的信息較爲完整。張涌泉、劉溪《古代寫經修復綴接釋例——以國圖藏〈佛名經〉敦煌寫卷爲中心》(《宗教學研究》4期)以國家圖書館藏敦煌寫本《佛名經》爲中心,通過內容、行款、書風、書蹟等不同角度的比較分析,從殘損補綴例、脱誤補綴例、綴接錯亂例、綴接顛倒例四個方面探討了前人的修復綴接工作以及與之相關的誤綴現象,說明殘損、撕裂古寫本的修復綴接古已有之,古人的修復綴接也未必完全正確。張涌泉、徐鍵《〈瑜伽師地論〉系列敦煌殘卷綴合研究》(《安徽大學學報》3期)將26號殘卷或殘片綴合爲11組。張涌泉、胡方方《敦煌本〈四分律〉殘卷綴合研究》(《浙江社會科學》6期)將16號《四分律》綴合爲7組。張小艷《敦煌本〈新菩薩經〉、〈勸善經〉、〈救諸衆生苦難經〉殘卷綴合研究》(《復旦學報》6期)將其中的14號殘卷綴合爲7組。張小艷、傅及斯《敦煌本唐譯"八十華嚴"殘卷綴合研究》(《浙江社會科學》6期)將26號殘卷綴合爲9組。張小艷《敦煌本〈父母恩重經〉殘卷綴合研究》(《安徽大學學報》3期)將敦煌本《父母恩重經》寫經26號殘卷綴合爲8組。張涌泉、朱若溪《俄藏〈金光明經〉敦煌殘卷綴合研究》(《復旦學報》6期)將37號俄藏《金光明經》殘卷綴合爲11組。

張小艷《敦煌疑偽經四種殘卷綴合研究》(《宗教學研究》4期)通過殘字拼合、內容接續、行款相同、字蹟書風相近等角度的比較分析,將《究竟大悲經》、《善惡因果經》、《大辯邪正經》、《易算經》等四種疑僞經中的 24 號殘卷綴合爲 9 組。張磊、郭曉燕《俄藏楷書〈大智度論〉寫本殘片綴合研究》(《復旦學報》6 期)將 26 號楷書《大智度論》殘片綴合爲 12 組。張磊、胡方方《國圖藏敦煌本〈四分比丘尼戒本〉殘卷綴合研究》(《宗教學研究》4 期)將國家圖書館所藏的 26 號《四分律比丘尼戒本》殘卷綴合爲 10 組。張磊、劉溪《國圖藏敦煌本〈佛名經〉殘卷綴合示例》(《浙江社會科學》6 期)將國家圖書館藏的 14 號《佛説佛名經》綴合爲 1 件,定作二十卷本《佛説佛名經》卷三。張磊、左麗萍《俄藏敦煌文獻〈大乘無量壽經〉綴合研究》(《安徽大學學報》3 期)將俄藏 29 號殘卷綴合爲 16 組。張磊、郭曉燕《敦煌寫本〈大智度論〉殘卷綴合研究》(《中國俗文化研究》1 期)將 18 號殘卷綴合爲 7 組。張涌泉、陳琳《敦煌本〈佛説阿彌陀經〉殘卷綴合研究——以中、俄、法三國館藏爲中心》(《中國俗文化研究》1 期)把 45 號殘卷綴合爲 20 組。

佛教信仰與儀軌的探討方面,陳大爲《中古時期敦煌佛教的特點探析》(《石河子大學學報》4 期)認爲中古時期敦煌佛教有其自身的發展脈絡,有別於正統佛教,具有社會化、平民化和兼容性三個方面的特點,這對深入認識和瞭解古代敦煌佛教文化意義重大。姚崇新《淨土的嚮往還是現世的希冀?——中古中國藥師信仰内涵再考察》(《敦煌吐魯番研究》15 卷)試圖揭示中國藥師信仰的實質:當時的中國人更看重藥師佛的現世拯救功能,藥師崇拜更多是基於現世利益的考慮,因此認爲必須改變長期以來形成的將《藥師變》直接等同於《藥師淨土變》的思維定式。劉艷燕、吳軍《莫高窟禮佛儀式的左旋與右旋》(《敦煌研究》6 期)對莫高窟古代佛教信徒禮佛所遵循的旋繞禮佛方式進行了探討,認爲古代佛教信徒旋繞禮佛遵循了以主尊佛爲準的右旋禮佛儀軌。董大學《〈金剛經〉的儀式化——〈銷釋金剛經科儀〉相關寫本研究》(《中國典籍與文化》4 期)對浙敦 069、浙敦 102、浙敦 103 和俄藏 284 四件寫本進行了研究,認爲它們屬於同一寫本,可擬名作《銷釋金剛科儀要偈三十二分》,内容與《銷釋金剛經科儀》相關。因其抄寫年代在宋元之間,應不屬於敦煌文獻的範疇。

敦煌佛教教團及僧尼的社會生活方面,魏迎春《晚唐五代敦煌佛教教團戒律清規研究》(上海古籍出版社)認爲晚唐五代敦煌佛教的世俗化主要體現在佛教戒律的演變和清規的制定上,敦煌佛教戒律的演變和清規的制定有其自身的原因和特色,同時與整個中國佛教的發展有密切的關係。陳雙印、張鬱萍《晚唐五代敦煌僧人在中西經濟活動中的作用》(《敦煌學輯刊》4 期)通過對晚唐五代時期敦煌社會經濟文獻的梳理,認爲這一時期的敦煌僧人會利用出使于闐、西州和敦煌南山以及張掖甘州回鶻政權的機會,從事經商牟利,從而在這一時期的東西經濟交流中起到一定的積極作用。霍巍《荒漠青燈苦行僧——敦煌莫高窟北區石窟考古發掘所見僧侶生活》(《歷史教學》12 期)重點對敦煌莫高窟北區石窟的禪窟、僧房窟、瘞窟等三種類型石窟的考古發掘情況及其反映出的僧侶生活進行了闡述。

道教方面,楊秀清《唐宋時期敦煌道教大衆化的特徵——以敦煌文獻爲中心的研究》(《敦煌研究》2 期)通過對敦煌藏經洞出土道教文獻的研究,分析出唐宋時期敦煌大衆道教思想四個方面的特徵。楊秀清《唐宋時期敦煌大衆的道教知識與思想——以敦煌文獻爲中心的研究》(《敦煌研究》3 期)認爲唐宋時期敦煌地區的主流文化是大衆文化,在這一文化背景下的日常社會生活中,影響敦煌大衆價值觀念和行爲方式的是大衆的自然知識與思想。陳魏俊《敦煌文書"行散"非"行解"淺說——兼與張儂等先生商榷》(《敦煌研究》2 期)認爲敦煌文書中所記載的道家服石"行散"之法與出土醫學竹簡所記"行解"意義完全不同,前者指散步行藥,後者指發汗解表。劉永明《歸義軍時期的敦煌道教文獻與齋醮法事活動》(《敦煌學輯刊》4 期)首先對歸義軍時期的敦煌道經寫卷和其他道教文獻進行進一步考察和時代辨析,補充了幾件以前學者未曾收錄的道教文獻;其次對歸義軍時期的齋醮法事活動進行考察,以便讀者對歸義軍時期的道教狀況有更深入瞭解。

道教經典的考釋方面,王卡《敦煌本〈洞真高上玉帝大洞雌一玉檢五老寶經〉校讀記》(《敦煌吐魯番研究》15 卷)對新近公布的幾件敦煌道經寫本經名加以考定,並校讀文本,附錄與《道藏》本校訂以後的寫本釋文。劉屹《論古靈寶經的神話時間模式——以新經和舊經中"劫"字的使用爲中心》(《敦煌吐魯番研究》15 卷)通過對比"新經"與"舊經"對"劫"字的使用和理解,揭示出"新經"與"舊經"關於時間模式的異同,並以此爲基礎,討論有關古靈寶經研究中的幾個重要問題。郜同麟《〈太上洞玄靈寶天尊名〉新探》(《敦煌吐魯番研究》15 卷)認爲大淵忍爾所著錄的四件《太上洞玄靈寶天尊名》寫卷本爲一卷,即該經上卷,全經應有三卷。該經上卷僅北方、東方兩方天尊,全經十方天尊應依北方、東北、東方、東南、南方、西南、西方、西北、上方、下方的次序,各方應有四組左右的天尊,每組五十個天尊左右,總數應與伯 3755 所說的"千五百"相合。謝明《國圖敦煌道經校釋劄記》(《敦煌研究》2 期)摘取國圖藏敦煌道經中的一些條目進行解讀,解釋了其中的語詞,並通過釋義來校正敦煌道經寫卷和《道藏》各自的錯誤。

景教、摩尼教研究主要集中於文獻的考釋和比較,但研究成果相對較少。王蘭平《日本杏雨書屋藏唐代敦煌景教寫本〈志玄安樂經〉釋考》(《敦煌學輯刊》2 期)根據日本杏雨書屋刊布的彩版影印件,按照古籍整理尊重原典的精神，對《志玄安樂經》進行新的輯錄和考釋，爲學界提供了一個釋錄準確，並盡可能反映最新研究信息的景教文獻。楊富學、包朗《霞浦摩尼教文獻〈摩尼光佛〉與敦煌文獻之關係》（《敦煌吐魯番研究》15 卷）將霞浦文書與敦煌資料相結合，對摩尼教在中國的傳播路線、途徑以及文本的鑒別方面提出新認識。

此外，對多種宗教進行綜合性研究的有：楊富學《西域敦煌宗教論稿續編》（甘肅教育出版社）於 2015 年 4 月出版，作者以敦煌出土文獻爲基礎，研究古代西域地區佛教的發展情況以及各個宗教發展的多元性，主要內容包括：敦煌文獻對中國佛教史研究的貢獻、唐代敦煌與長安法門寺之佛教文化關係、東山法門對敦煌禪修的影響、甘肅省博物館藏道教《十戒經傳盟文》研究、敦煌回鶻佛教文獻及其價值、漢傳佛教對回鶻的影響、藏傳佛教對回鶻的影響、佛教與回鶻印刷術研究、回鶻薩滿教與道教及巫術的關係等。

五、語言文字

語言文字方面的研究主要是對敦煌文獻中的字、詞進行考釋。李倩《敦煌變文單音動詞詞義演變研究》（中國社會科學出版社）以現有的詞義演變研究理論爲指導，選取敦煌變文爲語料，以其中的單音節動詞爲考察對象，具體追溯它們的演變歷程；通過對詞義演變軌蹟、引申邏輯的分析、排比和分類，揭示詞義演變的動因、條件和規律；進而通過考察詞義演變對敦煌變文動詞詞彙系統的作用和影響，揭示變文動詞詞彙與前代詞彙系統的區別和聯繫。張志勇《敦煌邈真讚釋譯》（人民出版社）是對敦煌邈真讚進行詞語注釋和現代漢語的翻譯。該書以陳尚君主編《全唐文補編》爲底本，參以《敦煌碑銘讚輯釋》和《敦煌邈真讚校錄並研究》二書，兼採蔣禮鴻、張涌泉等專家的研究成果，從文學、文化的角度對敦煌邈真讚文本進行全文梳理，對詞語進行注釋，翻譯力求深入淺出、通俗易懂。楊曉宇、劉瑶瑶《敦煌寫本碑銘讚詞語疏解》（《敦煌學輯刊》1 期）以鄭炳林著《敦煌碑銘讚輯釋》爲底本，參核縮微膠片及其他相關文獻，對其中的一些未被各類語文辭書收錄的語詞進行了補遺和考釋。劉瑶瑶、楊曉宇《敦煌寫本碑銘讚釋錄勘補》（《敦煌研究》1 期）補正了部分字詞的釋錄，疏解了一些未被各類語文辭書收錄的詞語，以供研究者參考。

鄭阿財《從敦煌文獻看日用字書在東亞漢字文化圈的容受——以越南〈指南玉音解義〉爲考察中心》（《中國俗文化研究》1 期）不僅關注敦煌文獻中的日用通俗字書，作者更將視野擴及越南漢文、喃字中有關蒙書、字書、類書一類通俗文獻。徐朝東、唐浩《敦煌韻書 P.2014、2015 異常反切考察》（《語言學論叢》1 期）利用敦煌韻書不同於其他韻書的異常反切，推求唐五代時期敦煌所在的西北地區的方音現象。趙家棟《敦煌寫卷北圖 7677V〈方言詩一首〉

試解》(《敦煌研究》4期)在考辨詩句中個別疑難俗字語義的基礎上,分別對語句進行解讀,闡發詩意主旨,認爲該詩寄寓了詩人退隱遁世之情,表達了對時光飛逝的感歎。葉愛國《時間副詞"比"的義園》(《敦煌研究》1期)利用吐魯番出土文書對時間副詞"比"在時段中的位置進行了排列。包朗、楊富學《〈吐魯番出土文書〉所見"過"當爲"過"字考——兼與王啓濤先生商榷》(《敦煌研究》4期)認爲"過"的正字當爲"過",意爲"水溢",即"漫溢"義。王祥偉《法藏敦煌文書P.2469V釋錄研究》(《敦煌研究》2期)指出P.2469V是目前所見有明確紀年的敦煌文書中最早記載到"薩毗"的文書,而"畫家"是P.2469V爲我們提供的關於敦煌畫匠的又一稱謂。

六、文　　學

敦煌文學相關的研究成果集中在敦煌變文、講經文、敦煌詩歌、入冥故事、俗賦作品等多個專題,其中尤以敦煌變文的相關探討居多。

變文方面,包括新見敦煌變文寫本的披露、變相與變文的關係、變文與寶卷的關係、變文名物的研究等。張涌泉《新見敦煌變文寫本敍錄》(《文學遺產》5期)通過對新刊布敦煌寫本的全面普查,對這些新發現的變文寫本進行系統全面地甄別和敍錄,使新發現寫本的完缺情況及其價值得以彰顯。其中包括《孟姜女變文》、《舜子變》、《破魔變》等原有篇目卷號的增補,《佛說八相如來成道經講經文》、《妙法蓮華經押座文》等新發現的變文寫本,以及多件疑似變文寫本,總數達到七十餘號。鄭阿財《變相與變文關係論爭平議》(《新國學》2期)一文以學術史的角度,從變文是變更佛經的文本,變相是變更佛經的圖像,變文與變相的主從關係等視角對諸家說法進行平議,並論述了有關變相與變文的關係。李貴生《從敦煌變文到河西寶卷——河西寶卷的淵源與發展》(《青海民族大學學報》1期)認爲從敦煌變文到河西寶卷,表演的場域從佛教寺院轉移到民衆家庭,講唱的主體從佛教僧侶更替爲普通俗衆,宣講的儀式從簡單到複雜再回到簡單,唱詞的結構從簡單的一段演變爲複雜的四段式然又簡化爲三段式、兩段式、一段式。張春秀《敦煌變文名物研究》(西南交通大學出版社)一書分爲上下兩編:上編爲總論,主要介紹了選題緣起,分析了敦煌變文語言研究及名物研究的現狀與趨勢,交待了該書所採用的材料和研究體例,結合具體例子論證了敦煌變文的研究價值。下編爲考釋部分,分飲食類、衣飾類、器用類、舟車類、樂器類、武備類、佛具類,對敦煌變文中的名物進行了較爲詳盡的梳理和考釋。馮文開、王立霞《敦煌寫本〈漢將王陵變〉的口承性及其文本屬性》(《江西社會科學》11期)認爲,敦煌寫本《漢將王陵變》爲探討王陵故事在講唱傳統與書寫傳統之間發展演變的規律提供了可能,研究它的口承性及其書寫的互動,以及寫本的文本屬性,對認識敦煌講唱文學寫本的生成和文本形態以及拓展敦煌講唱文學寫本研究的視野,具有學術價值。

講經文與俗講方面,程興麗、許松《〈長興四年中興殿應聖節講經文〉性質、作者與用韻研究》(《敦煌研究》3 期)認爲,《長興四年中興殿應聖節講經文》並非講經的稿本,它的性質是駢雅化的案頭文學而非通俗的説唱文本。至於作者,當是在雲辯所用《仁王護國般若波羅蜜多經》的講經文原稿基礎上,秦王李從榮及身邊人一起進行了集體潤色加工。冷江山《敦煌寫卷 S.2702〈淨名經集解〉卷背諸内容之關聯性分析》(《敦煌研究》2 期)指出,S.2702《淨名經集解》是一個典型的講經和俗講活動所用的"底本",卷中有些内容看似偶然抄寫在一起,但從俗講特點以及講經與俗講的關係等觀察,它們之間存在實際應用方面的相互關聯,整個寫卷大致可以再現當時的講唱過程。

敦煌詩歌方面,汪泛舟《敦煌詩解讀》(世界圖書出版有限公司)分上、下兩卷,收錄敦煌詩 274 首,包括雜詠與修禪詩、高僧詩、佛經與道家詩、寓托與別體詩、敦煌古蹟與巡禮詩、敦煌節氣詩等。作者力求以通俗化的現代語言來表達和解讀敦煌詩篇的内在意義。馬驍、馬蘭州《敦煌寫本 P.2555 以"落蕃漢人"爲題材的 60 首詩作文本分析》(《内蒙古民族大學學報》2 期)將作品置於唐代邊塞詩整體發展的背景下,對敦煌 P.2555 以"落蕃漢人"爲題材的 60 首詩作從文本角度作了單純文學意義上的分析,並對其文學價值作了基本評估。田衛衛《〈秦婦吟〉敦煌寫本新探——文本概觀與分析》(《敦煌研究》5 期)對目前已知的 11 件《秦婦吟》寫本按照裝幀方式分別進行了條列敍述和分析,並對相關寫本的題記、雜寫、正背文字所屬文獻等情況進行梳理。

入冥故事與俗賦作品方面,王晶波《果報與救贖——佛教入冥故事及其演化》(《敦煌學輯刊》3 期)結合傳世記載與敦煌文獻,討論了佛教入冥故事的内涵及其演化,認爲入冥故事隨著傳播的日益廣泛和佛教的不斷中國化,其内涵和重心也經歷了一個逐漸由早期側重展示地獄懲戒發展到後期側重救贖和超度的演化過程。馬晨曦《論敦煌古抄〈百鳥鳴〉文體屬性》(《天水師範學院學報》6 期)認爲《百鳥鳴》在創作之初應爲非正式的文人仿作俗賦而寫,它兼容了時下民間文學的各種特色寫就,所以出現了和別的作品互有交融的現象。陳靜《敦煌寫本〈茶酒論〉新考》(《敦煌研究》6 期)結合唐代茶文化的發展狀況,認爲《茶酒論》的創作時間或可推定爲 800—805 年之間。從傳寫特徵來看,《茶酒論》寫本是民間一些有文化的底層人士,出於個人喜愛,隨手抄寫,留爲自用的。

敦煌文學相關的研究成果還有:周淑萍《敦煌文學與儒學關係述論》

(《敦煌研究》4期)指出敦煌文學與儒學關係密切且錯綜複雜。敦煌文學尊崇儒學大義,故以儒家思想爲其基源性母體,形成其經世濟俗的基調。同時,敦煌文學又不滿官方儒學的權威,故又魔化孔子,戲謔儒家經典。面對儒佛之爭,敦煌文學以其特有的方式積極調適儒佛關係,在維護儒學固有地位的同時,爲佛學爭取發展空間,敦煌文學的獨特格調由此形成。張長彬《〈十二時普勸四衆依教修行〉及其代表的敦煌宣傳文學》(《敦煌研究》2期)指出《十二時普勸四衆依教修行》已發現的六個寫本可分作三個抄寫系統,但作者不可考。

七、藝　術

本年度關於敦煌藝術的研究成果囊括敦煌石窟藝術史、壁畫圖像、敦煌樂舞、造像藝術、服裝頭飾、書法藝術等諸多門類。

石窟藝術史方面,趙聲良撰《敦煌石窟藝術簡史》於2015年8月由中國青年出版社出版,作者將敦煌石窟藝術分爲十六國北朝、隋代、唐代前期、唐代後期、五代宋西夏元五個時期,從洞窟形制、彩塑、壁畫等幾個方面,對敦煌石窟藝術進行了研究。黃文昆《中國早期佛教美術考古泛議》(《敦煌研究》1期)指出,中國佛教在西晉以後告別初傳期,走向成熟,在戰亂紛擾的北方,佛教中心先後形成於河北、長安和涼州。十六國佛教美術始於後趙金銅佛系統,繼而經過關中秦隴與河西涼州兩個系統的發展,奠定了北魏佛教美術走向興盛的基礎。平城佛教的形成與發展,聚集了山東六州、關中長安、河西涼州、東北和龍、東方青齊五個方面的實力。趙聲良《敦煌美術研究與中國美術史——略談三十年來敦煌美術的研究》(《敦煌吐魯番研究》15卷)認爲敦煌美術的研究可以從三個方面來看:一是敦煌藝術綜合研究與介紹;二是敦煌藝術資料的大規模公布與分類研究;三是美術史學的深入研究。陳明《論敦煌北魏石窟藝術成就的歷史背景》(《敦煌學輯刊》1期)認爲敦煌在北魏時期具有較高的軍事地位,北魏諸州置三刺史制度,是一些北魏宗室成員活動於敦煌和寫經流傳到敦煌的重要原因,因此敦煌北魏佛教藝術與中原地區佛教藝術保持一致。胡垚《論判教思想對敦煌北朝至隋石窟的影響》(《敦煌學輯刊》1期)指出北朝至隋石窟中出現的《法華》題材與《涅槃》題材並舉,且以《法華》融攝《涅槃》及其他經的藝術現象,極有可能是受這一脈判教思想的影響。

壁畫圖像方面,趙聲良撰有《飛天花雨下的佛陀微笑》(甘肅教育出版社),全書包括壁畫中的奇妙故事、佛陀微笑、佛教諸神、飛天藝術、中國傳統的神仙、極樂世界的景象、裝飾的藝術、敦煌壁畫的風格與成就等八個部分,重點突出了"敦煌壁畫故事"、"敦煌飛天"、"敦煌經變畫"等重要的敦煌藝術內容,並著重介紹了敦煌石窟中最具代表性的藝術作品,爲讀者展現了敦煌莫高窟的獨特魅力。劉永增《瓜州榆林窟第3窟五守護佛母曼荼羅圖像解說》(《敦煌研究》1期)對榆林窟第3窟南壁西側惡趣清淨曼荼羅上方的五守護佛母曼荼羅做了圖像學的解說。賈維維《榆林窟第3窟五護佛母圖像研究》(《敦煌研究》4期)通過梳理《成就法鬘》、《究竟瑜伽鬘》這兩部12世紀左右成書的梵文成就法集及其在藏文大藏經中對應的相關儀軌文本,分析了榆林窟第3窟南壁西側惡趣清淨曼荼羅上方的五護佛母,並結合尼泊爾、西藏和西夏同題材的造像分析了榆林窟第3窟五護佛母圖像的構成內容與特徵。趙曉星《莫高窟第361窟主室窟頂藻井壇城辨識——莫高窟第361窟研究之八》(《敦煌吐魯番研究》15卷)通過考察壇城的基本情況、尊形辨識、井心十字金剛杵以及十二曼荼羅等,結合相關經典分析,認爲這一壇城是莫高窟南區中唐洞窟中最爲明確的密教曼荼羅,對敦煌密教研究大有助益。王惠民《莫高窟第280窟菩薩乘象圖和比丘誦經圖的再解讀》(《敦煌研究》1期)對隋代第280窟比丘誦經圖、菩薩乘象圖、涅槃圖進行了考察,提出比丘誦經圖可能表示《法華經》中的妙光法師説法,菩薩乘象圖則表示普賢菩薩守護《法華經》信仰者,而涅槃圖則表示《法華經》爲佛臨涅槃時所説。這些壁畫題材是研究法華信仰的重要資料。任平山《"身若出壁"的吐火羅粟特壁畫——以尉遲乙僧爲線索》(《敦煌研究》1期)通過梳理相關文獻,總結了尉遲乙僧的繪畫風格,並在此基礎上重點分析了吐火羅——粟特美術中的相關特徵。作者認爲公元7世紀前後吐火羅—粟特壁畫比之于闐,更爲充分體現了"身若出壁"的空間效果。

張小剛《敦煌佛教感通畫研究》(甘肅教育出版社)是一部關於佛教傳播過程中歷史人物、歷史事件、佛教聖蹟、靈異感應事蹟及各種瑞像圖即敦煌佛教感通畫研究的專著。全書分上、中、下三篇:上篇爲圖像考證,中篇爲綜合研究,下篇爲個案研究。史忠平《敦煌水月觀音圖的藝術》(《敦煌研究》5期)對敦煌水月觀音圖中的各種組成元素進行分類,並就其圖像淵源、繪畫技法等進行分析,從而呈現出水月觀音圖的地域性特徵和美術史價值。伏奕冰《古老的狩獵方式——莫高窟第285窟壁畫中的〈獵殺野豬圖〉》(《敦煌學輯刊》3期)認爲敦煌莫高窟第285窟(西魏)窟頂南披的一種"近身肉搏"方式狩獵的圖像,反映了遊牧民族的智慧,且體現了他們驍勇善戰的民族個性。王靜芬《不空胃索觀音新探》(《敦煌吐魯番研究》15卷)探討了6世紀末至8世紀中,中國漢譯佛經所描述有關不空胃索觀音的圖像等問題,認爲東亞與南亞最早的不空胃索觀音像基本相異,不同的原因在於所依據的經典不盡相同。孟嗣徽《文明與交匯——吐魯番龜茲地區熾盛光佛與星神圖像的研究》(《敦煌吐魯番研究》15 卷)根據吐魯番和龜茲地區的幾件有關熾盛光佛和星神圖像材料,以 MIK Ⅲ-8451 爲重點,討論了這些圖像材料中的巴比倫、希臘—波斯—印度—中國因素,並探討了它們的傳播途徑。胡同慶《試探敦煌北朝時期供養人畫像的美學意義》(《敦煌研究》1 期)從排列組合、人物描繪技法、位置與形象大小、審美情趣、視覺效果等角度探討了敦煌北朝時期供養人畫像的美學意義。汪娟《中土瑞像傳說的特色與發展——以敦煌瑞像作爲考察的起點》(《敦煌吐魯番研究》15 卷)通過爬梳佛教史傳以及有"瑞像"名稱的文獻,結合圖像分析,考察了中土瑞像傳說的特色與發展,並討論了玄奘和道宣對瑞祥傳說傳播的貢獻。張小剛、郭俊葉《敦煌"地藏十王"經像拾遺》(《敦煌吐魯番研究》15 卷)主要對近年來新發現的有關敦煌"地藏十王"的寫經和壁畫資料進行介紹和考述。

胡同慶《試探敦煌壁畫中的佛教洗浴文化》(《敦煌研究》3 期)認爲根據佛經和敦煌壁畫、敦煌文獻,可以看到佛教洗浴文化不僅涉及洗浴的方法和所需物品、設施等條件,同時論及洗浴與健康、人際交往以及季節、氣候、飲食的關係等問題。山部能宜著,陳瑞蓮譯,楊富學校《吐峪溝第 42 窟禪觀壁畫研究——兼及漢文禪觀文獻的起源》(《敦煌研究》4 期)指出,第 42 窟壁畫內容與禪觀經典文本的描述在一定程度上存在一致性,單就總體佈局而言,這些畫面卻和當今所見的所有文本都不一致。所以其壁畫作品未必是以某一經典爲藍本的,很有可能依據的是當地的禪觀傳統,壁畫所依據的經典很可能是吐魯番的地方產物。張景峰《佛教兩種末法觀的對抗與闡釋——敦煌莫高窟第 321 窟研究》(《敦煌吐魯番研究》15 卷)認爲敦煌莫高窟第 321 窟是展現十輪地藏與西方淨土兩種信仰並存、相互對抗,各自闡釋末法觀的場所;對抗的結果是以淨土宗的勝利而結束,而《十輪經》因受三階教屢遭禁斷的影響,成爲反面教材而被批判。董華鋒《慶陽北石窟寺第 165 窟"捨身飼虎"圖像考辨》(《敦煌學輯刊》1 期)結合蒙元時期文獻、圖像資料和元代石窟寺壁畫等,對阿爾寨石窟壁畫中所繪坐具形制和特點進行分析,認爲阿爾寨石窟壁畫中所繪坐具的形制與蒙元時期流行的矮牀及寶座相似,但也有區別。同時,作者從阿爾寨石窟壁畫中所繪坐具的形制、繪畫風格、榜題書寫特點等方面進行分析,說明坐具大概流行的年代爲 15—16 世紀。

張建宇《敦煌西魏畫風新詮——以莫高窟第 285 窟工匠及粉本問題爲核心》(《敦煌研究》2 期)指出參與莫高窟第 285 窟繪製的工匠集團共有三個:西壁由第一工匠集團完成,圖像內容和畫風具有強烈的西域風;第二工匠集團繪製東壁及北壁,儘管人物造型和服飾都採用漢化樣式,但匠師未能理解中原畫稿表現空間進深感的意圖；繪製南壁的工匠集團真正掌握了再現三維場景的技巧。王冬松、李詩芸《唐代繪畫與雕塑的植物色考察》（《華僑大學學報》1期）通過對唐代敦煌繪畫和雕塑作品所用的植物色進行考察，追溯其源流、製取以及使用等諸方面的歷史面貌，有助於還原或重建中國古代的植物色傳統。信佳敏《敦煌莫高窟唐代龕内屏風畫的源起——以樹下人物圖屏風畫爲例》（《美術研究》1期）認爲敦煌莫高窟唐代龕内樹下人物圖屏風畫與中原圖樣之間存在明顯聯繫，對這一樣式的探討有助於瞭解莫高窟屏風畫的産生及淵源。陳振旺《莫高窟隋唐圖案的歷史演變和文化交流》（《深圳大學學報》6期）以莫高窟隋唐圖案形成的歷史變遷和文化交流爲核心，從歷史、政治、經濟、宗教思想、民族融合等角度研究莫高窟隋唐圖案形成的歷史文化語境，闡釋莫高窟隋唐圖案的歷史演變與繼承創新，分析隋唐時期南北大融合過程中不同文化的碰撞與融合。

經變畫方面，張景峰《敦煌石窟最早觀音經變考》（《敦煌學輯刊》1期）對莫高窟第217窟的觀音經變畫的内容進行考釋，認爲其是目前敦煌石窟中最早的一鋪觀音經變。潘亮文《敦煌石窟華嚴經變作品的再思考——以唐代爲中心》（《敦煌研究》4期）就敦煌石窟中的唐代華嚴經變爲主要考察對象，配合敦煌文獻中的相關記載，對其表現形式的宗教意涵進行系統性分析，歸納出不同時代造像群體的各自特點。陳菊霞《〈維摩詰經變〉中的香山子》（《敦煌吐魯番研究》15卷）是一篇名物範疇的文章，作者通過比較法門寺地宮香山寺與莫高窟第85窟的山形供品，並對照敦煌文獻中的相關記載，認爲敦煌石窟《維摩詰經變》中的山形供品與法門寺地宮出土的香山在造型上較爲接近，二者又都爲佛教供品，故認爲《維摩詰經變》中的山形供品也是香山。盧少珊《河西地區唐宋時期維摩詰經變細部圖像再認識》（《敦煌學輯刊》3期）運用考古類型學與美術史圖像學方法，從圖像細節方面考察了河西地區維摩詰經變的遺存；微觀分析維摩詰經之佛國品、方便品、不思議品、觀衆生品、法供養品等五品的圖像内容，尤其側重那些以往學界遺漏的細節，並對部分細節圖像的來源和内涵進行了闡釋，進而梳理了各自的發展脈絡。沙武田、李國《由維摩詰經變贊普問疾圖看吐蕃之後的敦煌社會》（《中國藏學》4期）認爲敦煌吐蕃時期洞窟所繪維摩詰經變贊普問疾圖是吐蕃統治下的特色題材，而此類圖像在吐蕃之後的晚唐及其後的同類經變中不再出現，說明了吐蕃統治符號圖像的基本命運，此類圖像可作爲解讀一個時代的圖像符號。文章通過其在洞窟中的時代變化與完整保留現象，探討吐蕃之後的敦煌社會狀況。郭俊葉《莫高窟第217窟佛頂尊勝陀羅尼經變中的看相圖及相關問題》（《敦煌學輯刊》4期）認爲敦煌陰氏家族與粟特人有較深的淵源關係，並通過對第217窟佛頂尊勝陀羅尼經變畫面及發願文的分析,推測這幅經變畫是與陰家有關係的旅華粟特人發願出資所繪。陳愛峰《大桃兒溝石窟第10窟觀無量壽經變考釋》(《敦煌吐魯番研究》15卷)認爲大桃兒溝石窟第10窟觀無量壽經變源於藏傳佛教,時代爲元朝統治下的高昌回鶻時期。

樂器和樂舞方面,朱曉峰《彈撥樂器流變考——以敦煌莫高窟壁畫弦鼗圖像爲依據》(《中央音樂學院學報》4期)以敦煌莫高窟壁畫中的弦鼗圖像爲依據,對鼗、弦鼗、秦漢子、阮咸和三弦等彈撥樂器加以考證,分析文獻中相關彈撥樂器的記載,對從鼗到弦鼗再到秦漢子的發展過程進行推論,並對阮咸在歷史中的名稱以及目前三弦研究中暴露的問題作出相應探討,以期最大限度地釐清琵琶類彈撥樂器的發展史。朱曉峰《〈張議潮統軍出行圖〉儀仗樂隊樂器考》(《敦煌研究》4期)以莫高窟第156窟主室南壁及東壁南側下部所繪《張議潮統軍出行圖》中的儀仗樂隊爲主要研究對象,通過對儀仗樂隊的功能、樂器屬性等方面的歸類,考證了晚唐時期歸義軍節度使統軍出行儀仗樂隊的編制、樂器以及樂舞配置,重點分析了出行圖中出現的各類樂器的沿革、形制、材料和演奏形式,並結合相關史料,對歸義軍時期的音樂機構進行了合理的推論。陳卉《滋生與嬗變:絲綢之路上的佛教樂舞》(《鄭州大學學報》2期)認爲佛教樂舞的用途分兩種:一是通過美妙的舞姿,讚美西方極樂世界;二是通過娛樂性的樂舞活動,吸引民衆信佛。在它的發展過程中,不僅吸收印度古典舞蹈、民俗舞蹈以及神話的某些因素,而且也吸收所在地文化因素及其舞蹈特徵,因而它極具生命力,對樂舞發展有很大的促進作用。沙武田《一幅珍貴的唐長安夜間樂舞圖——以莫高窟第220窟藥師經變樂舞圖中燈爲中心的解讀》(《敦煌研究》5期)認爲這是有唐一代長安城上元節燃燈的再現,也可以認爲是包括皇帝會群臣的大型晚宴,官僚士大夫家中舉辦的各式夜宴,唐長安、洛陽兩京地區各類大型夜間樂舞場景的描繪,有重要的歷史研究價值。毛睿《唐代二元世界觀與音樂美學問題——以敦煌彌勒經變壁畫設樂供養爲例》(《南京藝術學院學報》4期)引唐人"二元世界說",以敦煌彌勒經變壁畫中的設樂供養爲例,證之以若干文獻,發現反映在敦煌壁畫和文獻中的唐代佛樂有不少是俗樂,與佛經對佛樂的風格要求很不相同,在音樂美學上出現了矛盾現象,而這一現象可能與唐代人"二元世界觀"有些聯繫,而這一發現對理解唐代音樂美學有一定的意義。

造像藝術方面,黃火、黃雅雯《論貴霜經雕造像對早期敦煌石窟的影響——以"護法"模式和"二佛並坐"模式爲例》(《中北大學學報》1期)指出早期敦煌石窟的建造在相當程度上受到大乘涅槃系經雕造像的影響,即依據佛經本進行造像。其中,"一佛一轉輪王"的"護法"模式以及"二佛並坐"模式最能體現這一影響。敦煌石窟的造像活動並非簡單複製印度佛教的做法，而是在繼承貴霜造像模式的同時表現出自己的特點，並集中體現在層積性、繼承性和創造性方面。嚴耀中《從印度到中國的四臂像》(《敦煌學輯刊》1期)認爲具有四臂的像肯定是存在於宗教或神話里的神，而且"四臂"是最簡單的添加，可以說是造像神格化的起點之一。從婆羅門教到密教，構成了四臂像發展的主線。中國四臂神像淵源於印度，但分佈較少的現象說明了中印文化的聯繫和差別。鍾國昌《麥積山與敦煌石窟北魏飛天造像色彩研究》(《中央民族大學學報》4期)從色彩的裝飾美、色彩的神秘美、色彩的地域美、色彩的整體美和秩序美四個方面，論述了麥積山與敦煌石窟飛天色彩的審美價值。

婦女服飾藝術方面，盧秀文《敦煌婦女首飾步搖考》(《敦煌研究》2期)通過對婦女首飾步搖的稱謂、使用方法等的考察，說明敦煌婦女使用步搖的類型。盧秀文、徐會貞《披帛與絲路文化交流》(《敦煌研究》3期)指出披帛是通過絲綢之路傳入中國的西亞文化與中國服飾發展的內因相結合而流行開來的一種"時世妝"的形式。敦煌吐魯番地區發掘的披帛與中原地區特別是唐長安地區出土的披帛幾乎相同，屬於同時代的產物，經歷了一個相互繼承、汲取發展的過程。

書法方面，王明《從敦煌五代牒狀寫本看五代書法的過渡特色》(《敦煌研究》3期)認爲敦煌五代牒狀寫本反映了五代對唐代書法的取捨與傳承，尤其明顯的是"顏柳"兩大家書法在五代的接受與影響。敦煌五代牒狀寫本多種多樣的章法形制對宋代尺牘書風的形成產生了深遠影響。

八、考古與文物保護

本年度學界在石窟考古、文化遺產的保護與管理、石窟文物的數字化建設等領域的研究成果較爲突出。

石窟考古方面，蔡偉堂《敦煌莫高窟編號的幾處訂正》(《敦煌研究》2期)就現在通行使用的莫高窟洞窟編號的幾處錯、漏，予以補充說明和訂正，包括莫高窟第234、235、424、425、485、486、493等窟。王惠民《敦煌早期洞窟分期及存在的問題》(《石河子大學學報》6期)對早期洞窟的分期研究進行了回顧，並對研究方法提出了思考。趙聲良《敦煌隋代中心柱窟的構成》(《敦煌研究》6期)指出敦煌隋代中心柱窟有四座，分爲兩個類型：一類是須彌山式的中心柱，中心塔柱與須彌山有關，表現的主題是三世十方佛；另一類是中心柱正面不開龕的大型窟，洞窟前部的三鋪佛像表現的是三世佛主體。從中心柱窟造像及裝飾風格來看，反映了敦煌隋代石窟在接受中原文化影響的同時也受到印度和中亞文化的影響。張寶璽《涼州洪元谷大雲寺考》(《敦煌研究》1期)認爲《宋史》記載的洪元谷大雲寺就是今天的天梯山石窟大佛窟,宋庭曾多次資助六谷部修葺洪元谷大雲寺,大雲寺起建於唐代,天梯山石窟大佛窟在唐宋相當長一段時間内稱爲洪元谷大雲寺。韓有成《寧夏原州區禪塔山石窟調查報告》(《敦煌研究》3期)指出位於寧夏固原市原州區境内的禪塔山石窟開鑿於北魏,洞窟的組合結構以及功用受到了龜兹地區石窟的影響。張銘、魏文斌《甘肅秦安迦葉寺遺址調查報告》(《敦煌研究》6期)通過現場實地調查,發現迦葉寺遺址現存窟龕4個,保留有唐、金、元、明等朝代的題記共10餘方。調查報告對發現的十數條墨書和石刻題記進行編號説明和識讀,並對題記中弘治年號等相關問題作了初步探討。石建剛、高秀軍、賈延財《延安地區宋金石窟僧伽造像考察》(《敦煌研究》6期)指出這些僧伽造像表現爲觀音菩薩、彌勒佛、寶志、萬回、十六羅漢等造像的不同組合形式,内容頗爲豐富,爲研究僧伽造像及其信仰提供了新材料,彌補了北方地區僧伽造像發現較少的缺憾。戴春陽《敦煌佛爺廟灣唐代模印塑像磚墓(一)——墓葬舉要與年代》(《敦煌研究》5期)參照典籍、相關墓葬和文物資料,認爲敦煌佛爺廟灣墓群之M123年代約在開元年間,M125、134、141應不晚於德宗建中初,M121約當玄宗時期或以後。

文化遺産的保護與管理方面,樊錦詩《堅持敦煌莫高窟文物管理體制不動摇》(《敦煌研究》4期)指出,敦煌研究院的探索和實踐之所以成功,一個重要的因素就在於莫高窟的管理體制始終未變:有一個依法設立的保管機構;能够履行法律賦予的職責和義務;能够制訂並實施長遠的發展規劃不動摇;能够聚集協調國内外多學科專家爲文物保護和旅遊開放的提升、進步作出貢獻。黄明玉《文化遺産概念與價值的表述——兼論我國文物保護法的相關問題》(《敦煌研究》3期)從探討文化遺産概念的起源出發,綜述國外文化遺産概念的演進,分析其在價值認識上的發展趨勢,得出遺産定義的表述應包含三個要素:價值體系、物質形態和表現特性,並回顧我國文化遺産概念的發展歷程,根據遺産定義要素檢視我國文保法在遺産概念與價值表述上存在的問題。吴健、俞天秀《絲綢之路中國段文化旅遊展示與體驗創新服務模式探討》(《敦煌研究》5期)通過絲綢之路中國段文化遺産分類、調研、整理,結合文化旅遊需求進行價值挖掘,利用文物數字化技術對絲綢之路中國段文化遺産進行全方位、多角度、深層次的數據採集、處理和加工及成果梳理,探索出一種文化旅遊展示與體驗的新方式。王旭東《基於風險管理理論的莫高窟監測預警體系構建與預防性保護探索》(《敦煌研究》1期)全面回顧了莫高窟的保護歷史。該文基於文化遺産風險管理理論,認爲構建風險監測預警體系的目的在於實現文化遺產地變化可監測、風險可預報、險情可預控、保護可提前的預防性保護管理目標；論述了莫高窟風險監測體系的框架和構建内容；指出風險清單的科學釐定、風險閾值的研究、風險管理與决策支持系統的研發等内容。

李鳳潔、王旭東等《不同泥敷劑配比下土遺址泥敷法脱鹽效果評價》（《敦煌研究》4 期）以已篩選出的泥敷劑材料爲基礎，進一步研究了在相同泥敷材料種類的情況下，應用不同配比、不同含水量的泥敷劑對含鹽土體試樣進行脱鹽後，土體試樣一定深度範圍内鹽分含量變化，並進行脱鹽效果評價。王旭東、郭青林等《多場耦合下岩土質文物風化機理試驗裝置研究》（《敦煌研究》5 期）首次研發了基於多場耦合下的石窟圍岩風化機理模擬試驗系統裝置，通過對岩土質文物模擬環境和測試技術的研究，確定了多場耦合實驗室的佈局、功能、技術性能指標，將爲敦煌石窟圍岩風化和壁畫鹽害機理研究乃至全國岩土質文物保護研究提供高技術環境仿真試驗平臺，提升岩土質文物風化機理和保護材料性能評價的研究水平。歐秀花、惠澤霖、盧旭平《天水古民居木構件煙熏病害調查及治理的初步研究》（《敦煌研究》5 期）對天水居民木構件表面煙熏病害進行調查及分析，採用碳酸鈉、氫氧化鈉、十二烷基苯磺酸鈉等對古民居木構件煙熏病害進行初步的清洗加固，結果表明十二烷基苯磺酸鈉與碳酸鈉的聯合使用在達到良好效果的同時，可保持古民居木構件古樸的原貌；草酸、氫氧化鈉和水性氟碳乳液聯合加固木構件不僅加固效果良好，而且有利於古民居木構件的耐久保存。趙雪芬、賀延軍等《大寺溝淤沙對炳靈寺石窟的影響及治理措施》（《敦煌研究》4 期）根據炳靈寺石窟環境的現狀，從保護植被固沙、治水方面解决炳靈寺石窟的沙患和水患問題。

關於莫高窟壁畫的病害與防治，吉愛紅、汪萬福等《仿愛夜蛾在敦煌莫高窟模擬壁畫表面的附著力研究》（《敦煌研究》1 期）研究了仿夜愛蛾在敦煌莫高窟模擬壁畫表面的附著力：仿夜愛蛾在壁畫表面附著時，首先產生一定的法向抓附力，纔能獲得較大的切向摩擦力，保證其能夠穩定附著於壁畫表面。其脚爪對壁畫表面的最大劃力可以達到身體重力的 15 倍，從而造成壁畫表面的細微劃痕甚至引起起甲壁畫的脱落。杜文鳳、張虎元《莫高窟壁畫加筋土地仗乾縮變形研究》（《敦煌研究》1 期）利用液體石蠟法測草泥層地仗和麻泥層地仗的收縮曲線，探討了不同含量的加筋材料對地仗收縮性質的影響。王江麗、閆增峰等《莫高窟洞窟自然通風測試研究》（《敦煌研究》4 期）的測試結果表明：洞窟内氣流速度分佈範圍爲 0.15—0.3 m/s，與溫差呈正比，與距門的距離呈反比；夜間，洞窟内氣流分佈具有特殊性。同作者的《敦煌莫高窟洞窟自然通風實驗研究》（《西安建築科技大學學報》5 期）初步驗證了莫高窟洞窟内氣流符合熱壓通風原理,並提出了洞窟内通風有可能還受莫高窟周邊自然環境影響的猜想。

石窟文物的數字化建設方面,吳健《石窟寺文物數字化的内涵——融學術、技術、藝術於一體》(《敦煌研究》2期)從學術、技術和藝術角度詳細闡述了石窟寺文物數字化的内涵。俞天秀、吳健等《敦煌石窟海量數據無差錯傳輸系統的設計與開發》(《敦煌研究》3期)針對敦煌石窟數字化海量數據在實際工作數據傳輸過程中出現的問題,認爲海量數據無差錯傳輸技術在敦煌石窟數字化過程中是一項非常重要的技術,此系統在敦煌壁畫數字化工作中的應用效果良好。王樂樂、李志敏等《高光譜技術無損鑒定壁畫顏料之研究——以西藏拉薩大昭寺壁畫爲例》(《敦煌研究》3期)利用高光譜技術分析了兩幅模擬壁畫,通過比較模擬壁畫顏料與標準顏料光譜曲線的形狀特徵等,有效準確地甄別出藍銅礦、孔雀石、雌黄、雄黄、鉛丹和硃砂,但無法判別胭脂。體感技術的迅速發展爲文化遺產地的數字化保護與展示提供了新的思路,結合體感技術開發的計算機程序展示敦煌石窟,具有表現力强、交互性好、操作簡單等特點。李大丁、楊夢琴等《體感技術在敦煌藝術交互展示中的應用初探》(《敦煌研究》5期)結合Kinect Motion兩種體感設備,介紹了體感技術在敦煌數字化展示中的幾類應用,並簡單闡述了其實現過程。

九、少數民族歷史語言

藏文文獻的研究成果依然在本年度少數民族歷史語言研究中佔較大的比重,主要成果有:侯文昌《敦煌吐蕃文契約文書研究》(法律出版社)首先探討了吐蕃文的淵源問題,其次就中外學界對敦煌吐蕃文資料的搜集、刊布以及契約類文書的研究現狀作了梳理。章節部分依此類文書數量多少爲序,分僱傭契約、租佃契約、買賣契約和借貸契約四種,每部分以漢文、吐蕃文契約文書比較研究爲切入點,對每類契約之程式及蘊含的内容作了深入細緻的考證。王東《西域出土的一份古藏文告身文獻補考》(《敦煌研究》4期)根據對新疆出土的編號爲ITJ370的西域古藏文告身文獻的最新解讀,探討了吐蕃王朝時期最重要的一項政治制度——告身制度,考察了"軍功致富"、"告身制度與虎皮告身並行施行"、"官職與告身對應關係"三個問題,並指出該文獻對研究吐蕃社會告身制度與虎皮告身制度的重要性。2013年在拉薩最新發現了一份敦煌古藏文吐蕃兵律寫本,《中國藏學》第3期發表了其部分内容,巴桑旺堆《一份新發現的敦煌古藏文吐蕃兵律文書(下卷)初步解讀》(《中國藏學》S1期)介紹了該寫卷的餘下部分,目的在於爲學界提供一件較爲完整,且極具價值的吐蕃兵律史料。

郭萌、張建林《敦煌莫高窟北區出土擦擦研究》(《文博》5 期)對擦擦進行類型學研究,分析其特徵,推測其年代。通過比較莫高窟擦擦與西藏擦擦、西夏擦擦以及中原的善業泥的異同,推測這批擦擦來源於西藏,是藏傳佛教藝術北傳的結果。陳于柱、張福慧《敦煌古藏文寫本 P. T. 1005 + IOL TibJ744〈十二錢卜法〉題解與釋錄——敦煌漢、藏文術數書的比較歷史學研究之一》(《敦煌學輯刊》4 期)將分藏於法國和英國的古藏文寫卷 P. T. 1005、IOL TibJ744 進行綴合,它們的綴合不僅進一步豐富了學界對吐蕃民族典籍的認識,而且爲今後敦煌古藏文寫卷的綴合工作提供了範例。

今枝由郎著,班瑪更珠譯《生死輪回史——一部來自敦煌的藏文敘事文獻(二)(三)(四)》(《敦煌學輯刊》1、2、4 期)在系統梳理法藏和英藏的九件敦煌藏文文獻《生死輪回史》的基礎上,提供了該寫本的全文英譯,並對其與其他敦煌文獻的關係以及該寫本的寫作經典來源、作者、時間等進行深入的分析,認爲其作者是一位吐蕃佛教徒,成書年代當在公元 800 年左右。陳踐《若干典型古藏文語詞疏譯之一——重讀〈敦煌本吐蕃歷史文書〉之體會》(《中國藏學》S1 期)係解讀和梳理過去發表的吐蕃文獻中之古詞語內涵的系列文章之一。陸離《關於吐蕃統治下于闐地區的 tshan》(《西域研究》1 期)認爲吐蕃統治于闐地區的 tshan(tshand)不應該對應於漢文的州,它源自吐蕃本部,與敦煌、薩毗地區的將(tshan)類似,應該是規模較小、級別較低的行政建置。于闐地區的 tshan 規模應該與鄉(tshar)相當或在其之下,tshar(鄉)在于闐地區普遍設置,而 tshan 的設置似乎較少。

回鶻文文獻的研究方面,米爾卡馬力·阿依達爾《回鶻文詩體注疏和新發現敦煌本韻文研究》(上海世紀出版股份有限公司)從嶄新的角度對已刊布的元代回鶻詩歌進行重新評估,對新近出土回鶻文獻佛教韻文詩進行刊布和語文學研究,其中包括對《入阿毗達磨論》注疏、《金花鈔頌疏》、《五更轉頌》等佛教注疏和《字母詩》、《千字文》等韻文詩歌的重新考證,修訂了國內外對相關文獻的研究成果,提供了較爲完備的校勘本。楊富學《回鶻學譯文集新編》(甘肅教育出版社)收入譯文 30 篇,在收入作者譯作之外還收錄了不少他人譯作,絕大多數皆爲首次發表,如德國學者茨默著《一件敦煌禪文獻在吐魯番回鶻語中的音轉與翻譯》、英國學者亨特所撰《葡萄溝所出敍利亞語、粟特語和回鶻語文獻》等。張鐵山、皮特·茨默《敦煌研究院藏回鶻文〈圓覺經〉注釋本殘片研究》(《敦煌研究》2 期)首次對該殘片進行原文換寫、轉寫、漢譯和注釋,並在此基礎上探討了已知回鶻文《圓覺經》的版本、回鶻文《圓覺經》注釋本的年代等相關問題。

西夏文文獻的研究方面,崔紅芬《中英藏西夏文〈聖曜母陀羅尼經〉考略》

(《敦煌研究》2期)對英藏和中國藏西夏文《聖曜母陀羅尼經》進行了梳理、詮釋和考證,判定西夏文《聖曜母陀羅尼經》遺存情況,再結合法成本和法天本,探討了西夏文本所依據的底本以及流行和傳播情況。張多勇、于光建《瓜州東千佛洞泥壽桃洞西夏文兩件印本殘頁考釋》(《敦煌研究》1期)一文,通過對瓜州縣東千佛洞兩件西夏文文書翻譯考察,認爲瓜州東千佛洞西夏文1號文書是蝴蝶裝的《金剛般若波羅蜜多經》印本,內容爲"無爲福勝分第十一"和"尊重正教分第十二"殘頁,其翻譯底本是鳩摩羅什翻譯的漢文本;瓜州東千佛洞西夏文2號文書爲《慈悲道場懺罪法》卷首殘頁。由此可窺知西夏瓜州地區《金剛經》和懺法思想的流行。馬振穎、鄭炳林《〈俄藏敦煌文獻〉中的黑水城文獻補釋》(《敦煌學輯刊》1期)主要將俄藏敦煌文獻中的黑水城文獻判別出來,並進行釋讀、擬名及研究,對於敦煌學和西夏學的研究都具有重要意義。

十、古　　籍

古籍的整理與研究,涵蓋《論語》、《儀禮》、《敦煌氾氏家傳》等多部典籍。伏俊璉《唐寫本〈論語〉鄭玄注的學術特點》(《甘肅理論學刊》1期)指出敦煌吐魯番出土的30多件唐人抄寫的《論語》鄭玄注,可以恢復一部分已經失傳的鄭玄注之面貌。作者認爲鄭氏注體制短小,文字簡明扼要,禮學思想是其注《論語》的主要依據,但鄭注政教、禮法並用,這也是鄭氏哲學思想的基礎。陳緒波《試論武威漢簡〈儀禮〉的版本問題——從簡本、石經本、今本〈儀禮〉篇題間的關係著眼》(《敦煌研究》1期)通過分析簡本、石經本、今本《儀禮》各篇題之間的具體關係,揭示它們之間在版本上的聯繫,進而推求簡本《儀禮》的版本問題。鍾書林《〈敦煌氾氏家傳〉與先周世系》(《武漢大學學報》1期)通過結合傳世文獻與敦煌寫卷進行考察,認爲雖然西周早期可能存在一定的代數闕失,但代數的闕失與后稷、不窋父子世系方面沒有必然的聯繫,后稷、不窋之間的父子世系可信性較強,《史記》"后稷卒,子不窋"的說法仍然可靠。

十一、科　　技

科技類論文主要包括敦煌醫藥文獻的釋錄與考證、敦煌曆日和星圖的考察、藏文算書等的整理與研究。

醫藥方面,袁仁智、潘文主編《敦煌醫藥文獻真蹟釋錄》(中醫古籍出版社)對敦煌醫藥文獻進行了較爲系統的釋錄。全書以圖版和錄文形式,分別從醫經診法類、本草類、針灸類、醫術醫方類的角度全面闡釋了敦煌醫藥文獻,主要包括《五臟論》、《脈學》殘卷、《傷寒雜病論》殘卷、《內難經節選》殘卷、《新修本草》殘卷、《輔行訣五臟用藥法要》等。錢超塵《影印南朝秘本敦煌秘卷〈傷寒論〉校注考證》(學苑出版社)指出,《辯傷寒》、《金匱玉函經》、《南朝秘本》均以《張仲景方》爲祖本,對三本綜合研讀,可得《傷寒論》六朝古本概貌及古本演變軌蹟。田永衍《敦煌文獻〈平脈略例〉、〈玄感脈經〉考論三則》(《敦煌學輯刊》3 期)對《平脈略例》與《玄感脈經》記載的"診法常以平旦"、持脈輕重、"平人一日一夜一萬三千五百息"等三個醫學問題進行考論,梳理了其源流,辨析了其正誤,論述了其中的中醫學術價值。張靖《敦煌遺書〈黑帝要略方〉探析》(《西部中醫藥》3 期)從創作年代、書名、內容、特點等四個方面對《黑帝要略方》進行考察分析,指出敦煌遺書《黑帝要略方》是一篇專門記載男性病的著作,方義古樸,多用蟲卵,善用灸法,值得進一步研究。陳明《絲路出土密教醫學文獻芻議》(《敦煌吐魯番研究》15 卷)首先介紹了絲綢之路密教醫學的概貌,然後對《千手千眼觀世音菩薩治病合藥經》、俄 Ф281《服藥咒》進行探究。陳于柱《日本杏雨書屋藏敦煌本〈發病書〉殘卷整理與研究》(《敦煌吐魯番研究》15 卷),通過對杏雨書屋藏敦煌寫本羽 015《發病書》的考察,認爲此件與 P.2978、S.6346 係同卷之裂;作者將三件文書進行綴合整理,將其與 P.2856《發病書》對比分析其文本特點,如通篇未見具體篇目或標題、行文程式不同,占辭內容相異等。

　　天文曆法方面,鄧文寬《法國學者對敦煌術數和天文曆法文獻研究的貢獻》(《敦煌學輯刊》1 期)認爲法國學者在敦煌術數和天文曆法兩個領域辛勤工作,屢有創獲,成績斐然;他們學風嚴謹,常常從社會學角度解讀相關文獻,同時具有國際視野,將相關問題與國際上的相似問題作比較。趙貞《S. P12〈上都東市大刀家印具注曆日〉殘頁考》(《敦煌研究》3 期),S. P12 是公元 9 世紀末在長安市"大刀家"店鋪刻印的一件曆日殘本,參照 S. P6《乾符四年具注曆日》,可知 S. P12 滲透著濃烈的"陰陽雜占"元素,其中雜有周公五鼓逐失物法、周公八天出行圖以及"八門占雷"三方面的內容,據此進行失物、出行和年歲光景的推占,在民眾的日常生活和社會實踐中起著"決萬民之猶豫"的作用。鄧文寬《敦煌本 S.3326 號星圖新探——文本和歷史學的研究》(《敦煌吐魯番研究》15 卷)以圖文並茂的形式將 S.3326 號"雲氣占"部分與星圖部分當作一個整體進行再研究,提出一系列的新看法。Christine Mollier 所撰 *Astrological Talismans and Paper Amulets from Dunhuang: Typology and Function*(穆瑞明《敦煌九曜星宿與陀羅尼符》,《敦煌吐魯番研究》15 卷),由大英博物館藏斯坦因 170 中的陀羅尼符、計都、水星等圖像因素,結合其他圖像中的熾盛光佛、水星、計都、羅睺等形象進行分析,認爲陀羅尼符只是一部分,應該是與九曜在一起的。

敦煌莫高窟出土了三種藏文算書,其中 P.T.1256 是漢文九九表的藏文注音本,P.T.1070 和 B59:10 都是藏文九九表,反映了當時藏族算數學科的狀況。劉英華《敦煌本藏文算書研究》(《西藏大學學報》1 期)收錄了這三個寫本的錄文,並給出復原本、譯文和評析,並在此基礎上就敦煌本藏、漢文九九表寫本作了初步對比研究。傅千吉《敦煌藏文文獻中的天文曆算文化研究》(《西藏大學學報》2 期)分析了敦煌藏文文獻中的天文曆算文化淵源,闡釋了敦煌藏文文獻中的天文曆算文化和擇日文化,指出藏族天文曆算文化內容豐富、歷史悠久,具有一定的參考價值和歷史意義。敦煌本藏文寫卷 P.T.127V.1 是一份六十甲子納音表,在以往藏文文獻中未見提及,在現存敦煌藏文文獻中也是獨一無二的。劉英華《敦煌本藏文六十甲子納音文書研究》(《中國藏學》1 期)首先給出該寫本的錄文和漢語譯文,並據以編製了藏漢對照六十甲子納音表;其次通過對與敦煌漢文六十甲子納音文書及藏文勝生周的比較,説明寫本的屬性、用途和編譯中存在的問題。此類藏文繫六十甲子納音文獻的內容源於漢地。

十二、書評與學術動態

書評方面,劉進寶《石窟寺考古報告的典範——評〈莫高窟第 266—275 窟考古報告〉》(《敦煌研究》1 期)評價《莫高窟第 266—275 窟考古報告》是敦煌石窟發現後的第一次全面記錄,既保存了石窟檔案,反映了敦煌石窟研究的最新水平,也爲國內其他石窟保護研究單位編寫考古報告提供了範本;《考古報告》堪稱中國石窟寺考古報告的一個里程碑,將對中國石窟寺考古報告的編寫產生重大而深遠的影響。鄧文寬《一部敦煌學者的必讀之作——張涌泉〈敦煌寫本文獻學〉讀後》(《敦煌研究》2 期)認爲該書獨樹一幟,博大精深,呈現出該書作者的深厚功力。文章指出所有研究敦煌文獻的專業工作者均應將該書列爲必讀之作,以便提升自己的研究水準。金海峰《敦煌石窟營建史研究的新篇章——〈敦煌佛教與石窟營建〉述評》(《敦煌學輯刊》3 期),對王惠民所著《敦煌佛教與石窟營建》的內容、特色和價值進行評介,指出該書是對敦煌石窟營建歷程的通史性展示,認爲該書作者注意吸收新的研究成果並提出新觀點。鄒清泉《美術史與敦煌學的交匯——試評〈敦煌石窟美術史·十六國北朝〉》(《敦煌研究》2 期),認爲《敦煌石窟美術史》以文獻的全面性與完整性、圖像的系統性與豐富性、語言的邏輯性與準確性,寫作的嚴謹性與學術性,實現了敦煌石窟美術史研究的橫向拓展與縱向延伸,標誌著 21 世紀敦煌學與美術史研究的重要轉折,其多重學術價值將產生深遠影響。王慧慧《〈敦煌藝術畫庫〉的概況及學術史價值》(《敦煌研究》5 期)重點考察了這套叢書的出版背景、內容和價值。張利亞《文史兼通,通而不俗——〈炎鳳朔龍記——大唐帝國與東亞的中世〉述評》(《敦煌學輯刊》3 期)對《炎鳳朔龍記——大唐帝國與東亞的中世》進行了分章介紹並作了客觀評價。裴成國《關尾史郎先生〈另一個敦煌〉評介》(《敦煌研究》6 期)首先對關尾史郎新著《另一個敦煌——鎮墓瓶與畫像磚的世界》作了介紹,其次評述了該書的學術價值和研究方法上的特色。武内紹人著,楊銘、楊壯立譯《〈敦煌、西域出土的古藏文契約文書〉導言》(《石河子大學學報》6 期),討論了敦煌西域出土的古藏文契約文獻的全貌,列舉了契約文書的種類,各種文字風格和書寫形式,以及當時的社會歷史和語言背景。

研究綜述方面,石建剛《延安宋金石窟研究述評》(《敦煌學輯刊》1 期)對延安宋金石窟的研究情況進行系統回顧,兼作評議,以期推動該課題的深入研究。翟興龍《21 世紀我國内地敦煌本〈歷代法寶記〉研究綜述》(《西南石油大學學報》6 期)指出,學界有關《歷代法寶記》的研究大致集中在文本研究、史料研究、佛教之外問題的研究等三個方面。侯文昌《敦煌出土吐蕃契約文書研究述評》(《隴東學院學報》6 期)在扼要梳理英藏和法藏吐蕃文文書刊布情形的基礎上,對我國學界在契約文書研究方面作出述評。崔怡《敦煌歌辭〈百歲篇〉研究綜述》(《寧夏師範大學學報》4 期)從敦煌寫本《百歲篇》的著錄情況、校錄整理和研究論著等方面進行了綜述。閔定慶、張洲《車柱環教授敦煌詞校勘實績述要》(《敦煌研究》6 期)對韓國漢學家車柱環教授的敦煌詞研究成果進行綜述,並高度評價了車教授的研究方法及治學態度。

學術會議方面,2015 年 8 月 14—17 日,由敦煌研究院、中國敦煌吐魯番學會主辦,中國石窟保護基金會資助的"2015 敦煌論壇:敦煌與中外關係國際學術研討會"在敦煌莫高窟召開。本次論壇旨在爲國內外專家共同研討有關敦煌在中國與外部世界互動關係中的角色、敦煌在絲綢之路上的地位、從敦煌看東西方文化交流關係等學術問題搭建平臺,以促進不同國家、不同領域敦煌學界的交流合作。本次研討會共收到論文 105 篇,主要涉及敦煌與中外關係、敦煌與多民族關係、敦煌藝術中的外來元素和民族元素、三夷教研究、敦煌在絲綢之路上的地位、敦煌歷史文化等相關問題。2015 年 10 月 11—18 日,由臺灣中研院歷史語言研究所、蔣經國國際學術交流基金會、中國宋慶齡基金會共同主辦,敦煌研究院承辦的"2015 兩岸敦煌佛教藝術文化研習營"在莫高窟開營。此次研習營主要以實地考察和專家授課的方式進行,較好地促進了兩岸年輕學者進行深入的學術交流。2015 年 11 月 1 日,由中國藏學雜誌社和蘭州大學敦煌學研究所聯合主辦的"敦煌吐蕃文獻專題學術討論會"在中國藏學研究中心舉行。來自中國藏學研究中心、西藏社會科學院、中央民族大學、西北民族大學、蘭州大學、北京大學、復旦大學、甘肅民族師範學院等高校和研究機構的 20 餘名敦煌吐蕃文獻研究專家參加了會議。由普林斯頓大學唐氏東亞藝術研究中心主辦的"意象敦煌國際學術討論會"於 2015 年 11 月 13—14 日召開,來自美、中、俄、英、德等國 50 多名學者參加了會議。此次學術研討會的重點是圍繞 1943—1944 年在敦煌拍攝的一批黑白照片展開的。配合會議,普林斯頓大學博物館舉辦了"敦煌的發現與創新之路"展覽,主要展出了普林斯頓大學收藏的敦煌寫經、敦煌石窟小型彩塑、敦煌壁畫臨摹品,以及 1943 年羅寄梅拍攝的敦煌石窟部分照片。

2015年吐鲁番学研究综述

殷盼盼　李晓明（兰州大学）

本年度中国大陆吐鲁番学的研究成果十分丰富，据不完全统计，出版专著及相关论文集 22 部，公开发表学术论文 192 篇。涉及政治法律、经济、历史地理、社会文化、民族与宗教、语言与文字、文献与古籍、文学、艺术、考古与文物保护、医学、书评与学术动态等诸多内容，现分类概述如下。

一、政 治 法 律

本年度政治法律方面的研究成果较多，以下首先按照两汉、魏晋南北朝、隋唐、唐以后四个时期对政治制度方面的成果进行介绍。

两汉时期的相关成果体现在两汉政府对西域的经营方面，主要有：谢绍鹢《汉代西北边郡代管边外事务试析》（《西域研究》2 期）指出西汉时敦煌就曾参与车师、龟兹、于阗等西域边外事物的管理。东汉时敦煌参与和代管西域边外事务的程度更高，酒泉郡、凉州刺史、西河郡、武威郡也都参与边外事务的管理。汉代西北边郡参与西域边外事务管理是特定地理、政治环境下的产物。孟遼阔《西汉中期西域都护府的设立及其重要意义》（《宁夏大学学报》6 期）以西汉中期打击匈奴、南羌，设立河西四郡、戊己校尉，及诸多经营西域的措施为例，说明西域都护府的设置不仅有力地打击了匈奴和南羌，而且扩展了汉代疆域，将西域纳入了汉代版图。同时西域都护的设立也对维持丝路畅通具有重要意义。申超《汉代西域长史略论》（《中国边疆史地研究》1 期）认为西域长史是在西域都护所需处理事务逐渐增多的背景下产生的，是西域都护的属官。东汉时期，西域长史的驻地先后位于疏勒、伊吾、柳中、于阗等地。西域长史与龟兹、月氏、车师的战事说明其具有独立处理军务的职权，此外还有屯驻权和招抚权。西域长史的独立性逐渐增强，级别趋于降低，最终代行西域都护职权。朱绍侯《两汉对匈奴西域西羌战争战略研究》（《史学月刊》5 期）论述了两汉对匈奴、西域、西羌的战争经过，总结其成功经验与不足之处，并就两汉对匈奴、西域、西羌的战争战略进行比较，总结其异同与优劣之处。刘国防《政策因素对两汉西域经略的影响——以龟兹为例》（《西域研究》3 期）指出西汉对西域诸国进行积极经营，在此背景下龟兹与汉朝关系较好。东汉对西域的经营较为消极，没有明确目标，且时断时续，呈"三绝三通"状。东汉在西域屯田的规模也不及西汉，东汉在西域建立的统治并不鞏固,因此龜兹經常與東漢王朝作對。翟麥玲《兩漢西北邊疆移民政策比較研究》(《南都學壇》4 期)分述西漢、東漢西北移民的主要措施,對比其異同。文章認爲西漢的西北邊疆移民比東漢更積極,東漢在強制進行西北移民的同時更加注意女性的移民。

魏晉南北朝時期的研究成果主要有:趙紅梅《兩漢魏晉南北朝時期西域管理模式演變研究——以魏晉時期涼州刺史領戊己校尉護西域事爲中心》(《學習與探索》8 期)探析兩漢魏晉時期西域管理機構由西域都護府、西域長史府到西域都護營、戊己校尉、高昌郡的轉變歷程。文章指出魏晉時期戊己校尉成爲統領西域的最高長官,通常由涼州刺史兼領,其職責從屯田逐漸擴大到其他軍政事務。魏俊傑《十六國時期的準政區考論》(《歷史地理》31 輯)對十六國時期各政權的都督區、地方護軍、鎮戍、都尉的設置情況進行了詳細梳理,並對其類型和設置意圖進行了探討。石坤《淺談高昌王國的客館制度》(《文教資料》26 期)認爲高昌國客館有寺院客館、政府客館、民間客館三類。高昌政府派有專人以承役的形式供奉客使。文章指出研究高昌國的客館有助於中原客館制度的研究,同時我們能通過高昌客館供奉客人的禮遇程度看出高昌國對他國的影響。

隋唐時期的成果主要有:王巧玲《漢唐時期新疆的漢族人口》(《中共伊犁州委黨校學報》1 期)指出兩漢時期進入西域的漢人從身份上講主要包括:漢使、漢軍、和親人員、屯田士卒及其家屬、官吏,可能還有商人、逃匿犯人及手工業者。唐代漢人主要集中在庭州、伊州、西州及安西四鎮,身份主要是官吏、屯田人員及教職人員。曹李海《隋唐時期西域治理人物、事件、關係以及軍事制度回應的梳理》(《蘭州大學學報》1 期)梳理了隋唐時期西域治理中的關鍵人物及其主要事蹟,隋唐兩朝爲治理西域與吐谷渾、吐蕃、突厥、高昌、焉耆、龜兹、大食等的和戰史實,以及此時期建立羈縻府州、都督(護)府、軍鎮屯戍制度的相關情況。龔靜《高昌平滅後的麴氏王姓——從麴建泰墓誌説起》(《社會科學戰線》5 期)考證《麴建泰墓誌》的誌主麴建泰爲高昌王麴文泰之弟,以墓誌爲中心探討了麴建泰的生平。作者認爲唐平高昌後,一部分高昌王室被内徙中原,也有一部分繼續生活在高昌。李大龍《安西都護府第一次晉升爲大都護府時間考》(《陝西學前師範學院學報》4 期)認爲麟德元年(664)以後安西都護府纔晉升爲安西大都護府,安西都護府從西州遷往龜兹後,並没有立即升爲大都護府,麴智湛和高賢均爲都護,裴行儉纔是第一任安西大都護。程喜霖《略論唐朝治理西域的戰略思想與民族政策》(《西域研究》4 期)認爲"胡漢一家,厚德載物,漢胡合治"是唐朝西域經營的主要戰略思想。唐朝的民族政策包括:建立伊、西、庭直屬州;在安西都護、北庭都護和伊西節度使的總領下,設立城傍胡人部落和羈縻州府;對城傍部落和羈縻州府實行輕稅政策;軍事上實行"城傍子弟兵制",充分發揮城傍子弟兵及蕃將捍衛邊防的作用;文化上兼容並蓄,以華夏文化爲主導,多種胡族文化共同發展。劉子凡《法藏敦煌 P.2754 文書爲西州都督府長史袁公瑜判集考》(《敦煌研究》5 期)認爲 P.2754《安西判集》抄自西州都督府長史袁公瑜所寫的西州都督府判集。袁公瑜在高宗"廢王立武"事件中因支持高宗而得到提拔,官至西臺舍人、司刑少常伯,後受李義府案牽連,外貶代州長史,於麟德元年(664)十一月遷西州都督府長史,後歷任庭州刺史、安西副都護等職。安西都護府遷往龜兹後,與西州都督府不具統屬關係。任克良《唐代西域漢人與當地民族的融合》(《新疆地方志》1 期)論述了唐代的西域經營政策,以及漢唐以來大量漢人遷居高昌等西域地區的背景下,西遷漢人與西域胡人的相互融合問題。王義康《唐代中央派員出任蕃州官員吏員考》(《史學集刊》6 期)利用墓誌及吐魯番文書等資料論證認爲,唐中央派任蕃州的官員有品官與流外官兩類。部分蕃州的都督、刺史甚至縣令由中朝官員出任。在以本部落設置的羈縻州和在内遷經制州設置的羈縻州府中,中朝官員出任的佐官包括府州的長史、司馬、錄事參軍和羈縻縣的令、丞。蕃州任用中朝流外吏員因蕃州是否有固定治所而體現出不同的任用程度。

唐以後的主要研究成果有:張文德《明代天方國使臣來華考——兼議明人對天方國的認識》(《西域研究》4 期)梳理了明宣德八年(1433)至萬曆四十六年(1618)西域天方國朝貢的歷史,指出嘉靖年間天方國多與吐魯番、撒馬爾罕、哈密等使一起朝貢。因明朝需要天方國所貢的馬和玉石,故與其長期往來。明人主要通過《大明一統志》和費信《星槎勝覽》等認識天方國,馬歡所著《瀛涯勝覽》流傳不廣,故除"克爾白"確定外,關於天方國的其他認識混亂模糊。陳光文、鄭炳林《莫高窟、榆林窟明代遊人題記研究》(《蘭州大學學報》5 期)補充完善了一些前人遺漏的莫高窟、榆林窟遊人題記。作者以遊人題記爲線索,揭示了明朝經略河西,設立關西七衛的歷史,以及在吐魯番東侵的威脅下,吐魯番、沙州衛、哈密衛、明朝之間的複雜關係。論文指出面對吐魯番的屢次東侵,明廷多以震懾、防禦和安撫爲主。嘉靖三年(1623)吐魯番寇略肅州、甘州等地,嘉峪關關閉,之後沙州廢棄,但仍有巡禮莫高窟、榆林窟的明人。王啓明《晚清吐魯番協理台吉》(《新疆大學學報》1 期)考知幫辦台吉與圖薩拉克齊均指協理台吉,《新疆圖誌》中將兩者並列的記載有誤。協理台吉的主要職責是協助吐魯番郡王處理各種事務。吐魯番克復初期,吐魯番郡王未歸的情況下,台吉邁引和哎不拉曾代行郡王,並處理軍務。劉國俊《楊增新對新疆行政區劃的調整及其意義》(《西域研究》3 期)指出楊增新對新疆行政區劃的調整措施包括：實行省—道—縣三級制,增設塔城道、阿山道、和闐道、焉耆道;出於加強對邊遠地區的管理、開發,鞏固邊防,維護交通或軍事行動及適應經濟社會發展的需要,增設了12個縣、11個縣佐。調整後的行政區劃對加強基層控制,提高行政效率,保持南北疆行政區劃均衡發展,完善新疆行政區劃的空間佈局具有重要意義。

其次,法律方面的相關成果有:孟彥弘《出土文獻與漢唐典制研究》(北京大學出版社)運用張家山漢簡、長沙走馬樓吳簡、敦煌吐魯番文書、天聖令,結合傳世典籍,討論了漢唐時期法典體系的演變、驛傳與運輸制度、土地及賦役制度、古書書寫格式、明鈔本《天聖令》的整理、《太平御覽》所引"唐書"的整理及《全唐文補編》等相關問題。王啓濤《敦煌吐魯番文獻所見杖刑考辨》(《成都工業學院學報》3期)討論了敦煌吐魯番文獻所見重杖、痛杖、荆杖、大杖、生杖、棒脊幾種刑罰形式。肖海英《隋唐五代時期繼承訴訟慣例探析——以敦煌吐魯番文書爲研究視角》(《新西部》17期)指出分家書由分產對象、分家事由和證人幾部分組成。按慣例,贍養老者,並爲其處理後事的非親人員亦可繼承財產。此文還對僧尼、女子、户絕家庭的財產繼承方式進行了探討。李進、張異《論清末吐魯番刑事訴訟過程與維吾爾族的刑事法律認同》(《蘭臺世界》33期)認爲在新疆建省後,吐魯番地區的維吾爾族民衆對於從中原移植來的刑事法律體系具有很高的認同度,主要通過對司法機關的認知、在訴訟過程中的表現及訴訟完成後的心理體驗表現出來。吐魯番地區的維吾爾族民衆接受了新的刑事司法淵源、刑事法律内容和刑事司法權威。

二、經　　濟

2015年經濟方面研究的成果主要集中在絲路貿易、農業、户籍與賦役制度和契約文書幾方面。

絲路貿易方面的成果有:[美]芮樂偉·韓森著,張湛譯《絲綢之路新史》(北京聯合出版公司)以樓蘭、龜兹、高昌、撒馬爾干、長安、敦煌藏經洞、于闐等絲路沿線的考古出土材料爲主,力圖構建和描繪絲綢之路的真實面貌。作者認爲没有單一且連貫的絲綢之路,絲綢之路的實質是中西方之間的一連串貿易市場,撒馬爾干是中國的主要貿易對象。絲綢之路民間的貿易規模較小,沿線居民仍以農業爲主。唐朝的西北駐軍是絲路貿易的主要支撑。絲綢之路對於紙的西傳及中西宗教、藝術、語言、技術的交流具有重要意義。楊蕤《回鶻時代:10—13世紀陸上絲綢之路貿易研究》(中國社會科學出版社)分析了10—13世紀陸上絲綢之路沿線的民族分佈格局。作者選取宋、遼、西夏與西域地區陸上絲路貿易的線路、方式和主體爲主要研究内容進行分析,指出10—13世紀回鶻人取代了粟特人主導西北地區及絲路東段陸上絲路貿易的地位,回鶻人在中原及塞北的廣泛區域内積極活動,不僅促進了絲路貿易的繁榮,而且促進了中西文化交流的發展。陶德臣《"一帶一路":中國茶走向世界的主渠道》(《農業考古》5期)論述了中國歷史上茶葉通過陸上絲綢之路、海上絲綢之路、南方絲綢之路、草原絲綢之路走向世界的過程。文章分析茶葉向世界各地傳播的生產、市場、交通、政治等影響因素,認爲吐魯番、和田等絲路的重要據點對茶傳向中亞、西亞具有重要意義。

農業方面的成果有:王欣《魏晉西域屯田的特點》(《中國邊疆史地研究》4期)認爲魏晉西域屯田範圍較兩漢明顯縮小,中心東移,形成以樓蘭和高昌爲中心的屯田。與此同時,以西域長史和戊己校尉爲代表的屯官系統更加完備,高昌郡的設立使屯官系統更加健全,出現兵屯、民屯和犯屯等屯田。屯田人員土著化,河西移民和西域胡人是屯田人員的重要構成,河西在西域屯田中的地位顯著提升。樓蘭和高昌兩大屯田區逐漸一體化,隨著樓蘭屯區的衰落,高昌的地位日益重要,爲高昌國的建立奠定了重要基礎。蘇金花《從敦煌、吐魯番文書看古代西部綠洲農業的灌溉特點——基於唐代沙州和西州的比較研究》(《中國經濟史研究》6期)對比沙州和西州地理、水源、灌渠系統和灌溉管理的特點,指出西州地勢北低南高,灌溉水源以河流爲主,山澗泉流次之,湖泊、水澤、潢水、壕塹再次之。高昌城的一些水渠既可環流高昌城,又可跨縣灌溉。西州的水利由西州都督府總管,都督府參軍處理諸縣有關灌溉的牒文,設有知水官、水子、知水人、渠長、堰頭,並遵循先下後上,依農時定灌溉時間和次數,按田量和作物種類供水的原則。小型的灌溉設施維護與管理遵循"以水定地"、"以地定役"原則,大型的修築和維護則需"任縣申州,差夫相助"。

户籍與賦役制度方面的研究成果有:劉晉文《魏晉時期户籍制度探析》(《上饒師範學院學報》1期)利用敦煌吐魯番出土文書對魏晉時期登記户籍的材質,户籍製作程序和户籍登記内容進行了簡單介紹。張榮强《再談〈前秦建元二十年籍〉録文問題》(《史學史研究》3期)考訂《前秦建元二十年籍》原録文第11行"次丁男三"到第14行"凡口九"之間只有一行空字,推測内容爲"小女二"。張榮强《從"歲盡增年"到"歲初增年"——中國中古官方計齡方式的演變》(《歷史研究》2期)指出中國古代計齡方式存在官方與民間之別。至遲從漢武帝時起,民間便以農曆春節爲年齡增長的節點。官方的計齡方式則與户籍制度掛鈎,以官府造籍的時間爲增長節點。根據秦漢隋唐的造籍制度可知,秦漢時期官方的年齡增長當以八月爲節點,官方年齡較民間年齡"慢一拍",隨著造籍制度的變化,隋唐時期官方與民間終於均以歲初爲年齡增長節點。黃樓《闞氏高昌雜差科帳研究——吐魯番洋海一號墓所出〈闞氏高昌永康年間供物、差役帳〉的再考察》(《敦煌學輯刊》2 期)認爲《闞氏高昌永康年間供物、差役帳》是永康十年(475)閏三月焉耆王在前往柔然,經過高昌時,闞氏高昌進行傳供招待時所用供物和雜差科的總賬。文章指出闞氏高昌的雜差科有繳納木薪、苜蓿、土堆葡萄、酒等實物和燒炭、取瓩、作瓪等力役兩種,這種制度在麴氏高昌時期仍有延續。闞氏高昌很大一部分的雜稅和差役被用於招待各國客使,民衆負擔沉重。陳習剛《吐魯番所出〈高昌張武順等葡萄畝數及租酒帳〉再探討》(《吐魯番學研究》1 期)重新校録《高昌張武順等葡萄畝數及租酒帳》,辨析"無租、租了、得酒、有酒、儲酒、無桃"及"姓"的含義,指出"姓"爲容器"甕"的假借字,此文書是"針對租酒輸納不足葡萄園主酒情況的調查與收購"的租酒帳。趙貞《唐前期"中男"承擔差役考——以敦煌吐魯番文書爲中心》(《西域研究》1 期)指出唐前期中男要承擔夫役、征行、村正、曲長、侍丁、執衣、門夫、烽子、郡史、渠頭、斗門、堰夫、渡子、守橋丁等差役。具體差配情況與中男的家庭背景有關,五品以上的勳官以及翊衛、隊副中男之子不承擔色役差科,中男在承擔差役時享有"終服"之制。16 歲以上有專門技藝的中男還可能被選在太常寺司儀署和岳瀆齋及太史局中充役。張新國《唐前期的女户及相關問題——以敦煌吐魯番文書爲中心》(《中國邊疆史地研究》1 期)指出唐前期西州把作爲户主的中女、丁女、丁寡統稱爲"户主大女",敦煌地區則無特殊稱呼;唐前期女户家庭除"賤口"和漏籍的"幼男"、"小男"外,均爲女性;女户家庭的受田數額較少,經濟條件較差,多爲"下下户",且均爲不課户;女户的存在與唐代的某些戰事相關,一定程度上反映戰爭傷亡情況。敦煌吐魯番文書關於女户的記載能補充唐《田令》的不足。彭麗華《唐代丁匠的徵發與上役管理——以〈賦役令〉爲中心》(《史學月刊》4 期)認爲唐代法律中的"丁匠"指"承擔普通力役的丁與已成丁並擁有專門技藝的匠",並進一步利用《天聖令》及敦煌吐魯番文書考察了丁匠的徵發程序和日常管理諸問題。黃樓《唐代的更簿與直簿——以吐魯番所出〈唐某年二月西州高昌縣更簿〉爲中心》(《吐魯番學研究》1 期)對《唐某年二月西州高昌縣更簿》進行重新復原綴合,指出原被斷定爲一件的文書 2004TAM398 : 7 實爲兩件,並將其分別編爲 2004TAM398 : 7 - 1(a)、2004TAM398 : 7 - 2(b)。2004TAM395 : 4 - 5 號文書應綴於 2004TAM395 : 1 - 2 號後,2004TAM395 : 5 號可能爲二月十七日更簿的內容。更簿爲唐永徽、顯慶年間文書,其實質是造籍期間爲分配里正宿直的更次安排,是"完整的上行官文書"。里正在造籍時到縣衙上直是其本職的延伸。趙璐璐《里正職掌與唐宋間差科徵發程序的變化——兼論〈天聖令·賦役令〉宋令第 9 條的復原》(《史學月刊》10 期)指出李錦繡在唐令第 30 條復原時的做法有待商榷。唐前期里正在差役徵發時挑選丁夫,弊端較多。大中九年(855)唐調整了差役徵發方式,宋代"五等丁產簿"和按户等徵差科制度完善後,里正挑選丁夫的權利逐漸喪失。差科徵發制度的調整引起了差科徵發程序、文書簿籍制度的變化,反映了唐宋間對基層控制的加强和基層政權運行機制的轉型。

契約文書相關的研究成果有:阿風《中國歷史上的"契約"》(《安徽史學》4 期)把敦煌吐魯番出土契約文書置於整個中國歷史契約發展的長時段以及國内出土的契約文書的大範圍中進行考察,以重要的研究成果詮釋出土契約文書的重要價值。文章還分析了中國古代契約在形制和語言上的變化。龔戰梅、崔匡洲《〈清代新疆檔案選輯〉中所見土地契約的形式和特點》(《蘭臺世界》28 期)介紹了《清代檔案選輯》所見晚清新疆沙俄侵略、阿古柏叛亂後吐魯番地區關於租賣、退賣和續賣的三種契約。

三、歷 史 地 理

本年度歷史地理的研究主要集中在關於吐魯番地名的研究和絲路交通的研究方面。

對吐魯番地名進行的研究有:陳國燦《吐魯番地名的開創期——吐魯番地名研究之二》(《吐魯番學研究》2 期)指出車師王國時吐魯番有交河城、石城、兜訾城、萬度、其養、乾養、柳婆、摩訶演、阿虎、喙進等地名,無羅、葡萄谷、山帝、零中亦可能出現在此時期。戊己校尉時期出現的漢語地名有高昌、柳中、高寧、橫截、白芳諸壁。高昌郡時期有高昌、田地、橫截、高寧、白芳五縣。大涼時期有高昌郡轄高昌、橫截、高寧、威神四縣,田地郡轄田地、白芳、酒泉三縣,交河郡轄交河、鹽城二縣。陳國燦《對高昌國諸城"丁輸木薪額"文書的研究——兼論高昌國早期的諸城分佈》(《吐魯番學研究》1 期)對阿斯塔那 48 號墓出土"丁輸木薪額"文書的內容進行復原,判定其時間在章和(531—548)初期或更早。文書顯示在章和初期高昌曾施行"一都一郡十二縣"的行政建置,章和十一年後逐漸擴大,過渡到"一都三郡十五縣"的建制。作者考訂了諸縣城的佈局,認爲十二縣分佈於吐魯番的各綠洲中心,丁輸額的不同折射出各縣居民規模的不同。夏國强《〈經火山〉與"蒲昌館"》(《中華文史論叢》2 期)認爲"長行坊馬料帳"中的館驛以各縣爲中心,在各路線上按遠近順序排列。岑參詩"火山今始見,突兀蒲昌東"中"火山"即今火焰山,"蒲昌"指"蒲昌館",在今鄯善縣薩奴吐爾附近,"火山突兀赤亭口"中"赤亭口"係"赤亭道口"。李樹輝《吐魯番地名新探》(《語言與翻譯》2 期)否定了"吐魯番"爲維語"turpan"音譯的觀點,指出 turpan 的漢譯"禿爾班"最早見於《通制條格》卷

4《戶令·女多溺死》中。《西域行程記》、《西域藩國志》所記"吐爾番",指唐代安樂城,明《殊域周咨録》中記爲"吐魯蕃",其所指地域範圍已包含交河在內,後發展成吐魯番盆地全境的名稱。Turpan 由突厥語動詞 tur-和源於"嚈噠語的副動詞/行動詞構詞成分-pan 構成"。

有關絲路交通的研究有:張碩勛、王曉紅、韓岩《作爲媒介的驛道:古代長安通西域的驛道考》(《長安大學學報》1 期)考察了中國古代從長安向西域的驛道設置及驛站分佈情況,指出中國古代驛道和驛站對促進中國多民族發展和中西交流發揮著重要作用。李書吉、錢龍《漢唐間的伊吾及伊吾路》(《山西大學學報》5 期)指出烏孫和月氏均曾活動於伊吾地區,匈奴在此地區的活動更爲複雜,漢代奪取伊吾,設立伊吾盧地,置宜禾都尉,屯田伊吾,對伊吾的發展至關重要。同時漢唐間,匈奴、柔然、北魏、三涼、突厥、隋、唐等政權曾在西域地區展開激烈角逐,伊吾路在諸政權的爭奪中作用極爲重要。另外從中原通西域道路的角度來講,伊吾路也是一個重要樞紐。李樹輝《絲綢之路"新北道"的開通與興盛》(《石河子大學學報》3 期)考證認爲"新北道"開通於西漢元始年間,是溝通車師後國與敦煌間較爲安全的路線,經北朝隋唐發展成一條貫穿中原與天山北麓、中亞、西亞的重要通道,達到最盛期,此路到明清時期仍然沿用,進而指出前輩學者認爲烏拉泊古城是"唐輪臺"的説法不成立。

另有李宗俊《唐前期西北軍事地理問題研究》(中國社會科學出版社)分朔方節度、河西節度、隴右節度、北庭節度、安西四鎮五章討論唐前期西北軍事地理方面的諸多問題。其中涉及西域交通、軍鎮建置、隋唐王朝的西域經營等諸多問題,很好地利用了敦煌吐魯番文書,是唐代西域研究的重要成果。盛景艷《〈新唐書·地理志〉標點勘誤兩則》(《智富時代》11 期)一文,認爲中華書局點校本《新唐書·地理志》隴右道西州交河郡土貢"葡萄五物酒漿煎皺乾"應斷爲"葡萄五物:酒、漿、煎、皺、乾";同書河東道下太原府太原郡土貢條"葡萄酒及煎玉粉屑"應斷爲"葡萄酒及煎,玉粉屑"。

四、社 會 文 化

社會與文化方面的研究涵蓋内容較爲豐富,主要可分中西文化交流、體育活動等,相關成果如下。

中西文化交流方面:榮新江《絲綢之路與東西文化交流》(北京大學出版社)分"絲綢之路"、"文化交流與互動"、"漢文化的西漸"、"外來物質文明的貢獻"、"三夷教的流傳"五編,收録了氏著已刊的多篇論文,其中多篇爲吐魯番學方面的研究成果。李剛、崔峰《絲綢之路與中西文化交流》(陝西人民出版)運用傳世典籍、出土文書、出土文物等資料,論述了先秦到明清時期的中西文化交流的諸多面向。鄭君雷《西漢邊遠地區漢文化結構中的西域》(《北方民族考古》2輯)認爲西漢的西域考古學文化没有形成一個整體的漢文化板塊和地方類型,並從政治環境、社會環境角度分析其原因。文章指出漢代西域漢文化應該置於"'環套鏈接結構'的中原地區與波及地區"的交界處。王聰延《漢代西域屯墾與漢文化在西域的傳播》(《兵團黨校學報》4期)簡述了漢代的西域屯墾所帶去的冶鐵技術、農田灌溉技術、禮儀制度、文字等漢文化因素對西域地區社會生產、日常生活方式、語言文字、禮儀制度等方面的影響。劉德波《古代中國與印度的樂舞文化交流》(《音樂傳播》1期)論述古代中國與印度的音樂交流,認爲高昌樂也有可能受到了印度樂的影響。董永強《唐代西州百姓陪葬〈孝經〉習俗考論》(《西北大學學報》2期)指出吐魯番地區高昌國及唐西州時期民眾有陪葬《孝經》的習俗。出土衣物疏中所列《孝經》並非虛記,而是將墓主生前所用之物隨葬。這種習俗來源於漢魏以來中原地區陪葬《孝經》的習俗。漢武帝以來,歷代統治者極爲推崇《孝經》,將其用於學習教材,並以法令的形式確保孝道精神的實施。在唐西州,相關法令制度亦得以實行,是吐魯番地區隨葬《孝經》的根源。

有關古代體育的研究有:于力《古代西域民族體育項目類型淺析》(《塔里木大學學報》1期)對史書、岩畫、壁畫、出土文物等多種資料所見西域民族的各類體育活動進行了歸類,將其分爲狩獵、跑跳、投擲、武術、角力、命中、騎術、球類、棋牌、舞戲等類別。叢振《古代雙陸遊戲小考——兼論敦煌、吐魯番的雙陸遊戲》(《吐魯番學研究》2期)在已有雙陸遊戲起源的本土、外來說及外來但經中國改造三種說法的基礎上,認爲持外來說的部分學者將雙陸和長行、握槊、波羅塞戲等同似有不妥,但雙陸爲外來之物無疑,並探討了雙陸遊戲的規則。文章進一步指出,阿斯塔那206號墓出土雙陸局、阿斯塔那38號墓壁畫、敦煌文獻對雙陸遊戲的記載是研究雙陸遊戲的重要資料。

另有其他幾篇文章關注點不同,但都是社會文化方面的研究,它們是:張金傑《吐魯番出土磚誌中的女性磚誌研究——以〈吐魯番出土磚誌集注〉爲中心》(《綏化學院學報》6期)總結出吐魯番女性磚誌的文體形式有墓表、墓記、墓誌、墓誌銘四種,並分別探討其書寫格式。文章還對女性磚誌中女子社會地位、姓氏的記述,及一磚書兩表、丈夫和衆多妻妾的墓表,母親磚誌書寫等問題進行了討論。劉子凡《唐代書信緘封考——以中國人民大學藏和田出土書信文書爲中心》(《文獻》5期)以中國人民大學藏和田出土書信文書爲主,結合庫車、吐魯番、敦煌出土的書信文書和書儀文書,並利用傳世典籍,充分探討了唐代書信緘封的直封、斜封、折封三種方式的具體操作程式,在此基礎上討論了這幾種書信緘封方式的使用場合。趙毅《清末吐魯番養濟院》(《清史研究》1期)認爲光緒三年(1877)八月至光緒六年(1880)六月期間,吐魯番已經設立養濟院,但因戰亂未上報清政府,光緒八年(1882)十二月纔得到清政府認可,其經費、土地、房屋、口糧等均由官府撥給。吐魯番養濟院的救濟人數最初沒有定額,光緒十三年(1887)後定爲74口。救濟方法爲供給居所和口糧,救濟期間死亡者,發給喪葬費。游自勇《敦煌吐魯番占卜文獻與日常生活史研究》(《中國高校社會科學》2期)指出敦煌吐魯番占卜文獻以民衆日常生活中流行的實用性文本爲主,雖經專業人士的"文本化"再造,但仍是研究古人日常生活史的重要資料。爲此可從"長時段觀察,打通與簡帛術數文獻的樊籬",將敦煌、吐魯番占卜文獻綜合考察,更多地"關注'人'的歷史"幾方面加强研究。

五、民族與宗教

本年度民族與宗教方面的研究成果豐富,出版的專著與論文集有:楊富學《西域敦煌宗教論稿續編》(甘肅教育出版社)收錄楊富學關於西域、敦煌宗教的多篇論文。内容以敦煌地區的宗教文化爲主,囊括霞浦與敦煌吐魯番摩尼教文獻對比研究、高昌回鶻摩尼教寺院莊園化、鄯善國出家人的居家生活、鄯善國佛教戒律等西域敦煌佛教、摩尼教、薩滿教、道教等諸多問題的研究。王紅梅、楊富學《元代畏兀兒歷史文化與文獻研究》(甘肅教育出版社)是關於元代畏兀兒歷史文化及歷史文獻研究的專著,内容涵蓋元代畏兀兒概念界定;喀什、高昌、内遷畏兀兒三個畏兀兒文化中心區研究;畏兀兒漢傳、藏傳佛教;畏兀兒的儒學;元代高昌回鶻的語言;莫高窟464窟回鶻文榜題等諸多問題的研究。

關於回鶻的研究,布阿衣夏木·阿吉《喀喇汗王朝與高昌回鶻汗國的政治關係探析》(《哈爾濱學院學報》12期)論述了薩圖克·布格拉汗、穆薩·阿斯蘭汗、哈散·布格拉汗、艾赫邁德·托干汗在位期間,對于闐、薩曼王朝、高昌回鶻的征戰情況。論文指出雖然他們對于闐和薩曼王朝的征戰較爲順利,但對高昌回鶻的征戰卻屢屢受挫,喀喇汗王朝並未使高昌回鶻整體伊斯蘭化。楊富學《回鶻社會文化發展逆演進現象考析》(《暨南學報》4期)認爲回鶻西遷後,以較低文明將文明程度較高的漢人、吐火羅人、粟特人、于闐人同化的現象是文化發展的逆演進。出現此現象的原因是回鶻在西遷前後,其經濟以遊牧爲主,但定居農業也發展充分,建有城市,並且進行商業活動。因此西遷後很容易接受和利用西域綠洲文明的地理物産條件和文化,並有所發展。閆國疆、郝新鴻《多元共生、動態交融——回鶻西遷後的西域文明與居民身份變化》(《西北民族大學學報》6 期)簡要敍述了回鶻西遷、喀喇汗王朝建立及伊斯蘭教擴張的歷史。文章論述了 9—13 世紀在回鶻西遷、喀喇汗王朝建立和伊斯蘭擴張的背景下,西域地區居民社會生產方式、社會習性、科學技術、醫學、文字等方面的發展變化,以及此時期多種文明、多種宗教共存,相互影響與促進的情況。熱依汗·卡德爾《歷史書寫、家族記憶與認同建構》(《新疆師範大學學報》3 期)敍述了江蘇溧陽沙漲村發現《元嘉儀大夫廣東道都轉運鹽使贈通儀大夫户部尚書輕車都尉守忠全節功臣高昌忠愍公墓誌銘》後,相關學者利用其研究高昌回鶻㪍慾谷後代由漠北草原遷往西域高昌,後改姓偰氏,流散到江南及韓國的歷程。

另有謝貴安《懷柔遠人:國史〈明實錄〉對西域"回回"記載的價值取向》(《北方民族大學學報》2 期)梳理了《明實錄》中關於廣義的西域回回和包括吐魯番回回和火州回回在内的狹義的西域"回回"入貢的記載,並指出《明實錄》還大量記載了許多以撒馬爾罕回回和吐魯番回回爲代表的西域回回内附的情況,認爲《明實錄》的這些記載是出於政治上懷柔遠人的考慮,以形成萬國歸附的歷史印象。王晶《論漢宋間翟氏的民族融合》(《中國邊疆史地研究》1 期)一文,從源頭上明確翟氏有漢與丁零兩支。魏晉時期翟氏開始外遷並與其他民族融合,敦煌和西域的漢族、丁零翟氏特色鮮明。十六國北朝以後丁零翟氏持續漢化,與漢族翟氏區别變小,但翟氏内部的漢化程度不平衡。在漢化的同時,翟氏受到突厥、粟特、回鶻等民族的文化影響,具有多元民族融合的特點。

本年度宗教相關研究以佛教最多,對摩尼教、景教、伊斯蘭教、道教相關問題進行的探討也取得了很好的成績,同時還有部分文章是對多種宗教共存和興替狀況的綜合性研究。

佛教相關的研究成果有:王欣《漢唐時期的西域佛教及其東傳路徑》(《中國歷史地理論叢》3 輯)指出漢唐時期絲路的開通和高昌、焉耆、鄯善、龜兹、疏勒、于闐等政治中心的形成,爲西域佛教的發展奠定了政治基礎。龜兹、于闐、高昌等地西域僧人的東行弘法,中原僧人的西行求法,中原與西域的政治、軍事交往,絲路貿易及人口遷移,特别是中原向吐魯番的人口遷移極大地促進了中原與西域佛教的雙向影響和多元發展。吕麗軍《吐魯番出土北涼時期寫經題記研究——以〈優婆塞戒經〉爲中心》(《太原師範學院學報》2 期)考察吐魯番所出北涼世子沮渠興國所寫《優婆塞戒經》的題記,判斷寫經時間分别爲 426 年、427 年的四月二十三日,正值佛教的坐夏期,地點在北涼國都姑臧。許雲和《鄯善出土〈佛説金剛般若波羅蜜經〉殘卷題記考》(《文獻》3 期)指出鄯善出土《佛説金剛般若波羅蜜經》殘卷題記"大同元年正月一日,散騎常侍淳于□□□於芮芮……令□□□届梁朝,謹卒本誓……"中的淳于某爲淳于覃。造經的地點在柔然,造成之後淳于覃派人送至梁朝供養,途經高昌時,分發此經於高昌流通。白凡《公元5—8世紀絲綢之路對佛教文化的影響》(《絲綢之路》20期)以涼州、高昌等地爲例,説明在北魏及隋唐政權開拓西域的背景下,絲綢之路對佛教文化發展的重要意義。彭傑《旅順博物館藏兩件高昌王麴乾固供養寫經殘片探析》(《敦煌研究》3期)判定旅順博物館藏1462-17-9號吐魯番文書爲鳩摩羅什譯《仁王經》第八品《囑累品》之尾,對同館藏1467-32-5號吐魯番文書進行校録,判定其爲曇無讖譯《金光明經》中《流水長者子品》之尾。兩經的抄寫者均爲高昌國王麴乾固,麴乾固抄寫《仁王經》和《金光明經》具有深刻的政治、社會背景。彭傑《略論柏孜克里克石窟新發現的漢文〈金剛經〉殘卷》(《新疆大學學報》1期)指出柏孜克里克石窟出土的81TB1:330-1、80TB1:055a、80TB1:055b、80TB1:644a號文書爲鳩摩羅什譯《金剛經》殘片,80TB1:044a爲菩提流支譯《金剛經》殘片。高昌地區以漢人爲主體,佛教盛行,且《金剛經》言簡意賅,因此在高昌地區廣爲流傳。同時因鳩摩羅什譯經水平較高,在高昌流行的主要爲其所譯《金剛經》。陳明《義淨的律典翻譯及其流傳——以敦煌西域出土寫卷爲中心》(《文史》3輯)糾正了之前學界對敦煌吐魯番出土文書中義淨所譯佛經的定名錯誤,對敦煌、吐魯番、北高加索地區出土的義淨所譯佛經進行了全面梳理。作者指出義淨所譯《金光明最勝王經》流傳最廣,吐魯番寫本的抄寫時間主要是8世紀到10世紀初,流傳的區域有洛陽、長安、敦煌、吐魯番和北高加索地區,其中吐魯番最多。其所譯根本説一切有部律典的流傳不多。

其他宗教研究的成果有:胡曉丹《摩尼教〈佛性經〉之"七苦惱懊悔"與"五處分配"考》(《中華文史論叢》1期)認爲《國家圖書館藏敦煌遺書》所收《佛性經》爲漢語摩尼教文獻,進一步闡述了其第八品殘餘部分的內涵。文章結合吐魯番出土摩尼教文獻,探討其反映的聽者靈魂淨化和解脱過程中的"七—五"結構,認爲"七—五"結構反映了"摩尼教對時間和'物質—靈魂'二元世界的基本認識"。芮傳明《吐魯番TM276文書及回紇改宗摩尼教之史實辨》(《交錯的文化史論集》,中華書局)以吐魯番出土回鶻文文書TM276爲主,考證了回鶻政權改信摩尼教的相關事實。陳凌《中國境內祆教相關遺存考略(之一)》(《歐亞學刊》新2輯)考察了中國境內的粟特人聚落分佈,並按照從西向東的順序考索我國西到疏勒、東到營州、南到蘇州的祆祠記載及其他祆祠遺蹟。榮新江《絲綢之路與瑣羅亞斯德教的流行》(《世界遺產》5期)強調中古粟特人及粟特商隊對瑣羅亞斯德教東傳的意義。石勇《絲路上的景教遺存》(《中國宗教》2期)介紹了吐魯番發現的《棕枝圖》、敦煌發現的《耶穌像》及《大秦景教流行中國碑》三件景教相關文物。王啓明《晚清吐魯番社會中的伊斯蘭教首領》(《世界宗教研究》1 期)以《清代新疆檔案選輯》爲主要材料,探討了晚清吐魯番地區伊斯蘭教禮拜寺的分佈、宗教首領及寺産情況,並對伊斯蘭教宗教首領阿洪的出缺類型、補放權、補放程序、主要職能,及晚清政府對禮拜寺與阿洪的管理措施進行了探討。李雪娜《淺析新疆道教歷史沿革與道教音樂現狀》(《新疆藝術學院學報》1 期)介紹了新疆地區道教發展的歷史,可知道教在南北朝時期傳入新疆,在哈密、吐魯番等地流傳。通過吐魯番出土文書可知,隋唐時期道觀在吐魯番雖然數量上不及佛寺,但地位尊崇,甚至在佛寺之上。另外文章還敍述了通過田野調查所發現的現今道教音樂在新疆的發展情況。

綜合性宗教問題的研究成果有：劉欣如《中亞宗教文化和社會的重大轉折(9 至 13 世紀)》(《世界宗教研究》6 期)指出北方草原遊牧民族的南下、西進,和伊斯蘭教的東進,使中亞綠洲地區的佛教、祆教信仰逐漸讓位於伊斯蘭教。西夏、高昌回鶻、西遼統治時,佛教在吐魯番等地再度復興。喀喇汗王朝統治帕米爾高原東西廣大地區時,伊斯蘭教進一步東進,天山以南最終伊斯蘭化,但是佛教的音樂、繪畫、舞蹈藝術與伊斯蘭宗教禮儀結合,影響深遠。王紅梅、黎春林《元明之際畏兀兒宗教嬗變述論》(《宗教學研究》2 期)論述了10 世紀中葉到 16 世紀中葉,伊斯蘭教逐漸征服喀什、于闐、龜兹、吐魯番的過程。這一演變使新疆地區的宗教從以佛教爲主,包含景教、薩滿教等多元宗教的狀況,變成完全的伊斯蘭化,並指出這一變化有利於促進新疆地區語言文字的一體化和近代維吾爾族的形成。帕提曼·穆明《高昌回鶻國多元宗教共生並存格局及其歷史啓示》(《和田師範專科學校學報》2 期)指出在高昌回鶻國寬容宗教政策指導下,國内摩尼教、佛教、祆教、景教得以共生。這對促進高昌回鶻的文化發展極爲重要,啓示我們對待不同文化時應該相互尊重、相互學習、相互包容。郭益海《中國歷代政權治理新疆時期宗教政策特點研究》(《實事求是》1 期)運用吐魯番出土文書等資料論證指出,漢代以來中央政府對西域的宗教政策經歷著由陌生到熟悉、由"修其教不易其俗"到將宗教事務納入到國家管理體制的變化。

六、語言與文字

受地域、歷史等因素的影響,西域地區語言與文字具有民族性特色。以下主要分爲漢文化、非漢文化、綜合性研究三類進行概述。

對漢文化中的語言與文字進行研究的有：陸娟娟《吐魯番出土文書語言研究》(浙江工商大學出版社)以文體爲劃分依據,將吐魯番出土文書劃分爲公文、契約、籍賬、隨葬衣物疏、書信幾類,並分別對其總體特點、文字特點、用詞特點及格式等進行了考察研究。曹利華《時間副詞"比爾"考論——從吐魯番出土文書説起》(《新疆大學學報》4期)從吐魯番文中的"比爾"一詞出發,探討時間副詞"比"和詞尾"爾"由兩個詞演化爲一個詞的過程。作者認爲"比"有時間介詞和時間副詞兩種用法,其"核心義素是[＋近]",和時間相關時表示時間參照點前後相近的時間,"爾"僅做時間副詞的詞尾。"比爾"是"介詞短語通過詞彙化方式演變爲時間副詞的",吐魯番文書中的"比爾"均表示未來時間。彭礪志《敦煌吐魯番文書所見"側書"詩詩義新證》(《文獻》3期)辯駁了以往學者對敦煌吐魯番文書中"側書"的錯誤理解。文章從"側"、"反"二字的詞義出發,論證認爲,敦煌吐魯番文書中的"側書"是指用左手書寫的反寫書,南梁稱這種書寫方法爲"反左書",唐代的"側書"即前代"反左書"的流傳。包朗、楊富學《〈吐魯番出土文書〉所見"譌"當爲"過"字考——兼與王啓濤先生商榷》(《敦煌研究》4期)指出吐魯番出土文書中"渠破水譌"的"譌",解釋爲"責備懲罰"則文意不通,"譌"和"過"都有"溢"的意思,"譌"和"過"字形和字義部分重合,"譌"當爲"過"的俗體訛字。時兵《出土衣物疏量詞考釋二則》(《淮北師範大學學報》1期)認爲《吐魯番——唐古墓出土隨葬衣物疏》、《散見簡牘合輯》、《甘肅玉門畢家灘出土的衣物疏初探》所收衣物疏中量詞"立"應讀"襲"。《前秦建元年二年(386)劉弘妃衣物疏》中的"舜"、"勾"二字應分別讀爲"髾"和"絡"。邵天松《黑水城出土宋代漢文社會文獻中的度量量詞》(《寧夏社會科學》1期)考察了黑水城出土漢文社會文獻中表長度的量詞分、寸、尺(赤)、疋、丈,表容量的量詞升(勝)、斗(斜)、石(碩),表重量的量詞斤及表幣制的量詞貫、文的用法。作者認爲其中部分量詞的用法和敦煌吐魯番文書所見的量詞用法相似。

非漢文化語言與文字方面的研究成果有:巴圖寶力道·奧特功《突厥、回鶻文中的"娑匐 Säbig"一詞考釋》(《草原文物》2期)認爲"娑匐 Säbig"既可表示官銜、官號,也有仁愛、仁慈之意。作爲官號時很有可能表示左翼或右翼的萬户。突厥王朝時,只有個別部落首領及可汗的可敦享有"娑匐"尊稱,其名號和"梅録"屬同一級别。胡瀟元、張增吉《論高昌回鶻汗國君主的語言觀》(《蘭臺世界》3期)指出,在歷史先驗知識、遊牧與定居交融並存的社會生產方式和多元宗教文化的影響下,高昌回鶻汗國君主的語言觀具有作爲歷史傳承載體、象徵權力符號和被賦予影響現實力量的特徵。王莉、張迎治《回鶻西遷前夕新疆民—漢、民—民語言文化互動現象探討》(《貴州民族研究》4期)考察了回鶻西遷前夕新疆地區的民族和種族構成。論文分析了漢文、漢語在新疆的使用情況及其和突厥語、吐火羅語、回鶻語、粟特語等民族語言的相互影響,及各種民族語言之間的相互影響,指出這種互動現象是在新疆地區特殊的人文、地理、政治環境條件下形成的。[匈牙利]潑爾奇奥著,張海娟、楊富學譯《回鶻文佛典翻譯技巧考析》(《河西學院學報》1 期)指出回鶻文佛典翻譯的技巧包括"專有名稱,直接採用外來術語";"回鶻文之佛經翻譯常常以一種文字爲底本,同時參考其他文本";"注意借鑒佛經藏文、漢文譯本的翻譯經驗和技巧"三點。李樹輝《ujʁur 一詞在不同歷史時期的含義和指謂》(《青海民族研究》2 期)認爲 ujʁur 最初爲"部落集團的泛稱","回紇"、"回鶻"是其音譯。漠北回鶻西遷、南下後,甘州、高昌、龜兹回鶻均沿用此詞。16 世紀天山南麓整合爲同一民族,但無統一名稱,1921 年 ujʁur 成爲這一族名,1934 年新疆省政府下令將 ujʁur 譯爲維吾爾,從此沿用。

綜合性研究方面的研究成果有:張鐵山《新疆歷史錢幣上語言文字的交融與合璧》(《吐魯番學研究》1 期)介紹了新疆歷史上多種語言文字的構成和存在的歷史背景,並分析新疆歷史上各種合璧銘文錢幣的鑄造背景、鑄造方法、形制、文字構成和流通情況,在此基礎上揭示了新疆多語言歷史錢幣豐富的文化内涵,和其對於構建和諧語言關係、民族關係的重要意義和啓示。郭蘭、陳世明《古代新疆漢族學習其他民族語言現象説略》(《新疆大學學報》4 期)認爲古代新疆漢人學習其他民族語言的幾種客觀條件和形式有婚姻、宗教、翻譯、雜居、學校教育等。吐魯番出土文書顯示中古時期吐魯番胡漢之間相互通婚、雜居,並有一些漢人擔任譯語人職務,因此必有漢人學習其他民族語言的現象。高昌回鶻王國時期可能也有漢人參與將漢語佛教文獻譯爲回鶻語的現象。廖澤余《維吾爾語外來詞面面觀》(《雙語教育研究》4 期)以考察維吾爾語引入的漢語、波斯語、阿拉伯語、俄語詞彙爲切入點,論述了維吾爾語中的諸多外來詞影響。成湘麗、楊榮成《〈西域考古記〉中記載的中國古代語言文字簡考》(《蘭臺世界》31 期)概述了斯坦因所著《西域考古記》中記載的漢文、佉盧文、藏文、古穾利文以及西夏文、于闐文、突厥文、吐火羅文、敘利亞文、回鶻文文書的發現時間、地點及文書材質和考古價值。韓文慧《絲綢之路上的吐魯番出土文書》(《昌吉學院學報》5 期)分漢語、胡語兩類概述吐魯番出土文書的情況,又將胡語文書分梵語文書、粟特語文書、回鶻語文書進行介紹。作者認爲吐魯番眾多胡語文書的出現與佛教的東傳關係密切,而大量漢語文書的出現則與漢唐以來中原的西域經營及漢文化的西漸相關。

七、文獻與古籍

對出土文獻、傳世文獻的整理、定名、綴合、校勘等方面的相關研究成果有：樊錦詩、才讓、楊富學主編《絲綢之路民族文獻與文化研究》（甘肅教育出版社）收錄國内學界關於絲綢之路民族文獻與文化研究方面的論文多篇，内容以敦煌出土古代少數民族語言文獻、歷史文化及敦煌石窟壁畫、歷史文化的研究爲主，兼及河西走廊鎮墓瓶及唐代西域告身制度等諸多問題。包曉悦《日本書道博物館藏吐魯番文獻目録（上篇）》（《吐魯番學研究》2 期）依照《臺東區立書道博物館所藏中村不折舊藏禹域墨書集成》，在《經卷文書類目録（中國及本國）附解説》和《吐魯番文書總目（日本收藏卷）》的基礎上，對書道博物館所藏的吐魯番文獻重新核定編目。作者利用數字化大藏經等技術對之前被定爲"殘經"的部分文書和之前没有編目的文書進行重新定名和編目，並更正了前有著録的部分錯誤。包曉悦《日本書道博物館藏敦煌吐魯番"寫經殘片册"的文獻價值》（《文獻》5 期）以《臺東區立書道博物館中村不折舊藏禹域墨書集成》公布的中村不折舊藏圖版爲依據，從敦煌吐魯番"寫經殘片册"中新比定出一些世俗、佛教和道教文獻殘片，這些殘片多數出土於吐峪溝石窟。

　　古籍整理方面，張新朋《吐魯番、黑水城出土〈急就篇〉〈千字文〉殘片考辨》（《尋根》6 期）重新綴合了一些吐魯番、黑水城出土的《急就篇》、《千字文》殘片，其中 Ch407V（TⅡ2004）爲《急就篇》；Ch2612 背面爲《千字文》；Ch1234R（TⅢT418）+ Ch3457R（TⅢ2034）正面綴合後爲《千字文》殘片；大谷 4318 第九片殘文爲《千字文》，很可能與 Ch1234R（TⅢT418）+ Ch3457R（TⅢ2034）爲同一寫卷；大谷 10461（A）爲《千字文》，可與大谷 10293（A）+ 10293（C）+ 3550 + 3575 + 3576 + 3578 + 3981 + 3313 + 3686 + 3581 號文書綴合；M1 1219［Y1：W101c + Y1：W101b］爲《千字文》；俄 TK150—1 爲《千字文》。盧韜《吐魯番所出〈晉陽秋〉殘本研究》（《黑龍江史志》1 期）指出阿斯塔那 151 號墓所出《晉陽秋》殘本作者爲孫盛，寫本時間在麴氏高昌時期，早於延和年間。殘本《晉陽秋》前半部分所記爲司馬倫與賈南風外戚集團和張華集團的政治衝突相關事件，後半部分爲張華傳及其所撰《鸚鵡賦》，並探討了孫盛著《晉陽秋》的流傳情況。張新朋《新認定吐魯番出土〈枯子賦〉及相關殘片考》（《敦煌與絲綢之路——浙江、甘肅兩省敦煌學研究會聯合研討會論文集》，浙江大學出版社）新認定大谷 3173、3179、3181、3223、4359、10355、10428 號文書爲《枯子賦》殘片，並對其進行了相關的綴合研究。李小東《〈大慈恩寺三藏法師傳〉點校考異一則》（《華夏文化》4 期）認爲 1982 年中華書局點校本《大慈恩寺三藏法師傳》中"殿中侍御史歡信"的斷句，並非如荒川正晴所論爲"殿中侍御的史歡信"。當時有可能存在"殿中侍御史"一職，也有可能"殿中侍御史"和"殿中侍御"均不存在，但史歡信爲人名的劃分方法不成立。孔漫春《唐景龍四年寫本〈論語鄭氏注〉"道行,乘桴於海"章辨析》(《貴州民族大學學報》5 期)比對阮刻《十三經注疏》本《論語》"公冶長"篇與阿斯塔那出土《景龍四年〈論語鄭氏注〉》的區別。作者通過分析景龍四年(710)寫本的抄寫者身份、與現有其他版本對比、結合已有研究成果及語境還原等方法判定景龍四年寫本的記載有誤。伏俊璉《唐寫本〈論語〉鄭玄注的學術特點》(《甘肅理論學刊》1 期)梳理了敦煌吐魯番出土的鄭玄注《論語》寫本留存情況。文章認爲《論語》鄭玄注的特點有:體制短小,文字簡要;以理學思想爲主要依據;《論語》本身蘊含的政治、修德思想是鄭玄注《論語》政治思想的基礎;鄭玄注意用"禮法"注釋孔子的"禮";鄭玄還以"自創或注入新義的詞彙"對《論語》注釋。李芳、任龍《光緒朝首任新疆巡撫劉錦棠未刊奏折》(《歷史檔案》4 期)新刊布 24 份新疆巡撫劉錦棠的奏折,其中光緒八年(1882)十月二十七日《爲將補用知縣楊得炳照原保獎敘事片》和光緒十一年(1885)二月初二日《爲光緒十年春夏二季新疆命盜案件摘由匯報事奏折》兩份奏折與吐魯番相關。

對古籍進行評介與研究的成果還有:朱玉麒《徐松與〈西域水道記〉研究》(北京大學出版社)先是考論徐松的生平,繼而對徐松的專著、編著等進行整理研究,然後對其重要著作《西域水道記》的三種版本進行討論,並專門對清代西域流人與早期敦煌研究、清代西域地理文獻中的吐魯番、西域梵經石的發現與研究等問題進行了討論。緒論和結語部分作者主要對徐松研究的學術史和《西域水道記》的著作背景及重要貢獻進行了評價。王慧娟、陳昕《〈急就篇〉成書及版本述略》(《内蒙古科技與經濟》6 期)介紹了吐魯番出土《急就篇》的成書經過以及本書不同版本的情況。孫文傑《〈三州輯略〉史學價值論析》(《昌吉學院學報》6 期)對和瑛所著,記載烏魯木齊、吐魯番、哈密三州史實的方志《三州輯略》的編纂體例、主要内容、學術價值進行了介紹。孫文傑《〈回疆通志〉史學價值論析》(《新疆大學學報》6 期)介紹了清人和瑛撰《回疆通志》的編纂特點、主要内容、思想價值及學術特點。李軍《新疆簡史精品——〈三邊賦〉之〈新疆賦〉的史料價值》(《遼東學院學報》2 期)評介了徐松《新疆賦》對於新疆歷史沿革的記載,特別是對清統一新疆過程等記載的重要史料價值。李軍《西北史地學巨著〈漢西域圖考〉論略》(《魯東大學學報》1 期)介紹晚清李光廷著《漢西域圖考》一書的主要内容,剖析此書寫作的時代背景和經世致用的寫作意圖。作者對此書的視野、資料、繪圖技術給予了高度評價。王天麗《新疆方志綜述》(《河南圖書館學刊》2 期)分清以前、清朝、民國和新疆新方志幾類介紹了各個時期新疆方志的編纂、收藏和重要内容。

八、文　　學

文學方面的研究成果主要有：張鐵山編著《古代維吾爾語詩體故事、懺悔文及碑銘研究》（上海古籍出版社）對《高昌王及王后的故事》等六個詩體故事、《懺除一切罪》等五個詩體懺悔文和《亦都護高昌王世勛碑》等四個詩體碑銘進行整理校勘，並且對目前學界關於這些詩體故事的已有研究成果進行了評價和修訂。謝建忠《吐魯番出土文書中交河郡騰過人馬與岑參詩關係考論》（《蘭州學刊》2 期）認爲天寶十三載（754）四月末五月初岑參第二次到達北庭。《白雪歌送武判官歸京》作於天寶十三年八月底至九月初，武判官爲武就。《熱海行送崔侍御還京》、《送崔子還京》中崔侍御爲崔复。封常清天寶十三載九月西征阿布思，十月西征歸來，天寶十四載春初征播仙。論文還對《磧西頭送李判官入京》、《敬酬李判官使院即事見呈》、《使院中新栽柏樹子呈李十五栖筠》中的李栖筠，和《武威送劉單判官赴安西行營便呈高開府》、《武威送劉判官赴磧西行軍》中劉單的行程進行了考論。王艷軍、龐振華《古城交河在唐詩中的運用》（《蘭臺世界》24 期）指出唐平高昌後，交河迎來繁榮發展時期，一部分唐人詩中的交河形象體現出一種高昂情趣，但更多的是借助交河書寫邊疆的遥遠和艱苦，抒發征夫與家人的思念及哀怨。交河在唐人詩中有時爲實指，有時是作爲邊疆的一種泛化意象。杜曼·葉爾江《一首裕固民族歌和一首古代吐魯番民歌比較》（《甘肅高師學報》6 期）將裕固族民歌《婚禮歌》與高昌回鶻民歌《懷念親人》進行比較，發現兩者的押韻方式和章句結構具有共同之處。劉坎龍《西域歷史文化對新疆當代詩詞創作的潤澤》（《新疆社會科學》6 期）認爲新疆當代詩詞的創作，往往從高昌、柳中、鐵門關等具有深厚歷史文化内涵的意象中汲取營養，使詩詞充滿歷史厚重感。新疆當代的詠史詩因從歷史中找到了與現今社會的對接點，以讚美爲主要價值取向，表現出豪邁或是蒼涼但不哀傷的情感。

九、藝　　術

藝術方面的研究涵蓋範圍較廣，爲了分類方便，我們將其分爲宗教藝術和非宗教藝術兩大類進行敍述。

宗教藝術包含石窟、造像、壁畫等内容。其中石窟、造像方面的研究成果有：王欣《中國古代石窟》（中國商業出版社）介紹了石窟開鑿的歷史淵源，我國石窟的起源與發展。本書按地域介紹了我國境内的重要石窟，其第二章内容即是新疆境内的石窟介紹，包括龜兹和吐魯番地區的石窟。周雲《管窺柏孜克里克石窟總體設計思想》（《新疆藝術學院學報》3 期）認爲柏孜克里克石窟在總體設計上具有"隔而不絕,因地制宜;敬像如佛;至高無上的佛教思想",以及融合"吐魯番本土設計思想"的特點。趙麗婭《龜兹風佛教藝術的特點及其和吐峪溝石窟的關係》(《新疆藝術學院學報》2期)認爲龜兹石窟的特點包括:内容上主要表現釋迦牟尼的前世和今生;形式上有"中心柱窟、菱形格構圖、色彩對比强烈、以綫條爲主的造型特點、暈染法以及人物的本土化"等。作者指出吐峪溝石窟38窟、K18窟、44窟内容和形式上的特點反映出吐峪溝石窟深受龜兹石窟的影響,又有自身的鮮明特色。李雯雯《古代新疆的木雕佛像》(《美術與時代(上)》5期)介紹了新疆圖木休克、克孜爾、吐魯番地區發現的木雕佛像。文章指出圖木休克地區的木雕佛像具有早期犍陀羅風格,時代在4至5世紀;龜兹地區的木雕佛像具有印度和龜兹本土化風格,時代在7至8世紀;高昌地區的木雕佛像具有明顯的唐代雕塑風格,多爲9至10世紀的作品。金建榮《三至六世紀新疆地區佛教造像背光研究》(《藝術品》4期)考察了3至6世紀新疆佛教造像背光的主要類型、背光内填充色的主要類型及背光的裝飾圖案。作者指出5世紀前新疆地區的佛教造像背光受印度犍陀羅藝術和相關經典影響,形制較爲簡單,5至6世紀後受相關佛經的影響,背光中出現了化佛題材。

宗教性壁畫主要是對石窟壁畫的研究,相關成果有:[日]山部能宜著,陳瑞蓮譯、楊富學校《吐峪溝第42窟禪觀壁畫研究——兼及漢文禪觀文獻的起源》(《敦煌研究》4期)指出吐峪溝第42窟的並列禪觀比丘壁畫與某些來源不明的禪觀經典有某種聯繫,且42窟壁畫的部分内容與禪觀經典文本的記載有很大的一致性,但這些壁畫的總體佈局卻不能與目前所見的任何禪觀經典文本相一致。作者推測壁畫内容並非以某部經典爲藍本,與這些壁畫内容相一致的禪觀經典也有可能是以吐魯番禪觀傳統爲基礎。陳愛峰《大桃兒溝石窟第10窟觀無量壽經變考釋》(《敦煌吐魯番研究》15卷)介紹了大桃兒溝石窟第10窟的概況,並從内容、佈局、構圖的角度對觀無量壽經變壁畫進行探討,指出此壁畫的繪製時間在13世紀初至14世紀末蒙元統治下的高昌回鶻時期。孟嗣徽《文明與交匯——吐魯番龜兹地區熾盛光佛與星神圖像的研究》(《敦煌吐魯番研究》15卷)考釋柏孜克里克29窟(新編號)所出 MIK Ⅲ-8451號壁畫的内容爲《熾盛光佛與九曜十二元神圖》,進一步討論此圖星神與十二元神的各自源流,及兩者對應關係的演變過程。文章還分析了吐魯番、龜兹、敦煌等地出土其他幾件星神與十二元神崇拜共存的資料,指出柏孜克里克出土星神與十二元神崇拜共存的資料是多元文明交流的反映。張統亮、鍾超、安尼瓦·買買提《柏孜克里克千佛洞31號窟壁畫概述(上)》(《文物鑒定與鑒賞》6期)介紹了柏孜克里克千佛洞31號窟的修建歷史、保存現狀和現存壁畫内容。同氏著《柏孜克里克千佛洞 31 號窟壁畫概述（下）》（《文物鑒定與鑒賞》8 期）認爲柏孜克里克千佛洞 31 窟開鑿於隋唐時期，洞窟的壁畫則繪製於 11 至 12 世紀的高昌回鶻時期，指出柏孜克里克千佛洞壁畫内容以涅槃、榮辱思想爲主。文章還分析了高昌回鶻時代佛教繪畫盛行的原因，以及 31 窟壁畫的藝術來源與壁畫所反映的時代背景。張惠明《俄藏柏孜克里克石窟的一幅高昌回鶻時期的五臺山文殊圖壁畫研究》（《敦煌吐魯番研究》15 卷）分析艾爾米塔什博物館藏 Ty－776 號壁畫中的文殊騎獅圖像在敦煌、庫車等地的流傳情況，及文殊執如意圖像的源流和傳播。文章認爲壁畫中持杖老人爲文殊所化現，中年僧人爲佛陀波利化現。壁畫邊沿的手、足、圓形光、鐘、橋是五臺山圖像所必須的化現圖像，壁畫應定名爲《五臺山文殊圖》。李雲、吳潔《新疆石窟壁畫中的王侯貴族供養人圖像研究》（《新絲路（下旬）》11 期）梳理了高昌、龜兹地區石窟壁畫中的王侯貴族供養人圖像的現存情況，提出判斷是否爲王侯貴族的幾個方法，在此基礎上總結出龜兹、高昌地區王侯貴族供養人畫像的特點。論文認爲高昌地區有的供養人畫像具有蒙古樣式，而龜兹地區有的回鶻樣式供養人畫像兼具漢風。李雲、郭瑞陶《試論漢風影響下的庫木吐喇石窟壁畫中的供養人圖像》（《工業設計》12 期）將庫木吐喇石窟漢風供養人壁畫分爲純漢風、龜兹和漢式結合、回鶻和漢式結合三類進行介紹，認爲高昌回鶻時期，庫木吐喇漢風洞窟與柏孜克里克漢風洞窟相比，有規模、形象、樣貌及藝術表現形式上的區別。穆宏燕《摩尼教繪畫藝術對伊斯蘭細密畫發展的影響》（《世界宗教文化》4 期）敍述了摩尼教繪畫藝術自產生以來，在西亞、中亞、庫車、吐魯番等地的傳播歷史。文章著重論述其作爲宗教經典、文學作品插圖的重要性，指出其對伊斯蘭細密畫的影響體現在線條勾勒技法、繪畫色彩運用和内在精神上。韓文慧、高益榮《魏晉時期西域宗教文化與樂舞繪畫藝術》（《渭南師範學院學報》5 期）簡述祆教、佛教、道教文化在西域高昌等地傳播和其對西域文學、樂舞及藝術繪畫的影響。

非宗教藝術的研究成果包括墓葬壁畫、樂舞、服飾藝術、書法等内容。其中墓葬壁畫的主要研究成果有：王維坤《絲路來使圖爲證　讀唐章懷太子墓"西客使圖"壁畫》（《大衆考古》2 期）認爲章懷太子墓西壁"客使圖"前三人爲唐的典客令、丞，第四人爲高昌使，第五人爲吐蕃使，第六人爲大食使。"客使圖"反映了中宗希望能像太宗朝一樣"萬邦來歸"。馮筱媛《論唐墓屏風式壁畫"樹與人物"題材的母題與來源》（《寧夏社會科學》6 期）以阿斯塔那—哈拉和卓唐墓隨葬屏風和屏風畫的現象爲證，説明唐墓屏風式壁畫是對唐墓隨葬屏風現象的圖像化，其題材來源於現實中的屏風畫。文章研究了"樹與人物"和"樹與老人"構圖的取材和演變,認爲阿斯塔那出土紙本絹畫中的十二扇"樹與仕女"取材於唐代的烈女故事,張禮臣夫婦墓和阿斯塔那188號墓出土的"樹與仕女",分別取材於唐代的仕女圖和樹下鞍馬仕女畫。王曉玲、吕恩國《阿斯塔那古墓出土屏風畫研究》(《美與時代》2期)介紹了阿斯塔那古墓屏風畫的出土情况和屏風畫的主要内容,指出其題材與唐中原王朝的主流藝術風格基本一致,西州以前主要是人物,唐西州後主要是花鳥,並認爲屏風畫的内容反映了唐西州士人的精神追求。汪小洋《絲綢之路墓室壁畫的圖像體系討論》(《民族藝術》2期)將絲綢之路中國段的墓室壁畫分爲以洛陽、長安爲主的兩京體系,以河西走廊爲主的河西體系和以吐魯番等西域地區爲主的西域體系。作者認爲兩京體系的特點是中原集權意識突出;河西體系的特點表現在宗教文化特徵突出,且有獨立的敍事性特徵;西域體系則具有濃厚的邊疆地域特徵和獨特的圖像形式與圖像題材。趙喜惠《唐朝與西域繪畫藝術交流探析》(《青海師範大學學報》5期)分西域對中原的影響和中原對西域的影響兩方面,論述唐朝與西域繪畫的雙向交流和相互影響。論文指出康薩陀、尉遲乙僧父子等對西域繪畫入傳中原貢獻頗多,敦煌壁畫、柏孜克里克石窟壁畫、吐魯番墓葬壁畫和出土畫作既有中原之風,也有西域之風,體現了這種影響。

　　樂舞類的研究有:唐星、高人雄《試論北周時期的西域音樂及其東傳》(《廊坊師範學院學報》4期)對北周時期西域音樂的來源、樂種、樂器進行了梳理,認爲西域音樂經中亞東傳有南北兩道,均以馬什哈德爲起點,以長安爲終點。傳入北周的西域音樂按時間先後排列爲高昌樂、龜兹樂、康國樂、安國樂和疏勒樂。劉文榮《莫高窟隋唐壁畫"葫蘆琴"圖像再考》(《音樂研究》1期)認爲莫高窟隋代壁畫中的"葫蘆琴"由西域經高昌等地傳入,並在敦煌、河西等地流行,經常被用於禮佛,是"火不思"樂器的前身。莫高窟唐322窟中的葫蘆琴,由粟特胡商經中亞、高昌等地傳入敦煌。"葫蘆琴"這種樂器最早可上溯至中原的"渾不似","渾不似"先傳入西域,再經西域、中亞回傳至中國。楊洪冰、賈嫚《從西亞到新疆——箜篌自西向東的流播路徑》(《西域研究》3期)介紹了西亞、中亞和新疆地區出土的箜篌實物、圖像及相關造像。作者指出弓形箜篌受希臘文化和印度犍陀羅文化影響,先後傳入巴克特里亞、撒馬爾罕、費爾干納、庫車、焉耆、吐魯番一帶。角形箜篌起源於帕提亞,後傳於巴克特里亞、木鹿、撒馬爾罕、巴沙達爾、片治肯特,最終傳入和田、且末、吐魯番及河西走廊。

　　服飾方面的研究有:張蓓蓓《南北朝至隋唐時期新疆與中原民族婦女服飾交流》(《民族藝術研究》2期)以出土實物、壁畫爲主,以圓領袍衫、裲襠、背帶式長裙、翻領對襟長袍及半臂服飾爲例,討論了魏晉南北朝時期新疆與中原民族服飾的雙向交流與影響。閆文君、徐紅《新疆阿斯塔那墓出土的晉唐時期絲履特色分析》(《絲綢》7 期)介紹了新疆博物館藏阿斯塔那墓出土的織成履、變體寶相花紋雲頭錦鞋、藍色如意鞋、笏頭綺鞋、翹頭藍絹履、翹頭黃絹履,分析其在造型、取材、織物組織、色彩、花紋上的特點。王麗娜《唐后宫女服對高昌服飾的影響》(《寧夏大學學報》2 期)分麴氏高昌、唐西州、吐蕃佔領、高昌回鶻四階段,以髮飾、帷帽、半臂襦裙、披帛、裙衫等爲研究對象,分析唐后宫女服對高昌女服的影響。文章指出唐西州時,高昌女服幾乎類同唐后宫女服,吐蕃佔領和高昌回鶻時期,唐后宫女服仍對高昌女服有深刻影響。高昌女服並非完全照搬唐后宫女服,在吸收唐后宫女服特色的同時保有自身傳統,具有獨立發展性,甚至創有自身特色。

書法方面的研究有:[日]西川寧著,姚宇亮譯《西域出土晉代墨蹟的書法史研究》(人民美術出版社),本書首先對斯坦因三次西域探險的發掘品、斯文赫定第二次西域探險發掘品、西本願寺第二次西域探險發掘品進行了介紹,繼而對其進行整理編年。在此基礎上作者從書法史角度討論其書法表現形式,及其與同時代書法名家的書風關係。周珩幫《技與物的傳載——漢魏六朝書法西域傳播的主體和載體》(《新疆藝術學院學報》2 期)指出自漢開始經營西域到 4 世紀前後,漢魏書法向西域傳播的主體主要是往西域屯墾的文武官吏和屯田士卒,魏晉南北朝時期主要是西域本土的知識分子和往來於中西之間的佛教徒。書法藝術西傳的載體主要包括簡牘、簡紙、官私文書、碑刻及儒釋典籍抄本。

十、考古與文物保護

本年度在考古與文物保護方面的研究上成果豐碩,包括遺址調查、具體文物研究、文物修復與保護等方面内容。概述如下:

遺址調查與研究的成果有:[德]阿爾伯特·格倫威德爾著,管平譯《高昌故城及其周邊地區的考古工作報告(1902—1903 年冬季)》(文物出版社),1902—1903 年冬季格倫威德爾在高昌故城考古時對高昌故城的寺院、佛塔、古建築遺址以及勝金口遺址、木頭溝遺址、吐魯番北山坡前遺址進行了詳細編號和研究,這是吐魯番學研究的重要資料,翻譯此著作對國内學界的研究極爲重要。黃文弼著,黃烈編《西域史地考古論集》(商務印書館)從《黄文弼歷史考古文集》、《西北史地論叢》等黄文弼著作中選出多篇西域考古相關的重要著作。内容涉及黄氏内蒙古、新疆吐魯番、焉耆、輪臺、庫車、若羌、羅布淖爾、伊犁等地考古記,及其關於新疆古代地形、歷史、民族、交通和所獲磚誌的研究。烏布里·買買提艾力《絲綢之路新疆段建築研究》（科學出版社）主要研究公元前2世紀到公元16世紀塔里木盆地和吐魯番—哈密盆地兩條絲路沿線的古代城市和古代建築。内容涵蓋絲綢之路新疆段概述、古代城市、佛教建築、石窟建築、伊斯蘭教建築及其演變、建築技術、建築紋飾内容。王衛東、小島康譽主編《新疆世界文化遺産圖典》（新疆美術攝影出版社）以圖文並茂的形式向大家介紹了克孜爾千佛洞、蘇巴什佛寺遺址、克孜爾尕哈烽燧、交河故城、高昌故城、北庭佛寺遺址等絲綢之路新疆段的著名世界歷史文化遺産。中國敦煌吐魯番學會絲綢之路專業委員會、大唐西市歷史文化研究中心編《中國敦煌吐魯番學會絲綢之路專業委員會文集》（陝西師範大學出版總社）主要收録了中國敦煌吐魯番學會絲綢之路專業委員會成立時主要領導和專家的發言、外界賀信、相關學術論文及絲綢之路專業委員會成員在吐魯番、中亞、西亞等地的考察記録。陳倩《公元6—8世紀吐魯番阿斯塔那地區家族塋院研究——以張雄家族塋院爲例》（《鄭州航空工業管理學院學報》6期）研究指出，張雄家族塋院以夫妻合葬墓爲主，使用時間從麴氏高昌至唐西州，通過墓誌和墓葬資料可知其家族興衰歷程。其墓葬排序最後排最右邊的時間較早，從右向左，從後向前時間漸晚。張雄家族塋院受敦煌佛爺廟——新店臺墓群家族墓的影響。6至8世紀，吐魯番的家族塋院與陝西、甘肅的家族墓具有一致性。張安福、岳麗霞《環塔里木墓葬文化及對漢唐國家認同的趨勢分析》（《煙臺大學學報》3期）分析認爲史前環塔里木墓葬文化體現出分別以塞人、車師人、羌人爲主的地域性和族群特色。漢唐時期的吐魯番、龜兹、于闐、尼雅、樓蘭等環塔里木墓葬則體現出對漢唐中原物質文化、精神文化及中原國家政權的認同。環塔里木墓葬文化對中原文化的認同經歷了衝突、碰撞、融合發展的過程。

　　吐魯番地區文物局、吐魯番學研究院《雅爾湖石窟調查簡報》（《吐魯番學研究》1期）梳理了雅爾湖石窟的既往調查史，對雅爾湖石窟15個洞窟從位置、形制、現狀、壁畫、題記角度進行介紹。文章指出第1至7窟爲一組洞窟；第4窟爲禮拜兼禪窟，修建和底層壁畫繪製在沮渠安周佔領交河時期，表層壁畫繪於9世紀中葉至13世紀；第7窟爲禮拜窟，大約修建於5世紀末；第1、2、3、5、6窟用於修禪；第8、9窟爲第7窟的附窟；第10、11、12、13窟爲僧房；第14、15窟用於放置佛像。張鐵山、李剛《吐魯番雅爾湖千佛洞5號窟突厥文題記研究》（《西域研究》4期）對雅爾湖千佛洞5號洞西側的突厥文題記重新模寫、换寫和轉寫，分别漢譯爲：上面一行"伊姆罕的軍……偷人約姆西（ömüš）腰臀部病重……約姆西（ömüš）想來治病……四肢病了……國家的軍隊中間（有熱病），手……"；中間一行"……年您艾力克里克（ärkülüg）的著名的夫人姬姬(kiki)是主人"；最下面一行殘損嚴重，刻畫不規整，出自不同人之手，沒有連貫的漢譯。另外 5 號洞窟的開鑿與突厥文題記沒有直接關係，突厥文題記刻畫不規整，不是重要人物所留，時間在 9 世紀左右。鍾曉青《吐魯番古代建築遺蹟考察隨筆》(《美術大觀》5 期)以作者在 2000 年對吐魯番高昌故城、臺藏塔遺址、吐峪溝石窟、勝金口石窟遺址、七康湖石窟遺址的考察爲主要線索，詳細介紹了這些古遺址的現狀及修建、形制和用途等情況。王龍執筆《吐魯番市軍事設施遺址考古調查發掘記》(《吐魯番學研究》2 期)介紹了 2015 年 7 月開始，新疆文物考古研究所與吐魯番學研究院聯合隊在新疆維吾爾自治區文物局、吐魯番市文物局委託下對吐魯番境內的古代軍事設施遺址進行全面考古調查的緣起及考古調查的方法和收穫。丁曉蓮、王龍執筆《吐峪溝石窟寺西岸中區考古新收穫》(《吐魯番學研究》2 期)介紹了 2013、2015 年吐峪溝石窟寺西岸中區的考古發掘收穫。文章分西岸中區北段、中段、南段介紹了西岸中區的石窟和出土文書情況。其中發現了大量壁畫、塑像殘塊和紙質文書等物，尤其是回鶻文—漢文雙語完整卷軸和書寫在樺樹皮上的梵文殘卷、古藏文冊頁等的發現具有重要意義。但這些文書的內容以佛經爲主，很少有世俗文書。吐峪溝中區窟群以"多層式組群佈局"，在禮拜窟的四周修建"僧房窟、禪窟及其他生活用窟"。中區北段的石窟時間在公元 5 世紀，中段時間在公元 9 世紀，南段時間最遲。陳凌《近年吐峪溝石窟考古收穫與認識述略》(《歐亞學刊》新 3 輯)梳理近代以來吐峪溝石窟考古的歷史，介紹近年考古獲知的吐峪溝溝東 K18、溝西 NK2、溝西 LT1、溝西 LT2 石窟的遺址現狀，認爲吐峪溝石窟的營建不晚於公元 3 世紀。4 至 5 世紀時吐峪溝石窟是高昌國的王家寺院，7 世紀後因高昌國政治經濟局勢的變遷，高昌石窟的重心轉移至柏孜克里克石窟，14 至 15 世紀吐峪溝石窟最終廢棄。

徐佑成、朱海生《柳中古城形制初探》(《吐魯番學研究》1 期)介紹了其對柳中古城的形制進行調查研究的方法和成果，指出關於柳中城的歷史資料、20 世紀 60 年代的航拍圖片資料及民間走訪、實地調查所得資料對瞭解古城形制至爲重要。柳中古城主要有內城、外城兩部分，現存內城爲唐代遺址，外城爲阿古柏入侵後所修建。張安福、田海峰《城址遺存與漢代西域屯城佈局》(《中國歷史地理論叢》3 輯)考察了史書所載兩漢西域屯城的時空分佈及現存遺址情況。文章依次論述了以輪臺爲中心的天山南麓屯城、車師故地、崑崙山北麓屯城的佈局，及其在兩漢時期的發展沿革、管理體制等問題。作者指出西漢屯城主要分佈在天山南麓的輪臺、渠梨、焉耆、龜茲、伊循、樓蘭及車師等地，東漢屯城主要分佈在伊吾、柳中、高昌、樓蘭及崑崙山北麓的疏勒、于闐、精絕等地。兩漢屯城經歷了由天山南麓、東麓的點、線狀分佈到環塔里木四周緣環狀分佈的發展。龍山《高昌古城》(《尋根》1 期)是一份關於高昌古城的田野調查簡記,包含對高昌古城遺址、高昌歷史、吐峪溝石窟、柏孜克里克石窟和高昌宗教文化的介紹。劉正江、江秋麗《新疆吐魯番維吾爾民居院門的裝飾文化探析》(《中華文化論壇》8 期)對吐魯番維吾爾民居院門的木雕、面磚、彩繪三種裝飾手段進行介紹,指出其裝飾題材主要爲植物和幾何圖案,色彩以紅、綠、藍爲主。院門圖案具有多元文化融合、伊斯蘭色彩淡薄的特點。路瑩《吐魯番地區第一次全國可移動文物普查信息登錄工作情況概述》(《吐魯番學研究》2 期)介紹了 2014 年 3 月開始 2015 年 5 月 31 日結束的吐魯番地區第二階段可移動文物普查工作的大概情況及其成果和不足。

具體文物的研究成果也較爲豐富,俄軍、楊富學編《絲綢之路文物考古研究》(甘肅教育出版社)收集了一些與甘肅省博物館藏文物及絲路沿線出土文物相關的論文,時間範圍從戰國秦漢到明清時期,研究内容包括絲路沿線的歷史、地理、人口、文化、藝術等。俄軍主編《絲綢之路民族貨幣研究》(甘肅教育出版社)收錄學界關於國内絲綢之路民族貨幣研究的論文多篇,内容涵蓋絲綢之路新疆段發現的歷代貨幣及其相關問題的研究,以及甘肅敦煌等地收藏或發現的歷代錢幣的情況及相關研究。吐魯番學研究院、吐魯番博物館編《古代錢幣與絲綢高峰論壇暨第四屆吐魯番學國際學術研討會論文集》(上海古籍出版社)收錄古代吐魯番錢幣、絲綢、紡織品、出土文書、墓葬屏風與屏風式壁畫、隨葬衣物疏及近代考古等方面的文章共三十篇,是本年度吐魯番學研究的重要成果合集。黎珂、王睦、李肖、德金、佟湃《褲子、騎馬與遊牧——新疆吐魯番洋海墓地出土有襠褲子研究》(《西域研究》2 期)對吐魯番洋海墓地 M21 出土褲子進行斷代,並從剪裁、縫紉、設計等角度進行解析。文章指出 M21、M157 出土羊毛褲的年代在公元前 13—前 10 世紀,早於斯基泰出土的褲子。褲子由三片獨立織片做成,每件織片都根據各自的用途織成,形狀及大小在織機上固定,製作成褲時不需剪裁,寬大褲襠和修身褲腿體現其專門爲騎馬而製的設計意圖。魯禮鵬《吐魯番阿斯塔那古墓群出土陶(泥)燈研究》(《吐魯番學研究》2 期)將吐魯番出土的 67 件陶燈和 23 件泥燈按形制進行分類,並對其進行分期斷代,並總結各個時期陶燈和泥燈的形制特點,將其分別對應於晉至南北朝、麴氏高昌、唐西州三個時期。作者同時指出,晉至南北朝中期的陶燈和泥燈均爲素面;麴氏高昌時期的陶燈和泥燈均有黑色陶衣,並繪有彩繪紋樣;唐西州時期,陶泥燈器上的紋樣較麴氏高昌時期簡單。葛承雍《從出土漢至唐文物看歐亞文化交流遺痕》(《故宮博物院院刊》3 期)以中國出土的帶有希臘、羅馬風格的金銀器、玻璃器、錢幣、腰帶、冠飾、石刻藝術、線刻畫、絲絹圖案等爲主要線索,論述西方文物對漢唐歷史與社會的影響。達瓦加甫·烏吉瑪《阿斯塔那—哈拉和卓古墓群出土絲織品紋樣特徵探討》(《北方民族考古》2輯)介紹了阿斯塔那—哈拉和卓古墓群出土絲織品、絲織品紋樣的種類,分析紋樣的主體風格和紋樣所反映的中西文化交流信息,及紋樣體現的佛教、祆教、伊斯蘭教文化。李晶靜、張勇、張永兵、王龍、蔣洪恩《新疆吐魯番勝金店墓地小麥遺存加工處理方式初探》(《第四紀研究》1期)對勝金店墓地M9出土的小麥遺存進行原始脫粒方式分析,以現代小麥原始脫粒方式進行模擬實驗,再將模擬實驗結果與M9出土材料進行比對,比對結果顯示,2000多年前勝金店的小麥脫粒方式爲木棍打擊。阿不來提·阿布拉《新疆吐魯番發現明代成化年六字三行陶瓷款識瓷片的研究》(《中國陶瓷》12期)從形制、文字外形、文字構圖角度介紹了作者收集的兩片有"大明成化年製"款識的瓷片。認爲此發現將中國陶瓷"六字三行"楷書款識的歷史從清康熙朝提前到了明成化年間。阿不來提·阿布拉《吐魯番發現的明代成化瓷器款識字體結構研究》(《文物鑒定與鑒賞》12期)從筆畫、筆順、字體結構等角度對其收藏吐魯番發現的明代成化瓷器片上的"大明成化年製"字樣進行了分析。

　　文物修復與保護方面的研究成果主要有:吐魯番學研究院技術保護研究所《吐魯番阿斯塔那古墓群三六一號墓葬出土皮鞋保護修復報告》(《吐魯番學研究》1期)介紹了在Regine Vogei指導下,吐魯番學研究院技術保護研究所對阿斯塔那三六一號墓葬出土皮鞋進行修復的過程。專家鑒定出此皮鞋爲山羊皮製品,屬唐代"如意鞋"一類。趙陽、徐東良、陳玉珍《吐魯番博物館館藏紙質文物的儲存與展示環境評估》(《吐魯番學研究》1期)從照度、溫濕度、有害氣體三方面對吐魯番博物館藏紙質文物的保存及展示環境進行了檢測和評估,分析館藏紙質文物的主要病害及其發病原因,在此基礎上提出了相應的改善和預防性保護措施。夏克爾江·牙生《高昌故城土遺址病害調查及因素分析》(《黑龍江史志》13期)指出高昌故城土遺址的病害包括基礎掏蝕凹進、裂隙、坍塌、雨蝕、生物病害、人爲破壞等,主要病因有風蝕、農田水利建設破壞、農民取土與掏洞、盜掘與攀登踐踏等因素。克立木·買買提、杜培軍、丁建麗《吐魯番市歷史文化遺址環境生態敏感性綜合分析》(《環境保護科學》1期)選取高程、坡度、坡向、植被覆蓋率、河流水域、道路交通、土地利用類型、景觀等級、景觀密度爲敏感性因子,利用層次分析法(AHP)和GIS空間技術對吐魯番市區歷史文化遺址的環境生態敏感性進行分析,並提出相應的保護措施。克立木·買買提、丁建麗、杜培軍《基於GIS的吐魯番地區古遺址空間分佈及其影響因素分析》(《文物保護與考古科學》3期)利用GIS分析吐魯番古遺址的空間分佈特徵。結果顯示吐魯番古遺址主要分佈在海拔100—

200 m,坡度0—15度的洪積平原,距離河流和道路有一定的範圍,且不同時期特點不同。這些古遺址主要聚集分佈於高昌和交河兩個古城遺址四周。

另有肖小勇《西域考古研究——遊牧與定居》(中央民族大學出版社)主要討論史前至漢晉時期西域考古的特點、理論、方法,西域史前文化的結構與關係,西域區域文化變遷與西域諸王國的關係、西域考古文化轉型、絲綢之路對新疆考古文化的影響,西域考古人地關係的相互作用,西域國別考古學等問題,並對樓蘭古國的社會結構進行了專題研究。

十一、醫　　學

利用吐魯番出土文書進行醫藥學研究的主要有:王興伊《吐魯番出土的我國現存最早的木製假肢》(《中醫藥文化》4期)介紹了2007年於勝金鄉金店村發現的漢代木製假肢的形制和使用原理。于業禮、王興伊《吐魯番出土牛疫方考》(《中醫藥文化》5期)認爲阿斯塔那墓出土64TAM19:41/4與64TAM19:44號文書爲同一牛疫醫方,並將其與P.3144號敦煌牛疫文書中第三方、《新編集成牛醫方》、《牛經大全》的相關藥方比較,指出三者以熏法治療牛疫的方法有共同來源,後在傳承過程中各有變化,傳承時間越久,藥物組成越完善。王興伊、侯世新《吐魯番出土我國現存最早的殘疾鑒定書考議》(《中醫藥文化》5期)判定阿斯塔那35號墓出土《唐西州高昌縣下太平鄉符爲檢兵孫海藏患狀事》文書爲中國現存最早的殘疾鑒定書。文章指出孫海藏因患風癎、冷漏瘷,被鑒定爲殘疾,享有減免賦役的待遇。王錦、王興伊《古回回醫學與高昌回鶻醫學的聯繫——以〈回回藥方〉和〈雜病醫療百方〉外治方藥對比爲例》(《中華醫藥文化》6期)對比《回回藥方》和《雜病醫療百方》中外滴、含漱、填塞、嗅聞、藥熏五類外治方藥的異同。作者指出兩者的一致性體現在三點:方藥功效認識一致;外治方藥用藥習慣一致;外治法主治疾病一致。反映出《回回藥方》並非完全伊斯蘭化,與《雜病醫療百方》代表的高昌回鶻醫學存在一定關係。

十二、書評與學術動態

書評方面,史文韜《〈朱雷敦煌吐魯番文書論叢〉評介》(《中國史研究動態》6期)介紹了2012年上海古籍出版社出版的《朱雷敦煌吐魯番文書論叢》的主要內容,對此書在唐西州均田制、手實籍帳制度研究,北涼、高昌割據政權研究,及以文學作品證史方面所做的貢獻予以高度評價。陳習剛《吐魯番學研究新成就——評〈吐魯番唐代軍事文書研究〉》(《西域研究》2期)介紹了程喜霖主編《吐魯番唐代軍事文書研究(文書篇)》、《吐魯番唐代軍事文書研究（研究篇）》的編纂體例、主要內容，及該書的系統性和創新性特點，同時也指出了該書存在的一些問題，補充了幾條該書遺漏的唐代軍事文書。陳國燦《探源察變，務實求真——評乜小紅著〈中國中古契券關係研究〉》（《中國社會經濟史研究》2期）評介了乜小紅《中國中古契券關係研究》一書，對作者的研究方法和在諸多問題上的突破給予了高度評價。［日］武內紹人著，楊銘、楊壯立譯《〈敦煌、西域出土的古藏文契約文書〉導言》（《石河子大學學報》6期）主要介紹了目前古藏文文獻的研究現狀和本書內容，提出研究古藏文契約、書信、占卜文獻的方法及研究古藏文契約之目的與進程。

研究綜述方面，李莉《吐魯番文書目錄發展史要略》（《湖北科技學院學報》8期）梳理了自1902年德國開始編纂吐魯番文書目錄以來，國內外在吐魯番文書目錄編纂上取得的重要成果。周泓、郭宏珍、王耀《近年新疆研究專題概述（上）》（《民族論壇》3期）從"國外新疆研究與國際交流、國內新疆研究重要項目及學術交流、國內新疆歷史研究、新疆族際交往關係研究、新疆宗教信仰研究、新疆社會文化與經濟研究、新疆族屬語言及其文化研究"幾方面概述了近年來學界在新疆研究上的重要成果。殷盼盼、朱艷桐《2014年吐魯番學研究綜述》（《2015敦煌學國際聯絡委員會通訊》）分歷史、社會與文化、民族與宗教、語言文字與文學、考古與文物保護、學術綜述與書評幾類，概述了2014年大陸吐魯番學研究的主要成果，並附有《2014年吐魯番學研究論著目錄》（《2015敦煌學國際聯絡委員會通訊》）。

濮仲遠《敦煌吐魯番文獻與吐谷渾史研究》（《牡丹江大學學報》6期）扼要介紹了學界利用敦煌吐魯番文獻對武周年間吐谷渾歸朝研究，唐至宋初瓜沙地區、西域地區吐谷渾人研究和《吐谷渾紀年的藏文殘卷》研究幾方面的成果。楊富學、蓋佳擇《敦煌吐魯番摩尼教文獻研究述評》（《吐魯番學研究》2期）分摩尼教的傳播及其在敦煌吐魯番的遺存，早期中外學者對敦煌吐魯番摩尼教文獻的研究，近六十年學界對《老子化胡經》、《佛性經》及其與摩尼教關係的研究，學界對敦煌吐魯番本回鶻語摩尼教文獻的研究四類，論述了目前國內外對摩尼教文獻的研究狀況。喬同歡《國內回鶻城市史研究簡述》（《西安建築科技大學學報》2期）對國內學術界對漠北回鶻汗國城市、甘州回鶻城市、高昌回鶻城市、喀喇汗王朝城市的研究史進行了梳理。張之佐《新中國建立以來回鶻宗教史研究綜述》（《世界宗教文化》4期）簡要梳理了建國以來國內學界對回鶻佛教、摩尼教、景教、道教方面的研究成果，很明顯的特徵是佛教的研究最多，景教和道教次之。

張鷹《中國近代西北之學的興盛與田野考古史實探究》（《文藝爭鳴》9期）敘述了近代以來我國西北學興起的時代背景，回顧了1916—2006年我國進行的34次重要的西北地區田野調查活動的簡要情況。楊亞瓊《馬達漢西域考察研究綜述》(《敦煌研究》5期)梳理了國內外關於馬達漢在新疆吐魯番等地的考察經歷及考察所得物的研究成果,指出21世紀以來國內外學者對馬達漢的研究逐漸增多,且不斷深入,但仍有諸多内容有待深入研究。馬大正《清至民國中國學者新疆考察史研究述評》(《西域研究》4期)梳理了現階段對清、民國兩個時間段中國學者新疆考察史的研究成果,可以看出現階段中國學者在清代至民國新疆考察紀聞類書籍的整理與刊布上成果豐碩,但是專題性的研究還比較缺乏。民國時期的研究成果主要集中在1927—1934年的中瑞西北科學考察團上,出版了衆多專著與文集。黄文弼考察成果的整理和研究成果尤爲突出。

學術會議方面,劉進寶《中國敦煌吐魯番學會成立初期的點滴回憶》(《中國文化遺產》3期)記述了中國敦煌吐魯番學會從籌組到"中國敦煌吐魯番學會成立大會、1983年全國敦煌學術討論會"召開的重要經過。湯士華《吐魯番與絲綢之路經濟帶高峰論壇暨第五屆吐魯番學國際學術研討會綜述》(《2015敦煌學國際聯絡委員會通訊》)總結了2014年10月20日至22日在吐魯番博物館召開的吐魯番與絲綢之路經濟帶高峰論壇暨第五屆吐魯番學國際學術研討會的重要收穫。

理論筆談方面,在《西域研究》創刊第100期之際,《西域研究》邀請了幾位國内西域史方面的專家,以筆談的形式,就如何在新形勢下"保持中國傳統史學研究特色,發揮傳統史學研究特長的同時,開闊視野,借鑒不同的學術理論、研究方法,加強多學科的綜合研究",從而深化西域史研究發表各自的真知高見。其中王炳華《加強考古研究 深入認識西域文明》(《西域研究》第4期)一文認爲推進新疆歷史考古文化研究的關鍵是認真、深入地關切新疆及其周邊地區的考古文化。榮新江《加強西域地區的絲綢之路研究》(《西域研究》第4期)指出當前的絲綢之路研究需要對新疆已有考古文物資料進行整理。要在已有吐魯番、庫車、尼雅等境内考古的基礎上,將考古調查範圍進一步擴展到境外中亞地區。同時要將吐魯番、庫車、和田等地出土的文書資料,結合史籍給予充分的解讀,加強這些地區出土的胡語文書的研究。另外伊斯蘭時代的絲綢之路研究和19世紀以來中亞探險活動的研究均有待進一步加強。孟憲實《中原與西域——西域研究若干思考》(《西域研究》4期)指出西域與中原的發展緊密相關,西向發展是中國發展的必然,由匈奴引出西域也是必然。中原政權的發展戰略順序首先是"中原逐鹿,建立統一政權","其次是經營北方草原",第三是以長期安全爲目的的西域經營。並分析了當今西域研究的價值。

此外《中國高校社會科學》也在 2015 年第 2 期上組織學者對當前的敦煌吐魯番學研究發表了重要的理論性文章。如榮新江《從"補史"到"重構"——敦煌吐魯番文書與中古史研究》(《中國高校社會科學》2 期)指出官方史家編纂的歷史因其立場問題,存在對周邊民族和政權記載的缺漏或偏見。敦煌吐魯番出土文獻雖不全是第一手資料,但其大量的未經官方史家擇取、編纂的資料對於研究中國中古史極爲重要,目前在利用這些資料補正中古史研究上我們已經做了大量的工作。作者還以《唐西州道俗合作梯蹬及鐘記》和《張淮深碑》爲例,結合其他相關文書資料,論證了敦煌吐魯番文書對於我們"重構"中古史研究的重要意義。

敦煌祆教研究述評[*]

楊富學　蓋佳擇（敦煌研究院）

一、概　　說

　　祆教爲三夷教之一種。三夷教者，乃漢籍中對中古時期曾流行於中華大地的祆教、摩尼教、景教三種外來宗教的統稱。這三種宗教都源於古代的伊朗或敘利亞地區，在中古時期經由中亞、西域傳入中國内地。雖然他們在以包容性著稱的唐朝曾經盛極一時，但由於無法像佛教那樣成爲中國的主流宗教，在中國扎根並發揚光大，而是僅流行於本族人士或中土的上層人士間，致使滅法之時三夷教信徒總數只有三千餘人，時人所謂"合天下三夷寺，不足當吾釋寺一小邑之數也"①。文獻記載十分有限，只留下片言隻語，故而新材料的發現對我國三夷教的研究具有特殊的意義。20世紀初敦煌遺書的大發現，直接促成了中國摩尼教研究的興起，也爲景教研究揭開了新的一頁，雖然並未發現祆教經文，但豐富的粟特資料對入華祆教的研究也無疑有著巨大的推動力。自從敦煌遺書發現以後，入華三夷教的研究就與敦煌緊密聯繫在了一起，從而使三夷教的研究成爲敦煌學一個重要的分支。毋庸置疑，如果没有敦煌的大發現，中國三夷教的研究斷然不會有今日的格局，更不會有今日的廣度與深度，這便是敦煌遺書之發現對三夷教研究的特殊意義。

　　三夷教在敦煌與吐魯番等地的傳播過程中，在中古中國的邊疆打下了深刻的印痕，留下了甚爲豐富的文獻資料。其中吐魯番的三夷教資料，雖然數量浩大，但多爲胡語，而又分散收藏在世界各地，尚未悉數公布，故而對中國學者的研究尤其是早期的研究，形成一定的阻礙。

　　敦煌漢文三夷教文獻儘管數量有限，但多半保存相對完整，且文字精工，篇幅較大，信息豐富。其中，漢文景教文獻有六篇，另有藏語景教占卜資料一件，粟特文占卜資料一條。

　　摩尼教所留文獻有《下部贊》、《摩尼光佛教法儀略》、《摩尼教殘經》等三

---

* 基金項目：本文爲教育部哲學社會科學研究重大課題攻關項目"百年敦煌學史研究"（07JZD0038）、國家社會科學基金重大招標項目"百年西域佛教研究史"（11&ZD118）階段性成果之一。

① （唐）舒元輿《唐鄂州永興縣重岩寺碑銘並序》，《全唐文》卷727，上海：上海古籍出版社，1990年，第3322—3323頁。

篇極爲重要的漢文文獻,另有一篇回鶻文《懺悔詞》和數篇回鶻文短篇摩尼教文字,還有一篇包含了老子化摩尼内容的《化胡經》。

祆教與二者殊異。景教傳播得到唐朝皇帝的許可,廣泛傳播於中國邊疆與内地,其信徒不止有粟特、回鶻、大秦人,更有很多漢人甚至高級知識分子,如李白《上雲樂》一詩,據筆者考證,即含有豐富的景教因素①;杜甫在蜀期間曾經爲一座大秦寺的廢墟留下詩篇;《景教碑》的書寫者更長期被懷疑爲呂洞賓。摩尼教雖不曾得到如景教一樣的優渥待遇,但後來由於得到回鶻的支持,在唐朝中後期盛極一時。在武宗滅佛之後轉入浙、閩民間,成爲一種很有生命力的民間信仰——明教。祆教儘管進入中國的時間比二者都早,據說,後趙石勒、石虎時期即已聚徒拜胡天,卻獨無傳教記載;加上信仰祆教、敬拜胡天的只有少數民族,漢人極少(如北魏胡靈太后等),在整個中國範圍内,漢語祆教經典文獻的發現數量爲零。這些因素,致使祆教的影響力不若景教、摩尼教那麼大。

國内外學者對中國三夷教的研究狀況或多或少已做過一定的梳理工作,遺憾其略簡,而新世紀以來,由於新材料的發現或公布,中外學者在此領域的研究取得了較之前人猶爲突出的成績,但尚未得到充分的總結。故而本文旨在對敦煌出土的胡漢三夷教文獻及其一個世紀以來的研究狀況進行一次全面系統的梳理與總結,回顧往代學者之創見,評述當今才俊之新解,綜合諸家,爲三夷教的中國化提出自己的一份見解,亦可爲當代研究者們提供一份周詳的學術資料。

敦煌文獻中關於祆教的記載少而零散,以至於現在學者們的目光多聚焦在内地新發現的粟特和波斯人士的墓碑與棺槨上,如西安北周安伽墓、史君墓、康業墓、蘇諒妻漢—鉢羅婆文二體墓誌、太原虞弘墓、天水粟特人圍屏、安陽和美秀藏槨,等等。但是祆教祭祀活動被完美地融合入敦煌的大儺、祭賽等各種儀式當中,成爲敦煌民間萬神殿的有機組成部分則是其有别於内地的獨一無二之處。這是誠當重視的,也是敦煌宗教學家們一直以來研究的熱點。

何謂祆教?祆者,以天爲神也。唐慧琳《一切經音義》卷三十六"祆祠"條:"胡人謂神明曰'天',語轉呼天爲'祆'。"陳垣言這個字是隋唐時期纔造出來的,專指拜胡天的信仰②。而英國于闐語學者貝利則以爲祆乃于闐語 ahara(灰燼)之音轉③。蓋我國古代翻譯外文,字尾常贅-n,而又失去了詞首 a

---

① 楊富學、蓋佳擇《李白〈上雲樂〉景教意蘊探蠡》,《石河子大學學報》2014 年第 6 期,第 108—114 頁。
② 陳垣《火祆教入中國考》,《國學季刊》第 1 卷第 1 號,1923 年,第 31—33 頁(校定稿收入《陳垣學術論文集》第 1 集,北京:中華書局,1980 年,第 308—311 頁)。
③ H. W. Bailey, *Indo-Scythian Studies being Khotanese Texts* Volume IV, Cambridge, 1961, p.11.

而變成了 hien 的音,故讀成祆字。祆教,又名拜火教,是一種發源於古代波斯,流傳至今已有 3000 年歷史的世界最古老的宗教之一;而作爲典型的二元神教,祆教又是可與一神教如猶太教、基督教、伊斯蘭教,多神教如印度教、佛教等鼎足而立的一種只能產生於波斯這塊土壤的極特殊的宗教。顧名思義,作爲二元神教,祆教雖然在神學上宣導一神信仰,但宗教哲學上卻主張善惡有源的二元神論。祆教創始人瑣羅亞斯德的生活年代大約在公元前 10 世紀到公元前 6 世紀間,處於波斯國家從遊牧向畜牧經濟轉變的時期。瑣羅亞斯德主張人民抵制殺害牲畜的迪弗教派,通過改造公元前 17、18 世紀雅利安人進入伊朗高原時興起的馬茲達教,創立了祆教。

祆教信仰創造天地宇宙的至高善神阿胡拉·馬茲達,而構成馬茲達對立面的阿赫爾曼,自然就成爲惡神最突出的代表。阿赫爾曼在長達 12000 年的時間裏,多次與馬茲達發生戰爭,侵入馬茲達的光明世界,並在大地上遺留下罪惡的種子。於是在最後 3000 年,瑣羅亞斯德下凡救世,傳播正教,直到末日審判後,鐵的熔流摧毀世界一切黑暗之物,於是整個世界再次恢復到黑暗與光明勢力涇渭分明的前際時代。祆教極端崇拜火,因爲他是馬茲達神用綿綿無限的光源創造出來的,繼而又用火創造了氣、水、土等三大元素。聖火之神阿扎爾被認爲是阿胡拉的兒子,《阿維斯塔》中有專門歌頌他的詩篇。

流行於中亞和中國的祆教已經不是原始祆教的本來面貌,而是混合了祆教異端祖爾萬派,又融入了一些西亞和中亞的神祇,已轉向多神教,如祖爾萬派認定祖爾萬是阿赫爾曼與馬茲達共同的父親,因爲阿赫爾曼更早從自己肚子裏爬出來,祖爾萬被迫讓阿赫爾曼先統治世界數千年[1]。西亞很多慕闍們都秉持祖爾萬二元説,這也影響到了中亞的粟特人。源自兩河流域的娜娜女神信仰更深刻地影響了粟特地區,以至於在中國敦煌、新疆等很多地域都曾發現與娜娜女神相關的文獻與文物。

根據《阿維斯塔》的記載,大多數學者僉認爲祆教早在阿契美尼德王朝時期已經傳入中亞地區,更有學者認爲祆教發源地就在花剌子模地區[2]。而粟特地區的祆教徒雖然與波斯故鄉從未中斷過聯繫,但因爲距離遙遠,薩珊王朝難以控制花剌子模東面之粟特地區,故而當地保存了祆教初入時的信仰與習俗,甚至保存了遠古馬茲達教及薩滿教的成分。粟特拜火教除崇拜火以外還崇拜日月。雖然"兩月環日"是祆教的經典概念,在薩珊王朝錢幣正面的國王頭像上,皆可看到兩月抱日的造型。然粟特祆教將日月與源自兩河的娜娜

---

[1] 元文琪《二元神論——古波斯宗教神話研究》,北京:中國社會科學出版社,1997 年,第 314、315 頁。
[2] 安德雷阿斯認爲,雅利安人的發源地埃朗維傑在花剌子模,瑣羅亞斯德曾經在此地河岸邊向神祇獻祭行禮,見伊朗賈利爾選編、元文琪譯《阿維斯塔——祆教聖書》,北京:商務印書館,2005 年,第 412 頁。

女神融合在一起，以致於手持日月成爲娜娜女神的經典造型，這是波斯祆教所不具備的。是故，在中國，人們常將祆教混同於拜日月的摩尼教。

粟特祆教與正統祆教的不同還在於正統祆教只塑造馬兹達神的形象，在很多神廟、宮殿中，與波斯國王一同出現，以示君權神授。但在粟特地區的神龕裏會塑造數十種神的形象，這種習慣也被帶到了敦煌和新疆。敦煌《沙州伊州地志》記載伊吾祆廟"有素書形象無數"，而敦煌每次賽祆活動都要白畫祆神數十張，今人甚至在莫高窟裏找到了火天和密特拉神的形貌。另外兩者的葬俗也迥然不同，粟特地區以納骨甕代替了伊朗傳統安置屍體的安息塔。

總而言之，正如學者們指出的那樣，粟特系祆教是粟特人的民間宗教，或者民間信仰，它不可能像佛教，甚至不能像景教、摩尼教那樣，企圖以其義理刻意向中國社會的上層推廣，以求統治階級接受、扶持，而只能作爲一種習俗以感性的模式爲漢人不同程度地接受，從而影響漢人社會。一言以蔽之，祆教在中國的社會走向是以胡俗的方式影響漢人，走向漢人的民間，匯入中土的民俗，漸漸民間化、佛教化，其神譜和禮俗成爲中國古代民間信仰的一部分，或者被佛教所吸收①。

敦煌文獻中的祆教內容比較散亂，多半爲隻言片語，或是常識性介紹其祠廟景觀，或是將涉及它的內容與佛教、道教、民間宗教混爲一談，甚至有些只能通過語言學的手段纔能推知此文獻與祆教的關係。故而專門研究敦煌祆教的著述相對較少，且多與河西粟特人的研究、歸義軍史的研究緊密結合在一起。這是敦煌祆教研究不同於摩尼教、景教之處。

敦煌文獻與莫高窟壁畫中的祆教資料，可粗略分爲七類，由於其內容太過瑣碎，又不完全是敦煌一地一時祆教風物的反映，故而很多學者往往會旁徵敦煌祆教文獻，並結合吐魯番祆教文書等進行對比研究。最早研究敦煌祆教資料的學者是法國學者伯希和，他在藏經洞翻檢文獻時在一卷地志寫本（當爲 P.2005《沙州都督府圖經》）中發現了關於"祆神"廟宇的描寫，即城東一里處二十龕一百步見方的安城祆祠。伯希和當時並不能確認其爲祆祠，因爲他在一些佛教論戰的著作中看到過以祆祠代指婆羅門天祠的文字，又因他在石窟發現了摩尼教文獻而推測祆祠或爲一座摩尼教寺廟②。系統研究祆教的學者是陳垣先生，然而他的《火祆教入中國考》主要依傍二十四史、地志縣誌、各類筆記以及佛教文獻等傳世文獻立足，對敦煌祆教文獻重視程度並不

---

① 林悟殊《唐代三夷教的社會走向》，氏著《中古三夷教辨證》，北京：中華書局，2005 年，第 356—359 頁；蔡鴻生《粟特人在中國的再檢討》，陳春聲編《蔡鴻生教授執教中山大學五十周年紀念文集》，香港：博士苑出版社，2007 年，第 10—11 頁。

② ［法］保羅·伯希和著，耿昇譯《伯希和西域探險日記》，昆明：雲南人民出版社，2001 年，第 285 頁。

夠。也許是因爲敦煌沒有出土祆教寫經的緣故吧。

今本文且依七類資料梳理敦煌祆教研究史。

二、敦煌粟特文書信中的祆教因素

　　1907年,英國探險家斯坦因在敦煌西北的長城烽燧中翻檢出了一組大約相當於西晉末期的粟特人信劄,是一個活動於河西與兩京之間的粟特商團所遺留的,被視作粟特人在中國留下的最早的痕蹟,其中敦煌長城烽燧2號信劄尤其引起了學者們的注意。早在1948年伊朗學家亨寧在《粟特文古信劄之斷代》一文中即指出此封信劄發信人名字Nanai-Vandak之意爲娜娜女神之僕,而另一人名Artixw-Vandak則意爲Asis之僕①。嗣後,同氏又著《粟特神祇考》,比定Taxsic爲"得悉神",指其可能是火祆教的"星辰雨水之神"②。再後,辛姆斯·威廉姆斯指1號信劄第10行曾提到一位祆教祭司③。而5號信劄則是寄給一位Aspandhat的④。這裏的Aspandhat,在斯文赫定收集的漢—于闐雙語文獻中,寫作spata。在于闐語中,spata意爲"軍官"⑤。一般漢譯爲"薩寶"或"薩薄"、"薩簿"等,學界多認定爲祆教教職⑥。陳垣更是進一步指出,此乃"唐朝特爲祆祠所設之官"⑦。龔方震、晏可佳接受陳説⑧。但也有學者認爲薩寶並非純粹的教職,除了宗教事務外,"當更職掌胡人統治一切之事務也"⑨。更有學者稱,薩寶"在中原地區,實際上只是一個世俗性官職"⑩。人言言殊,莫衷一是。

　　1995年,榮新江依據上述古粟特文信劄的研究成果,比對《晉書》的相關年代記載,認定此書信應書寫於西晉末,故而將祆教入華的年代定爲西晉之前⑪。辛姆斯·威廉姆斯據此指西晉時代敦煌已有粟特商人爲主的粟特聚

---

① W. B. Henning, The Date of the Sogdian Ancient Letters, *Bulletin of the School of Orientla and African Studies* XII, 1948, pp. 602-604.
② W. B. Henning, A Sogdian God, *Bulletin of the School of Orientla and African Studies*, XXVIII, 1965, pp. 252-253.
③ N. Sims-Williams, The Sogdian Merchants in China and India, A. Cadonna e L. Lanciotti (ed.), *Cina e Iran da Alessandro Magno alla Dinastia Tang*, Firenze, 1996, pp. 45-67.
④ Etienne Delavaissiere, *Sogdian Traders. A History*, Leiden-Boston: Brill, 2005, p. 50;[法]魏義天著,王睿譯《粟特商人史》,桂林:廣西師範大學出版社,2012年,第28頁。
⑤ H. W. Bailey, *Indo-Scythian Studies being Khotanese Texts* Volume IV, Cambridge, 1961, 178; H. W. Bailey, *Dictionary of Khotan Saka*, Cambridge, 1979, p.43.
⑥ Berthold Laufer, *Sino-Iranica. Chinese Contributions to the History of Civilization in Ancient Iran*, Chicago, 1919, p.529.
⑦ 陳垣《火祆教入中國考》,《國學季刊》第1卷第1號,1923年,第39頁(校定稿收入《陳垣學術論文集》第1集,北京:中華書局,1980年第319頁)。
⑧ 龔方震、晏可佳《祆教史》,上海:上海社會科學院出版社,1998年,第277頁。
⑨ [日]藤田豐八著,楊鍊譯《西域研究》四《薩寶》,上海:商務印書館,1937年,第40頁。
⑩ 芮傳明《"薩寶"的再認識》,《史林》2000年第3期,第1頁。
⑪ 榮新江《祆教初傳中國年代考》,《國學研究》第3卷,北京:北京大學出版社,1995年,第335—353頁。

落,伴隨有祆廟①。陳國燦《魏晉至隋唐河西胡人的聚居與火祆教》則認爲涼州是我國祆教傳入最早的地區之一②。而王丁卻認爲以此語言學性質論據(即以人名結構來判定其宗教信仰)來證實歷史或稍顯薄弱③。

三、敦煌粟特聚落與安城祆祠

中世紀敦煌的粟特人聚落是粟特史研究的熱點之一。中外學者依據敦煌文獻資料,對其做出了極爲詳細的考證。其憑據主要有 P.2005《沙州都督府圖經》與見於 S.6167、P.2690、P.2983、P.3691、P.3870、P.3929、P.2748V《敦煌二十詠》之《安城祆詠》所記載的祆廟。祆教寺廟傳世文獻與敦煌吐魯番文獻稱謂不一,有祆祠、祆神祠、胡祆祠、祆廟、火祆廟、祆寺、祆舍、胡天等多種稱謂。《沙州都督府圖經》中記載的祆廟見於"四所雜神"條:"祆神,右在州東一里。立舍,畫神主,總有廿龕。其院周回一百步。"《安城祆詠》全詩如下:

> 板築安城日,神祠與此興。
> 一州祈景祚,萬類仰休徵。
> 蘋藻來無乏,精靈若有憑。
> 更看雩祭處,朝夕酒如繩。

關於這所祆廟,S.214V《社司轉帖》中亦有記載:"限今月廿日卯時於祆門前取齊。"這個祆門當即祆廟大門,既然根據目前掌握的資料敦煌只有安城有一座祆廟,那麼這個祆門一定即在安城。具體來說,它是祆廟院落的大門。而 BD3925 背 10《諸雜字》中有抄"祆廟"二字,當亦是安城祆寺。

《沙州都督府圖經》初編於武后萬歲通天元年(696),原稱《沙州圖經》。永泰二年(766),沙州升都督府,故後稱《沙州都督府圖經》。神田喜一郎指其中提到的祆神與神祠僉指祆寺④。魏禮對二者做了英譯,將祆寺譯爲 Baga Temple 而不是 Zoroastrian Temple⑤。池田溫認爲從《沙州圖經》編撰到歸義軍時期創作《安城祆詠》爲止,敦煌一直只有安城內有一所祆寺⑥。藤枝晃推測

---

① N. Sims-Williams, The Sogdian Merchants in China and India, A. Cadonna e L. Lanciotti (ed.), *Cina e Iran da Alessandro Magno alla Dinastia Tang*, Firenze 1996, pp. 45–67.
② 陳國燦《魏晉至隋唐河西胡人的聚居與火祆教》,《西北民族研究》1988 年第 1 期,第 198—209 頁。
③ 王丁《南太后考——吐魯番出土北涼寫本〈金光明經〉題記與古代高昌及其毗鄰地區的那那信仰與祆教遺存》,《法國漢學》第 10 輯,北京:中華書局,2005 年,第 436 頁。
④ 神田喜一郎「「敦煌二書詠」に就いて」,《史林》第 24 卷第 4 期,1939 年,第 173—181 頁。
⑤ Arthur Waley, Some References to Iranian Temples in the Tunhuang Region,《中研院歷史語言研究所集刊》第 28 本《慶祝胡適先生 65 歲紀念文集》(上),臺北中研院,1956 年,第 123—128 頁。
⑥ 池田溫《8 世紀中葉における敦煌のソグド人聚落》,《ユーラシア文化研究》1 號,1965 年,第 51—52 頁。

安城因安國僑民聚居而得名①。但池田温認爲康國大首領康艷典在石城鎮築城而未以康城爲名,故而安城亦不太可能是因安國僑民聚居而名,安城之安當爲平安之安,儘管他不否認安城中安姓應該一度極有勢力。據此池先生進一步指出,敦煌十三鄉之從化鄉應該是在原來粟特聚落基礎上建立的,因爲從敦煌文書《天寶十載敦煌縣差科簿》上知,敦煌從化鄉百姓人名多爲粟特式胡名,所以此鄉當由原粟特聚落演變而來,其位置就在城東一里的安城②。顔廷亮《敦煌文化中的祆教、景教和摩尼教》一文中則充分肯定了祆教習俗對敦煌當地的巨大影響:漢人而詠祆廟,本身已可見到祆教之影響已越出祆教信仰者之範圍而到達敦煌地區的主體居民漢人;再看其中的"一州祈景祚,萬類仰休徵"等詩句,雖有詩人誇大之嫌,而祆教之受敦煌地區居民廣泛注意,則是無可懷疑的了③。

對於東方的粟特聚落,蔡鴻生將之劃分爲三種類型:第一種是移植型聚落,這是一種有組織的胡人群體移民,自有首領,合族而居,故而有能力建城並保持固有信仰,如石城鎮康艷典等;第二種是歸化型聚落,胡姓民衆編入户籍、記計授田。胡人百姓多取漢名,務農爲主,敦煌從化鄉就是例證;第三種則是突厥化聚落,聚落中的九姓胡深受突厥文化影響,善於騎射④,以幽州情況較爲典型。姚崇新在《敦煌三夷教與中古社會》中進一步指出絲路東段的城居粟特部落都存在著從移植型聚落向鄉土部落演變的整體趨勢⑤。

姜伯勤、榮新江同樣對《安城祆詠》等文獻做了一定研究。尤其是姜先生在《論高昌胡天與敦煌祆寺》中根據中亞祆廟如片治肯特及祆教文獻之贊詞,大體構擬了安城祆廟的規格形制並揣測了二十龕所供神像之名:三主神阿胡拉、祖爾萬與維施帕卡必然在上,還應當有極受崇拜的密特拉神以及軍神韋雷特拉格納、娜娜女神與阿爾邁提女神⑥。姚崇新以爲數量遠遠不夠,其神龕中至少還當有見於祆畫的達厄娜女神(或還包含達厄媧)及見於伊吾的阿覽神。參照粟特地區出土的粟特文文書提及的各種神祇,祆寺的神像還當包括德魯瓦斯帕、豪麻等等。姚文並依據賽祆畫紙數量固定爲三十張,一半畫著一位神,一半畫著兩位神推算,每次賽神要畫至少 40 種祆神像,也就等於説,

---

① 藤枝晃《沙州歸義軍節度使始末》(四),《東方學報》第 13 册第 2 分,1943 年,第 253 頁。
② 池田温《8 世紀中葉における敦煌のソグド人聚落》,《ユーラシア文化研究》1 號,1965 年,第 52 頁。
③ 顔廷亮《敦煌文化中的祆教、摩尼教和景教》,《敦煌學與中國史研究論集——紀念孫修身先生逝世一周年》,蘭州:甘肅人民出版社,2001 年,第 421 頁。
④ 蔡鴻生《昭武九姓的城邦制度與東方聚落》,氏著《唐代九姓胡與突厥文化》,北京:中華書局,1998 年,第 15 頁。
⑤ 姚崇新、王媛媛、陳懷宇《敦煌三夷教與中古社會》,蘭州:甘肅教育出版社,2013 年,第 28 頁。
⑥ 姜伯勤《敦煌吐魯番文書與絲綢之路》,北京:文物出版社,1994 年,第 244 頁。

安城祆寺神龕裏至少應該有不少於四十位神像①。姚氏之演算法雖略嫌武斷,倒也頗爲有趣,至少爲大家提供了一種可能性。而關於敦煌祆廟爲何恰好有二十龕,黎北嵐則引葛勒耐説以爲數字與粟特萬神殿諸神表示敬意而舉行的節日慶典的曆日有關②。

　　復次,姜伯勤在《隋天水"酒如繩"祆祭畫像石圖像研究》一文中更結合新發現的隋代天水粟特人屏風,對《安城祆詠》一詩最後一句做了細緻的解讀③。天水原編號爲9的屏風反映了祆教的豪摩祭的場景,即粟特人用大型金叵羅盛酒祭祀得悉神。得悉神爲祆教雨神提斯塔爾,中亞祭祀此神要用大量酒脯,而敦煌雩祭"酒如繩"一語正真實再現了粟特人這一祈雨儀式,堪稱是這一儀式的文本化④。對此,姚崇新等持保留態度,認爲中國古代的雩祭亦用酒脯祭奠。考慮到《敦煌二十詠》寫作於歸義軍時期,彼時從化鄉或已消失,是否還能舉行原汁原味的祆教祭神儀式,值得懷疑。而祆教祈雨用具與中國傳統雩祭相同,這就很容易產生對接。故而姚等指出這句詩所反映的未必單純是粟特人的祭祀儀式,而更可能是敦煌官方主導的祈雨,其中融入了粟特人傳統的以酒獻祭的儀式——正如唐代也曾請摩尼師合同道士求雨一樣。譚蟬雪則認爲,祆神被納官方入雩祭系統後一度取代了我國傳統的雩祭偶像昊天上帝⑤。學界評論説,此説顯然高估了粟特人的影響力⑥。

四、見於文書記載的敦煌周邊祆寺研究

　　敦煌本 S.367《沙州伊州地志》殘卷、P.2009《西州圖經》、P.5034《沙州地志》及 S.2925V 敦煌寫本《佛説辨義長者子所問經比丘申宗題記》(寫於太安元年,450)等以及吐魯番文書《高昌章和五年取牛羊供祀賬》、《金光明經》題記等中記錄了多處祆寺。《沙州伊州地志》記伊吾縣火祆廟中"有素書形象無數",有祆主翟槃陁等,並敍寫了祆主槃陁一場利刃剮腸七日平復的魔術表演,伊州柔遠鎮還有阿覽神;《西州圖經》記載丁谷窟中"有寺一所,並有禪院一所/右在柳中縣界至北山二十五里丁谷中,西/去州二十里"。相對應的吐魯番文獻《高昌章和五年取牛羊供祀賬》則有當地土人殺牛羊祭祀疑似祆教神靈風伯、大塢阿摩及丁谷天的記錄。《沙州地志》記載鄯善石城鎮中有"一

---

① 姚崇新、王媛媛、陳懷宇《敦煌三夷教與中古社會》,第101頁。
② [法]黎北嵐著,畢波、鄭文彬譯《祆神崇拜——中國境内的中亞聚落信仰何種宗教?》,《法國漢學》第10輯,北京:中華書局,2005年,第417頁。
③ 姜伯勤《天水隋石屏風墓胡人"酒如繩"祆祭畫像石圖像研究》,《敦煌研究》2003年第1期,第13頁。
④ 彭曉靜、楊富學《福建摩尼教祈雨與絲路沿線祈雨傳統之關聯》,《石河子大學學報》2016年第1期,第32頁。
⑤ 譚蟬雪《敦煌的粟特居民及祆神祈賽》,《2000年敦煌國際討論會文集·歷史文化卷》下册,蘭州:甘肅民族出版社,2003年,第68頁。
⑥ 姜伯勤《天水隋石屏風墓胡人"酒如繩"祆祭畫像石圖像研究》,《敦煌研究》2003年第1期,第15頁。

所祆舍（右在故城內，胡人所立，存）"。吐魯番《金光明經》題記云："於高昌城東胡天南太后祠下，爲索將軍佛子妻息闔家寫此。"而敦煌寫本《佛説辨義長者子所問經比丘申宗題記》亦提到太安元年寫訖伊吾南祠。這個南祠不知與南太后祠是否爲一類。

這幾件文獻中比較難索解的有這樣幾個概念：一是南太后，一是丁谷天，一是阿覽神。王丁《南太后考——吐魯番出土北涼寫本〈金光明經〉題記與古代高昌及其毗鄰地區的那那信仰與祆教遺存》[①]與《吐魯番安伽勒克出土北涼寫本金光明經及其題記研究》[②]兩篇文章認爲南太后不應是某位太后，而南字亦不爲修飾"胡天"的方位詞。王氏構擬了那那（即娜娜女神）的中古讀音後認爲其與南字音近，且那那在祆教中被呼爲女王，故而漢人稱之爲"南太后"，指認《佛説辨義長者子所問經比丘申宗題記》提到的伊吾南祠或亦爲娜娜祠。其説頗受學界關注。榮新江在《吐魯番出土金光明經寫本題記與祆教初傳高昌問題》回應稱，吐魯番文書多將 nana 譯爲娜娜或那那。娜娜一名見於 72TAM187：194（a）號文書行 11 及敦煌文書 S.2669 行 243 等。此乃古人約定俗成，故而如果高昌確乎存在娜娜祠，只能被稱爲娜娜祠而不會稱爲南太后祠[③]。

對於高昌之風伯與胡天是反映天體崇拜還是祆教崇拜，學界亦有不同答案。早期學者陳垣及羽田亨視之爲高昌祆神崇拜之佐證，學者多宗之，唯林悟殊獨從吐魯番甚少出土祆教相關文物，而其民多尚土葬而推測，高昌之事胡天乃普通的天神崇拜，而從丁谷爲《西州圖經》所記高昌之地名來推斷，此乃地方神，不能理解爲阿胡拉，阿胡拉只有一尊，不能接受地方冠名，而丁谷天爲祆祠之名亦同樣説不通，故而可知胡天與丁谷天悉爲天體崇拜而非宗教崇拜[④]。薛宗正折衷兩種説法，認爲祆教上古曾流行於吐魯番地區，但高昌國時期影響力已式微；認爲高昌國時代的丁谷窟即今日之吐峪溝千佛洞，後者是西域典型融合多元宗教之地[⑤]。繼之，他又提到丁谷天，認爲其只是一種特定地域的天神，爲古代車師人所信奉[⑥]。其中所涉丁谷天與丁谷窟之關係，尚有待進一步言明。吐峪溝一帶是信奉祆教的古車師人的發祥地，新疆文物考古研究所藏有一件被記載出土於當地一座塞人墓中的銅質方盤，內鑄相向而立的

---

① 王丁《南太后考——吐魯番出土北涼寫本〈金光明經〉題記與古代高昌及其毗鄰地區的那那信仰與祆教遺存》，《法國漢學》第 10 輯，北京：中華書局，2005 年，第 431 頁。
② 王丁《吐魯番安伽勒克出土北涼寫本金光明經及其題記研究》，《敦煌吐魯番研究》第九卷，北京：中華書局，2006 年，第 40 頁。
③ 榮新江《吐魯番出土金光明經寫本題記與祆教初傳高昌問題》，《西域文史》第 2 輯，北京：科學出版社，2007 年，第 1—13 頁。
④ 林悟殊《論高昌"俗事天神"》，《歷史研究》1987 年第 4 期，第 89 頁。
⑤ 薛宗正《北庭歷史文化研究》，上海：上海古籍出版社，2010 年，第 497 頁。
⑥ 薛宗正《北庭歷史文化研究》，第 549 頁。

二異獸,下有喇叭形器托,被推斷爲波斯祆教的祭臺。該墓發現於車師國境,時間爲戰國至漢,這說明漢代車師境內已存在祆教信仰。而文書抄寫的535年祭祀已呈現出不同於粟特人所崇拜祆教天神的某些特徵,將丁谷天視同祖先神而供祀之,已經很難說還有多少宗教成分。這個時候祭祀的排位第一是風伯,這個風伯當是地方神,非祆教維施帕卡;第二位是丁谷天,祖先神;第三纔是祆教大神大塢阿摩。這說明此時祆教已經衰落,依附民間信仰而存在。

S.367《沙州伊州地志》中提到的伊州柔遠鎮之阿覽神,亦成爲研究的焦點之一。針對阿覽一詞的伊朗語擬名,不同學者提出了自己的推測。張小貴認爲阿覽粟特語爲寧靜、和平之意。粟特人名中有曹阿攬延等,則阿覽或爲一祆神名①。姜伯勤《祆教藝術史研究》認爲阿覽即阿蘭,爲祆教徒之通稱②。陳三平還注意到,在後期的敦煌、吐魯番文獻中,有不少人名喚"阿朵"、阿頭等,當係伊朗火神 Ātar 的音譯③。

五、敦煌發現的祆教白畫與伊州"素書"引發的學界爭論

(一) 敦煌祆教白畫中四臂神祇究竟爲何神?

P.4518(24)之敦煌白畫堪稱天壤中幸而遺留的無價之寶,爲中國各地出土的唯一祆教繪畫作品。此畫最早由國學大師饒宗頤先生揭櫫出來④,隨即成爲敦煌學界關注的最大熱點之一。這張白描畫所繪的是兩位相對而坐的女神。左側的女神頭有圓形光環,戴回鶻貴婦的桃形冠,項上瓔珞,赤裸上身,腰繫長裙,足踩蓮花,坐於小型胡牀上,臂繞巾帶,一手持圓杯,一手持圓盤,盤中一小犬。右側女神也有圓光,戴桃形冠,項上瓔珞,似坐於一隻大犬或狼身上,一側露頭,一側露尾。女神四臂,兩臂上舉,一手持圓月,一手持日;兩臂舉在胸前,一手持蛇,一手持蠍。饒公云當時尚有繫帶,充懸掛之用。在1988年於北京舉辦的敦煌吐魯番學會國際討論會上,姜伯勤首先揭櫫了右邊粟特神祇的名字:四臂女神娜娜。他認爲,神像是娜娜神與大地女神阿爾邁提(Armaitis)相結合的產物,此神像可與中亞烏茲別克斯坦片治肯特四臂坐於獅子上的女神相比較⑤。可以看到,從西亞到中亞,騎獅而手持日月的娜

---

① 張小貴《中古華化祆教考述》,北京:文物出版社,2010年,第31頁。
② 姜伯勤《中國祆教藝術史研究》,北京:生活·讀書·新知三聯書店,2004年,第174頁。
③ Sanping Chen, From Azerbaijian to Dunhuang — A Zoroastrianism Note, *Central Asiatic Journal* Vol.47, No.2, 2003, pp.183-197;[加拿大]陳三平著,楊富學、劉錦譯《從阿塞拜疆到敦煌——祆教考證之一》,《中國邊疆民族研究》第3輯,北京:中央民族大學出版社,2010年,第284—291頁。
④ Jao Tsong-yi, *Peintures monochromes de Dunhuang (Dunhuang baihua)*, Paris: Ecole française d'Extrême-Orient, 1978.
⑤ 姜伯勤《敦煌白畫中的粟特神祇》,《敦煌吐魯番學研究論文集》,上海:漢語大詞典出版社,1990年,第296—309頁。

娜女神，無論在壁畫還是錢幣上，都不曾絕蹟過。他的觀點得到了張廣達先生的充分肯定，張先生進一步將其手持的蠍子比定爲天蠍座①。

1996年，東京展覽會舉辦"絲綢之路美術大展"，展覽會會刊第162頁圖180將左側的神比定爲袄教女神達厄娜（Daēna），而提及右側的神騎在狼而非狗的身上。達厄娜即人之良知幻化成的絕世美女，會引導善人走過審判之橋——欽瓦特橋，升入天堂。達厄娜的身邊一般會伴隨兩條狗，執行犬視。故而將左邊女性的比定爲達厄娜是正確的。但是在盧浮學院在巴黎舉辦的《中印世界的佛陀之地——十個世紀以來的絲路上的藝術》之解説詞中，葛勒耐雖然依舊指認右側女性爲娜娜神，但又以爲左右表現了袄教中的善惡對立。張廣達先生受此啓發，重新審視過去的觀點，撰寫出《唐代袄教圖像再考》，指右側一直被比定爲娜娜的女神其實是達厄娜的惡婦形象體現或實是惡神達厄媧（Daēva）；袄教《頌神書》云惡人在篩選之橋（欽瓦特橋）前將顫慄承受他們信仰所化之神達厄娜之盛怒，之後墮入魔鬼druj的地獄；在晚出的文獻《阿爾塔·維拉夫入地獄記》中則記載惡人經過篩選之橋時看到了他們的良知信仰：一個生活不檢、污穢不堪的蕩婦，雙膝前彎，後背佝僂，是一切生物中最不潔淨、惡臭至極的生物。在這裏惡人的化身——不束腰帶的醜惡神，是否與我們考察圖像中的右側女神將革帶置於膝蓋而不束腰有些連帶關係呢？《聞迪達德》經中云：一過十五歲如不束腰帶和著聖衫，就會變成魔鬼Druj的第四個配偶。可見不繫腰帶是一種墮落，是惡的標誌。而且袄教的腰帶也很有講究，他們的腰帶是羊毛做的，而如右側神膝蓋上之革帶，則代表信仰的敵人。故而此白畫描繪的神祇，似乎都是人的信仰或内在自我的人化形象，即達厄娜的體現。其所以體現爲二：一者是善士良知化爲美女，後者攜犬護衛善士的靈魂，手持盛滿乳酪的盂鉢以享天廚美饌；一者是惡人將承受達厄娜之盛怒，或者導致他的達厄娜呈現爲惡婦。但是張又以爲未有圖像繪達厄娜有四臂托日月之形象，又依據右側神所騎之狼與手持蛇蠍判斷其爲達厄媧。達厄媧在粟特地區仍舊保持著神格，一些粟特人的名字中就包含了這個詞語。而粟特的袄教又是很佛化的，佛教阿修羅手持日月的形象或對粟特神塑造有所啓發，故而將日月光賦予達厄媧作爲其反面標誌並非完全不可能。進一步說，袄教的地獄惡魔Druj使出各種解數制止日月運行，以破壞時間的流逝。而從袄經知達厄媧會引導惡人的靈魂墮入地獄與Druj爲伴，故而將日月賦予達厄媧，並非偶然②。

---

① Zhang Guangda, Trois exemple d'influence mazdeennes dans la Chine des Tang, *Etudes chinoises* XIII, 1994, pp. 203-219（漢文本載張著《文本、圖像與文化流傳》，桂林：廣西師範大學出版社，2008年，第248頁）。
② 張廣達《唐代袄教圖像再考》，《唐研究》第3卷，北京：北京大學出版社，1997年，第1—17頁。

據此,姜伯勤復作《敦煌白畫中的祆教神祇再考察》,提出幾點質疑:其一,右側神的坐騎比起狼來更像犬;其二,根據馬爾吉安所出持蛇女神判斷,手持蛇蠍是促進植物豐饒的自然力的象徵。蠍子代表天蠍座,《班達希申》云天蠍座與兒孫位有關,故而皆非惡的象徵;其三,達厄娲是醜陋的妖婆,斷不是對面這位雍容美麗身著王者服飾的女子;其四,漢式王者服飾在敦煌西域是娜娜的常裝。姜先生進而得出這樣的結論:爲了避免對圖像的天馬行空的闡釋,我們要儘量避免忽視圖像志歷史軌蹟而單純從經文文本出發對圖像作出想象性的解釋。例如單純從祆教經文中妲厄娜與妲厄娲的對立記載,對漢裝四臂神提出爲妲厄娲的解釋方案。然而如果仔細追蹤在花剌子模、粟特、于闐等地四臂女神娜娜的圖像志的發展軌蹟,我們就會得出白畫中的漢裝四臂女神正是娜娜女神了①。

姜先生的説法看似也十分在理,畢竟右側的神無論如何也不像一位惡神,而其狀貌之雍容,亦頗不似《維拉夫入地獄記》良知的醜穢形象。但是張氏提出的束帶——表徵是娜娜説是無法解釋的。而姚崇新等亦提出:目前爲止尚未發現達厄娲的圖像,未知其是否真的爲四臂並伴隨蛇蠍狼等邪惡因素出現;而所有圖像中的娜娜女神其下面雙手都是提鉢與權杖的,從未見持蛇蠍,而其坐騎亦是獅子,絕不是犬或狼。況且,畫上兩神作善惡對立狀可從教義中找到依據,那麼兩善神相對而坐又説明了什麼呢?這都是有待解決的問題②。

對於白畫妲厄娜神腳下的蓮花形象,沈睿文指其與吉美石棺牀背屏上部祆教風神的底座相同,爲善神標識③。

妲厄娜神無論在西亞還是中亞的很多宗教中皆扮演著重要角色。妲厄娜是祆教神的化身,同樣也是摩尼教善業的化身,而在入華摩尼教中,妲厄娜甚至會被混同於光明處女亦即電光佛。阿拉伯文《群書類述》中提到:

> 當一位選民的死亡降臨時,初人派遣了一位光芒四射的神靈,伴隨他的有一位與那個選民靈魂相似的處女……然後,他們引導這位選民,爲他戴上花冠、飾以冕帶、穿上天衣。與他一起乘著讚美光柱,來到月界,晉見初人與善母。④

威廉傑克遜在1930年發表的文章中指出,摩尼教教義中應接選民亡靈的

---

① 姜伯勤《中國祆教藝術史研究》,北京:生活・讀書・新知三聯書店,2004年,第249—270頁。
② 姚崇新、王媛媛、陳懷宇《敦煌三夷教與中古社會》,蘭州:甘肅教育出版社,2013年,第68—72頁。
③ 沈睿文《安禄山服散考》,上海:上海古籍出版社,2015年,第44頁。
④ Bayard Dodge, *The Fihrist of al-Nadīm—A Tenth-Century Survey of Muslim Culture*, Volume 1, Chapter Nine, Columbia University Press, 1970, p. 795.

這位處女,可能有一定的祆教色彩①。亨寧則以粟特文書 Ch/So14731 即《粟特寓言》爲證,假設這位處女即祆教的妲厄娜(即達厄娜)②。懷登倫在 1961 年出版的摩尼教研究專著中提示亨寧揭粟特寓言《妲厄娜》與《阿維斯塔》經之《哈多赫特》對妲厄娜的描寫相近似③。近期,日本學者吉田豐與德人瑞克在亨寧文書的基礎上並綴合 Ch/So10051－52,日藏大谷文書 7127 和俄藏 Дх.06957V 對《妲厄娜》寓言進行了新的綴合與翻譯,文書中將"自己的業"比作妙神,即童貞少女,作爲善者靈魂的先導。相似的描寫還見敦煌摩尼教文獻《下部贊》第 393—400 行,其中提到自己的善業會來迎接自己,而吐魯番發現的絹繡中則出現光明處女降臨人間與女選民在一起,而通過她的手,人的靈魂(光明分子)可以飛升月亮。這位女神的身上,妲厄娜的色彩已經很明顯了④。馬小鶴通過對從原始科普特文獻到中亞粟特文獻,再到敦煌文書、敦煌祆畫、吐魯番刺繡等光明處女與妲厄娜形象的研究,得出光明處女與神我暨代表善業的童女本是迥然有別,然而入華以後,漸漸綜合成一體形象,即人之"第五慈父"電光佛與接引善士靈知的妲厄娜在後世的圖畫中融合而爲一⑤。

(二) 關於伊吾"素書"的爭論

S.367《沙州伊州地志》中提到伊州"火祆廟中有素書無數"。這個"素書"究竟何所指,學者們一直爭論不休。最早對素書一詞作出分析的是日本學者神田喜一郎,他在發表於 1940 年的《素畫考》上認爲素書當是素畫之誤⑥。而素畫即是塑畫,也就是彩繪塑像。羽田亨《西域文化史》與那波利貞《祆廟祭祀小考》中亦認可神田氏的觀點⑦。魏禮《敦煌伊蘭祠廟考》認爲素畫是塑身與彩繪的結合。饒宗頤的看法與之相左,他在《敦煌白畫》中認爲素畫即白畫起樣,素畫爲施彩繪之壁畫與塑像的初步功夫。姜伯勤在 1988 年刊《敦煌白畫的粟特神祇》中指出法藏敦煌白畫與伊吾祆廟的素書形象有關⑧,

---

① A. V. Williams Jackson, A Sketch of the Manichaean Doctrine concerning the Future Life, *Journal of the American Oriental Society* Vol. 50, 1930, p.178.
② W. B. Henning, Sogdian Tales, *Bulletin of the School of Orientla and African Studies* XI, 1945, pp.465－487.
③ Geo Widengren, *Mani and Manichaeism*, London: Weidenfeld and Nocolson, 1965, pp.64－65.
④ Y. Yoshida & Christiane Reck, Die Beschreibung der Daēna in einem soghdischen manichäischen Text, *Relogious themes and text of pre-Islamic Iran and Central Asia*, Wiesbaden, 2003, pp.323－338.
⑤ 馬小鶴《從善業、電光佛到電光王佛——福建霞浦文書〈奏申牒疏科册〉研究》,氏著《霞浦文書研究》,蘭州:蘭州大學出版社,2014 年,第 49—69 頁。
⑥ 神田喜一郎《祆教雜考 附載 素畫に就いて》,《東洋史研究》第 5 卷 3 號,1940 年,第 21—23 頁。
⑦ 羽田亨《西域文化史》,東京:座右寶刊行會,1948 年,第 130—131 頁;那波利貞《祆廟祭祀小考》,《史窗》第 10 號,1956 年,第 7 頁。
⑧ 姜伯勤《敦煌白畫中的粟特神祇》,《敦煌吐魯番學研究論文集》,上海:漢語大詞典出版社,1990 年,第 197 頁。

而他在1993年刊《論高昌胡天與敦煌祆寺》文章中更認爲素畫是單線平塗繪像[1]。2008年張小貴重提饒説,在《唐伊吾祆廟素書非塑像辯》中將"素"解釋作修飾畫的副詞,而非用以表塑造的動詞,故而推定素畫爲祆神素描畫像,其他地域發現的疑似祆教塑像不能作爲伊州神龕有塑像的根據[2]。近期,王啓濤又提出新説,認爲"素書"就是"塑像和繪畫"[3]。概言之,"塑像""畫像"兩派各有所據,難以取捨,不能武斷將素書斷爲素畫之誤。如若素書二字不誤,則當是一種素描或白描作品,一如敦煌白畫。如若斷爲素畫,則誠當是彩繪塑像作品了[4]。姚崇新指出,素畫在古代有三重含義,一是白描,一是彩繪塑像,一是絹畫[5];單從文字出發,這三種意義都可以成立。但是當聯繫實際情況時就會發現,只有作塑像纔解釋得通。其一,敦煌文獻中素與畫非常分明,但凡畫,即是壁畫或畫像,但凡素,一定是泥塑。素畫結合的例子中,都體現出彩繪塑像與壁畫的結合。第二,無論敦煌還是粟特地區,祆廟祆神的表現形式都是壁龕,彩繪壁畫與泥塑的結合,這是長期以來的傳統。如P.2814V《天成年間懸泉鎮遏使安進通狀稿》云:

> 乃觀古蹟,神廟圮坼,毁壞年深,若不修成其功,恐慮靈只無效,遂則彩繪諸神,以保河湟永固……門神、阿娘神、張女郎神、祆祠、□□、九子母神、鹿角將軍、中竭單將軍、玉女娘子、吒□將軍、鬥戰將軍……

其中所言圮坼毀壞的神廟,鄭炳林認爲可能是祆祠[6]。沈睿文則指出其提到的"鬥戰將軍"即祆教鬥戰神Vereghraghna,此時已成爲傳統社會衆多神祇之一,湮没於民間信仰的萬神殿中了[7]。彩繪諸神,無疑是在爲祆神重塑金身。這座祆祠與伊吾的祆祠其結構應當是具有一致性的。

姚氏進而指出,即便是敦煌的粟特白畫,有時也不是純素的畫,而應當稱之爲淡彩墨畫。故而將素畫理解爲塑像,不僅可以與敦煌地區發達的彩塑傳統相聯通,也符合我國古代畫塑相通的工藝流程,顯得更爲客觀些。姚文之分析切中肯綮,抑或可爲這個問題畫上(或暫時畫上)一個句號了。

---

[1] 姜伯勤《論高昌胡天與敦煌祆寺——兼論其與王朝祭禮的關係》,《世界宗教研究》1993年第1期,第9頁。
[2] 張小貴《唐伊吾祆廟素書非塑像辯》,《中華文史論叢》2008年第2期,第321—338頁。
[3] 王啓濤《敦煌文獻"素書"新考》,《西南民族大學學報》2016年第4期,第189—192頁。
[4] 榮新江《粟特祆教美術東傳過程中的轉化——從粟特到中國》,巫鴻主編《漢唐之間文化藝術的互動與交融》,北京:文物出版社,2001年,第55頁。
[5] 姚崇新《"素畫"與"塑畫"——再論唐代伊吾祆廟的"素書"》,《國學的傳承與創新——馮其庸先生從事教學與科研六十周年慶賀學術文集》(下冊),上海:上海古籍出版社,2013年,第977頁。
[6] 鄭炳林《晚唐五代河西地區的居民結構研究》,《蘭州大學學報》2006年第2期,第16頁。
[7] 沈睿文《安禄山服散考》,上海:上海古籍出版社,2015年,第61頁。

六、敦煌出土佛教與疑似摩尼教文獻所見祆教神靈之研究

通常人們都認爲，祆教在中國，既不傳教也不翻經，敦煌遺書中也没有發現過祆教經典。但是，也有人認爲，敦煌遺書中事實是存在祆教經典的，而且可以説是最古老的祆教經卷了。大英圖書館敦煌遺書 Ch. 00289 即 Or. 8212/84 號文書爲粟特文寫卷，其使用的粟特文字體甚至比敦煌粟特人信劄還要古老，内容與粟特人的宗教信仰相關。

該殘卷最初於 1931 年由賴肖爾特轉寫刊布，編爲 fragment 4，之後大家就這一殘片反映的宗教信仰展開討論。舍德爾以爲是摩尼教文獻，盧森堡認爲此卷與殘片 5、6 都有强烈的馬兹達教色彩，而邦旺尼斯特先言其源自佛教文獻，後來又改口認爲值得進一步商榷。這是 20 世紀 30 年代的討論。及至 1976 年，英國粟特語專家辛姆斯·威廉姆斯重新轉寫和翻譯了這批殘卷，並指出前人把殘卷看作祆教，是因爲把 4、5、6 當成了一個卷子，前人所謂祆教大神名字 Ohrmizd 一詞屬於誤讀，言其爲粟特語佛教文獻也是有問題的，因爲文中用 Mahadeva 對應衆神之王祖爾萬，但是粟特語佛教文獻中這兩位大神並非一神。同時，也承認本卷中有不少真正的祆教風格的字詞，其中有些見於已知的摩尼教或佛教文獻，也有些從未見過。基舍維茨發現它的頭兩行文字實是祆教祈禱文 Agam vohu 的抄本，所用字體與《阿維斯塔經》不同，但遠較粟特文古信劄要古老。但威廉姆斯認爲殘卷中豐富的祆教的知識，並不能排除作者很可能是一位摩尼教徒的可能。摩尼教源於祆教，已是公論。況且在已知的粟特文文獻中從未發現祆教經典，該卷不至例外。這一判斷的更具説服力的證據是基舍維茨爲辛姆斯·威廉姆斯提供的，即如果作者是祆教徒，那麼他就會明白教主瑣羅亞斯德所定義的"最高神"是阿胡拉·馬茲達；而作爲一個摩尼教徒，他明知此名應寫作 Primus Homo，所以他不得不略去這個神名。最後，這個殘卷大概和賴肖爾特刊布的 Fragment 13 屬於同一個書手所寫，而後者中出現了只有摩尼教或景教粟特文纔用的某些特殊文字。因此，該經爲摩尼教寫經的可能性似乎更大。

中國學者對此經卷的討論大約始於林梅村，他引用基舍維茨的觀點，認爲此經卷爲阿契美尼德王朝文字的寫卷，但是他卻仍逕自認爲寫卷是祆教的寫經，謹慎地推測它是較晚被粟特人帶到敦煌的，至少比粟特書信要晚[①]。龔方震等《祆教史》也認爲此寫卷祆教色彩濃厚，並依據英譯將之簡單譯成漢文。其大意爲："當諸神之王 Banghan MLK、最高大神 addbagha 位居天堂善思

[①] 林梅村《從考古發現看火祆教在中國的初傳》，《西域研究》1996 年第 4 期，第 54—58 頁。

時,蘇魯支神下跪向他致敬。"同時指出 Ch.00334 與 Ch.00335 寫卷(或即上5、6片)講了摩尼教五大紀律,其中多次提到祈禱蘇魯支神文句,似乎是祆教卷子[①]。按,蘇魯支佛是摩尼教裏的一位重要使徒,摩尼教經典中出現祈禱他的文字不奇怪,在近期發現的摩尼教文獻中,蘇魯支被尊爲五佛之一,與那羅延、夷數(耶穌)、釋迦文佛、摩尼光佛並列[②]。龔方震等雖然對其是否確爲祆教經典尚有所保留,但仍舊遭到了榮新江的批評。榮說已見上,他引威廉姆斯與基舍維茨的觀點證明此文獻確定無疑當是摩尼教寫卷,只是引用了瑣氏經文,故而當慎重引用。

對於以上諸家說法,姚崇新認爲需持慎重態度,將之定性爲摩尼教經典抑或更符合邏輯,然而也存在問題:摩尼教徒爲何用如此古老的粟特文字抄寫經典?是轉抄還是因何?正常抄經,也許首行的神名需用古老字體,然而其後的文字本應用晚近的粟特字體纔方便信衆誦讀。而本殘卷的書寫材料也是以往被忽視的,姚氏等希望對其做綜合考察以確定抄寫的具體年份。

而敦煌粟特文獻中出現祆名的不僅是摩尼教文獻,甚至有純粹的佛教文獻。

從7世紀敦煌粟特寫本《吠桑檀多本生》與邦旺尼斯特編號 text 8 粟特佛教寫本中,我們可以看到一組佛教—婆羅門教與祆教對應的神系。祖爾萬對應梵天等、阿胡拉(adbag)對應因陀羅、風神維施帕卡對應大自在天[③]。敦煌寫本《西秦五州占》後所附的《太史雜曆占歷》中提到:"歲在丑年,將佛似祆。"按:"將佛似祆"一方面是指將佛祆二字混淆,佛字,俗亦作"仸",與代表胡天神的"祆"字形狀相似,引發訛謬實屬正常;而另一方面,亦指在敦煌民間佛神與祆神常常被混同之,這應當是入華的粟特祆教最主要的特徵之一。將佛似祆,在西到于闐、東到長安的廣大範圍內普遍存在。于闐丹丹烏里克出土的 D.X.3 木版畫正面繪製了一組祆教三聯神:阿胡拉·馬兹達、娜娜與維施帕卡。從圖像特徵看,左邊的神像手執金剛杵,是天神之王因陀羅的法器;右邊神三眼四臂,執三股叉與弓,則是大自在天的典型造型;但是正中間的持日月的四臂女神卻是祆教娜娜的典型形象。故而這一組三聯神像,得以借中間的娜娜確定悉爲祆教大神。木板的背後則是典型的佛教神,這可能反映了絲路上佛教與祆教的部分融合。在傳世中原文獻中亦有類似記載。《兩京新記》、《通典》、《西溪叢語》等僉記云西域(國)胡天神,佛經所謂摩醯首羅也。

[①] 龔方震、晏可佳《祆教史》,上海:上海社會科學院出版社,1998年,第234、240—241頁。
[②] 楊富學、包朗《從霞浦本〈摩尼光佛〉看摩尼教對佛教的依托》,《宗教學研究》2014年第4期,第258—259頁。
[③] E. Benveniste, *Textes Sogdiens*, Paris, 1940, pp. 909 – 920; E. Benveniste, *Vessantara Jātaka*, Paris, 1946, pp. 1205 – 1206.

這個胡天不是阿胡拉而是維施帕卡。這一方面說明在祆教中維施帕卡地位很高,一方面說明其神像已經高度印度化或者佛化,以至於可以達到與佛教護法神難分彼此的效果。細翫"將佛似祆"一句,不得不讚歎佛教信仰巨大的同化力。

七、學界對莫高窟佛教壁畫與祆教的"互文"現象之研究

關於莫高窟的佛教壁畫與祆教的聯繫,我們所知甚少,對此論題有所突破的學者仍是姜伯勤先生,他在《中國祆教藝術史研究》一書中用十三、十四兩章的篇幅談到了莫高窟佛教壁畫中暗藏的祆教因素①。

在第十三章裏,姜先生指出,敦煌 285 窟西壁日光菩薩像是典型的祆教密特拉神的形象。根據賀世哲先生的描述,此窟西壁左上角接窟頂處有一白色日輪,輪内畫一側面車輪,輪左右各二馬駁車,馬有頭無尾,相背奔馳。車廂内一人有頭光,高髻,圓領上衣,雙手合十似菩薩像。賀先生認爲是密教的日天②。

祆教藝術專家葛勒耐在《巴米揚與米赫爾・耶什特》中論述了在巴米揚大佛龕背景壁畫中的祆教密特拉神,其神像在 38 米的大佛龕背景的中部板塊中③。這是一尊薩珊式的密特拉神,其乘四馬所駁之車,日輪中爲密特拉神,左右上角各有一個戴尖頂帽的天使,左右下角各有帶頭光、戴粟特式帽、人頭鳥身的波斯吉祥鳥 hvarenah,即森莫夫(Senmurv)。此神形象與莫高窟日天明顯相似,故而姜伯勤認定莫高窟此圖亦當爲密特拉神像。姜氏認爲,原始佛教造像即犍陀羅造像除了有印度本土因素外,還有貴霜王朝時期希臘藝術與波斯藝術的影響,其中包括巴克特里亞地區古老祆教藝術的影響——故而佛教洞窟出現類波斯造像或壁畫,實不足爲奇。而姜氏進而認爲其所以表現密特拉的形象,是因爲此窟乃西魏滑國嚈噠人所開,嚈噠人雖然已經皈信了佛教,但是祆教的意識仍舊根深蒂固,因而在此窟造出了密特拉的形象。

張元林進一步挑選出與日天相對的西壁北段的月天:月天頭冠,正面坐於圓輪支撐的車廂内,雙手交叉胸前。車輪南側似乎是兩隻天鵝的形象,圓輪下面還有三頭獅子牽著的一輛車④。其形象讓人不由聯想起騎獅子的娜娜女神。娜娜女神形象具有多元性,或爲月神女兒,或爲太陽神之妹,職是之

---

① 姜伯勤《中國祆教藝術史研究》,北京:生活・讀書・新知三聯書店,2004 年,第 203—224 頁。
② 賀世哲《敦煌莫高窟第 285 窟西壁内容考釋》,《敦煌石窟研究國際討論會文集・石窟考古編》,瀋陽:遼寧美術出版社,第 357 頁。
③ F. Grenet, Bāmiyān and the Mihr Yašt, *Bulletin of the Asia Institute*, 7 (Irian Studies in Honor of A. D. Bivar), 1993, pp. 87-94.
④ 張元林《論莫高窟第 285 窟日天圖像的粟特藝術源流》,《敦煌學輯刊》2007 年第 3 期,第 161—168 頁。

故,我們可以推測,月天這一形象在經由粟特人東傳過程中,融入了粟特人對佛教月天與娜娜女神之間某些共性的理解,故而此神形象既像祆教娜娜女神,又似佛教的月天。在窟西壁中央大龕與北側小龕壁面繪有三頭六臂側身騎牛的摩醯首羅天的形象,此神酷似祆教的風神維施帕卡的形象,其頭冠裹亦有一身人物。佐佐木津子認爲是風神而非伎樂天。結合日天、月天的形象,張認爲這應該確乎是祆教的風神維施帕卡,而其中又融入了婆羅門教風神或佛教風神的特徵。這個新說還是頗具誘惑力的。而對於姜氏以爲此窟係滑國嚈噠人所開,張氏則持保留意見,他認爲還是將之定爲粟特人更合乎情理一些。嚈噠素來事火教,不會將其教門主神之一降爲佛教貼在窟頂的護法神,即便接受了佛教信仰。而粟特人宗教多元,並不專於火教。張氏進而對姜氏提到的巴米揚洞窟做了考察,認定巴米揚大佛龕圖像粟特色彩同樣濃厚。

在第十四章裹,姜先生指出莫高窟第322窟壁畫上畏獸即人非人的形象恐與祆教相關。根據敦煌石窟內容圖錄,在西魏北周第285、249、288、296窟及隋第420、419、276、305窟及唐武德年間的322窟皆有人非人即畏獸的形象。畏獸亦稱烏獲,先秦兩漢已有之,285窟畏獸可以用來表現儒家禮學中的天神,也重疊象徵佛教的人非人。而這一自漢代以來以動物形象出現的神怪異獸,亦被祆教借來表現其教的天神。典型者如安陽北齊石棺牀畫像石。322窟兩畏獸生二角,各持山羊與綿羊二物,而此類圖像多見於粟特地區和于闐的祆教圖像中。隋唐之際,突厥人常以山羊、綿羊守護祆神,而從322窟供養人來看,窟主似乎就是粟特人。其西壁龕內北壁天王塑像後供養人題名曰:"張生大子史□生。"似乎是粟特史姓。

2010年邵明傑、劉玉平《莫高窟第23窟雨中耕作圖新探——兼論唐宋之際祆教文化的蛻變》[①]一文則指出莫高窟第23窟法華經變的左上角一向被定名爲雨中耕作圖的圖像其實是祆教的雩祭圖。

《雨中耕作圖》爲一幅自下而上以反C字形閱讀的三品連環畫。三品中的"聚沙成塔"到祈雨,再到雨茂豐收,連綴成"功德易積"、"求雨得應"、"雨潤萬物"的遞進性邏輯畫面,而"樂伎與拜塔"的奇特之處在於它所展現的畫面,竟與祆教"賽祆雩雨"場景十分契合:佛塔前二人學界多指認爲禮拜者,邵氏等則認爲正在行胡舞雩雨的胡人,認爲其舞姿頗似胡旋舞或胡騰舞。而坐著的六樂伎樂工樂器編配情況與傳世文獻記載的安國伎與康國伎演出配器

---

① 邵明傑、趙玉平《莫高窟第23窟雨中耕作圖新探——兼論唐宋之際祆教文化的蛻變》,《西域研究》2010年第2期,第97—106頁。

相符。安陽范粹墓及固原出土的兩件北齊釉瓷扁壺的樂舞圖案亦與圖中演出類似。

又指出：圖中的核心圖案爲一塔廟式建築，塔刹尖部作仰月托日狀。對於這種日月形飾物，姜伯勤認爲，這種裝飾都反映了太陽崇拜或來自密特拉的光明崇拜。魏文斌借對仰月、日月菩薩冠飾的研究，對日月形飾物做了翔實的考證：仰月冠飾或日月冠飾受到了波斯薩珊王朝冠飾的影響，在佛教東傳的過程中，佛教圖像接受了這種裝飾。佛教圖像中的仰月或日月冠飾代表光明與智慧，並具有莊嚴其身的作用，與佛教教義相合[1]。

另外，文章作者還發現在壁畫中塔的左上角似繪有一隻頸繫（或口含）飄帶的鳥。銜綬鳥可能代表了阿胡拉・馬茲達這一祆教最高神的存在（或爲其化身），他認爲與虞弘墓的銜綬鳥形象相似[2]。胡樂、胡舞、銜綬鳥，構成了一幅粟特（祆教）文化特徵鮮明的"雩雨圖"。而雩雨本身，也成爲以反 C 字形閲讀的三品連環畫中連接"聚沙成塔"與"雨茂豐收"兩場景的紐帶。由於漢族亦有相似的祈雨儀式，而敦煌的所謂"賽祆雩雨"亦早已被納入官方的祭祀活動中，故而《雨中耕作圖》中的"賽祆雩雨"場景，雖以祆教活動表現《法華經變》中的"求雨得應"，但無論從美術構圖或是文化背景來看，都無抵觸之感。這也可以説是將佛似祆或者佛教與祆教圖像構成"互文"的一種形式吧。

敦煌石窟中疑似拜火教的圖像還有如樊錦詩等揭示的隋代二期洞窟中表現的波斯連珠紋與翼馬即森莫夫的形象，被認爲是煬帝時期增進與西域交流的産物[3]。148 窟南壁龕頂西披盛唐經變畫中的四臂火天形象[4]，亦當爲密教借鑒了波斯神衹，而諸多表現佛經中的事火外道之題材，也應原本是屬於祆教的。《方便心論》所舉四種西域事火外道，分别爲晨朝禮敬、殺生祭祠、燃衆香木、獻諸油燈。這些都是典型的祆教拜火活動——對這類圖像的表現在桑奇大塔、犍陀羅雕刻出現的時代已有之，表現了所謂的火神堂[5]或者説是聖火壇[6]的形象。佛教中的火天一般被認爲源自於《吠陀》裏的火神阿耆尼，它在《梨俱吠陀》裏是一位十分重要的神衹，歌詠他的詩篇有 200 首之多，僅次於天神之王因陀羅。阿耆尼的地位、形象與職能相當於《阿維斯塔》裏的聖火

---

[1] 魏文斌《也談仰月、日月菩薩冠飾——以麥積山石窟爲例展開》，《敦煌學輯刊》2007 年第 4 期。
[2] 虞弘墓石棺槨槨壁浮雕七左上繫帶鳥，見太原市考古研究所編《隋代虞弘墓》，北京：文物出版社，2005 年，圖 21、圖 7。
[3] 樊錦詩、關友惠、劉玉權《莫高窟隋代石窟分期》，《中國石窟・敦煌莫高窟》第 2 卷，北京：文物出版社、東京：平凡社，1987 年，第 185 頁。
[4] 敦煌文物研究所編《中國石窟・敦煌莫高窟》第 4 卷，北京：文物出版社、東京：平凡社，1987 年，圖版 30。
[5] 桑奇大塔第 1 塔東門門柱内側第二格，林許文二著，陳師蘭譯《印度朝聖之旅・桑奇佛塔》，海口：海南出版社，2012 年，第 111 頁。
[6] 收藏於皇家安大略博物館，見栗田功編著《ガンダーラ美術》I，東京：二玄社，1988 年，第 160 頁。

之神阿扎爾,係祭火的人格化,生有紅鬚髮、尖下巴和金牙齒。能破除黑暗燒盡不淨。衆神通過他的火舌享用祭品。頌詩中它被稱爲家主,是家庭的庇護神。關於火的存在形式與來源有三種:在天上爲太陽,在空中爲雷電之火,稱水之子,在地上爲木片摩擦所生之火,稱力之子①。它們在前17世紀雅利安人"印伊共同體"分别進入波斯與印度之前當爲一位神靈。古代佛教形成之時,應該對當時伊印地區盛行的這兩種宗教:婆羅門教與祆教都有所借鑒。而密教則借鑒了更多波斯宗教的成分。這種圖像在中國早期的雲岡石窟、慶陽北石窟寺亦有表現,慶陽北石窟寺165窟圖像表現了佛陀坐於火壇之上。火壇的形象與薩珊金幣背面的火壇相似度極高。楊軍凱在《北周史君墓》中指出此枯瘦火天形象與西安史君墓南壁兩位四臂神形象有幾許相似,未免讓人想到或是祆教胡天的形象。所謂胡天神,樣貌當與佛教摩醯首羅天類同,爲四臂或多臂神②。

敦煌古爲西域與中原文明交匯之處,爲祆教與佛教、婆羅門教、摩尼教、景教等宗教雜糅之地,西域諸國大多佛、祆兼信,如高昌"俗事天神,兼信佛法",焉耆"俗事天神",于闐"好事祆神,崇佛教"等。故而從西域地區傳入敦煌的佛教未免會吸取一定的祆教成分,而西域的祆教更是不拘於容攝佛教經像,甚至雜糅古代希臘、婆羅門教之諸宗教成分,故其東傳之後就未免會造成"將佛似祆"的效果。莫高窟148窟的火天神,抑或正是祆教中崇拜的火神與佛教信仰的融合③。

莫高窟這些典型的佛教壁畫不經意中點綴的祆教因素,生動表現出了敦煌佛教與祆教的互鑒性,從一個側面反映了佛教經印度中亞傳入中國後的發展與變化。

八、祆寺燃燈與敦煌賽祆——華化、佛化的敦煌祆神

(一) 敦煌燃燈與驅儺活動的研究

姚崇新認爲,敦煌文獻提供的信息表明,以寓居敦煌的粟特人爲主體信衆的祆教及祆教的祭祀空間祆寺並未有完全獨立出敦煌社會之外,隨著時間的推移,隨著粟特聚落的漸漸解體,至晚唐五代歸義軍時期,原敦煌祆教中的神祇逐漸蜕變爲地方神和本土神的一種,被納入當地民間和官方的祭祀系統④。姚説可從。很顯然,祆神的民間信仰與民俗意義已經壓過了其原有的

---

① 元文琪《二元神論——古波斯宗教神話研究》,北京:中國社會科學出版社,1997年,第125頁。
② "史君墓石堂南第二幅浮雕"圖版見西安市文物保護考古研究院編著《北周史君墓》,北京:文物出版社,2014年,第90頁。
③ 西安市文物保護考古研究院編著《北周史君墓》,第211頁。
④ 姚崇新、王媛媛、陳懷宇《敦煌三夷教與中古社會》,第154—157頁。

宗教意義，故而我們在解讀敦煌文獻時斷不能見一"祆"字便想起傳統的祆教或拜火教的活動，而要視語境而論焉。

日本學者小川陽一早在60年代已經注意到了敦煌祆教廟的祭祀活動，但是他在《敦煌における祆教廟の祭祀》中誤將賽祆、驅儺等活動均籠統視作祆廟祭祀①。而姜伯勤《論高昌胡天與敦煌祆寺》中亦犯了同樣的毛病。姚崇新等認爲，應當區分單純粟特人的祆廟祭祀活動與有各族百姓參與的民間祭祀活動。前者參與者以粟特商胡爲主，按傳統方式祭祀後還會有幻術表演，如伊吾廟宇祆主引刀剖腹而又平復如舊。後者則是歸義軍時期常見的合於民間祭祀或慶典的各種燃燈、賽祆、驅儺等活動②。

先談驅儺。驅儺之禮，上古已有之，是一種源於薩滿教的活動。先秦以迄隋唐，驅儺一直是作爲一種官方活動，但漸漸演變爲一種全民狂歡。敦煌的驅儺活動則多以爲節度使祈福、祈節、祈爵爲目的，P.3555與P.3552兩篇《兒郎偉》儺詞暗含著大族張氏與李氏對於敦煌統治權的爭奪，一直是歸義軍研究學者關注的焦點。而在P.3552《兒郎偉》歌詞中有一句："今夜驅儺對仗，部領安城大祆"，大祆爲尊，位在"三危大聖"、"蓬萊七賢"、"南山四皓"等傳統神與敦煌地方神之前，統領佛、道各家神仙，故而邵明傑推定此篇《兒郎偉》應爲舉行"敦煌大儺"時祆僧所用的祈福咒文，大祆即阿胡拉③。按此篇《兒郎偉》，"祆"只出現一次，還是認定爲是多元信仰祈福文爲好。

不過，這明確揭櫫粟特安城祆教活動在敦煌驅儺祭祀活動中的重要地位。關於"兒郎偉"之意，龔方震等《祆教史》中以爲是祆教的一種術語：按波斯語有一字 nairangi，或作 nirang，讀音與兒郎偉近，據 Steingass 解釋爲法術、奇蹟。考 nirang 的本意是指用於淨化儀式的牛尿，飲此牛尿，可使身心潔淨，通常有祭司在場爲之舉行淨化儀式。nirang 後來轉義爲禮拜儀式，舉行這種儀式，就可以對抗惡魔來犯。敦煌祆教徒一定有驅魔儀式，即所謂驅儺之法④。這種儀式中當包含各種方術，如上文提到的幻術，故 Steingass 解釋 nirang 爲法術。故而，得出結論：兒郎偉本是一種禮拜儀式，除了表示對神的崇敬外，復希望得到神的幫助，驅離一切惡魔，達到安寧。姚崇新則認爲，兒郎偉一詞唐人已用，後人亦廣泛用之，並不盡有宗教色彩。

姜伯勤在《沙州儺禮考》中揭出 P.3468《進夜胡祠》亦爲兒郎偉之一種，

---

① 小川陽一《敦煌における祆教廟の祭祀》，《東方宗教》第27號，1967年，第23—34頁。
② 姚崇新、王媛媛、陳懷宇《敦煌三夷教與中古社會》，第149頁。
③ 邵明傑、趙玉平《莫高窟第23窟雨中耕作圖新探——兼論唐宋之際祆教文化的蛻變》，《西域研究》2010年第2期，第103頁。
④ 龔方震、晏可佳《祆教史》，上海：上海社會科學院出版社，1998年，第246、247頁。

雖然從文字看是頌揚朝廷征淮西的功德的，但是胡祠二字明顯與祆教相關①。這説明兒郎偉之類儺禮，與祆教的關係還是應當更深入探究的。

S.2241《君者者與北宅夫人狀》也同樣反映了當時的敦煌官方與祆教之間的關係。這篇狀文的内容是公主君者者向曹氏歸義軍統領者的北宅夫人報告一行人旅途平安。其中"切囑夫人與君者者沿路作福，祆寺燃燈"一語值得翫味。我們知道曹氏歸義軍的節度使極可能是漢化的粟特人，對祆教或有一種天然的親近感，曹氏時期各種祆教活動也相當活躍。小川陽一認爲這是爲旅途平安而沿途做的祈福②。姜伯勤則在認定君者者爲于闐人的同時，引《新唐志》證播仙鎮以西有"祆井"，故而認爲敦煌至于闐間當多有祆寺，所以纔沿路燃燈作福③。余欣認爲，敦煌晚唐五代行神信仰頗爲流行，上至節度使下至普通百姓皆崇祀之④。這裏的祆神很明顯也被納入行神體系中了。

當然，對於"燃燈作福"，學界亦有不同的解讀。如顔廷亮《敦煌文化中的祆教摩尼教和景教》中認爲燃燈作福之前有君者者"切囑夫人與君者者"八字，則可知君者者尚未得到北宅夫人爲她"沿路作福，祆寺燃燈"，並指"沿路作福、祆寺燃燈"之沿路作福乃單指敦煌祆寺燃燈而論，歸義軍不可能令敦煌于闐或敦煌達怛之間不歸其管内之地爲公主燃燈作福。但顔氏最終得出與姜氏同樣的結論：歸義軍時期敦煌地區祆教之興，可能同與歸義軍有良好的關係的于闐國"俗事祆神"有關⑤。

對於祆寺燃燈這個話題，張小貴在其《敦煌文書所記祆寺燃燈考》這篇長文中做了周詳的解讀。張文對姜文表示贊同，對顔文則不苟同，他聯繫下句"他劫不堅"，將整句翻譯爲"由於得到了夫人的沿路作福，祆寺燃燈，所以其他的劫難都可以輕易化解"⑥。此前，解梅曾著文云：敦煌祆教燃燈與佛教燃燈不同，祆教燃燈是以燃燈方式表達對光明與聖火的崇拜與追求，與佛教燃燈有别。同時又以前涼時期天梯山石窟劉弘之燃燈懸鏡鼓動起義爲例，指祆教燃燈以替代聖火，在中國古已有之。據載，唐懿宗時，同昌公主染疾，祆教術士米實用燈法療治，地點應在祆廟。此爲燃燈祈禱以求病癒之鮮明例證⑦。然張小貴不同意此説，考證曰："燈，《集韻》當經切，音丁。《玉篇》：火也。

---

① 姜伯勤《沙州儺禮考》，《敦煌藝術宗教與禮樂文明——敦煌心史散論》，北京：中國社會科學出版社，1996年，第467頁。
② 小川陽一《敦煌における祆教廟の祭祀》，《東方宗教》第27號，1967年，第31頁。
③ 姜伯勤《高昌胡天祭祀與敦煌祆祀》，《敦煌藝術宗教與禮樂文明——敦煌心史散論》，北京：中國社會科學出版社，1996年，第499頁。
④ 余欣《神道人心——唐宋之際敦煌民生宗教史研究》，北京：中華書局，2006年，第314頁。
⑤ 顔廷亮《敦煌文化中的祆教、摩尼教和景教》，《敦煌學與中國史研究論集：紀念孫修身先生逝世一周年》，蘭州：甘肅人民出版社，2001年，第421頁。
⑥ 張小貴《敦煌文書所記祆寺燃燈考》，《祆教史考論與述評》，蘭州：蘭州大學出版社，2013年，第54—57頁。
⑦ 解梅《唐五代敦煌地區賽祆儀式考》，《敦煌學輯刊》2005年第2期，第145頁。

《類篇》：烈火也。《字彙》《正字通》並云俗灯字。整理本《康熙字典》認爲《玉篇》《集韻》《類篇》燈灯分載，音切各異，強合爲一，非。"①上引燈法之燈，乃今簡體"灯"字，其義顯然爲火而非今義之燈。而觀入華祆教徒棺上雕刻，無一例外皆以火壇祭祀聖火而非以燃燈代替，因之，張文以爲祆寺燃燈所反映的應該是一種佛俗或民俗，已經失去了祆教的特色。這反映了唐五代隨著粟特聚落的逐漸離散，入華粟特人的漢化，祆教失去了群衆基礎，祆教徒開始佛化，祆祠已失去宗教功能，進而嬗變爲民俗活動場所。

（二）有關敦煌賽祆活動的研究報告

賽祆可以說是敦煌或者河西獨有的活動。賽祆本係賽神的衆活動之一，與驅儺一樣，賽神也是出自中國古老的傳統。賽，即酬報之義，賽神就是行祭禮以酬神。姚崇新等認爲其與上古蠟祭有傳承關係，是一種全民的娛樂活動。在敦煌文獻中以祆神爲祈賽對象的賽神活動被稱爲賽祆。敦煌文獻中記錄賽祆活動相關事宜的文書主要有如下幾件：P.4640V《唐己未至辛酉年歸義軍衙內布紙破用歷》、P.3569《光啓三年押衙陰季豐判令算會官酒户馬三娘龍糞堆牒》、S.1366《歸義軍使衙內破用歷》、S.2474《歸義軍衙內油糧破除歷》、敦研院酒賬+P.2629 等。

P.4640V《唐己未至辛酉年歸義軍衙內布紙破用歷》記錄了己未年七月、十月，庚申年正月、四月（兩次）、七月、十月，辛酉年正月、二月、四月各支賽祆畫紙三十張。三月東水池及諸處賽祆用粗紙一貼；S.1366《歸義軍使衙內破用歷》載了"十七日，准舊城東祆賽神用神［食］五十七分，燈油一升，炒麪二斗，灌腸面九升"。S.2474《歸義軍衙內油糧破除歷》中記有："城東祆，燈油二升。"敦研院酒賬+P2629 四月廿日"城東祆神酒壹甕。十日，城東祆賽神酒兩甕"。P.3569《光啓三年押衙陰季豐判令算會官酒户馬三娘龍糞堆牒》則記："四月十四日，夏季賽祆用酒四甕。諸處供給使客、賽神。"

由上可見，賽祆活動大約需要用到這樣幾宗原料：畫紙或粗紙、酒、燈油、供品即神食、供神或賽祆人食用的炒麪和灌腸麪等。譚蟬雪依據清人對賽神的記載："俗於紙上畫神佛像，祭賽後焚之，曰甲馬。"得知敦煌人賽神於紙上畫神像並畫馬匹以供騎乘，賽神結束後全部焚以供神②。譚先生解決了敦煌甚至同月賽神都需要重新支出畫紙的問題，但是誤以爲支出的畫紙本身即稱甲馬。張小貴則指出畫紙爲根據紙張品質區分的一種紙，未必只用來繪畫。如 P.4640 文書第 223 行提到賽鍾馗用紙粘燈籠。但是大多數燈籠上都有彩

---

① 張小貴《敦煌文書所記祆寺燃燈考》，《祆教史考論與述評》，蘭州：蘭州大學出版社，2013 年，第 60 頁。
② 譚蟬雪《敦煌祈賽風俗》，《敦煌研究》1993 年第 4 期，第 66 頁。

繪,是否敦煌賽祆人會在賽祆用的燈籠上繪祆神像？亦未可知。

而姜伯勤更指出,P.4640文書提到的"［五月］十五日,賽馬駞神,用畫紙四十張"與"［五月］十四日,賽馬駞神用錢財粗紙兩貼"這兩條記錄實亦相關祆教祭祀活動。駱駝是祆教正義之神與勝利之神韋雷特拉格納的化身之一,在《阿維斯塔》中有詩讚頌,故而在粟特祆教中對駱駝的崇奉就是對韋雷特拉格納的崇拜,也象徵著護佑牲畜的繁衍。而敦煌文書記載賽馬駞神的五月正爲仲夏之月,其中旬正當祭祀先牧①。

賽祆活動亦用酒脯,還需提供神食。高啓安在《唐五代敦煌飲食文化研究》一書中詳細探討了神食的問題②,將見於敦煌文書的賽神用食列成一張表,得出幾個結論：神食與細供某種程度上可以等同,細供本有供品之意,後來方成爲接待上等客人之必備品；神食與細供獨以"分"來計算,高氏在《幾種食物品種用麵量計算》中給出結果,每分神食用麵三升；神食爲同一種食物或幾種食物的數量組合；祭賽時與神食並列的油,是燃燈用的,不用於製作神食③。

姜伯勤認爲賽祆是一種對祆神神主的祭祀活動,有祈福、酒宴、歌舞、幻術、化妝遊行等盛大場面,是粟特商胡的娛神並娛樂活動。然而姚崇新認爲,賽祆早已不是純粹宗教意義上的祭祀,而是民間賽神活動的有機組成部分,祆神是和其他神一起賽④,並無特殊對待之處。而葛勒耐、張廣達認爲,敦煌賽祆對應波斯"阿夫瑞那幹"的酬神儀式⑤。陸慶夫《唐宋間敦煌粟特人之漢化》云：在所見記載祆教儀式的典籍中,均找不到燃燈、賽祆的記載⑥。前者顯然是佛教活動,後者則是中國民間行動。這只能使我們推想,九姓胡在中國已逐漸被漢化、佛化。張小貴則認爲,從《伊州地志》與《朝野僉載》記載的魔術、幻術化的祭祆活動,到敦煌歸義軍時期的賽祆,祆教團體漸漸華化,最終融入了民間信仰的汪洋大海之中。林悟殊⑦、姚崇新《祆神崇拜與中古敦煌社會》亦同樣認爲晚唐五代敦煌地區的祆神崇拜看似紅火,其內涵已發生了深刻改變,其與祆教本身漸行漸遠,卻向本土傳統禮俗逐漸靠近。姚氏進而指出,雖然這種祆神崇拜已經非關宗教,然而認爲對它的研究對於入華祆教史研究並無意義卻是值得商榷的。因爲只有祆教的廣泛流傳,纔有祆神信仰

---

① 姜伯勤《中國祆教藝術史研究》,北京：生活・讀書・新知三聯書店,2004年,第235、236頁。
② 高啓安《唐五代敦煌飲食文化研究》,北京：民族出版社,2004年,第291—299頁。
③ 高啓安《唐五代敦煌飲食文化研究》,第296頁。
④ 姚崇新、王媛媛、陳懷宇《敦煌三夷教與中古社會》,第149頁。
⑤ F. Grenet & Zhang Guangda, The Last Refuge of the Sogdian Religion: Dunhuang in the ninth and Tenth Centuries, *Bulletin of the Asia Institute* 10 (*Studies in Honor of Vladimir A. Livshits*), 1998, pp. 175–186.
⑥ 陸慶夫《唐宋間敦煌粟特人之漢化》,《歷史研究》1996年第4期,第22頁。
⑦ 林悟殊《波斯祆教與古代中國的祆神崇拜》,《歐亞學刊》第1輯,北京：中華書局,1999年,第337頁。

在華的發展演變,即便敦煌賽祆活動更具有民俗性,它們對於理解祆教在中土曾經產生過的影響以及對深度體察其融入本土文化的具體實像仍有參考價值,故而仍應該將之納入入華祆教史研究的視野。

敦煌文獻中當亦有些未被充分留意的有關火祆教的信息,如《老子化胡經》第二卷講到九十六外道,其中"第二十五外道名爲火祆,有一萬鬼神以爲眷屬。著人之時唯燒甘草,供養火具"。《老子化胡經》據王見川説係摩尼教徒僞托道教之作[①],文中以摩尼爲尊,將火祆、大秦教並貶入外道中,頗值得翫味。

九、未來研究之展望

回顧百年來中外學者對祆教,特別是敦煌祆教的研究,可以看出他們的具體研究方法是將共性與個性相結合:一方面將敦煌的祆教放在整個粟特地區,甚至整個祆教信仰流佈地域内來研究,比如對於敦煌祆祠佈局與神譜的推測,就是著眼於整個粟特地區,根據已發現的神廟格局及出土神像來揣測的。如對敦煌白畫神像形象的分析,除了結合經文外,衆學者們尤爲強調圖像志的重要性,結合各地出土的神像圖像,如娜娜,來揣測敦煌白畫上兩位女神的真實身份;另一方面也强調敦煌自身的特色,如結合當地粟特聚落來探討安城祆寺,結合賽祆活動論述祆教於晚唐五代在敦煌的變異。民國學者特別强調的二重證據法無疑是頗值得借鑒的,故而不能就出土文物文獻談文物文獻:僅僅結合各地考古成果來研究敦煌祆教文獻顯然是不夠的,學者必須能夠從海量的傳統文獻中檢索出相關粟特與祆教的文字。陳垣先生《火祆教入中國考》爲學界做出了模範,饒宗頤、柳存仁等先生亦多結合傳世文獻談中國祆教、敦煌祆教。劉銘恕、林悟殊、姚崇新等學者甚至將對火祆教的研究推及宋元甚至明清,如宋代對祆祠的祭祀活動、元劇《火燒祆廟》以及明清妓院崇奉的白眉神像等等,甚見功力。敦煌與吐魯番的粟特與祆教資料的互證也是兩地祆教研究的特色之一。由於地域相鄰近,中古時敦煌與吐魯番之間的交往異乎尋常的密切,很多大姓同時見於兩地,兩地文獻多次出現對方區域的相關資料。而敦煌與吐魯番中古悉是粟特人與火祆教格外活躍之處,這一方面可資相互對比,一方面可循兩地教徒間的密切聯繫。敦煌出土《沙州伊州地志》、《西州圖經》與吐魯番文書《高昌章和五年取牛羊供祀賬》構成了互文,對於考究西州與伊州的祆寺地點與所祀神名大有幫助。而對於中古敦煌祆教的華化也是學者研究的重點之一,粟特聚落的漸漸消失、粟特人的佛化、

---

① 王見川《從摩尼教到明教》,臺北:新文豐出版公司,1992年,第219—232頁。

祆教的民間信仰化在敦煌無疑是不爭的事實,如何看待這種現象？這是一切來華外來宗教注定的命運麼？這種變了味的祆教是否還可以當作祆教來研究呢？榮新江、林悟殊、張小貴等人僉有精闢論述。

　　與摩尼教、景教不同,指望在敦煌吐魯番文獻中繼續發現關於祆教的信息,暫時來看是很難的了。而與此同時,正如開篇所云,内地頻頻出土祆教遺物如所謂的虞弘墓棺槨、安伽墓、史君墓棺牀、西安漢─鉢羅婆二體墓誌等等,皆吸引了國内外粟特學者們極大的注意力。故而,結合祆教入華史、粟特入華史、歸義軍史,在既往發現的敦煌祆教文獻基礎上做出新的突破則是我們當今最需要去做的,文本與圖像互證這似乎是一個很好的思路：如姜伯勤先生以天水的粟特人圍屏之美酒繩繩驗證《安城祆詠》一詩,就是極新的角度。同時一定要繼承老一輩學者的治學之道：敦煌研究,不能局限於敦煌,而要放眼全國、放眼世界,用世界的眼光審視敦煌──敦煌祆教研究,也同樣不能局限於敦煌,而要放眼全國、放眼世界,而世界性的祆教研究,更要擁有一個世界宗教的視角、一個世界歷史與文化的視角：站在世界歷史與文化的高度洞穿祆教的來龍去脈。

敦煌講經文研究綜述

魏晴晴（蘭州大學）

　　唐五代時期寺院裏盛行一種以通俗化方式宣講佛經的活動,名爲"俗講",而記録俗講内容的文字底本就是講經文。20世紀初,隨著藏經洞的發現,敦煌講經文重見天日,與其他敦煌所出講唱體文學作品一同成爲敦煌文學的重要組成部分,也爲唐五代時期的文學和佛教傳播研究提供了豐富史料。

　　關於敦煌所出講唱體文學作品的命名問題,羅振玉最早在《敦煌零拾》中提出,應將講唱體文學作品命名爲"佛曲",但這一觀點已隨著越來越多保存有"變文"名稱的文書的公布被推翻,因此有學者提出將所有講唱體文學作品統一命名爲"變文"。項楚認爲,變文有廣義和狹義之分,廣義的變文,包括敦煌所出一切唐代講唱文學,如講經文、變文、話本、詞文、故事賦、因緣、詩話、押座文等;狹義的變文,則專指那種有説有唱、逐段鋪陳的文體,即唐五代民間説唱伎藝"轉變"的底本。從廣義上講,將所有講唱體文學作品統一命名爲"變文"的説法有其合理性,但從狹義上講,講經文和變文是存在差異的,比如,《敦煌變文集》(人民文學出版社,1957年)中收録的文書雖然因形式上的一致性而被統稱爲"變文",但編者對這些文書的命名還是有所區別的,分別將它們命名爲變文、講經文、押座文等。

　　目前,學界在講經文與變文的關係問題方面還存在爭議。伏俊璉在《論變文與講經文的關係》(《敦煌研究》1999年3期)一文中對這一問題進行了詳細論證,他認同王重民的觀點,提出變文是在講經文的基礎上發展起來的,它擺脱了講經文宣講佛經的約束,逐漸發展爲演繹佛經,同時兼及佛教故事、歷史故事和民間傳説的講唱文學形式。景凱旋則在《試論唐傳奇的"文備衆體"》(《中國典籍與文化》2002年1期)提出了不同觀點,他指出,變文的出現並不晚於講經文,同時講經文也未被變文所取代。比如,《降魔變》是天寶年間的作品,而《長興四年中興殿應聖節講經文》卻是後唐的作品,所以講經文與變文之間一直都是平行發展而非前後相繼的關係。姑且不論講經文與變文産生、發展的先後,可以確定的是,兩者確實在體裁、題材和講唱方式等方面存在差異。因此,本文只將講經文文書作爲討論對象。

　　講經文的産生以佛教在中國的興盛和佛經宣講活動的流行爲歷史背景,但它究竟産生於何時,因歷史記載的缺失和現存講經文作品的有限,我們无法推斷。由於藏經洞的封閉,現存講經文與變文文本的年代最遲至宋初,但這並不意味著俗講在這時消失。實際上，宋元以來的話本、寶卷、鼓詞等莫不與講經文、變文有密切的關係，它們都繼承了這種文學形式的傳統。此外，佛教自傳入以來，便與我國的本土宗教——道教存在長期依存、相互借鑒的關係，俗講廣泛流行的時期，道教講經也很盛行。因此，敦煌遺書中也保留了道教講經文文書，它不但是敦煌講經文的組成部分，而且是研究道教宮觀信仰的重要材料，我們也應予以重視。現存的敦煌講經文文書主要有以下幾種：

《長興四年中興殿應聖節講經文》(P.3808)

《金剛般若波羅蜜經講經文》(P.2133)

《妙法蓮華經講經文》(P.2305、P.2133、Ф.365、BD7849)

《佛説阿彌陀經講經文》(P.2931、S.6551、P.2955、P.2122、P.3210、BD9541)

《維摩詰經講經文》(S.4571、P.2122、S.3872、P.2292、P.3079、S.2440、Ф.252、BD5394、BD15245)

《父母恩重經講經文》(P.2418、BD6412)

《佛説觀彌勒菩薩上生兜率天經講文》(P.3093)

《無常經講經文》(P.2305)

《道教布施發願講經文(擬)》(BD1219、BD7620)

《中元金籙齋講經文(擬)》(P.3021 + P.3876)

學界對敦煌講經文的關注由來已久，隨著錄文集與圖版資料的相繼刊布，敦煌講經文的研究更是取得了豐碩成果。現將敦煌講經文的相關研究成果分資料刊布與整理、通論和專題研究三個部分擇要介紹，旨在對已有成果進行回顧和總結，爲讀者清晰瞭解敦煌講經文研究的歷史和現狀提供便利。

一、資料刊布與整理

敦煌講經文的研究以敦煌文書的刊布與整理爲基礎。20世紀二三十年代，我國學者就已發現了敦煌講經文的重要價值，並根據羅振玉等先生公布的零散資料開展早期研究。1954年，經過對敦煌變文的長期搜集、校錄和研究，周紹良出版了《敦煌變文匯錄》，其中包括根據50餘個寫卷整理出的37篇變文類作品，雖沒有具體區分講經文與變文，但周先生對這些變文都做了簡單説明和考證，出版了當時最全的變文目錄《敦煌所出變文現存目錄》。1957年，王重民等先生校錄的《敦煌變文集》出版，這部根據187個寫本整理成的78篇變文類作品集是當時的集大成之作，全書將78篇作品分成變文、講經文、緣起等類別編排，詳述寫本出處及校證情況，爲學者們深入開展敦煌變文研究提供了基礎材料。

进入80年代，各地所藏敦煌文書圖版相繼公布，大大提升了敦煌文書校錄的準確性，爲深入開展研究提供了可靠依據。在這種情況下，學者們愈加重視敦煌文學作品的整理工作，一批錄文集和校注集隨之出版。1983年，臺灣學者潘重規於臺北出版了《敦煌變文集新書》，該書在《敦煌變文集》的基礎上有所進益，是臺灣學者整理、研究敦煌變文類作品的成果結晶。1987年，張鴻勳《敦煌講唱文學作品選注》出版，該書錄釋了25篇敦煌遺書中保存的講唱文學作品，按詞文、故事賦、變文、話本四類進行排列，但變文類中並未收錄涉及宗教内容的講經文及押座文，實屬可惜。1989年，周紹良又與白化文、李鼎霞一同編輯出版了《敦煌變文集補編》一書，收錄變文類作品15篇，其中有14篇是《敦煌變文集》中没有收錄的，該書的錄文部分按照原卷行款抄寫，加標點，有校記，書末還附有《俗字表》和原卷圖片。次年，項楚出版《敦煌變文選注》，該書首次結合傳世文獻對不同體裁和題材的27篇變文類作品進行了詳細校注。2006年，中華書局又出版了《敦煌變文選注》增訂本，將入選作品擴充至44篇，同時補充了初版的缺失。1997年，黄征、張涌泉出版《敦煌變文校錄》，在前人研究成果的基礎上，結合作者對俗字、俗語詞的深厚功力，對敦煌的變文類作品做出新的校錄，並有詳細的校記，成爲當前學者們研究敦煌變文的重要工具書。1999年，周紹良還與張涌泉、黄征合編《敦煌變文講經文因緣輯校》，根據《敦煌寶藏》等影印本圖版校錄變文類作品65篇，在體制的辨正和錄文的準確性方面更進一步。

二、通　　論

敦煌文學是敦煌學的重要組成部分，也是敦煌學領域中較早開展研究的部分。學者們對敦煌遺書中保存的文學作品進行過系統分類和深入研究，發表了大量論著，其中，關於敦煌變文類作品的研究成果尤爲豐碩。由於很多學者將講經文視爲變文的一部分，所以敦煌講經文的研究往往與變文研究聯繫在一起，有大量通論性研究成果問世。

1954年，鄭振鐸出版專著《中國俗文學史》，於第六章專講變文。鄭先生首先點明了敦煌所出變文對連貫中國文學發展史的重要意義，回顧了變文研究的歷史，論述了變文的定名、來源、文學性和表現形式等基本問題，還將變文簡單分爲兩類，一類關於佛經故事，另一類與佛經故事不相關，而講唱佛經故事的變文又可分爲嚴格説"經"的和離開經文自由敍述的兩類。今天，我們將嚴格説"經"的這類變文稱爲講經文，但當時，作者並未將它們單獨出來進行研究，只以《維摩詰經變文》爲例，分析了這類變文的文學價值。本書雖未詳細區分各類變文的異同，只是進行了宏觀研究，但作者利用敦煌文書進行文學研究,肯定了變文類作品的價值與意義,也初步分析了講經文的特點,使該書具有較高的學術價值,爲之後的研究做了示範。此後,楊公驥又出版了《唐代民歌考釋與變文考論》一書,該書將流傳至今的唐代民歌分七類進行考釋,並在論文部分考辨了變相、變及變文等概念。楊先生認爲,所謂"變文",因"變相"或"變"而得名,"變相"或"變",是當時人們對佛寺壁畫的俗稱,"變文"乃是解説"變"(壁畫)的"文字"。這是對"變"、"變文"及"變相"關係的一種解釋。

這一時期,臺灣地區的學者也關注敦煌講經文、變文的研究。比如,謝春聘的碩士論文《敦煌講經變文箋》(臺灣政治大學,1957年),羅宗濤的博士論文《敦煌講經變文研究》(臺灣政治大學,1972年)和邵紅所著、1970年由臺灣大學文學院印行的《敦煌石室講經文研究》。《敦煌石室講經文研究》是臺灣出版的第一部較爲系統地研究敦煌講經文作品的專著。該書分兩部分進行論述,第一部分分析講經文的結構及俗講的情況,第二部分從講經文的根據、產生年代、内容和藝術特色等角度對8種21篇講經文分别加以論述。雖然本書收錄的講經文有限,也有不少錯誤,但作者比對佛經,在第二部分對各篇講經文做了詳細分析和系統研究,其成果對講經文的進一步研究不無參考價值。同年,邱鎮京《敦煌變文述論》(臺北商務印書館,1970年)出版,書中特别關注了敦煌變文類作品創作年代的考察,作者提出的這一研究思路,既有助於歷史背景的呈現,又有助於我們對變文類作品各個階段演變軌跡的考察。

1982年,周紹良、白化文編輯出版了《敦煌變文論文錄》,這部論文集共收錄王國維、陳寅恪、向達、孫楷第、傅芸子、周一良、王重民、周紹良、白化文等先生的論文59篇,除港臺及海外學者的論著外,大凡20世紀80年代以前有價值的關於敦煌變文類作品的論文都在其中。這些論文主要有兩個類型,一類是通論性的,另一類是對單篇變文作品的專題研究。通論性的作品大多出自名家之手,有較高的學術價值,例如,關德棟《談"變文"》、孫楷第《讀變文二則》、王重民《敦煌變文研究》、程毅中《關於變文的幾點探索》和白化文《什麼是變文》等,各位先生在變文的來源、命名和定義等問題上持有不同觀點,爲後輩學者進一步探討這些問題提供了可能。此外,本書書末還附有俄藏敦煌文獻中保存的五種講經文,分别是《押座文》、《佛報恩經講經文》、《維摩碎金》、《維摩經講經文》和《十吉祥講經文》,這五種講經文都是當時新公布的没有被《敦煌變文集》收錄的作品。

除上述作品外,20世紀80至90年代發表的通論敦煌變文類作品的著作和論文還有很多,比如:李騫《敦煌變文話本研究》(遼寧大學出版社,1987年)。周紹良《唐代變文及其它》(《文史知識》1985年12期,1986年1期),周先生從傳播方式入手,對變文、講經文和因緣進行討論,並對變文的含義做出解釋,認爲"變"之一字,只不過是"變易"、"改變"的意思而已,其中並沒有任何深文奧義。所謂"變相",即根據文字改變成圖像;"變文",即把一種記載改變成另一種體裁的文字。曲金良《"變文"名實新辨》(《敦煌研究》1986年2期)從名稱、內容、歷史演進三個角度探討了名爲"變"或"變文"與名爲其他的敦煌所出變文類作品的實質,認爲"變"或"變文"作爲作品的題名,都表明了作品所衍故事內容的性質,"變"字作爲"奇異故事"是其本身的含義,"變文"就是鋪敘"變",即"奇異故事"的文字或作品。楊義《敦煌變文的佛影俗趣》(《中國社會科學》1993年3期)記敘了變文由佛教講經文起始,逐漸發展成獨立文體的歷程和其中的邏輯關係,講經文借助佛教的藝術想象和思維方式,融入歷史故事與傳說故事,統合詩、曲、駢、散等文學要素發展成變文,在這種文化和文學的統合過程中,貫穿了佛影與俗趣的交織和衝突,並且攜帶著敦煌的地域特色。另外,陳祚龍《唐代敦煌佛寺講經文之真象》(《海朝音》1992年第73卷11期)、王小盾《敦煌文學與唐代講唱藝術》(《中國社會科學》1994年3期)和徐志嘯《敦煌文學之變文辨》(《中國文學研究》1997年4期)也述及講經文與變文的相關概念。

  2000年以後,學界對敦煌變文類作品的研究愈加系統、深入,與傳世的古典文學作品及敦煌所出其他文學作品相結合的綜合性研究也逐漸開展起來。四川大學諸先生編撰"中國古典文獻學研究叢書",由巴蜀書社出版,其中包括陸永峰所著《敦煌變文研究》一書。該書從變文的內涵入手,敘述變文發展的歷史過程,將變文分爲佛教變文與世俗變文兩類,並對其外在表現形式、文學性、精神意涵和影響作了深入剖析。作者尤其肯定了變文在文學史上承前啓後的重要地位,也把這一糅合了儒、釋、道三教神靈觀的文學形式視作民間文學的主流,既影響了後世文學,也影響了民衆的精神信仰。近年來,由甘肅教育出版社出版的"敦煌講座書系"陸續問世,其中包括李小榮所著《敦煌變文》一書。作者記述變文的含義、特點與流變,回顧近百年來敦煌變文類作品的學術史,首次將道教講經和俗講納入到講經文和變文的研究中來,論述佛道俗講思想的互融互攝,拓展了敦煌講經文和變文的研究範圍,也提供了佛道關係研究的新角度。除以上兩部著作外,2000年以後,通論敦煌變文類作品的論文還有潘國英《說"變文"》(《湖州師範學院學報》2000年2期)、孟昭連《"講經文"質疑》(《明清小說研究》2011年4期)、郝翠玉《敦煌佛教講經文研究》(河南師範大學碩士學位論文,2011年)和寇鳳凱《敦煌道教講經文研究》(蘭州大學碩士學位論文,2010年)等。郝翠玉《敦煌佛教講經文研究》從俗講與講經文的基本概念、講經文的解經方法、講經文的語言特色、講經文的影響和作用等四個方面對敦煌所出佛教講經文進行了較爲全面的研究。寇鳳凱《敦煌道教講經文研究》則總結了自己以往發表的相關論文，對敦煌道教講經文進行了全面、綜合的研究。

三、專題研究

（一）文本研究

很多學者在定義講經文概念時認爲，講經文是講經或俗講的"底本"，因此，不論講經文以何種說唱形式爲外在表現，它們的首要屬性是"文本"。學界對敦煌講經文和變文文本有著長期的、多角度的研究，也有大量的研究成果産生。

首先，敦煌講經文和變文是敦煌文學的組成部分，概述敦煌文學的專著中均有對講經文和變文文本的文學研究。這類著作有張錫厚《敦煌文學》（上海古籍出版社，1980年），林聰明《敦煌俗文學研究》（臺灣東吳大學中國學術著作獎助委員會，1984年），王慶菽《敦煌文學論文集》（吉林大學出版社，1987年），中國敦煌吐魯番學會語言文學分會編纂《敦煌語言文學研究》（北京大學出版社，1988年），蕭登福《敦煌俗文學論叢》（臺北商務印書館，1988年），杭州大學古籍研究所、浙江省敦煌學研究會、中國敦煌吐魯番學會語言文學分會合編《敦煌語言文學論文集》（浙江古籍出版社，1988年），顏廷亮主編《敦煌文學》（甘肅人民出版社，1989年），項楚《敦煌文學叢考》（上海古籍出版社，1991年），周紹良《敦煌文學芻議及其他》（臺北新文豐出版公司，1992年），顏廷亮主編《敦煌文學概論》（甘肅人民出版社，1993年），鄭阿財《敦煌文獻與文學》（臺北新文豐出版公司，1993年），張鴻勳《敦煌講唱文學概論》（臺北新文豐出版公司，1993年），項楚主編《敦煌文學論集》（四川人民出版社，1997年），張錫厚《敦煌文學源流》（作家出版社，2000年），張鴻勳《敦煌俗文學研究》（甘肅教育出版社，2002年），伏俊璉《敦煌文學文獻叢稿》（中華書局，2004年；2011年增訂本），杜琪《敦煌文學論集》（甘肅人民美術出版社，2009年），[日] 荒見泰史《敦煌講唱文學寫本研究》（中華書局，2010年），伏俊璉《敦煌文學總論》（甘肅教育出版社，2013年）等。

其次，作爲中國文學史上承前啓後的獨特文體和敦煌文學的代表，講經文和變文在字詞、音韻、語法、語言風格與文體特徵等方面有其獨特性。針對它們在語言學、文字學和音韻學等方面的諸多特點，學者們發表了許多論著。

考辨字義、詞義的有：蔣禮鴻《敦煌變文字義通釋》（上海古籍出版社，1981年）取《敦煌變文集》中不易理解的口語詞語疏通詮釋，分釋稱謂、釋容體、釋名物、釋事爲、釋情貌、釋虛字六節進行說明，還聯繫了唐五代人的詩詞、筆記小説等相關材料進行互證。陳秀蘭《敦煌變文辭彙研究》（四川民族出版社，2002年）介紹了敦煌變文中的新詞新義、新詞的産生方式、新義的演變途徑以及敦煌變文中的構詞構形語素等内容。陳明娥《敦煌變文辭彙計量研究》（百花洲文藝出版社，2006年）利用信息處理手段，對變文辭彙進行分類統計和數據分析，論述了變文辭彙的雙音化、構詞法、詞綴等問題。此外，陳治文《近指指示詞"這"的來源》（《中國語文》總第6期，1964年），蔣宗福《釋敦煌變文"烺"字》（《中國語文》2005年3期），袁賓、何小宛《論佛經中的"這"是近指詞"這"的字源》等文章對變文中出現的單字做了考釋。林淑慶《講經變文與有關佛經介詞研究》（臺灣政治大學中國文學研究所碩士論文，1996年）集中研究了出現在佛教講經文中的介詞。陳治文《敦煌變文詞語校釋拾遺》（《中國語文》1982年2期）、王鍈《敦煌變文詞義補箋》（《貴州民族學院學報》1990年3期）、袁賓《敦煌詞語考釋錄》等文章則是對變文、講經文詞語的考釋和拾遺。

　　語音方面：李小榮《變文講唱和華梵宗教藝術》（上海三聯書店，2002年）考察了變文與華梵音樂、戲劇的關係，綜合有關梵唄音樂的歷史，對變文中出現的"平"、"斷"、"側"等音聲符號進行了探析，指出"平"、"斷"、"側"等音聲符號既與唐前期的古唄相聯繫，又與當世新聲息息相關，更與印度音樂一脈相承，從而得出佛教音樂是華梵藝術結合體的結論。李小榮的相關論述發展了向達在《唐代俗講考》中提出的觀點，講經文、變文文本中常有"念菩薩佛子"、"佛子"等詞句，這些詞句表明，唱至此處要進行轉讀，即衆人同聲唱偈，這是講經文、變文文本中有轉讀成分的有力證明，向達還注意到講經文中的偈語常注以"平"、"斷"、"側"等字，由此，他推測講經文、變文音韻與梵唄有關，而"平"、"斷"、"側"等字可能爲日本所傳聲明十二調子中平調、側調、斷金調的簡稱。張鴻勳《敦煌講唱文學韻例初探》（《敦煌研究》1982年2期）分三部分統計了講經文、變文用韻的情況、方法和形式，總結了出現在這些文本中的偶句尾韻、頭韻、句中韻、句句韻、間隔韻、奇句韻和交叉韻等七種韻式。同時，他也指出，在實際運用上講經文、變文的用韻更加錯綜複雜，韻式也不拘泥於這七種，還可能出現幾種並用的情況。

　　語法方面：吴福祥《敦煌變文語法研究》（岳麓書社，1996年）分稱代篇、虛詞篇、造句篇三部分深入分析了變文語法系統，通過大量材料和科學方法對一些語法現象的來龍去脈進行了分析和解釋。同氏《敦煌變文12種語法研究》（河南大學出版社，2004年）以《敦煌變文校注》新增的12種變文爲考察對象，分十章對這12種敦煌變文的語法做了靜態描寫和定量分析，但没有涉及相關文獻的共時對比和歷時對比。朱慶之《敦煌變文詩體文的"换言"現象及其來源》(《敦煌文學論集》,四川人民出版社,1997年)介紹了敦煌變文中詩體文部分的"換言"現象,通過梵文佛典、漢譯佛典與變文詩體文的對比研究得出結論,認爲變文詩體文的換言現象源於印度文體。張全生《敦煌講經文中的隱喻》(新疆師範大學碩士學位論文,2004年)則以隱喻這種特殊的語法現象爲研究對象,考察這一現象在敦煌講經文中的運用和它所產生的相關語言效果。

語言與文體方面:牛龍菲《中國散韻相間、兼說兼唱之文體的來源——且談變文之"變"》(《敦煌學輯刊》總第3期)、汪泛舟《敦煌講唱文學語言審美追求》(《敦煌研究》1992年2期)、邵文實《敦煌俗文學作品中的駢儷文風》(《敦煌學輯刊》1994年2期)、劉蕊《試論敦煌變文的文學性》(《科教導刊》2010年5期中)及王兆娟《押座文文體特徵及意義》(《貴州師範大學學報》2014年5期)等論文,從不同角度入手,對敦煌變文類作品的語言風格和文體特徵進行了描述和研究,探尋變文類作品的來源及其對後世文學的影響。總的來說,講經文、變文是以韻散相間爲文體特徵,以通俗又不失浪漫,同時兼用多種修辭手法爲語言風格,以說唱形式演繹的敍事性文學作品。

復次,變文類作品的創作時間與命名也是學界研究的重點。變文類作品的命名反映著它們的文本內容,學者們在命名上的分歧也推動著文本內容研究的深入。變文類作品創作時間的考察則有助於我們瞭解它們的創作背景和源流。周紹良《〈敦煌變文集〉中幾個卷子定名之商榷》(《敦煌吐魯番文獻研究論集》第3輯,北京大學出版社,1986年)集中辨證了一些講經文作品的體制。曲金良《敦煌寫本變文、講經文作品創作時間匯考——兼及轉變與俗講問題》(《敦煌學輯刊》1987年1期、2期)借鑒臺灣學者邱鎮京的研究方法和研究成果對《敦煌變文集》所收78種作品中的12種進行了創作時間方面的考證。李小榮《變文生成年代新論》(《社會科學研究》1998年5期)指出作爲講唱文學的變文,它的寫本年代不等於它的生成及創作年代,盛唐時大量變文抄本的出現,只能說明它在此時已達到了最成熟最發達的階段,不能因此說明變文最早出現於盛唐。作者還在程毅中、姜伯勤的研究基礎上,對佛教經疏、僧人文集和其他變文文本等文獻資料做了大量研究,認爲作爲文體學概念的變文當生成於東晉。此外,王偉琴《敦煌講經文作時考》(《貴陽學院學報》2010年4期)還集中考證了《長興四年中興殿應聖節講經文》、《金剛般若波羅蜜經講經文》、《佛說阿彌陀經講經文》等8篇講經文的創作時間。

最後,變文類作品的校勘是一項基礎性工作,無論是概括性的通論還是深入系統的專題研究都離不開文本的準確。所以,學界對變文類作品的校勘非常重視,不但有校釋變文類作品的著作相繼出版,還有大量校勘個別篇章或字詞的論文,特別是針對《敦煌變文集》、《敦煌變文校錄》的商榷論文,近年來不斷發表,數量龐大。比如,郭在貽、張涌泉、黃征《蘇聯所藏押座文及説唱佛經故事五種補校》(《古籍整理研究學刊》1988 年 4 期),郭在貽《敦煌變文校勘拾遺》(《中國語文》1983 年 2 期)、《敦煌變文校勘拾遺續補》(《杭州大學學報》1983 年 3 期),蔣驥騁《〈敦煌變文集〉校注箋識》(《湖南師範大學社會科學學報》1992 年 1 期),劉凱鳴《敦煌變文校勘復議》(《中國語文》1985 年 6 期)、《敦煌變文校勘補遺》(《敦煌研究》總第 5 期),項楚《敦煌變文校勘商榷》(《中國語文》1982 年 4 期),徐震諤《〈敦煌變文集〉校記補正》(《華東師大學報》1985 年 1 期)、《〈敦煌變文集〉校記補正》(《華東師大學報》1985 年 2 期),楊雄《〈敦煌變文集〉校勘拾遺》(《敦煌研究》1990 年 4 期)、《講經文四篇補校》(《敦煌研究》1988 年 1 期),袁賓《〈敦煌變文集〉補校》(《西北師院學報》增刊,《敦煌學研究》1984 年 10 月)、《敦煌變文校勘零拾》(《中國語文》1984 年 1 期)、《敦煌變文校勘零剳》(《社會科學》1983 年 6 期),張蓁《〈敦煌變文校勘辨補〉辨》(《天水師專學報》1990 年 2 期),都興宙《敦煌變文校勘辨補》(《青海師範大學學報》1992 年 1 期),吴蘊慧《〈敦煌變文校注〉校釋零拾》(蘇州大學碩士學位論文,2003 年)等。

(二) 歷史研究

利用敦煌文書開展歷史學研究,使敦煌文書的價值得以體現,也使歷史學,特別是魏晉南北朝史、隋唐五代史和敦煌地區史的研究面貌焕然一新。講經文雖然是文學作品,但其中也包含著許多歷史信息,S.6551 講經文就與回鶻的一些史事有關,利用講經文進行的歷史學研究也主要集中於 S.6551 講經文和回鶻相關問題上。

張廣達、榮新江《有關西州回鶻的一篇敦煌漢文文獻——S.6551 講經文的歷史學研究》(《北京大學學報》1989 年 2 期)在前人研究成果的基礎上校錄 S.6551 講經文文本,從探討這篇講經文的完成地點問題出發,否定了向達認爲于闐是該講經文寫作地點的認識,指出該講經文的寫作地點應爲回鶻王國,並進一步開展研究,確定這篇講經文的完成時期和地點應是西遷後的西州回鶻王國。此外,作者還分別考察了講經文中出現的西州回鶻的各級職官、僧官,以及講經文所反映的當地流行的宗教。講經文中提及的各個部族也有重要的史料價值,文章對此略作考察,使我們對當時西州回鶻治下或服屬於它的各個部族的情況有了初步瞭解。

李正宇《S.6551 講經文作於西州回鶻國辨正》(《新疆社會科學》1989 年 4 期)也指出前輩學者對該講經文完成地點的判定錯誤。文章首先分析了 S.6551 講經文文本和莫高窟相關題記,無論從講經文内容所涉地域空間看,還是從講經文提到的部族、職官名稱、特有稱謂和相關題記看,S.6551講經文應作於西州回鶻王國,而非于闐國。此外,文章還研究了S.6551講經文的作者和創作時間,講經文中特有的表達習慣、感情傾向和衆多瓜沙特點的用語表明,它的作者可能是瓜州僧人,而創作時間則可從"唐國"、"聖天可汗大回鶻國"等政權的存續時間上做出推測,當在唐末天復、天祐(901—907)之間。

李樹輝《S.6551講經文寫作年代及相關史事考辨》(《敦煌研究》2003年5期)評述了前輩學者對S.6551講經文寫作年代和地點的判定,在前人研究成果的基礎上,作者結合傳世文獻和其他出土文獻對S.6551講經文所涉歷史問題進行了更加深入的考辨,認爲該講經文應作於貞元五年七月以後,這時的回鶻正處於強盛的回鶻汗國時期,而不是西州回鶻王國時期。此外,作者在"天王"一詞的理解上與張廣達、榮新江不同,他認爲,"天汗"是回鶻的最高統治者,"天王"則是高昌地區的地方長官,並非兩位先生所理解的爲同一人,同時講經文中的"天王"並沒有皈依摩尼教的蹟象,反而表現出強烈的排斥摩尼教的傾向。

(三)個案研究

1.《長興四年中興殿應聖節講經文》

《長興四年中興殿應聖節講經文》僅存一卷(P.3808),是後唐長興四年(933)由中國僧人與西域僧人在宮內中興殿爲慶祝明宗李嗣源誕辰所演繹的講經文文本。原卷首題"長興四年中興殿應聖節講經文",末題"仁王般若經抄",是唯一一篇原目就包含"講經文"名稱的講經文,學界認爲該講經文的結構與P.3849V所記俗講儀式及講《維摩詰經》儀式相合,所以據此命名了與之結構相同的《佛說阿彌陀經講經文》、《妙法蓮華經講經文》、《金剛般若波羅蜜經講經文》等文書。據文中"適來都講所唱經題,云《仁王護國般若波羅蜜多經》序品"可知,《長興四年中興殿應聖節講經文》所講之經爲《仁王護國般若波羅蜜多經》。《仁王護國般若波羅蜜多經》約一萬三千字,記述了佛陀爲波斯匿王及諸國王講說佛法、神蹟,對諸王進行誡勉的故事,蘊含著深沉的般若哲理。

除前文所述各種校錄集和通論作品對《長興四年中興殿應聖節講經文》的研究外,專門研究該講經文的論文也有發表。例如,李明偉《〈長興四年中興殿應聖節講經文〉研究》(《社會科學》1988年3期)分析了該講經文的性質、內容、流播和演變情況,認同周紹良在《〈長興四年中興殿應聖節講經文〉校證》中所持觀點,認爲該講經文是以後唐明宗朝中興爲歷史背景,針對一定的時間、地點和對象而作的專文。此外,作者還認爲,一些辭賦化作品在俗講中出現,是講經文"俗化"的規律,並從流傳的角度分析了該講經文所反映的晚唐五代時期的社會現實及該講經文通過"頌聖"而傳達的愛國思想。楊雄《〈長興四年中興殿應聖節講經文〉研究》(《敦煌研究》1990 年 1 期)則將該講經文所講之《仁王護國經》(又稱《仁王般若經》)與其內容進行對比,認爲《長興四年中興殿應聖節講經文》的主題在於爲明宗祝壽,而不在於宣講《仁王護國經》,鉤稽該講經文牽扯到的史事,在新舊《五代史》、《五代史會要》等史籍中得到史料印證,並討論了可能寫作該講經文的作者及他的語言造詣。另外,楊雄《〈長興四年中興殿應聖節講經文〉補校》(《社科縱橫》1989 年 1 期),郭在貽、張涌泉、黃征《〈長興四年中興殿應聖節講經文〉校議》(《敦煌學輯刊》1990 年 1 期)等文章則在前人研究的基礎上,針對以往研究的疏漏,側重字詞語句的校釋進行再研究。

2.《金剛般若波羅蜜經講經文》

《金剛般若波羅蜜經講經文》存一卷(P. 2133),是講説《金剛般若波羅蜜多經》的文本。《金剛般若波羅蜜多經》又稱《金剛經》,是流行最廣的一部佛經,其現存譯本有六種之多,不但在文字上互有出入,而且歷代注釋者對其內容的闡述與解釋也各不相同。隨著《金剛經》的傳播,《金剛經》信仰也在中國流行開來,因此,敦煌文書中不但保存了大量的《金剛經》寫本,還有這篇講經文和《持誦金剛經靈驗功德記》,敦煌地區的石窟壁畫中更是有大量體現《金剛經》信仰的金剛經變出現。

楊雄《金剛經、金剛經變及金剛經變文的比較》(《敦煌研究》1986 年 4 期)記敍了《金剛經》的流傳和它的主要內容,從講經文解釋經文、講經文發揮經文內容及講經文渲染經文內容三方面對《金剛經》與《金剛經講經文》進行對比,同時以莫高窟現存的 17 鋪金剛經變爲對象,分中唐和晚唐兩個階段,對金剛經變的構圖及它所表現的內容做了研究。作者認爲,《金剛經》是抽象的佛家理論著作,它與具有文學色彩的《金剛經講經文》有著本質的區別,但《金剛經講經文》宣傳了《金剛經》的思想內容,金剛經變則沒有。同氏《〈金剛般若波羅蜜經講經文〉補校》(《敦煌研究》1987 年 4 期)對王慶菽校錄於《敦煌變文集》中的《金剛般若波羅蜜經講經文》進行了補校。許絹惠《試論唐代敦煌金剛經信仰世俗化的發展——以講經文、靈驗記爲中心》(《敦煌學輯刊》2007 年 4 期)分析了敦煌《金剛經》信仰的源流,研究了《金剛經》講經文、靈驗記的世俗化發展歷程和主要表現,並探究其中所蘊含的淨土思想。作者認爲,《金剛經》思想與淨土思想的結合,有迎合信衆的可能,也可能是當時淨土信仰成風所致,這一現象當被視爲金剛經信仰世俗化的例證。此外,蕭文真《〈金剛經講經文〉參照〈金剛經〉注本問題之探究》(南華大學敦煌學研究中心《敦煌學》第二十七輯,臺北樂學書局,2008 年)探討了《金剛經講經文》與

《金剛經》注本之間的聯繫。同氏《關於敦煌寫卷 P. 2133 號〈金剛經講經文〉校錄的一些問題》(《敦煌學輯刊》2009 年 1 期)參照與《金剛經》相關的《御注金剛般若波羅蜜經宣演》、《金剛經旨贊》和《金剛般若論》等文獻,校正了黄征、張涌泉校錄的《金剛經講經文》,指出其中的歧異與問題。釋永有《敦煌金剛經及其相關文獻之題記探討》(《世界宗教學刊》2003 年 2 期)則對《金剛經》相關文獻的題記做了系統研究。

3.《妙法蓮華經講經文》

《妙法蓮華經講經文》存四卷,分别是 P. 2305、P. 2133、Ф. 365 和 BD7849。王重民認爲 P. 2305 所據經文出於闍那崛多、達摩笈多所譯《添品妙法蓮華經》卷四的《見寶塔品》;項楚則認爲本篇所據經文是鳩摩羅什所譯《妙法蓮華經》卷四的《提婆達多品》。P. 2133 本無標題,但據内容可知,它所搬演的是《妙法蓮華經》中的《觀世音菩薩普門品》,與《金剛般若波羅蜜經講經文》同卷,這兩卷《妙法蓮華經講經文》錄文均收録於《敦煌變文集》。Ф. 365 藏於俄羅斯科學院東方學研究所,1984 年因孟列夫所著《蓮花經變文》的出版公之於世,該卷爲正、背兩面書寫,首尾俱殘,没有題記留存,正面搬演《藥王菩薩本事品》,背面搬演《觀世音菩薩普門品》,但與 P. 2133 取材段落不一,講唱内容也不同。BD7849,據方廣錩考證,也是講説《妙法蓮華經》的講經文,演繹序品第一。

張錫厚《〈妙法蓮華經講經文〉二種》(《法音》1986 年 3 期)介紹了俄藏敦煌文書 Ф. 365 正背兩面所抄《妙法蓮華經講經文》的主要内容。方廣錩《敦煌遺書中的〈妙法蓮華經〉及有關文獻》(《中華佛學學報》,臺北中華佛學研究所,1997 年 7 月)對敦煌遺書所存《法華經》及其注疏進行了較爲全面的收集、整理與介紹,並就《法華經》在中國的主要興盛時期及流傳方式提出若干見解。值得注意的是,除早先發現的 P. 2305、P. 2133、Ф. 365 三卷講經文外,作者還提出,BD7849 雖有殘缺,但也是《妙法蓮華經講經文》,所講唱爲序品第一。釋大參《敦煌 P. 2133 V〈妙法蓮華經講經文〉之内容與思想》(《敦煌學輯刊》2007 年 4 期)集中研究了該講經文的題名、體例、選材取向及其中藴含的觀音、法華和異教信仰,強調了佛教世俗化趨勢的不可避免。黄國清《敦煌伯 2305 號〈妙法蓮華經講經文〉的注釋方法與思想特色》("佛教史與佛教藝術:明復法師圓寂一周年紀念研討會",臺北,2006 年;又見《新世紀宗教研究》,2007 年 3 月)從注釋方法入手,對 P. 2305《妙法蓮華經講經文》的思想内涵做了專門研究。徐孟志《法華經講經文與法華經注疏之比較研究》(臺灣玄奘人文社會學院中國語文研究所碩士論文,2003 年)將法華經講經文與法華經相關注疏進行比較研究,討論法華經講經文、法華經與法華經注疏的關係。

4.《佛説阿彌陀經講經文》

《佛説阿彌陀經講經文》存六卷,分別是 P.2931、S.6551、P.2955、P.2122、P.3210 和 BD9541。《敦煌變文集》收録其中四卷,P.2931 由王重民校録,S.6551、P.2955 和 P.2122 由王慶菽校録,在校録 P.2122 時,王慶菽還參考了 P.3210 和 BD9541 的内容進行比勘。《敦煌變文集》出版後,徐震堮、蔣禮鴻、郭在貽、項楚等先生繼續對這幾篇講經文進行校勘,使《佛説阿彌陀經講經文》文本日益準確、完善。

楊雄《〈佛説阿彌陀經講經文〉補校》(《敦煌學輯刊》1987 年 1 期)在前人研究成果的基礎上,利用佛經、其他講經文以及傳世的歷史文獻對 P.2931、S.6551、P.2955 和 P.2122 這四篇講經文中仍存疑的詞句進行了補校。董艷秋《〈佛説阿彌陀經講經文〉寫作時代考》(《敦煌研究》2004 年 1 期)主要考察了 S.6551 講經文的寫作時代,指出其寫作時代當在 774 年至 780 年之間,即唐代宗時期,也是回紇牟羽可汗執政時期,其作者是出於唐與于闐國之間的某個西域國人。[日]荒見泰史《關於〈佛説阿彌陀經押座文〉的一些問題》("常書鴻先生誕辰一百周年紀念會",浙江杭州,2004 年)從該講經文的擬題入手,針對《佛説阿彌陀經講經文》的命名與校勘提出觀點,同時也討論了關於押座文功能的若干問題。劉靜宜《敦煌本佛説阿彌陀經講經文研究》(臺灣逢甲大學中國文學研究所碩士論文,2001 年)以天台宗派爲切入點,將天台宗判教説與彌陀淨土思想相聯繫開展研究,側重考察了阿彌陀經的思想意涵。廖貫延《〈佛説阿彌陀經講經文〉論稿》(蘇州大學碩士學位論文,2011 年)則對俗講這一口傳佛教形式以及《阿彌陀經》、佛説阿彌陀經講經文》分別進行了研究。

5.《維摩詰經講經文》

《維摩詰經講經文》是現存講經文中卷數最多的一種,共九卷,分別是 S.4571、P.2122、S.3872、P.2292、P.3079、S.2440、Φ.252、BD15245 和 BD5394。《敦煌變文集》收録其中五卷(S.4571、P.2122、S.3872、P.2292、BD5394),BD5394 由向達參照 P.3079 和 P.2292 校録,其他由王慶菽校録。

據各卷講經文的内容可知,各卷講經文雖然均命名爲《維摩詰經講經文》,但它們所搬演的經文内容各不相同,比如,P.2122 和 S.2440 實際上是《維摩詰經押座文》,S.4571 和 S.3872 分別搬演了《佛國品第一》的前半部分和後半部分,P.2292 搬演了《菩薩品第四》的前半部分,BD5394 和 Φ.252 分別搬演了《菩薩品第四》持世菩薩推辭問疾維摩和善德長者推辭問疾維摩的部分内容。

郭在貽、張涌泉、黄征《伯 2292〈維摩詰講經文〉補校》(《浙江學刊》1988

年5期)針對王慶菽和徐震堮、蔣禮鴻校勘及匡謬補闕的不足,利用同卷或其他幾卷相關講經文、《維摩詰經》及其他傳世的歷史文獻,對P.2292和P.2122講經文進行了補校。楊雄《〈維摩詰講經文〉(S.4571)補校》(《敦煌研究》1987年2期)和《〈維摩詰講經文〉補校》(《敦煌研究》1989年4期)對收錄於《敦煌變文集》中的《維摩詰經講經文》進行了詞句方面的補校。項楚《〈維摩詰講經文〉新校》(《四川大學學報》2005年4期)對《敦煌變文校注》中收錄的幾篇《維摩詰經講經文》提出了補校意見。何劍平《敦煌維摩詰文學研究》(揚州大學博士學位論文,2000年)對敦煌遺書中保存的《維摩詰經》及相關文學作品做了專門研究,不但介紹了《維摩詰經》的翻譯、流傳和思想內涵,還分門別類地研究了維摩詰文學的產生和發展,以及維摩詰經講經文的傳播和維摩詰變相的興盛給維摩詰信仰帶來的影響。同氏《〈維摩詰講經文〉的撰寫年代》(《敦煌研究》2003年4期)利用佛教史和佛教經疏的相關記載,考察了《維摩詰經講經文》的創作年代。同氏《從中晚唐的維摩詰經變畫看民衆的佛教信仰》(《雲南藝術學院學報》2005年3期)深入研究唐代的敦煌維摩詰經變,認爲敦煌維摩詰經變和維摩詰講經文的發展方向相一致。武曉玲《〈敦煌變文校注·維摩詰經講經文〉商榷》(蘇州大學碩士學位論文,2002年)及《〈敦煌變文校注·維摩詰經講經文〉商補》(《敦煌研究》2003年3期)都是對《敦煌變文校注》中所收《維摩詰經講經文》的校錄商榷。李文潔、林世田《新發現的〈維摩詰講經文·文殊問疾第二卷〉校錄研究》(《敦煌研究》2007年3期)指出,國家圖書館藏BD15245也是一種《維摩詰經講經文》,該卷演繹《維摩詰經文殊師利問疾品第五》中文殊受命前往維摩詰處問疾的部分,内容與《文殊問疾第一卷》相接,文章對這卷《維摩詰經講經文》進行了校錄和研究。此外,很多學位論文也將《維摩詰經講經文》作爲研究對象,如楊雅惠《敦煌本維摩詰經講經文研究》(臺灣逢甲大學中國文學研究所碩士論文,1996年)、蕭信雄《維摩詰經講經文與注疏之比較研究》(臺灣玄奘人文社會學院中國語文研究所碩士論文,2003年)和崔善熙《鳩摩羅什譯〈維摩詰所說經〉與敦煌本〈維摩詰經講經文〉的"之"字偏正結構用法比較研究》(山東大學碩士學位論文,2005年)等。

6.《父母恩重經講經文》

《父母恩重經講經文》存兩卷,分別爲P.2418和BD6412,《敦煌變文集》均有收錄,由向達校錄。《父母恩重經講經文》既承襲了佛經中的孝道思想,又增添了儒家文化的倫理元素,日本學者岡部和雄就曾在P.2418《父母恩重經講經文》中發現《孝經》被引用的痕蹟,此外,講經文中還多次出現曾子、《論語》和《曲禮》等儒士和儒家論著,也在字裏行間體現出"不孝入地獄"的觀念。

學界關於《父母恩重經講經文》的研究成果不多,蘭利瓊《〈父母恩重經〉研究》(河北師範大學碩士論文,2012年)介紹了兩卷《父母恩重經講經文》的保存現狀和它促進《父母恩重經》傳播的重要作用。賴積船《〈父母恩重經講經文〉的辭彙語義學價值》(《求索》2004年4期)從漢語史的角度,以講經文中常常出現的"應對"、"成人"兩詞的語義考釋爲例,討論該講經文在辭彙語義學方面的價值。張子開《敦煌變文"若欲得來生:相周圓"辨》(《宗教學研究》2011年2期)從文獻學和佛學的角度重新探討了P.2481講經文中"若欲得來生:相周圓"一句的意義,認爲":"是校勘者所加,表示重文,"生相"指出生之後肢體健全、相貌超群,與同卷後文的"十相"含義迥異。

7. 道教講經文

正如俗講的流行爲佛教講經文帶來了生長土壤,道教講經活動也使道教講經文有了發展的空間。但長期以來,道教講經文研究並未受到學界的關注,成果遠不如佛教講經文豐富。寇鳳凱對敦煌所出道教講經文進行專門研究,發表了一些研究成果。《淺談道教講經文》(《中國道教》2008年6期,又見《傳承》2008年11期、《世界宗教文化》2009年1期)指出,敦煌所出道教講經文有4個卷號、3種文本,分別是BD1219《道教布施發願講經文(擬)》、BD7620《道教布施發願講經文(擬)》和P.3021+P.3876《道教中元金籙齋》。首先,作者通過研究這三種文本,總結了道教講經文的特點和內涵,認爲道教講經文反映道教講經活動的真實情況,是道士講經活動的產物,它集受戒、説法、布施、發願等多項内容爲一體,是一種綜合性的齋會文書。其次,作者回顧了魏晉南北朝時期至宋元時期道教講經文的產生和發展歷程,指出現存的這三種道教講經文文書,最早的寫成於唐玄宗先天二年(713),最晚的寫成於歸義軍時期。最後,作者還總結了道教講經文的研究價值,認爲道教講經文的研究不但可以幫助我們瞭解歸義軍時期的道教發展狀況,也有助於佛道關係研究的開展。《〈道教中元金籙齋講經文(擬)〉長生成仙研究》(《重慶科技學院學報》2009年5期)對敦煌道教文書《道教中元金籙齋講經文(擬)》所反映的道教神仙信仰中的長生思想進行分析,認爲這一思想正處於肉體成仙向精神超脱的轉型過程中,承魏晉神仙思想之餘緒,開金元神仙思想之先機。《盛唐時期的道教"三教合一"思想探析——以敦煌道教講經文爲中心》(《今日科苑》2009年10期)以P.3021+P.3876《道教中元金籙齋講經文(擬)》所反映"三教合一"思想爲切入點,概述"三教合一"思想的發展歷程,指出該講經文中提出的三教同源、同質説是盛唐時期道教"三教合一"思想最早、最明確的表述,這一思想也是在繼承以往"三教合一"思想的基礎上,積極反思三教論衡而形成的。此外,劉永明《略析道教神仙信仰對佛教的影響——以敦煌 P.2305《妙法蓮華經講經文》爲核心》(《敦煌學輯刊》2007 年 4 期)一文以敦煌文書 P.2305《妙法蓮華經講經文》爲例,分析了佛教相關文獻中包含的道教因素,説明佛教在利用道教信仰豐富自身内涵的同時,也在傳播過程中借助了道教在民衆中的影響。更重要的是,文章通過文本分析考察了中國文化的兩大主流——佛與道的借鑒與融合。

8. 其他

除上文詳細介紹過的幾種講經文外,藏經洞還出土了其他一些講經文文書,它們或因發現較晚,或因存世數量有限,極少受到關注,研究成果也比較有限。這些講經文包括《佛説觀彌勒菩薩上生兜率天經講經文》、《太子須大拏經講經文》、《雙恩記》(《佛報恩經講經文》)、《盂蘭盆經講經文》、《十吉祥講經文》、《維摩碎金》等。與之相關的論文有:方南生《〈雙恩記〉創作年代初探》(《社會科學》1983 年 5 期),白化文、程毅中《對〈雙恩記〉講經文的一些推斷》(《敦煌學論集》,甘肅人民出版社,1985 年),馬國强《敦煌變文〈雙恩記〉校注商補》(《古漢語研究》1995 年 1 期),黄建寧《〈雙恩記〉補校》(《敦煌研究》2004 年 6 期),簡佩琦《敦煌報恩經變與變文〈雙恩記〉殘卷》(《敦煌學輯刊》2005 年 1 期),陳洪《敦煌須大拏變文殘卷研究》(《蘇州大學學報》2004 年 2 期),周紹良《盂蘭盆經講經文》(《敦煌吐魯番文獻研究論集》第 5 輯,北京大學出版社,1990 年 5 月),項楚《〈維摩碎金〉探索》(《敦煌文學叢考》,上海古籍出版社,1991 年),羅宗濤《敦煌本〈佛説觀彌勒菩薩上生兜率天經講經文〉中李稍雲小考》(漢學研究中心編《第二屆敦煌學國際研討會論文集》,1991 年)等。

(四) 俗講研究

作爲講説經典的文本,講經文的價值很大程度上是通過講經説法活動體現的。俗講就是面向俗衆開展的講經説法活動,在傳播宗教思想的同時也號召信衆布施。講經文廣泛地運用於俗講活動中,是僧俗互動和經典傳播的介質。俗講的研究,主要集中於俗講的場所、儀軌、影響等幾個方面。

1961 年,湯用彤撰寫《何謂"俗講"》(《湯用彤學術論文集》,中華書局,1981 年)一文,提出"俗講"是對"僧講"而言的,其作用一爲宣揚教義,二爲聚斂布施,兩者因聽講對象的不同而有所區別,俗人不得聽"僧講",出家人不得聽"俗講","違者當受官責",這一觀點基本被後輩學者所承襲。向達的《唐代俗講考》(初稿於 1934 年刊《燕京學報》第 16 期。後收入《國學季刊》第 6 卷第 4 號;《唐代長安與西域文明》,三聯書店,1957 年;《敦煌變文論文録》,上海古籍出版社,1982 年)主要考察了俗講話本的定名、俗講的儀軌和俗講的源流問題,是俗講研究的典範之作。孫楷第的《唐代俗講軌範與其本之體裁》

(《俗講、說話與白話小說》，作家出版社，1956年；又見周紹良、白化文編《敦煌變文論文錄》，上海古籍出版社，1982年）綜合運用講經文、變文文本及傳世史料的記載，從唱經、吟詞、吟唱與説解之人、押座文與開題、表白等五個方面研究了俗講的儀軌和參與者，分析了俗講文本的結構。傅芸子的《俗講新考》（原載於《新思潮月刊》第1卷第2期，又見《敦煌變文論文錄》，上海古籍出版社，1982年）在孫楷第、向達二位先生的研究基礎上，著重對中唐以後活躍於社邑的俗講情況和講經變文、講史變文的講唱方式進行研究。周紹良的《俗講和講經文》（中國佛教協會編《中國佛教》第5期，2004年）辨析了俗講與講經文的關係和俗講的講經文與釋家講經的關係，並在俗講的儀式、俗講興盛的原因和講經文文本的結構等問題上做了研究。此外，圍繞向達的《唐代俗講考》，周一良、關德棟還提出了商榷意見，向達也做出了回答，周一良《讀〈唐代俗講考〉》、《關於〈俗講考〉再說幾句話》，關德棟《讀〈唐代俗講考〉的商榷》，向達《補説唐代俗講二三事——兼答周一良、關德棟兩先生》等相關文章均收錄於周紹良、白化文編《敦煌變文論文錄》（上海古籍出版社，1982年）中。

　　李正宇《敦煌俗講僧保宣及其"通難致語"》（《社科縱橫》1990年6期）介紹了敦煌文書中靈圖寺俗講僧保宣的相關資料及他所撰寫的幾篇《通難致語》，通過對這幾篇《通難致語》和幾件敦煌講經文文本的分析，作者認爲，現存的敦煌講經文主要是法師的講唱，很少涉及都講的助唱及設難，通過現存講經文認識講經活動存在很大的片面性，而保宣及其《通難致語》則爲還原講經原貌提供了必要材料。劉凱鳴《從韓愈〈華山女〉看講經文變文講唱》（《敦煌研究》1991年3期）以韓愈所寫《華山女》一詩爲切入點，通過分析講經文、變文的主要內容，概括了講經文、變文講唱的特點，講經者根據受衆的實際，一方面將艱澀的經文擴展成通暢易曉的講唱文學，一方面爲支持他們的帝王將相不吝褒詞頌語，這些講經文、變文也在一定程度上反映著當時的社會思潮。聖凱《論唐代的講經儀軌》（《敦煌學輯刊》2001年2期）以圓仁的記載和敦煌文書爲主要史料，討論唐代講經法會的主要成員及其儀軌，對講經法會的主要成員"都講"進行了溯源性考察，提出佛教中的"都講"一詞並非來自儒家的都講制度，只是在翻譯佛經時借用了這個名詞而已，另外，文章對法會通用儀軌的構建，爲進一步研究唐代法會儀軌提供了背景知識。侯沖《俗講新考》（《敦煌研究》2010年4期）從什麼是俗講、俗講儀式、俗講話本三個方面對俗講進行了新的考察，在具體化俗講內涵和拓展俗講文本方面創新了觀點。作者認爲俗講是唐五代時期一種在三長月舉行的勸俗人輸財的佛教法會，在佛寺和講院舉行，其方式也不僅僅是講經，還有授八關齋戒，其目的是勸人施財輸物、充造寺資,因而俗講與齋供並無本質的區別。伏彥冰、楊曉華《敦煌文學的傳播方式》(《敦煌學輯刊》2012 年 2 期)介紹了敦煌文學講誦、演唱、傳抄的三種傳播方式,從傳播學的角度分析了俗講對佛教傳播的貢獻。

此外,日本學者對講經文功能、講經儀軌和講經者的研究也很關注,發表了一些研究成果。福井文雅《都講の職能と起源——中國・インド交涉の一接點》(櫛田良洪先生頌壽紀念論文集《高僧傳の研究》,東京山喜房佛書林,1973 年)研究了講經者的起源和職能。同氏《講經儀式における服具の儀禮的意味》(日本佛教學會編《佛教儀禮——その理念と實踐》,京都平樂寺書店,1978 年)在佛教禮儀的大視角下研究了講經儀式的要素和各項程式的禮儀意涵。同氏《講經儀式の組織內容》(福井文雅、牧田諦亮編《講座敦煌・7・敦煌と中國佛教》,東京大東出版社,1984 年)則對講經儀式做了綜合研究。平野顯照《講經文の組織內容》(《敦煌と中國仏教》,東京法藏館,1984 年)全面研究了講經文的結構、內容與意義。中鉢雅量《敦煌變文的說唱者和聽衆》(發表於"中國唐代文學學會第八屆年會暨國際學術研討會",陝西西安,1996 年)則從說唱者和聽衆的角度研究了俗講的儀式和敦煌變文的傳播。

(五)講經文與講唱文學研究

敦煌遺書中保存了種類繁多的講唱體文學作品,講經文只是其中一種,它與其他講唱文學或並存,或相互承襲,或借鑒,或相互融合,有著千絲萬縷的聯繫。因爲藏經洞的封閉,這些講唱體文學作品保持了原始的狀態,與傳世文本有顯著的區別,它們雖沒能流傳,但仍舊反映著當時當地的文學發展境況,也在一定程度上影響了後世文學的體裁,是中國文學史上不可忽視的環節。因此,很多學者通過講經文和變文關注講唱文學,研究講經文與變文的關係以及講經文、變文與其他講唱文學的關係,探索敦煌講唱體文學作品對後世文學的影響。

羅宗濤《敦煌講經文與講史變文之比較研究》(臺北《幼獅月刊》46 卷 3 期,1978 年)對講經變文與講史變文的體裁、作者、抄者、聽者等進行比較,逐篇考證年代,提出佛教的唱導是促使變文發展的主要因素,其發展脈絡是講經文由膨脹到擺脫經文約束,進而隨意支配經文形成真正的變文,講史變文則另有源頭,當講經文和講經變文流行時即已存在,兩者之間有著複雜的關係。羅宗濤的這一觀點,無疑是對講經文概念的進一步細化。王小盾《敦煌文學與唐代講唱藝術》(《中國社會科學》1994 年 3 期)總述了敦煌文學資料及其所提基本問題,首先,作者明確了敦煌文學作品作爲表演藝術底本的本來性質,在否定傳統三分法的基礎上,提出了以體裁樣式爲分類標準的敦煌文學概念體系。其次,結合中西文化交流的歷史背景,論述敦煌各類文學作品的文化淵源,得出唐代講唱藝術是西方文化和中國本土文化相融合的果實的結論。最後,文章肯定了敦煌文學作品的價值,認爲它爲研究者提供了新的資料、新的視野和新的思維。伏俊璉《論"俗講"與"轉變"的關係》(《北京圖書館館刊》1997 年 4 期)辨析了俗講與轉變之間的關係,認爲就其原始意義而言,轉變與俗講異名而同實,就敦煌通俗文藝而言,轉變是從俗講發展而來的。同氏《論變文與講經文的關係》通過對講經文、變文的研究,辨析了學界關於講經文與變文關係的兩種觀點,認爲講經文的顯著特點是引用佛經,變文則是就佛經中故事性強的部分鋪陳,慢慢發展成純粹講中國傳統故事的文學作品,總的來說,變文是在講經文的基礎上發展出來的,兩者在體裁上存在著諸多共性。尚永琪《佛經義疏與講經文因緣文及變文的關係探討》(《社會科學戰線》2000 年 2 期)在變文的定義及其起源問題上評述了前輩學者的觀點,然後另闢蹊徑,利用佛經義疏,探討講經文、因緣和變文的産生時間、産生方式以及三者之間的關係。王志鵬《試析敦煌講唱文學作品的小説特徵及其與唐傳奇之比較》(《敦煌研究》2000 年 4 期)探析了故事賦、話本和變文等敦煌講唱文學作品中包含的小説因素,比較了這些敦煌講唱文學作品與唐傳奇的異同,指出唐代曾廣泛流行於民間的故事賦、話本、變文等通俗類故事作品具有結構完整、情節曲折、富於想象和誇張、表現手法多樣、口語化色彩鮮明等小説特點。鄭阿財《敦煌講經文是否爲變文爭議之評議》(發表於"百年敦煌文獻整理研究國際學術討論會",浙江杭州,2010 年)對學界關於"講經文是否是變文"的爭議進行梳理,逐條分析評議,也提出了自己的理解與觀點。謝思煒《唐代講唱文學的民間性及其文化意義》(《江蘇師範大學學報》2014 年 5 期)認爲以講經文、變文爲代表的唐代講唱文學是上層文人和民間自發創作之外的第三種文化產品,在繼承宗教宣教性的同時,發揮了民間文化認同的重要社會功用,同時,唐代的科舉制度和教育普及爲講唱文學提供了必要的社會生産條件,講唱文學的內容演變也反映了佛教教義與世俗倫理的融合過程。

四、結　　論

　　總的來說,敦煌講經文研究起步較早、成果豐富、視角全面,是敦煌文學研究中的重要課題。通過上文對近 60 年來敦煌講經文研究的回顧,可知現階段學界對該問題的研究呈現如下幾個特點:1. 各國所藏敦煌文書,特別是高清圖版和電子圖片的大量公布,爲敦煌講經文的研究提供了豐富、準確的原始材料;2. 學界歷來重視敦煌講經文的整理與校録工作,目前已出版了一批具有較高學術價值的録文集和校注集,同時,針對這些録文和校注,學者們又提出了很多商榷意見,不斷促進著敦煌講經文研究的深入;3. 敦煌講經文的通論性研究已相當成熟,但學者們在講經文定義、講經文界定和講經文與變文的關係等基本問題上仍未形成統一認識,這些問題還需要繼續進行研究;4. 專題研究方面,雖然已有十分顯著的成果,但研究仍存在著發展不平衡的問題,比如,學者們更多地關注了講經文文本的研究,忽視了對講經文社會意義的探索,更多地關注了公布較早、存世卷數較多的講經文,忽視了公布較晚、存世卷數較少的講經文,道教講經文的研究還比較薄弱等。因此,針對當前研究中的薄弱環節,我們應持續關注問題,繼續發掘資料,努力完善敦煌講經文的研究。

中國大陸回鶻文社會經濟文書及回鶻經濟史研究綜述

臧存艷（蘭州大學）

　　回鶻，亦即 Uighur 的古代譯名，在 788 年之前稱爲回紇，蒙元時期常譯作畏兀兒，其族源於鐵勒，鐵勒又是丁零的一個部落。唐玄宗封回鶻可汗骨力裴羅爲奉義王，不久又封爲懷仁可汗，回鶻汗國正式建立。自骨力裴羅始，歷代回鶻可汗都接受唐朝册封，漠北回鶻汗國的强盛持續了一個多世紀。840 年，回鶻宰相句録末賀勾結黠戛斯殺回鶻可汗，導致汗國滅亡。汗國滅亡後，部衆分崩離析，四散外逃，大致是向南、向西兩個方向遷徙。其中向西者分爲三支：一支投奔吐蕃統治下的河西走廊，後佔領了甘州、沙州等地；另外一支則是遷至葛邏禄的統治區内，建立了喀喇汗王朝；第三支逃往新疆地區，後僕固俊以高昌和北庭爲中心建立了高昌回鶻。13 世紀蒙古軍西征，結束了回鶻西遷後長期分裂割據爲幾個政權的局面。1209 年畏兀兒亦都護歸順元朝，開始了蒙古對新疆長達三個多世紀的統治。回鶻是最古老的民族之一，有著悠久的歷史，但是由於種種限制，晚唐之後，傳世典籍中關於回鶻的記載較少，而且多限於政治與軍事狀況，對回鶻經濟狀況的記載多是支離破碎的。

　　19 世紀末 20 世紀初，在敦煌、吐魯番、庫車、莎車等地相繼出土了大量回鶻文寫本，内容豐富，涉及宗教、文學、曆法、醫藥、社會經濟等，是研究回鶻政治、經濟、文化等狀況的重要材料，具有很高的史料價值。其中社會經濟文書有 400 多件，内容十分豐富，包含回鶻經濟的各個方面，如畜牧業、農業、手工業、商業、經濟制度等，細緻入微，而且多爲宋元之遺物，絶大多數爲傳世文獻所不載，是不可多得的好資料。雖然這 400 多件文書散藏於世界各地，我國只有極少一部分，但是經過國内外回鶻學者的共同努力，大部分文書已經得到整理與研究，文書轉寫及譯釋也更加準確，爲晚唐宋元回鶻經濟史的研究提供了珍貴且可靠的史料。確實，隨著回鶻文社會經濟文書不斷刊布，這些文書也越來越多地運用於歷史研究領域。本文就回鶻文社會經濟文書研究及漠北回鶻汗國時期至蒙元統治時期的回鶻經濟史進行梳理。

一、回鶻文社會經濟文書研究

（一）文書釋譯

　　馮家昇是我國回鶻文文書研究的先驅，他的研究拉開了中國回鶻文社會經濟文書研究的序幕。1954 年馮家昇在《元代畏兀兒文契約二種》中，刊布了兩種回鶻文契約文書,分別是1929年前西北科學考察團在新疆庫車獲得的借錢賣地契約和1951年中國科學院考古研究所買到的殘缺契約,文章對這兩件契約文書進行了轉寫、譯文及考證①。1958年捷尼舍夫、馮家昇《回鶻文斌通(善斌)賣身契三種附控訴主人書》刊布、轉寫、注釋、翻譯了1953年西北文物考察隊在吐魯番獲得的三件契約文書,並附有馬洛夫在新疆所得的《回鶻文斌通控訴主人書》②。不久之後馮先生又對《定惠大師賣奴隸字據》和《醫者大師義與蔡氏離居字據》進行轉寫、翻譯及注釋,並嘗試斷定文書年代,寫成《回鶻文契約二種》一文,文章中還刊載了這兩件文書的圖版③。馮家昇發表的文書都是首次刊布,爲學者提供了珍貴的材料。

繼馮家昇之後,耿世民成爲回鶻學領域的領軍人物,其研究成果被諸多學者所沿用,爲我國回鶻文社會經濟文書研究做出了突出貢獻。他重新考釋了《定惠大師賣奴隸字據》和《斌通(善斌)賣身契之三》兩件文書,糾正了馮家昇在釋讀上的錯誤④。1978年耿世民又發表了《回鶻文摩尼教寺院文書初釋》一文,全文識讀翻譯了一件長篇回鶻文寫本,並附有詞彙表、語法形式索引和一百多條注釋,還對高昌回鶻時期的地租和勞役制度提出了自己的看法⑤。這件文書是黃文弼在新疆進行考古工作時發現的,是當時高昌回鶻政權頒發給摩尼教寺院的官府檔案,對於研究回鶻摩尼教寺院經濟有著極其重要的價值,備受學界關注。但是耿世民在文獻的釋讀中還存在著一些值得探討的問題,因此孫振玉⑥、牛汝極和楊富學⑦先後發表文章指出文書研究中存在的問題,並作了進一步探究。1991年耿世民在《中亞雜誌(Central Asiatic Journal)》上發表了《回鶻文摩尼教寺院文書》的英譯文,修正和完善了之前的研究成果⑧。後來,王菲撰寫《〈回鶻文摩尼教寺院文書〉再考釋》一文,在先前學者研究的基礎上,又對該文書進行進一步研究和考釋⑨。李樹輝認爲這

---

① 馮家昇《元代畏兀兒文契約二種》,《歷史研究》1954年第1期,第119—131頁。
② 捷尼舍夫、馮家昇《回鶻文斌通(善斌)賣身契三種附控訴主人書》,《考古學報》1958年第2期,第109—125頁。
③ 馮家昇《回鶻文契約二種》,《文物》1960年第6期,第32—34頁。
④ 耿世民《兩件回鶻文契約的考釋》,《中央民族學院學報》1978年第2期,第43—49頁;《兩件回鶻文買賣奴隸文書的考釋》,民族語文編輯組著《民族語文論集》,北京:中國社會科學出版社,1981年,第172—291頁;《兩件元代回鶻文契約的考釋(A Study of Two Uighur Contracts of the Yuan Dynasty〔1271—1368〕)》,《中亞研究(Zentralasiatische Studien)》第17卷,1984年,第7—18頁。
⑤ 耿世民《回鶻文摩尼教寺院文書初釋》,《考古學報》1978年第4期,第497—516頁。
⑥ 孫振玉《從古文書看高昌摩尼教——對〈回鶻文摩尼教寺院文書〉再研究》,《西北史地》1988年第3期,第21—28頁。
⑦ 牛汝極、楊富學《回鶻文摩尼教寺院文書釋文的幾處商榷》,《西北史地》1992年第4期,第40—46頁。
⑧ Geng Shimin, Notes on an Ancient Uighur Official Decree Issued to a Manichean Monastery, CAJ, 1991, vol. 35, pp. 209-230.
⑨ 王菲《〈回鶻文摩尼教寺院文書〉再考釋》,《歐亞學刊》2000年第2期,第225—242頁。

件摩尼教的官方檔案的頒發時間是在貞元七年(791)秋至貞元八年(792)之間①。

1980年耿世民刊布研究了在吐魯番柏孜克里克出土的幾件回鶻文文書，內容是元代地方官府向回鶻百姓攤派草料令，研究成果發表在《幾件回鶻文文書譯釋》一文中，文章中共轉寫、注釋了四件文書②。庫爾班·外力同樣轉寫、譯釋了這幾件文書，但是他指出文書中有兩件在出土時已經粘連，並且殘缺不全，應爲五件，而非耿世民所説的四件③。耿世民《回鶻文社會經濟文書研究》的出版是對回鶻文社會經濟文書研究的另一貢獻，書中共收録文書129件，包括16件行政文書，21件買賣奴隸文書，19件買賣交換文書，12件租借文書，24件借貸文書和37件其他文書，耿先生有堅實的回鶻文功底，爲書中收録的每一件文書都盡可能提供了可靠的漢文翻譯，爲回鶻經濟史研究提供了更加可靠的資料④。

李經緯以世界各國刊布的回鶻文社會經濟文書爲據，重新整理部分文書，編撰完成《吐魯番回鶻文社會經濟文書研究》一書，並於1996年由新疆人民出版社出版發行，書中包括買賣人口文書、租佃與買賣土地文書、借貸文書、有關賦税徭役的文書、各類經濟文書記録以及其他文書六類，共107件。每一件文書都是先列出標題，然后分别就原文轉寫、注釋、漢文譯文以及附記一一介紹説明⑤。在此之前該書的主要内容以文章形式先後發表，如《回鶻文社會經濟文書選注(一)》⑥、《回鶻文社會經濟文書選注(四)——有關賦税、徭役的文書》⑦、《〈回鶻文社會經濟文書選注(一)〉續補》⑧、《回鶻文借貸文書選注》⑨、《回鶻文社會經濟文書選注(六)》⑩、《回鶻社會經濟文書(五)——各類經濟記録》⑪、《回鶻文奴隸買賣與人口典押文書五種》⑫、《九件

---

① 李樹輝《回鶻文摩尼教寺院文書寫作年代及相關史事研究》，《西北民族研究》2004年第3期，第14—22頁。
② 耿世民《幾件回鶻文文書譯釋》，《文物》1980年第3期，第83—84頁。
③ 庫爾班·外力《吐魯番出土的五件回鶻文文書》，中國民族古文字研究會編《中國民族古文字研究》，北京：中國社會科學出版社，1984年，第105—113頁。
④ 耿世民《回鶻文社會經濟文書研究》，北京：中央民族大學出版社，2006年。
⑤ 李經緯《吐魯番回鶻文社會經濟文書研究》，烏魯木齊：新疆人民出版社，1996年。
⑥ 李經緯《回鶻文社會經濟文書選注(一)》，《喀什師範學院學報》1987年第1期，第49—70頁；第2期，第64—79頁。
⑦ 李經緯《回鶻文社會經濟文書選注(四)——有關賦税、徭役的文書》，《喀什師範學院學報》1989年第1期，第56—71頁；第2期，第52—67頁。
⑧ 李經緯《〈回鶻文社會經濟文書選注(一)〉續補》，《喀什師範學院學報》1990年第2期，第51—67頁。
⑨ 李經緯《回鶻文借貸文書選注》，《西北民族研究》1991年第2期，第31—59頁。
⑩ 李經緯《回鶻文社會經濟文書選注(六)》，《喀什師範學院學報》1992年第1期，第48—60頁；第2期，第46—59頁；第3期，第74—83頁；第4期，第39—48頁。
⑪ 李經緯《回鶻社會經濟文書(五)——各類經濟記録》，《喀什師範學院學報》1994年第3期，第69—79頁。
⑫ 李經緯《回鶻文奴隸買賣與人口典押文書五種》，《西北民族研究》1994年第2期，第1—32頁。

回鶻文社會經濟文書譯釋》①、《回鶻文社會經濟文書選注(五)》②、《回鶻文借貸文書七種》③、《吐魯番回鶻文買賣文書四種》④等。除吐魯番文書外,他還對敦煌出土的回鶻文文書進行了研究,如《五件敦煌回鶻文遺書譯注》⑤、《敦煌回鶻文遺書五種》⑥等。

李經緯的另一本著作《回鶻文社會經濟文書研究》也於同年面世,共收錄80篇文書,其中新出77件。此書與《吐魯番回鶻文社會經濟文書研究》之間有連續性,所以分類法、體例、轉寫符號都保持一致,但是所收錄的文書不僅限於吐魯番地區⑦。1994年,李經緯在《回鶻文社會經濟文書研究》一文中,把書中的部分内容提前展現給大家⑧。之後又發表《莎車出土回鶻文土地買賣文書譯釋》,對4件莎車出土的回鶻文文書進行轉寫、翻譯和注釋⑨。前不久又出版《回鶻文社會經濟文書輯解》一書,書中輯錄並注釋了160件吐魯番、敦煌出土的回鶻文社會經濟文書,包含内容廣泛,書後附有詞彙表、語法形式索引、專有名詞音譯對照表,爲學者的研究工作提供了便利⑩。李經緯致力於回鶻文社會經濟文書的譯釋與研究工作,爲回鶻學者提供了豐富而珍貴的史料,推動了回鶻社會經濟研究的發展。

牛汝極《四件敦煌回鶻文書信文書》,依據法國學者哈密頓在《9—10世紀敦煌回鶻文文獻》中刊布的4件回鶻文文書(P. Ouïgour 2 哈密頓編號18,P. Ouïgour 5 哈密頓編號19,P. Ouïgour 15 哈密頓編號20,Or. 8212－123 哈密頓編號23)的照片進行轉寫、譯釋,這4件文書都出土於敦煌⑪。又在《四封9—10世紀回鶻文書信譯考》中,把Or. 8212－120 哈密頓編號21,Or. 8212－179 哈密頓編號24,Or. 8212－180 哈密頓編號25,P. Ouïgour 12 哈密頓編號26,從回鶻文譯成漢文⑫。1992年,根據哈密頓刊布的原件照片,他又對六件回鶻文商務書信文書(P. Ouïgour 4 哈密頓編號28,P. Ouïgour 3 哈密頓編號29,Or. 8212－181 哈密頓編號27,P. Ouïgour 6 哈密頓編號30,P. Ouïgour 10 哈密頓編號36,Or. 8212－117 哈密頓編號36)進行譯釋,寫成《六件9—10世紀

---

① 李經緯《九件回鶻文社會經濟文書譯釋》,《喀什師範學院學報》1995年第1期,第32—56頁。
② 李經緯《回鶻文社會經濟文書選注(五)》,《喀什師範學院學報》1995年第2期,第43—59頁。
③ 李經緯《回鶻文借貸文書七種》,《喀什師範學院學報》1995年第3期,第30—38頁。
④ 李經緯《吐魯番回鶻文買賣文書四種》,《西域研究》1995年第2期,第26—34頁。
⑤ 李經緯《五件敦煌回鶻文遺書譯注》,《西北民族研究》1992年第2期,第1—64頁。
⑥ 李經緯《敦煌回鶻文遺書五種》,《西域研究》1993年第2期,第31—45頁。
⑦ 李經緯《回鶻文社會經濟文書研究》,烏魯木齊:新疆大學出版社,1996年。
⑧ 李經緯《回鶻文社會經濟文書研究》,《喀什師範學院學報》1994年第2期,第36—55頁。
⑨ 李經緯《莎車出土回鶻文土地買賣文書譯釋》,《西域研究》1998年第3期,第18—28頁。
⑩ 李經緯《回鶻文社會經濟文書輯解》,蘭州:甘肅人民出版社,2012年。
⑪ 牛汝極《四件敦煌回鶻文書信文書》,《敦煌研究》1989年第1期,第104—108頁。
⑫ 牛汝極《四封9—10世紀回鶻文書信譯考》,《新疆大學學報》1989年第2期,第96—100頁。

敦煌回鶻文商務書信研究》一文①。兩年後,牛汝極、楊富學重新譯釋了以上除哈密頓編號 36 之外的 12 件文書,並糾正了之前翻譯過程中的錯誤,同時對出土於敦煌地區的 P. Ouïgour 6 哈密頓編號 30,P. Ouïgour 7 哈密頓編號 31,P. Ouïgour 14 哈密頓編號 32,P. Ouïgour 9 哈密頓編號 22 等四件回鶻文信件進行了原文轉寫、疏證及譯文。並認爲這批回鶻文獻爲沙州回鶻國(1036—約 1070 年)前後之遺物,其中把 P. Ouïgour 2 哈密頓編號 18,定年爲 1068 年②。這 16 封信件主要記載了絲綢之路上回鶻商人的商業活動,對沙州回鶻經濟史的研究有著重要意義。其後,這一成果經過修訂收錄在楊富學、牛汝極所著的《沙州回鶻及其文獻》一書中。除此之外,該書還譯釋了 2 件牒狀和 4 件賬單③。

此外,張鐵山對前蘇聯所藏編號 SJKr. 4/638 進行了轉寫、漢譯和注釋。爲回鶻的社會、政治、經濟、歷史、語言、民俗等方面的研究提供了珍貴的史料④。楊富學發表《元代回鶻文獻——農奴免賦請願書研究》一文,研究了編號 USp. No. 22 的回鶻文農奴免稅請願書⑤。1992 年他在《一件珍貴的回鶻文寺院經濟文書》中,轉寫、疏證、漢文翻譯了一篇寺院免稅敕令,並分析了其歷史價值⑥。後又譯釋了 6 件德國刊布的文書,成果收錄於《文史》第 39 輯,供史學界研究者參考研究⑦。伊斯拉菲爾·玉蘇甫原文轉寫、注釋、翻譯了兩件回鶻文經濟文書:一件是 1993 年新疆文物考古所在交河故城西北小寺院發現的經濟文書,作者認爲屬於 13—14 世紀的遺物,並且不能排除其是寺院文書的可能;另外一件是 1959 年底在吐魯番勝金口附近的佛廟遺址出土的契約文書,並附有圖版⑧。劉戈的著作《回鶻文買賣契約譯注》中收錄了 29 件土地買賣契約和人口買賣契約。作者以拉德洛夫的《回鶻文獻彙編》、山田信夫的《回鶻文契約文書集成》、李經緯的《吐魯番回鶻文社會經濟文書研究》和《回鶻文社會經濟文書研究》三種譯本爲參照,把這 29 件文書翻譯成漢文,並對三種譯本中存在的問題進行注釋和研究,考證精細。但是書中沒有文書的圖版以及原文轉寫⑨。阿不里克木·亞森《吐魯番回鶻文世俗文書語言結構研

---

① 牛汝極《六件 9—10 世紀敦煌回鶻文商務書信研究》,《西北民族研究》1992 年第 1 期,第 67—79 頁。
② 牛汝極、楊富學《敦煌出土早期回鶻語世俗文獻譯釋》,《敦煌研究》1994 年第 4 期,第 7—27 頁。
③ 楊富學、牛汝極《沙州回鶻及其文獻》,蘭州:甘肅文化出版社,1995 年。
④ 張鐵山《蘇聯所藏編號 SJKr. 4/638 回鶻文文書譯釋》,《新疆大學學報》1988 年第 4 期,第 96—106 頁。
⑤ 楊富學《元代回鶻文獻——農奴免賦請願書研究》,《新疆文物》1988 年第 4 期,第 69—77 頁。
⑥ 楊富學《一件珍貴的回鶻文寺院經濟文書》,《西北民族研究》1992 年第 1 期,第 59—65 頁。
⑦ 楊富學《德國新刊布的幾件回鶻文租佃契約》,《文史》第 39 輯,1995 年,第 276—285 頁。
⑧ 伊斯拉菲爾·玉蘇甫《吐魯番出土回鶻語文書兩件》,解耀華主編《交河故城保護與研究》,烏魯木齊:新疆人民出版社,1999 年,第 353—359 頁。
⑨ 劉戈《回鶻文買賣契約譯注》,北京:中華書局,2006 年。

究》的附錄部分對 7 件回鶻文社會經濟文書進行了譯釋①。

（二）文書詞彙詞源及語法研究

深入考證文書中的詞彙、短語、句子是提供準確譯文的基礎。回鶻西遷後與西域各民族及國家交流頻繁，因此回鶻文契約中很多詞語是借自其他語言詞彙的，如漢語、粟特語、梵語等，從而豐富了回鶻語。在這種情況下，學者為提高翻譯的準確性，探討詞彙詞源及語法顯得十分必要。

詞彙詞源方面，劉戈、艾則孜·玉素甫《回鶻文文書研究與漢語譯音問題》指出在研究使用外文寫成的回鶻文文書及研究成果時常遇到的問題，並擬製了一張維漢譯音表，附於文後供學者參考②。劉戈為儘量解決翻譯中存在的問題，從不同角度對回鶻文契約文書中的詞彙進行了深入研究，把回鶻文與漢文等進行對比研究，在詞彙及詞源考證方面取得了顯著成果。2001 年她發表《回鶻文買賣文書中的 bir ägsüksüz 與漢文同類文書中的"一無懸欠"考》一文，認為在回鶻文買賣文書中含有 bir ägsüksüz 短語的句子無論是內容結構還是語法都和漢文文書的相關語句相似，補充了山田信夫的觀點③。在《回鶻文契約中的"bil"與漢文契約中的"知"現象考》中，劉戈通過對回鶻文契約中"bil"和漢文契約中"知"的對比，考證出回鶻文"bil"淵源於漢文契約中的"知"，並認為這是高昌回鶻在經濟文化類型轉變過程中，回鶻文化吸收漢文化的結果④。劉戈還注意到回鶻文契約中被學者忽略的倒寫文字，通過對比回鶻文契約、漢文契約及其他文書上的倒寫字，發現回鶻文契約形式與內容所體現的年代不一致，從而看到高昌回鶻與內地千絲萬縷的聯繫⑤。在《釋回鶻文契約中的 paošïn、tanuq、körüp oluryuči》一文中，指出 paošïn 和 tanpaošïn 是漢語"保人"和"擔保人"的音譯，tanuq、körüp oluryči 是漢文契約中的"見人"、"臨坐"的意譯⑥。她又經過考證得出 yägän 的漢語翻譯是"嫂子"或者"嬸子"，yägän im taɣayäm 是"我嫂（嬸）子、我叔（舅）"的意思⑦。同年，《回鶻文契約文書中的"元契"考》發表，通過分析古代漢文契約中有關"元契"的詞彙和回鶻文契約中的"baš bitig"，認為回鶻文契約中"baš bitig"一詞的漢譯正是"元契"⑧。《回鶻文契約研究剳記之一》考證了塔姆嘎

---

① 阿不里克木·亞森《吐魯番回鶻文世俗文書語言結構研究》，烏魯木齊：新疆大學出版社，2001 年。
② 劉戈、艾則孜·玉素甫《回鶻文文書研究與漢語譯音問題》，《西域研究》1997 年第 2 期，第 75—81 頁。
③ 劉戈《回鶻文買賣文書中的 bir ägsüksüz 與漢文同類文書中的"一無懸欠"考》，《民族研究》2001 年第 2 期，第 78—85 頁。
④ 劉戈《回鶻文契約中的"bil"與漢文契約中的"知"現象考》，《民族研究》2002 年第 5 期，第 69—76 頁。
⑤ 劉戈《回鶻文契約上的倒寫文字》，《民族研究》2003 年第 5 期，第 51—58 頁。
⑥ 劉戈《釋回鶻文契約中的 paošïn、tanuq、körüp oluryuči》，《敦煌學輯刊》2005 年第 4 期，第 92—96 頁。
⑦ 劉戈《釋回鶻文契約中的 yägän》，《民族研究》2005 年第 6 期，第 69—72 頁。
⑧ 劉戈《回鶻文契約文書中的"元契"考》，《陝西師範大學學報》2005 年第 5 期，第 74—80 頁。

(tamɣa)、答剌罕(tarxan)、艾勒甫·塔西將軍(alp taš sangun)、初(yangi)、坎土曼(kidamän)等詞的詞源,從而證明中世紀回鶻曾廣泛吸收東西方文化來豐富自身文化①。《從 bitidim(我寫了)看回鶻人的文化》一文,從 bitidim(我寫了)的寫法分析了回鶻的文化現象以及回鶻文書法與東西文化的關係,其中認爲 bitidim 根源於漢文的"筆"②。鄭炳林、楊富學《敦煌西域出土回鶻文文獻所載 qunbu 與漢文文獻所見官布研究》通過對吐魯番地區出土的回鶻文社會經濟文書的研究,發現文書中棉織品在許多地方稱 qunbu 或 quanbu,音譯出來就是官布,再結合漢文文獻中官布的記載,認爲官布是棉布不是麻布,是晚唐五代宋初敦煌歸義軍和西州回鶻政權徵收的主要稅目,而且官布具有貨幣職能③。

回鶻語除吸收漢語詞彙外,還融合了其他語言。[美]丹尼斯·西諾著,黃建華、牛汝極譯《突厥語 Balïq(城)一詞探源》探討了 Balïq 與蒙古語和滿語之間的關係④。牛汝極分析了回鶻語中粟特語借詞的 9 個特點,認爲粟特語對回鶻語產生了深刻的影響,這些影響反映在官銜稱號、經濟、日常生活以及宗教文化等方方面面⑤。

回鶻文社會經濟文書語法研究方面,阿不里克木·亞森在其著作《吐魯番回鶻文世俗文書語言結構研究》中,對回鶻文世俗文書的語言系統、詞彙、構詞法、形態學進行了系統的介紹和研究⑥。他還與王正良一同發表《吐魯番回鶻文世俗文書語言數詞研究》一文,文中以吐魯番地區的回鶻文世俗文書爲據,較爲全面地展示了回鶻文世俗文書語言數詞⑦。靳尚怡對高昌回鶻文文獻語言的助詞進行了研究,提出了辨別助詞的標準,把這些助詞分爲語氣助詞和關係助詞,並對十三組助詞作了釋例⑧。耿世民《回鶻文社會經濟文書》的第二部分也對回鶻文文書的語言語法進行了説明。朱國祥探討同一漢語借詞在不同版本中呈現的狀況,採取比較回鶻文—漢語語音的對音方法,

---

① 劉戈《回鶻文契約研究劄記之一》,周偉洲主編《西北民族論叢》第二輯,北京:中國社會科學出版社,2003年,第137—148頁。
② 劉戈《從 bitidim(我寫了)看回鶻人的文化》,氏著《回鶻文買賣契約譯注》,北京:中華書局,2006年,第242—252頁。
③ 鄭炳林、楊富學《敦煌西域出土回鶻文文獻所載 qunbu 與漢文文獻所見官布研究》,《敦煌學輯刊》1997年第2期,第19—27頁。
④ [美]丹尼斯·西諾著,黃建華、牛汝極譯《突厥語 Balïq(城)一詞探源》,《民族譯叢》1992年第2期,第50—53頁。
⑤ 牛汝極《從借詞看粟特語對回鶻語的影響》,《新疆師範大學學報》2015年第1期,第101—112頁。
⑥ 阿不里克木·亞森《吐魯番回鶻文世俗文書語言結構研究》,烏魯木齊:新疆大學出版社,2001年。
⑦ 阿不里克木·亞森、王正良《吐魯番回鶻文世俗文書語言數詞研究》,《新疆大學學報》2001年第1期,第133—136頁。
⑧ 靳尚怡《高昌回鶻文文獻語言的助詞》,《語言與翻譯》2002年第3期,第31—35頁。

從而歸納漢語—回鶻語的對音規律①。

（三）文書格式與套語研究

學者在回鶻文社會經濟文書格式與套語研究方面也取得一定成就，主要是把回鶻文社會經濟文書與漢文等其他語言文書進行對比研究，以探討回鶻文文書格式與套語及其淵源。

劉戈在這方面做出了很大貢獻。她在《回鶻文買賣文書紀年月日研究》中以買賣文書爲例，對回鶻文、佉盧文、粟特文、吐蕃文、漢文文書的紀年月日情況進行比較研究發現：在文書格式方面，這5種文字的文書有相似的一面；在套語方面，回鶻文買賣文書繼承了突厥碑銘的傳統，同時也吸收了一些阿拉伯語、梵語的詞彙，與漢文化也有密切聯繫②。在其著作《回鶻文契約文書初探》第二章對日期的格式與套語、買賣事宜敘述句的格式與套語、價格語的格式與套語、收付款語的格式與套語、賣方權利套語及其格式、聲明與違約罰和文書證明部分的格式與套語進行了系統的研究，約佔全書一半篇幅，書中研究涉及古代的佉盧文、粟特文、吐蕃文、漢文契約與回鶻文契約之間的比較，分析細緻具有啓發性③。劉戈又通過比較回鶻文契約和漢文契約的證人套語，發現不管是單句還是並列複合句，兩種文字證人套詞的基本結構是相同的，都是名詞加名詞，主語加謂語，主語是由證人的專有名詞構成，謂語是人名，從而說明回鶻文契約裏多種現象沿襲自漢文契約④。她還在《回鶻文契約中的 sïčï（四至）現象研究》中，贊同 sïčï 一詞是漢語"四至"的音譯，然後把回鶻文契約中"sïčï 套語"與漢文契約"四至套語"進行比較，發現兩者有很多沿襲關係⑤。

楊富學在《吐魯番出土回鶻文借貸文書概述》中，列出1990年之前刊布的27件回鶻文借貸文書的基本情況，並以其中兩件爲例，分析了回鶻文契約文書的格式：首先是訂立契約的日期，然後是借債人、債主的名字，繼而是借貸的原因、所借物品、還債日期、利息和保證，最後則是證人、債務人、立契人的簽字和蓋章。文章認爲元代回鶻文契約文書與中原地區漢文文書及河西走廊的西夏文書有類似之處⑥。霍存福、王宏慶對回鶻文買賣契約中的保人、證人、書契人和有關所有權的條款進行了研究，認爲在吐魯番回鶻文

---

① 朱國祥《回鶻文世俗文書中漢語借詞對音研究——以山田信夫和李經緯版本爲例》，《江西教育學院學報》2013年第6期，第154—158頁。
② 劉戈《回鶻文買賣文書紀年月日研究》，《民族研究》1998年第5期，第91—96頁。
③ 劉戈《回鶻文契約文書初探》，臺北：五南圖書出版有限公司，2000年。
④ 劉戈《回鶻文契約證人套語研究》，《民族研究》2004年第5期，第55—63頁。
⑤ 劉戈《回鶻文契約中的 sïčï（四至）現象研究》，劉戈《回鶻文買賣契約譯注》，北京：中華書局，2006年，第173—186頁。
⑥ 楊富學《吐魯番出土回鶻文借貸文書概述》，《敦煌研究》1990年第1期，第77—84頁。

買賣契約中,絕大多數的契約文書是按照慣例與固定模式訂立的,其條款內容也要遵守一定的規範[1]。同年,霍存福與章燕又發表《吐魯番回鶻文借貸契約研究》一文,文中以李經緯定名爲"借貸文書"的 22 件回鶻文文書爲研究對象,分析了其格式、保人、證人、書契人、利息率、違契不償的處罰條款等,並且補充了楊富學的觀點,揭示了元代回鶻文借貸契約的格式與唐宋時期漢文契約之間的不同[2]。耿世民在其著作《回鶻文社會經濟文書》中也提到回鶻文買賣文書一般有固定的格式。乜小紅把于闐文、回鶻文、粟特文等契約文書與漢文契約作比較,發現雖然有小的差異,但是契約程式、內容甚至用語上都有一致性,並且認爲這是西域各民族與漢族人民長期交往的產物,是西域各少數民族對中原傳統契約文化的接受[3]。李經緯分析了 30 件買賣契約文書的基本格式及其義項,並與現代經濟文書進行比較,發現回鶻文買賣契約文書與現代經濟文書已經十分接近。這一研究成果發表在《回鶻文買賣契約的意項分析及其與現代經濟文書的比較》[4]中。古艾爾尼沙·買沙地克《回鶻世俗文書的敍述特點》對回鶻世俗文書的敍述特點進行了說明[5]。

回鶻文社會經濟文書的格式與套語可以用於文書的斷代,劉戈在這一方面也做出了有益嘗試。她在《回鶻文買賣文書的格式套語與斷代問題》一文中,分析了回鶻文買賣文書格式套語的年代特徵,並將其與一定歷史時期漢文契約文書的格式套語相對照,發現回鶻文買賣文書的書寫格式與套語和 13—14 世紀的漢文文書相一致,從而斷定山田信夫刊布的 29 件回鶻文買賣文書都是 13—14 世紀所爲[6]。該文其實是重申了她在《從格式與套語看回鶻文買賣文書的年代》[7]中的觀點,但本文的論證更加充分。劉戈揭示出回鶻文買賣文書格式套語年代特點,對學者認識其他種類文書的年代問題有很大幫助。

二、回鶻經濟史研究

除回鶻文經濟文書外,還有遺留下來的古代突厥文碑銘爲經濟史研究,尤其對回鶻與其他民族交往關係研究提供了重要的史料,如《闕特勒碑》、《磨

---

[1] 霍存福、王宏慶《吐魯番回鶻文買賣契約分析》,《當代法學》2004 年第 1 期,第 5—18 頁。
[2] 霍存福、章燕《吐魯番回鶻文借貸契約研究》,《吉林大學社會科學學報》2004 年第 6 期,第 95—106 頁。
[3] 乜小紅《中古西域民漢文買賣契約比較研究》,《西域研究》2011 年第 2 期,第 55—62 頁。
[4] 李經緯《回鶻文買賣契約的意項分析及其與現代經濟文書的比較》,《喀什師範學院學報》1995 年第 4 期,第 41—54 頁。
[5] 古艾爾尼沙·買沙地克《回鶻世俗文書的敍述特點》,《青春歲月》2014 年第 5 期,第 61 頁。
[6] 劉戈《回鶻文買賣文書的格式套語與斷代問題》,《西北史地》1999 年第 1 期,第 42—49 頁。
[7] 劉戈《從格式與套語看回鶻文買賣文書的年代》,《西域研究》1998 年第 2 期,第 64—72 頁。

延啜碑》、《毗伽可汗碑》、《翁金碑》、《塔拉斯碑》、《鐵兒渾碑》等。優素甫·哈斯·哈吉甫的長篇史詩性巨著《福樂智慧》,內容涉及喀喇汗王朝的政治、經濟、社會文化及人文日常生活,是不可多得的好材料。麻赫默德·喀什噶里的《突厥語大辭典》中有關於回鶻經濟諸多方面的詞彙,也爲經濟史研究提供了重要信息。

此外,漢文典籍中關於回鶻的記載也是回鶻經濟史研究至關重要的史料。如《魏書·高車傳》、《隋書·鐵勒傳》、《舊唐書·鐵勒傳》、《舊唐書·回紇傳》、《新唐書·回鶻傳》、《通典》、《唐會要》、《資治通鑑》、《松漠紀聞》、《宋史》、《元史》等。這些史料是回鶻經濟史研究的重要基礎。

(一)回鶻經濟史概述

在諸多回鶻經濟研究成果中,不乏關於回鶻經濟史的綜合性研究,即研究包含著回鶻經濟的方方面面,如畜牧業、農業、手工業、商業等,但是大多較爲簡略。新疆社會科學院民族研究所編《新疆簡史(第一冊)》探討了新疆各個時期的社會、經濟、文化狀況,其中第五章分析了回鶻成爲新疆主體民族的原因以及其經濟、文化的新發展[1]。劉志霄《維吾爾族歷史(上、下)》中,對回紇汗國形成之前,漠北回紇汗國以及西遷後的高昌回鶻汗國、甘州回鶻汗國、喀喇汗王朝、元明清統治時期的經濟的各方面進行了系統研究[2]。1991年中國少數民族簡史叢書之《維吾爾族簡史》簡明扼要地分析了高昌回鶻王國的土地佔有形式、物產、水利建設、畜牧業、手工業、商業,探討了喀喇汗王朝的財產所有制、土地佔有制及各個經濟部門的狀況,還對蒙元明清時期的畏兀兒經濟進行研究[3]。林幹、高自厚《回紇史》研究了漠北回紇汗國、喀喇汗王朝、西州回鶻、河西回鶻、元明清畏兀兒的經濟狀況[4]。余太山《西域通史》中,對喀喇汗王朝、高昌回鶻王國經濟各方面進行了概述[5]。谷苞主編《西北通史第3卷》簡單分析了兩宋時期回鶻經濟狀況和蒙元統治下的畏兀兒經濟狀況[6]。

此外,也有對回鶻各個特定階段經濟史的研究:楊聖敏《回紇史》探討了漠北回紇汗國時期的經濟[7]。楊富學《回鶻與敦煌》探討了漠北回鶻汗國和高昌回鶻的經濟狀況[8]。在他與牛汝極一同撰寫的《沙州回鶻及其文獻》中,研

---

[1] 新疆社會科學院民族研究所編《新疆簡史(第一冊)》,烏魯木齊:新疆人民出版社,1980年。
[2] 劉志霄《維吾爾族歷史(上、下)》,北京:民族出版社,1985年。
[3] 《維吾爾族簡史》編寫組《維吾爾族簡史》,烏魯木齊:新疆人民出版社,1991年。
[4] 林幹、高自厚《回紇史》,呼和浩特:內蒙古人民出版社,1994年。
[5] 余太山《西域通史》,鄭州:中州古籍出版社,2003年。
[6] 谷苞主編《西北通史(第3卷)》,蘭州:蘭州大學出版社,2005年。
[7] 楊聖敏《回紇史》,桂林:廣西師範大學出版社,2008年。
[8] 楊富學《回鶻與敦煌》,蘭州:甘肅教育出版社,2010年。

究分析了沙州回鶻的農牧業、手工業、商業與絲綢之路以及度量衡。阿合買提·蘇來曼《鄂爾渾回鶻汗國簡史》簡述了鄂爾渾汗國的社會經濟[①]。魏良弢《喀喇汗王朝史稿》詳細論述了喀喇汗王朝時期社會經濟的各方面,認爲這一時期回鶻的社會經濟有很大發展,是中亞中世紀史上值得肯定的一個時代[②]。田衛疆《高昌回鶻史稿》研究了高昌回鶻從遊牧到農業定居的轉變,並對蒙元時期畏兀兒地區種植業發展狀況、農業發展的因素、土地制度進行了分析[③]。蘇北海《絲綢之路龜茲研究》簡單探討了龜茲回鶻的經濟狀況以及龜茲回鶻與北宋的商貿往來[④]。薛宗正《絲綢之路北庭研究》對北庭回鶻的經濟結構進行了研究[⑤];他又於2012年出版《回紇史初探》一書,書中分析了回紇汗國的社會經濟以及其與唐朝之間的經濟聯繫[⑥]。吉洪諾夫著,姬增祿譯《十到十四世紀回鶻王國的經濟和社會制度》全面詳細論述了回鶻的社會經濟狀況,包括農業、城市和手工業、商業和高利貸、租税徭役、土地所有制等[⑦]。該書是回鶻經濟史研究的一部力作。劉迎勝《察合台汗國史研究》對畏兀兒與内地的經濟聯繫以及畏兀兒的社會經濟進行了研究[⑧]。羅賢佑《元代民族史》簡單探討了蒙元時期畏兀兒地區的經濟[⑨]。田衛疆《蒙古時代維吾爾人的社會生活》詳細研究了蒙元時代維吾爾族的經濟活動[⑩]。

除著作外,論文中也有相關研究,如任正實《裕固族經濟史》對漢唐丁零,回鶻汗國,西遷後河西回鶻,蒙元明初時期撒里畏兀兒,裕固族形成後,各個時期的畜牧業、農業、商業等進行了研究[⑪]。買力葉木古麗·吐遜《漢代西域諸部至唐回鶻經濟史》探討了漢至東晉時期丁零等部族的農牧經濟,唐代回鶻汗國時期以遊牧爲主的封建制經濟,回鶻西遷後高昌回鶻和甘州回鶻農牧結合的封建制經濟以及喀喇汗王朝的封建制經濟,相對完整地研究了從西漢到唐每個時期回鶻的農業經濟、畜牧業、手工業、商業、經濟制度等問題[⑫]。宋曉東、王宗磊對漠北回鶻汗國建立前以及汗國的社會經濟進行了探討,特別分析了回鶻汗國的畜牧業、商業、手工業和農業[⑬]。程溯洛在《高昌回鶻王國

[①] 阿合買提·蘇來曼《鄂爾渾回鶻汗國簡史》,烏魯木齊:新疆人民出版社,2005年。
[②] 魏良弢《喀喇汗王朝史稿》,烏魯木齊:新疆人民出版社,1986年。
[③] 田衛疆《高昌回鶻史稿》,烏魯木齊:新疆人民出版社,2006年。
[④] 蘇北海《絲綢之路龜茲研究》,烏魯木齊:新疆人民出版社,2009年。
[⑤] 薛宗正《絲綢之路北庭研究》,烏魯木齊:新疆人民出版社,2009年。
[⑥] 薛宗正《回紇史初探》,蘭州:甘肅民族出版社,2012年。
[⑦] 吉洪諾夫著,姬增祿譯《十到十四世紀回鶻王國的經濟和社會制度》,烏魯木齊:新疆人民出版社,2012年。
[⑧] 劉迎勝《察合台汗國史研究》,上海:上海古籍出版社,2006年。
[⑨] 羅賢佑《元代民族史》,成都:四川民族出版社,1996年。
[⑩] 田衛疆《蒙古時代維吾爾人的社會生活》,烏魯木齊:新疆美術攝影出版社,1995年。
[⑪] 任正實《裕固族經濟史》,中央民族大學碩士論文,2012年。
[⑫] 買力葉木古麗·吐遜《漢代西域諸部至唐回鶻經濟史》,中央民族大學碩士論文,2015年。
[⑬] 宋曉東、王宗磊《回鶻西遷前經濟生活探析》,《石河子大學學報》2007年第4期,第13—16頁。

政治經濟文化史略》中,概述了高昌回鶻王國的經濟狀況①。郭平梁《高昌回鶻社會經濟管窺》運用李經緯《吐魯番回鶻文社會經濟文書研究》中的社會經濟文書,對高昌回鶻的農業、畜牧業、手工業、商業、貨幣、社會結構、階級關係、土地制度等方面進行了有益探討②。該文讓我們對回鶻經濟有了更加深刻的認識,很具有啓發性。楊富學以回鶻社會經濟文書爲主要依據,對回鶻農業、手工業、商業、貨幣、租佃契約等作了相應研究,認爲要充分利用回鶻文社會經濟文書來重構宋元時代高昌回鶻的經濟史③。任小飛《〈福樂智慧〉史學價值探析》第二章第三節記述了喀喇汗王朝的農業、手工業、商業、賦稅④。張煉《論述蒙元時期的畏兀兒》對蒙元時期畏兀兒的社會經濟進行了分析,認爲蒙元時期畏兀兒經濟大體上經歷了發展、低落和恢復幾個階段⑤。尚衍斌《元代畏兀兒地區社會經濟生活探究》依據回鶻文社會經濟文書及漢文資料,研究了元代畏兀兒地區的農業、畜牧業、商業及貨幣等問題⑥。

(二)回鶻農業研究

漠北回鶻時期的農業,胡鐵球《回紇(回鶻)西遷之前的農業發展狀況略論》通過對考古資料和史籍的分析,認爲在840年以前回鶻的農業經濟就已經在回鶻經濟中佔有相當比重,在"安史之亂"後回鶻逐漸轉變爲定居或半定居的生活,而且農業歉收是漠北回鶻汗國滅亡的重要原因,從而否定了840年前回鶻是以遊牧經濟佔絕對主導地位的說法⑦。鄧浩以麻赫穆德·喀什噶里撰寫的《突厥語詞典》爲依據,結合史籍和《福樂智慧》,研究了回鶻西遷前畜牧經濟向西遷後農耕經濟的轉變以及定居農業對回鶻人生活的影響⑧。

西遷後回鶻農業的研究成果有:程溯洛把傳世文獻與回鶻文寫本相結合,分析了宋元時期高昌回鶻王國初期農業社會的特點,即以封建農奴制爲主,但也出現了一部分的租佃關係⑨。他在《吐魯番棉花的生產是中國植棉史中一顆明珠》中認爲宋末元初以前吐魯番地區即高昌回鶻王國境內盛產棉

---

① 程溯洛《高昌回鶻王國政治經濟文化史略》,程溯洛著《唐宋回鶻史論集》,北京:人民出版社,1993年,第285—299頁。
② 郭平梁《高昌回鶻社會經濟管窺》,《新疆社會科學》1990年第2期,第82—95頁。
③ 楊富學《回鶻文文獻與高昌回鶻經濟史的構建》,《史學史研究》2007年第4期,第106—111頁。
④ 任小飛《〈福樂智慧〉史學價值探析》,蘭州大學碩士論文,2011年。
⑤ 張煉《論述蒙元時期的畏兀兒》,《西北民族研究》1988年第1期,第155—167頁。
⑥ 尚衍斌《元代畏兀兒地區社會經濟生活探究》,陳梧桐編《民大史學》第1期,北京:中央民族大學出版社,1996年,第327—347頁。
⑦ 胡鐵球《回紇(回鶻)西遷之前的農業發展狀況略論》,《寧夏社會科學》2003年第5期,第85—88頁。
⑧ 鄧浩《〈突厥語詞典〉與回鶻的農業經濟》,《敦煌研究》1995年第4期,第37—46頁。
⑨ 程溯洛《宋元時期高昌回鶻王國初期農業封建社會的若干特徵》,程溯洛著《唐宋回鶻史論集》,北京:人民出版社,1993年,第166—174頁。

花,並且大量棉花運銷北宋内地①。李志軍從遊牧時代農業經濟的萌芽、回鶻西遷定居農業經濟的形成、高昌回鶻農業經濟狀況以及農業經濟對回鶻文明的影響等方面對回鶻農業經濟進行了分析探討②。沈淑花利用回鶻文社會經濟文書等資料,從農作物栽培、人畜力農具、農田水肥、耕作方式等四個方面對喀喇汗王朝的農業生產進行研究,認爲這一時期的農業已經具備了精耕細作的特點③。田衛疆《元代畏兀兒地區的葡萄酒釀製及向元大都供應葡萄酒相關史實辨析》指出畏兀兒地區盛產葡萄,釀造葡萄酒歷史悠久,元代該地區的葡萄酒除小部分進行銷售外,大多用來納貢、招待使節和軍隊④。楊富學根據對15件回鶻文租佃契約的研究,認爲典押租佃關係和真正的封建地主與佃農之間的封建租佃關係在元代畏兀兒的租佃契約中都有體現⑤。于傳寶《元朝四等制政策對區域農牧業發展的影響》研究了四等人制對吐蕃地區農牧業的影響⑥。

(三) 回鶻經濟轉型研究

在回鶻經濟轉型研究方面的成果有:王金保通過分析文獻資料、碑銘和考古發現,認爲漠北回鶻汗國建立後,生活方式由遊牧變爲定居、半定居,這種轉變是由以下幾個因素促成的:回鶻汗國自身經濟的發展,回鶻路的開通以及粟特、唐文化的影響。而且居住方式的變化爲西遷後經濟轉型奠定了基礎,影響著後來進入漠北的其他民族⑦。王繼平、楊富學《唐宋時代回鶻社會的發展與轉型》認爲9世紀中葉以後,回鶻西遷至中亞、西域及河西走廊一帶,隨著生活環境的變化,加上受農業文明的影響,回鶻的生活方式由遊牧向定居過渡,經濟類型也漸漸從草原遊牧向以農業爲主轉化,民族性格變得淳樸,文化面貌多元化⑧。尹偉強《古代維吾爾族經濟文化類型的演變》認爲回鶻西遷後,在繼承原有農業民族經濟模式的基礎上適應新環境變成半農半牧、以農爲主的混合農耕經濟文化⑨。奇曼·乃吉米丁運用傳統典籍、回鶻文

---

① 程溯洛《吐魯番棉花的生產是中國植棉史中一顆明珠》,程溯洛著《唐宋回鶻史論集》,北京:人民出版社,1993年,第300—305頁。
② 李志軍《高昌回鶻的農業及相關問題研究》,西北民族大學碩士論文,2007年。
③ 沈淑花《喀喇汗王朝時期回鶻人的農業生產情況》,《青海社會科學》2011年第6期,第196—180頁。
④ 田衛疆《元代畏兀兒地區的葡萄酒釀製及向元大都供應葡萄酒相關史實辨析》,田衛疆著《新疆歷史叢稿》,烏魯木齊:新疆人民出版社,2011年,第140—148頁。
⑤ 楊富學《回鶻文文書中所見元代畏兀兒租佃契約關係研究》,《西北民族研究》1989年第2期,第161—172頁。
⑥ 于傳寶《元朝四等制政策對區域農牧業發展的影響》,南京農業大學碩士論文,2011年。
⑦ 王金保《論漠北回鶻汗國的城市興建與半定居生活》,《敦煌學輯刊》2015年第4期,第151—158頁。
⑧ 王繼平、楊富學《唐宋時代回鶻社會的發展與轉型》,《新疆大學學報》2005年第2期,第67—72頁。
⑨ 尹偉強《古代維吾爾族經濟文化類型的演變》,《新疆社科論壇》2007年第5期,第89—91頁;尹偉強、王茜《古代新疆經濟文化區的劃分——兼論維吾爾族經濟文化類型的演變》,《黑龍江民族叢刊》2007年第4期,第112—115頁。

社會經濟文書及田野調查相結合的方法,探討了吐魯番地區生態環境對高昌回鶻生產生活方式轉變及生態文化形成的影響,認爲高昌回鶻汗國社會經濟的各個方面都與所處的生態環境有著密不可分的關係[1]。宋曉東研究分析了回鶻西遷後,高昌回鶻與喀喇汗王朝經濟轉型,即以畜牧業爲主的草原遊牧經濟轉化爲農耕經濟,以及經濟轉型對現代維吾爾族的形成和新疆歷史的影響[2]。

(四) 回鶻商業貿易研究

無論是漠北回鶻汗國,還是西遷後的高昌回鶻、甘州回鶻、于闐回鶻等都處於古絲綢之路的要道上,在絲綢之路上扮演著重要角色,成爲東西方交流的紐帶,所以回鶻商業貿易是十分發達的。學者在這方面也作了研究。

樊保良認爲無論是在漠北回鶻汗國時期,還是西遷後的甘州回鶻、西州回鶻、于闐回鶻、龜兹回鶻都與中原王朝有著密切的經濟聯繫,與西方使節有著頻繁的商業活動,控制著絲綢之路的咽喉,維護著絲綢之路的發展,爲東西方經濟交流做出了重要貢獻[3]。《中國絲綢之路交通史》也探討了回鶻對絲綢之路的維護活動[4]。崔明德《中國古代和親與絲綢之路的拓展》認爲回紇與唐朝的和親使草原絲綢之路更加活躍,回紇從中獲利甚多。西遷後回鶻與其他少數民族政權的和親不同程度上促進了絲綢之路的發展和商業貿易的繁榮[5]。

漠北回鶻時期,回鶻與周邊貿易關係方面,張美華認爲漠北回鶻汗國時期之所以選中摩尼教爲國教,很大程度上是因爲回鶻想要依靠粟特人來發展商業經濟,在摩尼教立爲國教後,回鶻汗國的商業經濟有了很大發展[6]。尼扎吉·喀迪爾也認爲粟特人把宗教活動與商業活動相結合,在鄂爾渾汗國的政治、經濟生活中起了重要作用,大量粟特人代表回鶻汗國與唐進行商業貿易,對回鶻汗國經濟有很大影響[7]。管彥波研究了唐朝與回紇的互市,認爲回紇從貿易中牟取暴利[8]。黃暢《回鶻汗國與中原商業貿易探微》對唐朝時期回鶻汗國與中原商業貿易發展的原因及貿易帶來的影響進行了簡析,其中專門研

---

[1] 奇曼·乃吉米丁《生態環境對高昌回鶻社會經濟文化的影響》,《西北大學學報(自然科學版)》2005 年第 3 期,第 347—350 頁。
[2] 宋曉東《回鶻西遷後生產方式的轉變及對後世的影響》,《殷都學刊》2007 年第 3 期,第 36—39 頁。
[3] 樊保良《回鶻與絲綢之路》,胡之德主編《蘭州大學絲綢之路研究論文集》,蘭州:蘭州大學出版社,1992 年,第 207—212 頁。
[4] 交通部中國公路交通史編審委員會《中國絲綢之路交通史》,北京:人民交通出版社,2000 年。
[5] 崔明德《中國古代和親與絲綢之路的拓展》,《中國邊疆史地研究》2005 年第 2 期,第 39—53 頁。
[6] 張美華《漠北回鶻的摩尼教信仰》,《中央民族大學學報》2002 年第 5 期,第 53—57 頁。
[7] 尼扎吉·喀迪爾《粟特人對鄂爾渾回鶻(回紇)的影響研究》,新疆大學碩士論文,2009 年。
[8] 管彥波《論唐代內地與邊疆的"互市"和"朝貢"貿易》,《黑龍江民族叢刊》2007 年第 4 期,第 84—88 頁。

究了回鶻的養馬業和馬貿易①。還有張程分析了絹馬貿易對回鶻的消極影響②。

　　西遷後，回鶻與周邊貿易關係方面，程溯洛《五代宋遼金時期新疆回鶻人民和祖國各地的經濟聯繫》研究了五代宋遼金時期新疆回鶻與内地各地區的經濟聯繫，並分析了貿易品的種類以及回鶻與内地聯繫的交通路線③。殷紅梅就喀喇汗王朝與中原的貿易進行了研究，認爲喀喇汗王朝佔領于闐後，就以于闐的名義遣使向宋進貢，發展通商貿易關係，並對宋和于闐貿易中的馬匹、乳香、玉石交易進行了詳細的探討④。鄭炳林從三個方面探討了晚唐五代敦煌貿易市場的國際化程度，其中商人的國際化指的是敦煌市場上的貿易主體除了粟特人之外還有波斯、印度、吐蕃、于闐、回鶻、達旦等民族⑤。朱悦梅探討了甘州回鶻與周邊民族及政權的關係，認爲甘州回鶻的經濟是農牧兼營，商業貿易是其經濟的重要組成部分，甘州回鶻處於絲綢之路咽喉地帶，積極發展與周邊民族、政權的經濟文化交流，促進了絲綢之路的繁榮⑥。她與楊富學所著《甘州回鶻史》一書中研究了甘州回鶻的社會經濟以及甘州回鶻與絲綢之路的關係，認爲甘州回鶻控扼絲綢之路要道，與絲綢之路的興衰密切相關，絲綢之路的暢通不僅促進了甘州回鶻的發展，增強了王朝的邊防實力，而且推動了河西走廊與中原地區的交流⑦。陳愛峰《西夏與絲綢之路關係研究》⑧和韋君好《從〈天盛律令〉看西夏對外經濟政策》⑨中都有通過《天盛改舊新定律令》看西夏對西州、大食等國貿易優惠政策的内容。陳愛峰、楊富學把傳世文獻與新疆、敦煌、黑水城等地的考古資料相結合，研究了西夏與回鶻之間的貿易關係，認爲兩者之間的關係受宋夏矛盾的影響，北宋時期，宋夏矛盾限制了西夏與回鶻的貿易；到了南宋時期，隨著宋夏矛盾消失和天盛年間西夏國力的強盛，高昌回鶻、喀喇汗王朝與西夏之間的經濟往來也頻繁起來⑩。陳慶英、白麗娜《宋代西北吐蕃與甘州回鶻、遼朝、西夏的關係》對宋代西北吐蕃與甘州回鶻之間經濟關係進行了研究⑪。王德朋《論金與周邊政權的商業

---

① 黃暢《回鶻汗國與中原商業貿易探微》，《絲綢之路》2010年第18期，第15—17頁。
② 張程《淺析絹馬貿易與回鶻滅亡的關係》，《學理論》2014年第33期，第103—104頁。
③ 程溯洛《五代宋遼金時期新疆回鶻人民和祖國各地的經濟聯繫》，程溯洛著《唐宋回鶻史論集》，北京：人民出版社，1993年，第347—359頁。
④ 殷紅梅《喀喇汗王朝與中原貿易往來》，《新疆地方誌》2000年第3期，第61—66頁。
⑤ 鄭炳林《晚唐五代敦煌商業貿易市場研究》，《敦煌學輯刊》2004年第1期，第103—118頁。
⑥ 朱悦梅《甘州回鶻與周邊關係研究》，西北師範大學碩士論文，2005年。
⑦ 朱悦梅、楊富學著《甘州回鶻史》，北京：中國社會科學出版社，2013年。
⑧ 陳愛峰《西夏與絲綢之路關係研究》，西北民族大學碩士論文，2007年。
⑨ 韋君好《從〈天盛律令〉看西夏對外經濟政策》，西北民族大學碩士論文，2009年。
⑩ 陳愛峰、楊富學《西夏與回鶻貿易關係考》，《敦煌研究》2009年第2期，第99—103頁。
⑪ 陳慶英、白麗娜《宋代西北吐蕃與甘州回鶻、遼朝、西夏的關係》，《西藏研究》2013年第5期，第9—18頁。

貿易》中提到金與回鶻、阻蔔等周邊部族的貿易①。陳高華探討了元代新疆與中原之間的交通及經濟文化聯繫②。楊蕤《回鶻時代10—13世紀陸上絲綢之路貿易研究》認爲10—13世紀陸上絲綢之路的一個突出特點是回鶻人成爲國際商貿活動的新興力量,足蹟遍佈中原與塞北草原,朝貢貿易基本以回鶻民衆爲主體,幾乎壟斷了絲綢之路東段貿易③。

回鶻内部商業貿易方面,[德]P·齊梅著,趙崇民、楊富學摘譯《高昌回鶻王國的商業》根據出土的回鶻文社會經濟文書、佛教著作、民俗占星學作品、高昌壁畫、傳世史籍勾畫出了高昌回鶻王國商業的一個輪廓,探討了其主要貿易商品、商品交易的規模、一般等價物、奴隸價格、地價等④。張承志《元代畏兀兒人内部狀况》基於元代回鶻文社會經濟文書,探討了畏兀兒的政治、經濟、社會三個範疇内的問題,在談到畏兀兒經濟時,認爲畏兀兒社會土地兼併、貧富兩極分化現象背後蘊藏著商業化的傾向,其經濟具有亦農亦商的特點,這是由自然條件、耕作方式以及商路上特殊位置決定的⑤。羅雨探討了蒙元時期高昌回鶻汗國商業發展的原因,主要有三個方面:高昌回鶻王國自身優勢,即地處古絲綢之路的必經之地且擁有豐富的物産;蒙元時期疆域廣闊,驛道的開闢和驛站的設置爲商業活動創造了條件;統治者對高昌地區採取優惠政策⑥。

貨幣是商業貿易的重要組成部分,學者對回鶻貨幣也進行了研究。楊富學依據史書記載及回鶻文社會經濟文書,論證了粗棉布曾是維吾爾族商品交換中的一般等價物,並分析了把棉布作爲貨幣使用的原因⑦。他又發表《回鶻文書所見高昌回鶻王國的紙鈔與金屬幣》一文,認爲高昌回鶻流通的貨幣大致分爲布帛、紙鈔和金屬幣三種,並把回鶻文經濟文書、史籍、考古資料相結合,考證了蒙元統一新疆地區後,元政府發行的紙鈔在流通領域至少取得了與粗棉布並列的地位,銅幣、金銀等金屬貨幣同樣在市場上廣泛流通⑧。他還研究了佉盧文文書裏出現的鄯善國貨幣與回鶻貨幣之間的密切關係,論證了"普爾"今維吾爾語pul"錢、金錢、貨幣"應該源於古佉盧文獻中的muli"價格、價值",回鶻文契約中常出現的satïr當與佉盧文satera/sadera和希臘文stater

---

① 王德朋《論金與周邊政權的商業貿易》,《中國社會科學院研究生院學報》2009年第1期,第101—106頁。
② 陳高華《元代新疆和中原漢族地區的經濟文化交流》,《新疆通史》編撰委員會《新疆歷史研究論文選編(元明卷)》,烏魯木齊:新疆人民出版社,2008年,第178—188頁。
③ 楊蕤《回鶻時代10—13世紀陸上絲綢之路貿易研究》,北京:中國社會科學出版社,2015年。
④ 趙崇民、楊富學摘譯《高昌回鶻王國的商業》,《民族譯叢》1991年第4期,第45—50頁。
⑤ 張承志《元代畏兀兒人内部狀况》,《民族研究》1983年第5期,第13—23頁。
⑥ 羅雨《蒙元時期高昌回鶻汗國商業發展原因探析》,《新疆地方誌》2008年第2期,第54—61頁。
⑦ 楊富學《古代新疆實物貨幣——粗棉布》,《中國錢幣》1989年第3期,第15—18頁。
⑧ 楊富學《回鶻文書所見高昌回鶻王國的紙鈔與金屬幣》,《中國錢幣》1993年第4期,第26—28頁。

有關係等①。錢伯泉也對高昌回鶻王國的貨幣進行研究,在《高昌回鶻國回鶻文銅錢研究》一文中,對雙面回鶻文銅錢和單面回鶻文銅錢上的銘文進行釋讀;通過銅錢上君主的稱號考證出雙面回鶻文銅錢鑄行於高昌回鶻國前期(866年至1036年),單面回鶻文銅錢鑄行於高昌回鶻國後期(1037年至1209年);這些回鶻文銅錢都鑄造於北庭②。此外,董尚禮、程衛紅《從遼與回鶻的關係看草原絲路及其貿易貨幣》對阿薩蘭回鶻通往遼上京的草原絲綢之路進行了研究,並分析了遼與回鶻貿易關係中的貨幣問題③。

(五) 其他

在畏兀兒經濟制度研究方面也取得一定成就。楊富學《元代畏兀兒經濟制度研究》以回鶻文社會經濟文書爲基礎,對元代畏兀兒封建土地佔有制、土地的買賣和土地所有權、租佃關係、賦稅制度、徭役制度、高利貸以及農奴制進行了研究④。吉洪諾夫著,姬增禄譯《10—14世紀回鶻王國的租、稅和勞役》研究了回鶻王國地租的形式和特點,探討了徵稅制度,並通過解讀捐稅術語來證明回鶻王國的稅主要是以實物形式交納,同時也存在貨幣捐稅;認爲按照勞役制度農民必須送交馬匹⑤。楊富學在《元代畏兀兒稅役考略》一文中,依據回鶻文經濟文書以及傳世文獻考釋了元代畏兀兒地丁稅、葡萄和葡萄酒稅、站役和差役,並認爲這一時期稅役十分沉重⑥。樊保良也認爲蒙元時期,畏兀兒受到了殘酷的經濟壓迫⑦。楊富學還認爲蒙古的統治對元代畏兀兒農奴制、租佃制的形成有著重要作用,但是蒙元對畏兀兒經濟的剝削和連綿不斷的戰爭,使得畏兀兒經濟處於崩潰邊緣⑧。他又以回鶻文借貸文書爲依據,探討了蒙元統治下畏兀兒社會的高利貸狀況⑨。

王衛萍《西域經濟思想史——喀喇汗王朝經濟思想研究》通過對典籍、契約、碑銘、文書及相關資料的研究,分析喀喇汗王朝的經濟思想⑩。陸姬秋《考

---

① 楊富學《佉盧文書所見鄯善國之貨幣——兼論與回鶻貨幣之關係》,《敦煌學輯刊》1995年第2期,第87—93頁。
② 錢伯泉《高昌回鶻國回鶻文銅錢研究》,《中國錢幣》2009年第3期,第48—52頁。
③ 董尚禮、程衛紅《從遼與回鶻的關係看草原絲路及其貿易貨幣》,《内蒙古金融研究》2003年錢幣專刊2期,第32-2-32-5頁。
④ 楊富學《元代畏兀兒經濟制度研究》,新疆大學碩士論文,1989年。
⑤ 吉洪諾夫著,姬增禄譯《10—14世紀回鶻王國的租、稅和勞役》,西北大學西北歷史研究室編《西北歷史研究(1989年號)》,西安:三秦出版社,1989年,第294—315頁。
⑥ 楊富學《元代畏兀兒稅役考略》,《西北民族研究》1988年第2期,第120—126頁。
⑦ 樊保良《十三世紀蒙古與畏兀兒關係初探》,中國蒙古史學會《中國蒙古史學會論文選集》,呼和浩特:内蒙古人民出版社,1983年,第116—127頁。
⑧ 楊富學《蒙古統治與元代畏兀兒社會》,氏著《中國北方民族歷史文化論稿》,蘭州:甘肅人民出版社,2001年,第38—53頁。
⑨ 楊富學《吐魯番出土回鶻文借貸文書概述》,《敦煌研究》1990年第1期,第77—84頁。
⑩ 王衛萍《西域經濟思想史——喀喇汗王朝經濟思想研究》,上海:上海財經大學出版社,2003年。

究高昌工藝美術——從其生成背景開始》探討了從高昌手工業發展的原因[①]。鄭婕《維吾爾語與維吾爾族的畜牧文化》從維吾爾語詞彙含義演變的角度發掘蘊藏在維吾爾語中的畜牧文化[②]。

三、結　　語

經過數十年的研究,回鶻經濟研究領域碩果累累,尤其是在回鶻文社會經濟文書釋讀方面,取得了重大成就,大量回鶻文社會經濟文書得到轉寫和翻譯,爲歷史學研究者提供了豐富的資料。然而這些珍貴的史料並沒有得到充分利用,從史學角度進行研究者相對較少。出土文書大多屬於蒙元時期,一部分是宋代遺物,是構建這一時期回鶻經濟史的重要材料,但是在晚唐宋元時代回鶻經濟史研究中,史料運用很長一段時間內主要以傳世典籍爲主,而傳世文獻記載十分有限,所以研究內容大多較爲簡略,深度不夠。如在農業經濟研究方面,回鶻文社會經濟文書中包含大量的水利灌溉、葡萄種植、棉花種植、糧食作物種植等回鶻農業信息,但是相關研究成果卻十分稀少。在商業貿易研究上,文書的利用率也很低,有些文章在探究蒙元時期高昌回鶻汗國商業時,絲毫沒有提及文書中的商業信息。並且無論是農業還是商業都缺乏系統全面的研究,更不用説一部相對完整的回鶻經濟史著作了。

出現這樣的狀況是有原因的。長期以來,我國回鶻學研究一直存在著一個突出問題,那就是回鶻史研究與回鶻語言研究存在脱節現象,我國缺乏同時具備語言學和歷史學功底的研究者。不懂回鶻文的歷史學研究者要依賴語言學家的研究成果,所以歷史研究進度在一定程度上受到語言研究的制約,這勢必會影響回鶻文寫本的應用。此外,由於回鶻文文書的釋讀工作複雜而艱巨,要識讀轉寫爲拉丁文,然後再譯爲現代漢語,歷史研究者對這種經過層層轉寫和翻譯的史料產生了懷疑。文書釋譯依然存在值得商榷的問題是不可否認的,如相同的拉丁文轉寫有不同的漢語翻譯,以回鶻文契約中的 yägän 一詞的解釋爲例,山田信夫釋爲"甥"而劉戈釋爲"嫂子"或"嬸子"。因此在今後的研究中我們要加強對回鶻文文本的深入研究,以提供更加準確的譯本;與此同時,歷史學研究者要盡可能利用自己掌握的外語,利用不同文字的譯文進行校勘。

問題雖然存在,但我們不能以偏概全,不能因爲一些細微處的爭議而否定整個文書的史料價值。我們更應該看到,經過幾代回鶻學者的不懈努力、

---

① 陸姬秋《考究高昌工藝美術從其生成背景開始》,《上海藝術家》2007年第6期,第54—59頁。
② 鄭婕《維吾爾語與維吾爾族的畜牧文化》,《西北民族研究》1993年第1期,第228—239頁。

反復考證，譯文也越來越統一，越來越可靠。寫本資料對於回鶻經濟史的重構有著十分重要的意義，相信把回鶻文社會經濟文書與回鶻經濟史研究相結合是回鶻學發展的一個重要方向。當然在這個過程中我們還需要注意利用吐蕃文、粟特文等各種語言文字的文書。只有綜合運用文書、傳世典籍、碑銘、壁畫等各種史料，纔能向大家展示出更爲詳實全面的回鶻經濟史。此外，回鶻社會經濟文書散藏於世界各地，國外回鶻學研究要早於我國而且取得了顯著成就，我們要時刻關注國外相關研究動態，借鑒和利用其研究方法及研究成果，以更好地推動回鶻學的發展。

2015 敦煌論壇：敦煌與中外關係國際學術討論會綜述

彭曉靜（敦煌研究院）

爲充分展示敦煌在絲綢之路上的悠久歷史和多元文化，深入研究敦煌文化的獨特地位以及與周邊國家在人文、歷史、宗教等方面的歷史淵源與現實關係，由敦煌研究院與中國敦煌吐魯番學會聯合舉辦的"2015 敦煌論壇：敦煌與中外關係國際學術研討會"，於 2015 年 8 月 13 日—17 日在敦煌莫高窟召開，會議由敦煌研究院民族宗教文化研究所、科研處合力承辦。此次會議，有來自德國、法國、俄羅斯、日本、韓國、伊朗、土耳其、美國、印度、尼泊爾、蒙古、柬埔寨、越南、吉爾吉斯斯坦、烏茲別克斯坦和中國大陸、臺灣、澳門等國家和地區的近兩百名學者參加，提交學術論文 108 篇。以下分三夷教（摩尼教、景教、祆教）研究、絲路文化交流與石窟藝術研究、敦煌吐魯番文獻與史地研究三個專題對提交討論和交流的論文略作介紹。

一、三夷教（摩尼教、景教、祆教）研究

近年來福建霞浦發現的摩尼教文獻，數量巨大，與敦煌摩尼教文獻一脈相承。對這些文獻的研究，可以説是敦煌學的新延展，意義重大，故成爲本次會議的重要議題之一。敦煌研究院楊富學、彭曉靜《福州福壽宮所見摩尼光佛像雜考》以絲綢之路沿線的吐魯番和福建等地出現的一批用於偶像崇拜的摩尼光佛像，特別是福壽宮所見的孩兒臉、大人身，且手持長劍的戎裝塑像爲考察對象，利用西域出土文獻和霞浦摩尼教科儀文書進行比對解讀，可知孩兒臉形象的創造來源於摩尼的少年成道，戎裝形象則體現了東南沿海摩尼教的武化，是對兩宋以來官府對摩尼教武力禁壓的回應，目的在於自保。哈佛大學馬小鶴《漢文摩尼教〈下部讚〉中的兩篇注音讚美詩評述（Remarks on the two phonetic hymns of the Chinese *Hymnscroll*）》對莫高窟所出的摩尼教文獻《下部讚》中的讚美詩從音韻學和音律學上進行新的解讀。與此同時，馬小鶴還與臺灣銘傳大學汪娟合作完成《霞浦文書〈摩尼光佛〉科册與佛教禮懺》一文，把霞浦摩尼教文獻《摩尼光佛》與敦煌禮懺文相比較，分析了《摩尼光佛》的儀式結構，並復原原文，清楚地呈現出了《摩尼光佛》與佛教禮懺之間同質性很高的儀節關係。塔里木大學包朗《摩尼下生成道及其對佛道的比照》也以霞浦《摩尼光佛》和敦煌《摩尼光佛教法儀略》爲主要史料，分析認爲摩尼下生説在摩尼出生前後的情景及某些靈異的現象等方面對佛教、道教都有極大

的比照,從經過改造的痕蹟中,可窺見創作者有意將摩尼教、佛教和道教融爲一體。晉江博物館粘良圖《晉江草庵簽詩探源》通過對晉江草庵所出的一套簽詩進行研究,發現簽詩中的內容包含著摩尼教反對黑暗、崇尚光明的理念,且保存著一些摩尼教經文中特有的術語,由此可知晉江草庵簽詩、霞浦科儀文書與敦煌發現的唐代摩尼教經文一本同源。彭曉靜、楊富學《霞浦摩尼教文獻〈禱雨疏〉及相關問題》一文,首次披露了霞浦摩尼教文獻中與祈雨相關的兩件文書,其一爲《禱雨疏》,其二爲《求雨秘訣》。這兩件文獻充分體現了摩尼教在福建的地方化特色,是摩尼教在中國地方化、民間化演變的明證。

對景教、祆教研究的相關論文有湖南科技大學聶志軍《敦煌景教寫經〈序聽迷詩所經〉疑難詞語考辨》,論文結合敦煌寫經和傳世文獻,對敦煌景教寫經《序聽迷詩所經》中"回飛"、"遲差"、"特差"、"誣或(惑)"四個疑難詞語進行了考辨。暨南大學張小貴《莫高窟第158窟圖像與祆教關係》一文對敦煌莫高窟第158窟壁畫所體現出不同民族、宗教之間的文化交融圖像內容進行解讀,認爲割耳劓面等北方遊牧民族的葬俗,與此期大量來華的粟特人所傳之祆教法術有關,而刺心剖腹圖像,是吐蕃佔領時期敦煌粟特人改信佛教的真實反映。南京博物院沈驀《羯族源流及羯族"胡天"信仰問題的一些探討》對羯族的源流和羯族"胡天"信仰的形成做了詳細的探討,認爲祆教至少於西晉末年已經入華。

二、絲路文化交流與石窟藝術研究

絲路文化交流與石窟藝術研究也是本次論壇的主要議題之一。龍門石窟研究院張乃翥《北魏洛陽社會與西域胡人移民的東來》一文以北魏文化史料爲依據,展示了中古洛陽地區與西域諸國的文化交流的情景。西安博物院王樂慶《東西方異質文明在長安的流播與交融》對長安及周邊地區的遺存和出土的碑銘與墓誌進行研究,發現了大量體現異域文明的印記。敦煌研究院王進玉《絲綢之路上阿富汗青金石的流傳》敍述了青金石在絲綢之路上的流傳過程和用途,並指出中國石窟中應用的青金石應該是以阿富汗等地沿絲綢之路向東漸進的,這一發現也爲中西文化、貿易交流提供了新的材料。蘭州大學劉全波《論中古時期入華粟特人對儒學及科舉的接受》指出中古時期的部分入華粟特人與儒學及科舉之間曾有過親密接觸,對儒學及科舉的接受愈多,粟特人身上的胡氣愈少,入華粟特人也最終融化在中華文明的血脈之中。蘭州大學楊潔《4世紀初粟特商人的東線發展——以粟特文古信劄爲中心的考察》對粟特文古信劄中商品的流向做出初步判斷,並指出從撒馬爾罕經塔里木盆地輸入河西走廊的商品較多,但是這些商品原產地並不一定都是撒馬爾罕地區。北京大學榮新江《吐蕃統治敦煌時期的中西交通》論述了敦煌與伊朗系統文化、印度文化的交往過程和途徑，探討了吐蕃統治敦煌時期摩尼教與景教在敦煌流傳的情景，並指出吐蕃對河隴地區的佔領，並未中斷與印度之間的佛教徒的往來。韓國又石大學全弘哲《板聲之路——"敦煌變文"裏體現的絲綢之路說唱藝術》認爲由絲綢之路傳播而來的佛教文化，是通過說唱的形式從印度東傳而來。韓國又石大學辛炯禹《韓國與絲綢之路》記錄了韓國國内存在的絲綢之路的遺蹟，指出韓國在很早之前，就有通過絲綢之路傳播而來的文化在那裏相互融合發展。

尼泊爾藍毗尼開發委員會塔芒·阿基曼（Tamang Ajitman）《談中國絲路文化轉型與發展關聯：敦煌文化與黃河文明（Discuss about relation, connection with Silk Road cultural transformation and evolution from China, including Dunhuang Culture and Civilization of Yellow River）》討論了敦煌文化與尼泊爾文化之間的關係，認爲尼泊爾的喜馬拉雅山和其他有著民族神話歷史的塔芒社區，其所具有的文化和語言特徵有可能是從中國的敦煌文化以及黃河文明傳輸而來的。中伊友好協會穆罕默德·阿里·侯賽因·内賈德（Mohammad Ali Hossein-Nejad）《創建絲路藝術與文化社會網（Building a Silk Road Network of Artistic and Cultural Community）》論述了建立絲綢之路藝術和文化社會網絡的重要性和必要性。伊朗國立藝術研究院納思霖·達斯坦（Nasrin Dastan）《敦煌：中國和伊朗藝術與文化交流的窗口（Dunhuang: the window of Exchange Arts & culture between China and Iran）》認爲敦煌是中西方藝術與文化交流的窗口，多元文化在敦煌留下了深深的印記。

對絲綢之路石窟藝術進行專題討論的有：法國遠東學院郭麗英《印度戰神塞建陀天、鳩摩羅天和漢化神祇韋馱天》對敦煌和雲岡石窟中所見的鳩摩羅天形象與印度2—6世紀的塞建陀天造像、于闐丹丹烏里克寺院壁畫以及漢傳韋馱天神像進行比較，指出印度婆羅門信仰中諸天鬼神大量被漢傳密教圖像所吸收，于闐丹丹烏里克寺院壁畫中也明顯融入了由南方傳來的印度教的一些神祇。法國國立圖書館蒙曦（Nathalie Monnet）《敦煌藝術中的外來因素——P.4524所見動物戰鬥主題（Alien Elements in Dunhuang Art: An Animal Combat Motif in *Pelliot chinois* 4524）》對敦煌藝術中的一種外來因素即動物戰鬥的主題做了詳細的研究，說明中國與中亞國家在絲綢之路上以多種文化形式進行交流。敦煌研究院張元林《風從西面來——關於莫高窟第249窟、第285窟風神圖像的再思考》一文對莫高窟第249、285兩窟中風神圖像源頭進行探討，認爲莫高窟6世紀中葉所繪的風神圖像中仍然保留了曾在中亞、西亞、小亞細亞古代文明以及古希臘、羅馬神話中出現的風神的部分圖像特徵。

敦煌研究院趙聲良《敦煌隋代佛像的樣式》認爲隋代莫高窟的佛像在造型上與中原北齊造像有所關聯，但内在上卻體現著印度笈多藝術的特色。在吸取東、西兩方面影響並結合本地傳統因素的基礎上，敦煌隋代造像形成了較爲獨特的風格特點。深圳大學陳振旺《莫高窟隋唐圖案的文化交流研究》一文，從隋唐時期敦煌壁畫圖案中的動物紋飾、植物紋飾、神話佛教紋飾和幾何紋飾等裝飾圖案，分析了敦煌隋唐壁畫與異域文化之間的交流問題。

美國哈佛大學汪悦進與敦煌研究院陳菊霞合撰《敦煌石窟首例〈大般若經變〉——榆林窟第19窟前甬道南壁圖像新解》對榆林窟第19窟宋代重修的前甬道南壁的圖像展開討論，重新識讀榜題並對相應畫面進行分析，指出這幅圖像是敦煌石窟迄今發現的唯一一鋪《大般若經變》，其珍貴價值不言而喻。陝西師範大學沙武田《敦煌石窟歸義軍首任都僧統洪辯供養像考——兼論中古佛教僧人生活中的中的隨侍現象》仔細梳理了莫高窟第156窟供養像的圖像和歷史信息，探討了中古時期佛教高僧日常生活中身邊的"侍人"、"侍者"現象。敦煌研究院劉宏梅《五代、宋時期莫高窟藻井中的團龍圖案初探》以莫高窟五代、宋藻井中的團龍圖案爲考察對象，探討其與周邊地區此類圖案的關聯性。吐魯番研究院陳愛峰《柏孜克里克石窟第17窟佛説大乘莊嚴寶王經變考釋》考證了柏孜克里克石窟第17窟券頂的24幅壁畫，認爲其中5幅壁畫出自《佛説大乘莊嚴寶王經》，並結合窟内供養人族屬的認定，初步將該窟壁畫的繪製年代定在北宋初（10世紀末）至回鶻歸順蒙古之前（13世紀初）。早稻田大學山部能宜《觀經變相MG.17672的數碼復原》一文對法國吉美博物館收藏的一幅觀經變相絹畫進行數碼照片的復原，重新考察了絹畫的内容和意義。

三、敦煌吐魯番文獻與史地研究

敦煌吐魯番文獻與史地研究仍是本次論壇的主要内容之一，涉及少數民族、宗教文化、歷史地理、政治經濟、語言文字、文學、敦煌學學術史等方面的研究。

回鶻學研究方面：德國柏林科學院吐魯番研究中心彼得·茨默（Peter Zieme）《古回鶻稱號"天汗"劄記（Some notes on the Old Uigur title Täŋrikän）》對古代回鶻"天汗"的稱號進行解讀，認爲"täŋrikän"是第一任統治者，國王的頭銜之一，被廣泛地應用在古代突厥語和回鶻王國時期，其含義爲"虔誠的，明智的"。日本大阪大學松井太《敦煌石窟壁畫題記所見回鶻佛教信徒之巡禮（Uigur Buddhist Pilgrims as Seen in the Wall Inscriptions in the Dunhuang Caves）》對10—14世紀古回鶻佛教朝聖者在敦煌活動的歷史進行考察，包括回鶻朝聖者在蒙古時期的活動、回鶻與蒙古朝聖的相互作用、他們的朝聖時間以及在每一個洞窟中的施法供養等四個方面進行了研究。中央民族大學張鐵山、敦煌研究院彭金章《敦煌莫高窟北區 464 窟回鶻文題記研究報告》對莫高窟 464 窟中室、後室甬道和後室中的回鶻文經文題記進行了系統的整理和研究。土耳其學者買合買提·歐邁兹(Mehmet Ölmez)向大會提交論文《論古代回鶻文 sïqïγ(On Old Uighur sïqïγ)》,以吐魯番出土文獻爲基礎,論述了回鶻社會經濟文書所見的度量衡單位石(sïq)的來源和演變。西華師範大學王紅梅《護法與護國:回鶻王室與佛教之關係》在考察河西、西域地區回鶻石窟藝術的基礎上,結合回鶻文佛經文獻及漢文史籍,闡述了佛教與回鶻國王的關係,進而論述回鶻佛教護國思想的特徵及其表現。

佛教經典方面,中國人民大學張建宇《從敦煌遺珍到〈秘殿珠林〉:塔形寫經的產生與傳播》將敦煌藏經洞出土的佛教經卷中特殊的品類——塔形寫經加以研究,指出這種經文與圖像的完美結合寫經形式,最初可能是由唐代敦煌經生所創造,並廣爲流行。西北民族大學才讓《P. T. 307 密宗文獻《七羅刹女供養儀軌》譯解——兼論佛教的吐蕃化問題》對 P. T. 307 中的《七羅刹女供養儀軌》進行了錄文、翻譯和釋讀,初步認爲"十二丹瑪"這一組女神,是從"七羅刹女"演變而來,並指出吐蕃時代就已開始了佛教的本土化進程。北京大學薩爾吉《敦煌藏文寫本〈十地經〉的初步研究》對大乘佛教思想發展史上非常重要的一部經典《十地經》的文本構成和流變進行了研究。臺灣成功大學王三慶《釋應之〈五杉練若新學備用〉上卷「法數」研究》對五代南唐釋應之編撰的《五杉練若新學備用》古籍進行研究,使同時代的諸多敦煌文獻找到了相互印證的痕蹟。吳夢麟、張永強合撰《唐玄宗御注〈金剛經〉考察》對唐玄宗御注《金剛經》的背景、北京房山雲居寺石經本《御注金剛經》的內容及書法特色作以詳細的研究。安徽大學曾良《〈淨名經集解關中疏〉解題》從中印文化傳播和學術史的大背景下解析《淨名經集解關中疏》既是"集解"又是"疏"的問題。北京理工大學趙和平《武則天制敦煌本經序再研究》,文中對史籍失載的三種敦煌本武則天制"經序"、武則天制《金剛般若經序》與《妙法蓮華經序》產生的背景、龍門石窟奉先寺大盧舍那像龕與武則天之關係、武則天造經活動的目的及其影響等問題進行細緻的論述。福建師範大學李小榮《六祖"踏碓"寓意簡說》集中考證了唐代敦煌本《南陽和尚問答雜徵義》(劉澄集)、法海所記《六祖壇經》、保唐宗所傳《歷代法寶記》及《曹溪大師別傳》中有關六祖"踏碓"的史料。四川大學何劍平《佛教論議的記錄本及其東傳——以敦煌遺書及日本的維摩會爲中心》通過對敦煌遺書中所存佛教論議相關文獻的考察,探討了敦煌佛教論議材料的印度源頭及其與日本中世維摩會之間的關係。浙江大學張涌泉《古代寫經修復綴接釋例》以國家圖書館藏敦煌寫本《佛名經》爲中心，通過内容、行款、書風、書蹟等不同角度的比較分析，從殘損補綴例、脱誤補綴例、綴接錯亂例、綴接顛倒例四個方面探討了古人的修復綴接工作以及與之相關的誤綴現象。浙江師範大學張磊《國圖藏敦煌本〈四分比丘尼戒本〉殘卷綴合研究》通過内容、殘字、行款格式、書風書蹟等不同角度的比較分析，將 26 號敦煌寫本《四分比丘尼戒本》殘卷或殘片綴合爲 10 組，爲研究者從較完整的寫卷中得到更多的信息做了基礎支持。

  史地研究方面：中央民族大學陳楠《唐蕃和親與唐梵新路開通——吐蕃泥婆羅道及相關史事雜考》認爲文成公主入蕃及大小昭寺建立，開啓了唐蕃古道上的交往，溝通了中原與吐蕃；而"吐蕃泥婆羅道"更是中國通往印度的新通路，使唐與印度交往更加方便快捷。西北師範大學李并成《蕃佔時期對塔里木盆地東南部一帶的經營——以米蘭出土簡牘爲中心》以米蘭古城遺址出土的 400 餘枚吐蕃文木簡文書爲主要史料，對吐蕃佔領時期塔里木盆地東南部一帶的經營狀況進行探討。中國社會科學院李錦繡《"移隸蔥嶺"與唐代的西域經營》對蔥嶺守捉的前身、蔥嶺鎮與蔥嶺守捉、唐代經營西域的背景、流移人與唐西域經營等四個問題進行了探討。甘肅省文物考古研究所張俊民《敦煌懸泉漢簡與絲綢之路三題》一文，對漢代絲綢之路的走向、構成和組織形式進行了探討，特别是對敦煌郡乃至效穀縣的具體分佈和規模進行研究，揭示了以懸泉置爲典型代表所體現的漢代交通路線的機構組織形式和物資交流運作狀況。浙江大學劉進寶《東方學視野下的西北史地學》對"東方學"和"西北史地學"兩者興起的時間、學科的特點和研究的方法進行概括和總結。蘭州大學屈直敏《〈西河舊事〉考略》徵引《西河舊事》佚文 16 則，在此基礎上，對《西河舊事》的作者及成書年代進行了考辨。敦煌研究院馬德《"敦煌菩薩"竺法護遺蹟覓蹤——兼論莫高窟創建的歷史淵源》對竺法護在敦煌的時間和活動地點進行了考查，並根據敦煌遺書中保存的 9 世紀吐蕃時期繪製的《仙岩寺圖》和法護在長安的譯經地"敦煌寺"、"勝岩寺"留存遺蹟資料，認爲法護所譯大乘禪學理論經敦煌高僧曇猷付諸實踐，鑿窟修行，遂成爲敦煌石窟創建之淵源。

  此次論壇中，有四篇論文對絲路沿線的寺院進行專門的研究。上海師範大學陳大爲、陳菡旖《唐五代宋初敦煌開元寺研究》根據敦煌文獻和傳統史料的記載，釐清了敦煌開元寺的建置沿革、僧人狀況以及與敦煌僧團、世俗社會的關係。西南民族大學楊銘《吐蕃時期沙州永壽寺研究》根據敦煌藏、漢寫本中沙州永壽寺的文字記載，對永壽寺的存在時間進行了重新的界定。中山大學姚崇新《從高昌到西州——中古吐魯番佛教寺院社會功能的轉變》詳述了吐魯番地區佛教寺院社會功能的特殊性，指出麴氏高昌時期的寺院及僧團與世俗社會的關係主要表現爲經濟層面而非宗教層面。蘭州大學魏文斌《涇川大雲寺遺址新出北朝造像碑初步研究》指出涇川北朝造像碑多以反映北朝時期北方地區極爲流行的大乘佛教思想的《法華經》及《維摩詰經》爲内容，雕刻風格既有地區的地域特點，又與長安地區有密切的關係。

社會史方面的研究：蘭州財經大學高啓安《早期角形器的兩種用法——兼度喇家遺址條狀食物的製作方式》對青海喇家遺址出土的裝盛在碗内的條狀食物和製作這種食物的器具進行了考證。山東師範大學周尚兵《日常生活視野下的茱萸茶及其對西北地方的影響》依據敦煌文獻的記載，研究發現晚唐五代時期，茶飲作爲西北地方日常生活中的新習俗，解決了高寒地區體内寒濕擁滯與食物結構單一的日常生活難題，改善了當地人的生活品質。旅順博物館王振芬《從新發現的一件〈學童轉帖〉看唐、宋時期敦煌地區的學童社及其社會功能》利用最新發現的一件《學童轉帖》，並參考敦煌唐宋時期有關學童生活的學郎詩和學郎題記資料，對學童社的存在及其社會作用等問題進行新的探討。首都師範大學游自勇《敦煌寫本 P.2683〈瑞應圖〉新探》對敦煌寫本 P.2683《瑞應圖》中圖説的來源以及與《開元占經》的關係作以探討，並對 P.2683《瑞應圖》進行了校録。天水師範學院陳于柱《敦煌寫本 P.4732V＋P.3402V〈發病書〉綴合研究》發現 P.4732V＋P.3402V《發病書》中存在漢文、古藏文相混抄的現象，提醒學界加强敦煌文獻不同民族語言文字的整體關照與綜合研究，是新時期進一步提升敦煌文獻學術價值的必然趨勢。臺灣銘傳大學梁麗玲《敦煌文獻中臨産遇難的醫療關懷》對敦煌文獻中保留的隋唐五代時期，百姓尋求傳統醫學、宗教信仰、民俗方術等救護産難的珍貴材料進行研究，顯現出敦煌人士對於産婦臨産遇難時的多重關懷。

政治、法律、軍事文書研究方面：中國社會科學院雷聞《牓子在唐宋政務運行中的作用——從 P.3449＋P.3864〈刺史書儀〉説起》以法藏敦煌文書 P.3449＋P.3864《刺史書儀》中所記載的牓子格式出發，對其起源、特點及其在唐宋政務運行中的作用進行詳細的討論。中國人民大學孟憲實《略論折衝府的"承直馬"——以敦煌吐魯番出土文書爲中心》以吐魯番文物局 2007 年所獲文書《唐神龍元年（705）六月後西州前庭府牒上州勾所爲當府官馬破除、見在事》爲基本史料，討論了折衝府内承直馬的功用和養護管理等問題。敦煌研究院王東《告身與吐蕃王朝政治生態關係初探》對吐蕃時期的告身制度進行了解析，研究發現松贊干布統一青藏高原前就已實施的告身制度内容非常豐富。蘭州大學馮培紅《〈隋燕山府鷹擊郎將曹慶珍墓誌銘〉考釋》一文，首先對墓誌進行録文和校注，然後探討了墓誌所記載的曹慶珍家族與武威曹氏的關係,進而詳述了曹慶珍的政治生涯和活動,並推測曹慶珍是居住在武威的粟特人。中國社會科學院楊寶玉、吳麗娛《也談唐懿宗析置三節度使問題》針對唐懿宗咸通四年析置三節度使的問題進行研究,討論了涼州節度所轄諸州是否屬張議潮勢力範圍、河隴析置的背景及其目的、瓜沙和涼州的分立是否意味歸義軍軍號的取消、分立的涼州是否由朔方節度使兼領,以及涼州節度使最初由誰來充任或代管等幾個方面的問題。西北大學李軍《再論張議潮時期歸義軍與唐中央之關係》從歸義軍與唐政府雙方互動的角度,考察了張議潮時期歸義軍與唐政府關係的動態演變過程。中國社會科學院黃正建《敦煌法律文書詞彙辨析兩例》對敦煌出土法律文書中 P.3813V《文明判集殘卷》中的"文明"和 P.2504《天寶令式表》中的"傍通"進行了考證和分析。南京師範大學陸離《〈大周沙州刺史李無虧墓誌〉所記唐朝與吐蕃、突厥戰事研究》一文對《大周沙州刺史李無虧墓誌》所記唐與後突厥戰事、長壽二年(693)至延載元年(694)吐蕃對敦煌的進犯以及吐蕃在青海等地的軍事建制等問題進行了探討。

經濟文書研究方面:武漢大學陳國燦《對敦煌蕃佔時期契約年代的思考》以 P.T.1297 敦煌永壽寺文書爲基礎,論證了 832 年吐蕃統治當局有過立契須用吐蕃文書寫的命令,此後的契約都是吐蕃文契,以此爲標尺對已有的定年推斷作出重新的審訂。河北省社會科學院孫繼民《關於古籍公文紙背文獻所見元代户籍册四葉文書的連綴》對《禮部韻略》紙背的元代户籍册資料中湖州路安吉縣浮玉鄉的四個書葉進行連綴和解讀,爲我們復原元代湖州户籍册提供了更多的信息,並推動元代户籍制度和經濟史研究的進一步深入。北京師範大學張榮强《吐魯番新出唐代貌閱書》對目前所見的唯一一件有關唐代貌閱的官方文書進行分析研究。北京師範大學趙貞《杏雨書屋藏羽 34〈群牧見行籍〉研究》對《群牧見行籍》中的有關問題予以關注,並重點對歸義軍畜牧管理中的"算會"制度進行討論。

語言文字方面的研究:澳門學者譚世寶《悉曇學與所謂"梵語(文)〈悉曇章〉"新研究》探討了悉曇體字與天城體梵字的區別,以及漢唐時期悉曇學入華對漢字字音分析學的產生與發展的影響。復旦大學張小艷《説"洛余"》結合敦煌文書、傳世古籍、現代方言以及考古出土與現存的實物,從語音的角度考證了吐魯番出土高昌券契中的"洛余"一詞的詞義内涵及獲義之由。四川大學張勇《説"氎"》從現存史料出發,對"氎"字這一代表織物含義的詞的十餘個字體、性質、它們在字形方面的關係以及該詞的意藴等問題進行了探討。西南大學趙鑫曄《説"包首"》以敦煌文獻中的包首爲研究對象,從形制、現行出版物中對包首的誤認、書寫方式及解讀、包首和寫卷的性質、包首和寫卷的關係等五個方面對包首的情況進行了研究。

敦煌文學研究方面：西南大學伏俊璉《敦煌俗賦〈齖䶗新婦文〉的寫本考察》對敦煌本《齖䶗新婦文》（P.2633、P.2564、S.4129）三個寫本的內容和特徵重新進行解析。北京外國語大學石雲濤《河湟的失陷與收復在唐詩中的反響》敍述了唐詩中表現唐人痛失河湟的悲傷和收復河湟失地的呼聲與心情，並對唐王朝與歸義軍在河湟問題上的不同立場進行探討。北京大學王邦維《禪宗僧人與悉曇歌辭》以近代在敦煌發現的多種題名爲"悉曇章"的佛教歌辭爲材料，討論了這類佛教文學作品的性質、來源，與禪宗僧人的關係以及在宗教與文學史上的作用和影響等問題。敦煌研究院王志鵬《敦煌釋門詩偈綜論》對主要保存於敦煌寫卷的佛教類詩歌和偈類作品及莫高窟的題壁詩進行了全面的梳理，並對這批作品的思想內容及總體特徵進行了較爲深入的探討。臺灣南華大學鄭阿財《敦煌本〈因緣記〉之性質及其在佛教弘傳的運用》對因緣記與靈驗記的區別、因緣記與高僧傳的關係進行論述，並探討了高僧因緣記在敦煌佛教弘傳中的運用。

敦煌學學術史方面：蘭州大學王冀青《英藏敦煌漢文文獻"蔣孝琬目錄"編纂始末》對英藏敦煌漢文文獻特別是"蔣孝琬目錄"編目工作的過程進行了梳理。上海師範大學方廣錩《談散藏敦煌文書》對敦煌遺書調查和整理工作進行了梳理，文章指出散藏敦煌遺書主要集中在中國與日本，世界其他地區亦有少量收藏，總數約10000號上下，合計長度約佔藏經洞敦煌遺書總長度的32.3%。韓國高麗大學鄭廣薰《早期韓國敦煌學初探》綜述了20世紀三四十年代韓國敦煌學的興起以及早期韓國敦煌學者與中國學者交流的情況。韓國外國語大學金賢珠《韓國絲路研究之回顧與展望》對1950年至今韓國絲綢之路研究成果進行了詳細的整理和回顧，並期望擴大韓國絲綢之路相關學科的研究範圍。

結　語

本次會議，不僅規模大且學術水準較高，討論熱烈，問題集中，學者們發表了不少自己的新見解，極大地擴展了敦煌學的研究領域。誠如樊錦詩院長在閉幕總結發言上指出的那樣：學術研究角度新穎，觀點獨特，思考深入，給了我們很多啓示。首先，對三夷教的研究，是本次會議的一個熱點。近期，福建霞浦發現的數量豐富的摩尼教文獻和敦煌摩尼教文獻存在著明顯的同源關係。對這些文獻的研究，可以說是敦煌學研究的新進展。對敦煌諸民族及其與中西方關係之探討，是本次學術研討會的另一個亮點。這次會議有十餘篇論文專題論述少數民族歷史文化，包括回鶻、吐蕃、西夏、于闐、羯族、突厥等民族,並探討這些民族在中外關係中的作用,這對推進以後這一領域的研究發展都是十分有益的。其中對粟特石窟藝術的研究,本身就是中外文化交流的重要内容,此次會議也有數篇文章都涉及這一問題。特别需要指出的是,這次會議還公布了許多前所未知的新資料和新發現,研究了許多新問題。如榆林窟回鶻文題記、莫高窟464窟回鶻文題記、雲南阿吒力教文獻、竺法護遺蹟的新發現、《曹慶珍墓誌銘》的發現與研究等。尤其是摩尼教研究方面,霞浦新出摩尼教文獻《摩尼光佛》和《禱雨疏》的發現與刊布,福州福壽宫摩尼光佛像的探討,晉江草庵籤詩的探討,都是利用全新的資料進行研究,非常難得。而且有一些長期模糊不清的問題得到了解決,例如對敦煌藝術中外來因素的探討,對榆林窟首例《大般若經變》的辨識,對新疆柏孜克里克石窟第17窟《佛説大乘莊嚴寶王經變》的考釋,對吐蕃統治時期東西方關係的探討,對懸泉漢簡及絲綢之路關係的研究等,都是頗具新意的。新的發現,新的資料的公布,對於促進絲綢之路與敦煌學的發展,貢獻尤著。

近兩年來,隨著"絲綢之路經濟帶"戰略規劃的推進實施,敦煌迎來了千載難逢的歷史機遇,翻開了復興發展的嶄新篇章。在這一背景下,敦煌研究院與中國敦煌吐魯番學會聯合舉辦"敦煌與中外關係國際學術研討會",恰逢其時,對加強敦煌在中外交流關係史上黄金紐帶作用有著重要意義。這次論壇勢必將會爲有力促進和帶動中外政治、經濟、文化等諸方面的歷史研究開啓新的篇章,必將對敦煌文化的深入保護和傳承凝聚起更加强大的力量,也將爲推動敦煌在絲綢之路經濟帶上的繁榮復興產生積極而深遠的影響。

2015鎖陽城遺址與絲綢之路歷史文化學術研討會綜述

莫秋新（上海師範大學）

  2015年8月10日至12日，由甘肅省文物局、瓜州縣人民政府、甘肅省敦煌學學會、酒泉市文物管理局聯合舉辦的"2015鎖陽城遺址與絲綢之路歷史文化學術研討會"在甘肅省瓜州縣國風大酒店隆重召開。國內相關領域一百餘名專家學者參加了此次會議。本次學術研討會共收到論文113篇，其中會上宣讀論文51篇。與會學者圍繞著鎖陽城遺址與瓜州歷史文化、玄奘與西遊文化、敦煌與絲綢之路歷史文化三大主題展開深入探討，結論富於啓發性。

  以下根據會議的議程安排，按照學者分組發言的先後次序，對提交討論和交流的學術價值較大的部分論文略作介紹。

一、大會主題報告

  王心源《漢唐時期瓜—沙州間烽驛系統遥感考古的發現與數字化重建》利用遥感技術、地理信息系統和全球定位系統對瓜、沙二州間已消失的盧草溝古綠洲進行了遥感考古調查與研究，新發現和證實了5處古城遺址，這對於研究長城防禦系統、古絲綢之路的路線走向、古綠洲變遷、環境演變等具有重要意義。楊國學《美猴王身世與河西走廊》認爲在河西走廊的神話傳説和取經故事中，曾經出現過兩個美猴王原型樣本，一是帶有西王母血統的南山石猴樣本，二是玄奘在瓜州所收的徒弟石槃陀樣本，而無論美猴王源自於哪裏，它始終是我們寶貴的文化遺産。馮培紅《敦煌張氏根在淵泉》按照朝代順序，從西漢、東漢、西晉、北朝直至唐代來追溯敦煌張氏的源流，探討了淵泉與敦煌張氏的緊密聯繫，展現了一幅清晰的敦煌張氏的流變畫面。劉進寶《關於絲綢之路的幾個問題》主要討論了絲綢之路提出的學術背景和政治背景，並指出絲路上的交流是雙向且共贏的，經濟上應提倡貿易，文化上則要自信。王乃昂《隋玉門關地理位置新探》在實地調查的基礎上，確定隋玉門關應在常樂故城，即今瓜州縣"六工古城"遺址。張俊民《瓜州縣漢代古城的幾點思考》以懸泉置爲確定的地理坐標，通過對懸泉置出土的驛站檔案文書記錄的梳理，對分佈在瓜州縣境內的漢代城址進行探討，認爲廣至縣城在截山子山南的破城子比較合理，淵泉縣的位置是旱湖腦古城，而不是常説的四道溝古城，魚離置則在懸泉置與廣至置中間點附近。

二、鎖陽城遺址與瓜州歷史文化

李并成《蘆草溝下游古綠洲沙漠化再考》通過對蘆草溝下游古綠洲的河系、遺存城址的考察,指出其沙漠化的原因包括風蝕、植被破壞、水量減少等。王冀青《斯坦因鎖陽城遺址考古日記整理報告》揭示了斯坦因鎖陽城遺址考古的具體日期和工作經過。吳浩軍《〈瓜州修堰碑〉和〈苦峪城斷碑〉》提出了與向達等學者的不同觀點,認爲二者是兩通碑,兩者的時代相距在120年左右。朱悦梅《唐代瓜州的軍事防戍體系研究》分析了唐初析置瓜州爲獨立行政建置後的區劃、戰略格局、軍事建置以及軍事交通等,指出瓜州的建制是唐朝爲適應新形勢而形成的,其戰略價值更突顯了。寧瑞棟《新玉門關的發現與研究》通過多次實地考察並反復考證相關文獻資料,認爲位於今瓜州縣鎖陽城鎮馬圈村的兩座故城應該是唐時的新玉門關和晉昌縣城。徐曉卉《玉門關研究與絲綢之路經濟帶建設》通過梳理學界對玉門關的研究成果,來挖掘其文化内涵,建立其與絲綢之路經濟帶建設的密切關係。孫寧《論〈左傳〉注解中的"瓜州即敦煌"》對《左傳》"襄公十四年"及"昭公九年"紀事中"瓜州即敦煌"的注解作了知識史考察,並以此爲中心,對"敦煌古瓜州"、"沙州古瓜州"等諸多認識進行了梳理。吳利娜《絲綢之路視野下的河西文化遺產保護探析——以鎖陽城遺址爲例》以鎖陽城遺址爲例,探析了河西文化保護的措施,並呼籲把河西走廊打造成爲國際歷史文化長廊。王蕾《漢唐時期的玉門關與東西交通》通過對典籍、漢簡、敦煌吐魯番文書、出土墓誌等材料的梳理,討論了西漢、東漢、西晉乃至隋唐時期玉門關的位置變遷以及在中西交通中的作用。

三、玄奘與西遊文化

朱瑜章、楊國學《河西走廊取經圖像敘論》介紹了9處河西走廊現存的取經圖像,探討了其與《西遊記》的關係以及圖像形成的原因。范軍、許秀雲《絲綢之路上的傳法胡僧研究——以〈高僧傳〉爲中心》圍繞《高僧傳》中記載的東來胡僧研究早期佛法東傳的具體情況,梳理了東來胡僧的國籍、語言、所奉宗派、來華路線以及弘教譯經的事蹟,認爲他們在中外文化交流過程中扮演著重要角色。公維章《清代敦煌地區的玄奘崇拜與〈西遊記〉壁畫》討論了清代敦煌流行佛教僞經《佛說大藏總經目錄、舍利靈牙寶塔名號》及王圓籙道士所代表的敦煌民衆的玄奘崇拜問題,從而指出玄奘西行途中的瓜州經歷對敦煌地區佛教具有深遠影響。郭懿儀《從玄奘〈大唐西域記〉構擬早期中古漢語日母音值》利用《大唐西域記》裏的五條對音資料,將日母的語音重新整理並加以釐清,構擬日母在早期中古漢語的真實音值。張總、何瑩《水月觀音經像考源》通過畫史文獻與考古實物相結合，證實了《水月觀音經》出自《大悲啓請》，《大悲啓請》出自《千手經》，並指出圖像序列的演進亦隨此而進。張小剛、郭俊葉《文殊山石窟西夏〈水月觀音圖〉與〈摩利支天圖〉考釋》對文殊山石窟群後山古佛洞發現的《水月觀音圖》、《玄奘取經圖》、《摩利支天圖》進行了考釋，認爲文殊山古佛洞表層壁畫的年代大約都在西夏時期。周貴華《〈解深密經〉之瑜伽思想——以玄奘譯〈解深密經〉「分別瑜伽品」爲中心》探討了《解深密經·分別瑜伽品》的止觀瑜伽思想，具體涉及了止觀及其因果、所緣、對治、助伴法、差別類型、所攝等內容。何琳《〈解深密經〉的完整佛教思想》通過對《解深密經》境行果的內在理路分析，闡發佛教完整性的根本特質，以顯揚玄奘法師"截僞續真"，寓求道於求真的精神。

四、敦煌與絲綢之路歷史文化

屈直敏《敦煌的伎術教育》通過對敦煌文獻的梳理，認爲張氏、曹氏歸義軍時期皆設有伎術院，既是職能部門，也是培養伎術類人才的教學機構。秦丙坤《石谷風藏〈大目乾連冥間救母變文〉迻錄與校勘》對石谷風藏本《大目乾連冥間救母變文》的內容進行迻錄，並以之與 S. 2614、P. 2319、P. 3485 三個敦煌寫本進行對校。謝繼忠《敦煌懸泉置〈四時月令五十條〉的生態環境保護思想淵源探析》認爲敦煌懸泉置《四時月令五十條》中表現出的以"四時"爲準則、"不違農時"的生態環境保護思想，是源於月令書、先秦諸子生態環境保護思想和秦漢時期的生態環境保護法律。王祥偉、薛艷麗《竺法乘於敦煌"立寺延學"考略》考證了《高僧傳·竺法乘傳》和《出三藏記集》中與竺法乘事蹟相關的內容，認爲他在敦煌"立寺延學"的時間大約是在公元 280 年。陳大爲、陳卿《敦煌金光明寺的建置沿革》從寺名來源、存廢時限、寺院地址、佛寺建築、經濟狀況、僧人規模以及人事升遷七個方面探討了敦煌金光明寺的建置沿革和僧人情況。王晶波《果報與救贖：佛教入冥故事及其演化》結合傳世記載與敦煌文獻，討論了佛教入冥故事的內涵及其演化。楊寶玉《〈張淮深碑〉作者再議》通過對《敕河西節度兵部尚書張公德政之碑》抄件正反兩面內容的整體觀察，及對張球個人經歷、爲官任職與信仰狀況的解析，得出了《張淮深碑》的作者爲張球的觀點。張利亞《唐代岑參詩歌在敦煌地區的回傳——以敦煌寫本 P. 5005 爲中心》對敦煌文獻中岑參詩抄本進行了梳理，指出這些寫本均出現在吐蕃統治敦煌時期，說明吐蕃佔領敦煌後，民間文化交流不曾中斷。王雨、沙武田《經典規範與圖像表達——敦煌彌勒經變"老人入墓"圖的繪畫思想與信仰觀念》通過史料、佛經與敦煌壁畫的相互印證，認爲彌勒經變"老人入墓"圖中老人之所以著白衣入墓是因爲老人是白衣彌勒信徒；而選擇的獨特的死亡方式則是受"末法思想"的影響。王進玉、王喆《敦煌天文曆法知識與絲綢之路中西科技交流》通過對敦煌石窟中的日月神圖像、熾盛光佛畫、"黄道十二宫"圖像和敦煌文獻中的七曜曆的分析，揭示了絲綢之路中西科技文化交流的現象。

肖從禮《秦漢簡牘所見"清酒"的祭祀功能考》認爲睡虎地秦簡、肩水金關漢簡和居延新簡中的"清酒"均用於祝壽祭祀之用，而居延新簡中還發現有兩處"清酒"與河西邊塞的社祭有關。賈小軍《西涼遷都與酒泉十六國壁畫墓的紀念碑性》以西涼遷都對酒泉十六國壁畫墓形制、風格的影響爲視角，討論了以丁家閘五號墓、小土山墓爲代表的酒泉十六國壁畫墓的"紀念碑性"。張小艷《河西出土隋葬衣物疏疑難字詞考釋》對河西出土隨葬衣物疏中的"道"、"蹳"、"收綿/纏綿"、"鬊/舂/舜"、"緘"等疑難字詞進行了考釋。張勇《佛藏中的"真丹"觀》依據佛教史料中有關"真丹"的記載，探討了古代佛教徒心目中的中國形象。陳于柱、張福慧《榆林窟第25窟〈藏漢婚禮圖〉的歷史學研究》認爲榆林窟第25窟"婚禮圖"繪製時間爲曹氏歸義軍時代，《藏漢婚禮圖》體現了敦煌吐蕃移民婚姻的演變軌蹟。陳菊霞《榆林窟第35窟營建年代與功德主辨析》認爲榆林第35窟營建於988—1002年，是以武姓"施主"爲主導，由武氏家族全體參與營建的。張善慶《馬蹄寺石窟群北朝洞窟儀式空間與内修活動研究》以馬蹄寺石窟群北朝洞窟爲中心，考察了十六國時期北朝石窟寺内部洞窟功能組合，揭示了石窟寺建築所藴含的佛教思想。劉全波《從墓誌文獻看隋唐時期入華粟特人與儒學及科舉的關係》分析了十餘個隋唐時期入華粟特人的墓誌文獻資料，指出他們在科舉制度與仕途直接掛鈎的隋唐時代逐漸重視儒學和科舉，最終真正融入了中華文明的血脈中。李軍《再論甘州回鶻的淵源》通過綜合分析敦煌漢文、古藏文及于闐文的相關記載，認爲甘州回鶻應是在咸通七年安西回鶻内部動亂後，由龐特勤後裔所率領的部衆東遷後建立的政權。楊潔《唐代絲綢之路上的奴婢貿易價格分析》考察了唐代絲綢之路上十幾例奴婢貿易的史例，認爲在一定情況下中原的奴價高於中亞、西域數倍至數十倍，且奴價變化多受當地市場供需的影響。楊富學《河西考古學文化與月氏烏孫之關係》以近百年來的考古資料爲依據，並結合史書的記載，探求河西走廊地區史前畜牧業文明與月氏、烏孫的關係。王志鵬《簡論"絲綢之路"的性質及其文化意義》通過對絲綢之路歷史内涵的分析，指出絲綢之路與其説是一條商業貿易之路，不如說是文化交流之路更爲準確。

總括而言，本次學術研討會成果豐碩，尤其是在鎖陽城遺址、敦煌與絲綢之路歷史文化兩個主題的探討上不乏佳作。會議的召開爲相關學者提供了交流的平臺，同時對宣傳瓜州歷史文化也具有重要的促進意義。

西域與東瀛
——中古時代經典寫本國際學術研討會綜述
袁　苑（上海師範大學）

自 20 世紀初，中古時代寫本在敦煌、吐魯番等地區被陸續發現以來，極大地推動了儒、釋、道三家的經典研究，敦煌吐魯番學成爲國際顯學。與此同時，日本傳存的古代至近世的珍稀寫本，也由公私藏書機構陸續公開，研究興盛。爲了給西域出土寫本與日本古寫本研究的學人提供一個研究發表的互動平臺與對話機會，2015 年 12 月 19—20 日上海師範大學召開"西域與東瀛——中古時代經典寫本國際學術研討會"。本次會議由上海師範大學中國古典學研究中心（籌）、《古典學集刊》編輯部主辦，來自中國和日本的 16 名學者參加此次學術論壇。大家圍繞敦煌吐魯番出土寫本經典研究、日本傳存古寫本經典研究、西域與日本古寫本比較研究等議題展開深入探討，結論富有啓發性。

以下根據會議的議程安排，按照學者發言的先後次序，對提交討論和交流的 14 篇論文略作介紹。

日本中央大學文學部水上雅晴教授作了大會主題報告《淺論日本國內抄寫和傳承的漢語經典文本》，文章概述日本國內經傳抄寫情況，介紹了書寫在木簡、鈔本、漆紙上的經傳文本以及"年號勘文"資料，並討論了被抄寫的文本價值和相關問題。浙江大學古籍研究所許建平教授的演講題目是《杏雨書屋藏〈尚書〉寫卷校録及研究》，作者依據《敦煌秘笈》影印之彩圖對這件《尚書》寫本進行了録文，並指出杏雨書屋所藏《尚書》寫卷雖只短短 40 行，但它抄寫於唐高宗時期，是衛包改字前的隸古定《尚書》，其價值仍不可低估。日本京都大學人文科學研究所古勝隆一準教授報告的題目是《〈論語〉鄉黨"立不中門"皇疏考正》，作者運用訓詁材料對《論語》鄉黨"立不中門"皇疏進行考察，並以展示皇侃訓詁的特色。作者相信皇侃《論語義疏》是難能可貴的南朝經學文獻，值得更多學者關注。

上海師範大學哲學學院石立善教授提交了名爲《日本大念佛寺藏古鈔本〈毛詩〉二南研究——與敦煌、吐魯番出土寫卷對勘》的論文，文章取敦煌、吐魯番出土寫卷校勘日本大念佛寺所藏古鈔本《毛詩》二南殘卷，進而探討古鈔本之文本系統、異文價值以及詩經學之相關問題。南京師範大學文學院蘇芃副教授《日本宮內廳藏〈史記·高祖本紀〉寫卷研究——兼論班馬異同的另一種可能》一文,探討了日本宮內廳所藏《史記・高祖本紀》與傳世刻本《史記》以及《漢書・高帝紀》的異同,認爲該寫卷是日本學者傳抄的《史記》寫本,抄寫年代可能是江户末期,但其所承襲的底本當是初唐或六朝寫本。京都大學人文科學研究所講師高田宗平的論文《日本中世〈論語義疏〉受容史初探》,探討了日本中世接受和傳承《論語義疏》的過程。作者認爲在日本中世《論語義疏》被較多引用於佛教的相關典籍中;從撰寫階層來看,《論語義疏》被中下級官人和釋家這兩個階層所用。東洋大學研究員島山奈緒子的發言題目是《〈醫心方〉中治療日的禁忌》,文章通過將《醫心方》中針灸治療的禁忌日、吉日和《小右記》中針灸治療的記録進行比較,來驗證這些治療日的禁忌和吉日在實際中究竟對治療的擇日有著多大的影響。

浙江大學古籍研究所金少華博士《敦煌寫本〈文選〉李善注引〈毛詩〉考異》一文,通過對敦煌藏經洞出土李善注本《文選》殘卷(P.2528《西京賦》、P.2527《答客難、解嘲》、Дx.18292《江賦》)所引《毛詩》條目的整理,逐條考辨了敦煌寫本《文選》李善注引《毛詩》與傳世本《毛詩》之異同。浙江師範大學人文學院張磊副研究員、江西撫州市氣象局科員左麗萍合作撰寫《國圖所藏敦煌本〈大乘無量壽經〉綴合示例》一文,通過對國圖所藏《大乘無量壽經》殘片的內容、斷痕、行款、書風等方面進行分析,將其中的16號殘片綴合爲7組。上海師範大學陳大爲副教授《浙江省博物館藏敦煌文獻中吐蕃時期寺院文書輯考》一文對浙博045《寺院欠經請經賬目雜抄》、浙博046《寺院欠經請經賬目雜抄》以及浙博091《子年金光明寺面油等破歷》等吐蕃時期寺院文書進行研究,同時討論了唐五代宋初敦煌地區佛寺的相關情況。

首都師範大學歷史學院金瀅坤教授的論文題目是《唐五代寺學與童蒙教育——以敦煌文獻爲中心》,文章在李正宇《敦煌學郎題記輯注》的研究基礎上,利用敦煌文獻中有關寺學的資料,就學界對唐五代寺學研究中的一些看法提出了新的認識。名古屋大學大學院博士研究生李錚《對英藏敦煌文獻S.9936R、S.11363的調查研究》一文,對比已經綴合成文的多份敦煌鎮宅文書和其他相關文獻,對英藏敦煌文獻S.9936R、S.11363R、S.11363V殘片的內容進行考察和分析,認爲殘片所記録的內容並非五石藥處方,而應是一種鎮宅安宅的醮祭儀式。京都大學大學院文學研究科博士生伊藤裕水彙報的題目是《日本古典籍引漢代〈尚書〉説考——〈令集解〉引〈尚書大傳〉考》,文章通過考察寫本之間的異同以及寫本中收録的逸文與傳世文獻之間的出入,來探討漢代《尚書》説的原貌。名古屋大學大學院博士研究生石丸羽菜的論文爲《清原家〈孝經〉抄物的版本系統》,對現存清原家《孝經》抄物和室町時代後期四種《孝經》抄物進行考察,並在四種抄物中選擇兩種,對注釋內容加以分析,借此闡明清原家之注釋方針。

　　綜上所述,西域與東瀛,看似不同且相隔萬里的地域與徑路,在經典傳承和內容文字上具有很多類似之處,兩種寫本皆源自於六朝與唐代中國,值得相提並論與深入研究。此次國際學術研討會的召開擴大了兩個領域的交流與合作,必將對敦煌吐魯番學和古典學的研究產生積極的影響。

霞浦摩尼教學術研討會綜述

李曉燕（蘭州大學　河南省社會科學院）

　　由敦煌研究院和新疆維吾爾自治區文史館聯袂主辦，中國非物質文化遺產保護協會、敦煌研究院民族宗教文化研究所、福建絲綢之路文化傳媒有限公司、福建福壽宮管委會共同承辦的"霞浦摩尼教學術研討會"於 2016 年 3 月 16 日至 22 日在福建省福州市霞浦縣和屏南縣舉行。來自中國社會科學院、敦煌研究院、新疆大學、塔里木大學、華僑大學、中山大學、蘭州大學、河南省社會科學院、西北民族大學、日本早稻田大學、慶應義塾大學、中國非物質文化遺產保護協會、中國民族博物館、新疆維吾爾自治區文史館、福建省文史館、晉江市博物館和伊朗駐華大使館等單位的 50 多位專家學者及相關人士參加了會議。

　　2016 年 3 月 17 日至 19 日，與會代表前往福州福壽宮、霞浦縣柏洋鄉上萬村、屏南縣壽山鄉降龍村進行田野調查並舉辦各種學術座談會。21 日上午，會議代表於福壽宮參加"摩尼教度師真人林瞪公誕辰 1013 年"祭祀慶典活動。祭祀慶典結束後，敦煌研究院民族宗教文化研究所所長楊富學研究員代表敦煌研究院與福州福壽宮管委會肖家銓主任共同為敦煌研究院霞浦摩尼教研究基地（福州福壽宮明教文佛祖殿）揭牌。在上述霞浦、屏南、福州等地，人們親眼目睹了活態摩尼教的存在。

　　21 日下午，學術研討會拉開帷幕，開幕式由楊富學研究員主持，在介紹完會議緣起與各方來賓後，由新疆維吾爾自治區文史館館長阿爾斯蘭·阿卜都拉教授代表主辦方致歡迎詞，中國社會科學院世界宗教文化研究所副所長金澤研究員、伊朗駐華大使館文化副參贊漢尼·阿勒德博士、本次大會顧問原寧德市政協主席林鴻堅先生、中國非物質文化遺產保護協會辦公室主任王志強先生先後致辭。

　　研討會分為上、下兩個半場。上半場為大會發言，由阿爾斯蘭·阿卜都拉教授主持。首先由楊富學研究員做大會主題演講，題目為《福州福壽宮——中國伊朗文化交流的活化石》。他指出：傳統觀點認為摩尼教早在 12 世紀末即已消亡，而 2008 年以來，霞浦發現了大量宋元直到近期抄寫的摩尼教文獻，每年都舉行祭祀摩尼教教主林瞪的活動，且有香火不絕的寺院存在，而且在福建屏南、福安等地，有不少農户每年正月初五都會在祠堂舉行儀式，祭祀摩尼光佛和林瞪，證明摩尼教並未徹底消亡，一直延續至今；福建、浙江一帶宋代以後的摩尼教,都屬於霞浦摩尼教系統,是由回鶻摩尼教高僧呼禄法師於 843 年以後傳入的。福壽宮,原名明教文佛祖殿,是爲紀念北宋摩尼教教主林瞪而建,主供摩尼光佛和林瞪。作爲世上僅存的建制完備、保存良好的摩尼教寺廟,福壽宮可稱得上古代摩尼教在中國流行的活化石,獨一無二,是古代中國與伊朗文化交流的歷史見證。

主題演講之後爲大會發言,先由福建晉江市博物館粘良圖先生做了題爲《晉江草庵簽詩探源》的學術報告。粘先生長期致力於泉州摩尼教的研究,向本次會議提交的論文認爲福建晉江草庵是著名的摩尼教(明教)遺址,清代晉江的明教徒借用民間信仰占卜形式所做簽詩,內容中包含著摩尼教反對黑暗、崇尚光明的理念,甚至保存有一些摩尼教經文特有的術語,將之比對霞浦發現的明教壇堂科儀文書,可以看出晉江草庵簽詩中嵌入了整段的摩尼教經文。由此可證晉江草庵簽詩、霞浦科儀文書與敦煌摩尼教經文一本同源,進而可作爲摩尼教在華傳播路徑的佐證。

塔里木大學人文學院副教授包朗博士報告的題目爲《霞浦摩尼教文獻〈摩尼光佛〉與敦煌文獻之關係》,文章認爲霞浦《摩尼光佛》與敦煌文獻《下部贊》用詞、用語上有諸多相同之處,不僅在內容上有眾多的句子相同,而且還有相同的梵語咒語,甚至有相同的用字習慣。這些完全相同或基本相同的對應語句,絕不是偶然巧合,只能說明霞浦《摩尼光佛》與《下部贊》之間必然是同源抑或傳承關係。兩者之間密切的聯繫,以及內容意義上新的延伸,說明霞浦文獻是敦煌摩尼教文獻在宋元明清時代的繼續發展。

敦煌研究院民族宗教文化研究所訪問學者蓋佳擇先生做了《霞浦摩尼教文獻及其重要性》的發言。文中通過比勘敦煌文獻與霞浦摩尼教文獻,認爲後者內容豐富,堪稱 20 世紀初以來,繼敦煌、吐魯番摩尼教文獻發現之後中國境內摩尼教文獻的又一次重大發現,具有特別重要的文獻價值與學術價值。

此外,大會還收到新疆大學人文學院吾爾買提江·阿布都熱合曼教授提交的論文《察哈台文獻中摩尼形象》、新疆大學人文學院海熱提江·烏斯曼教授提交的論文《維吾爾古代文學與音樂舞蹈》、浙江蒼南縣政協林子周先生提交的論文《福建霞浦與福州福壽宮摩尼教文物比較研究》,但由於時間關係,未能一一在大會上發言。大會發言結束後,與會學者就霞浦摩尼教文獻、文物的整理、研究與保護等問題進行了熱烈討論,各抒己見,達到了預期的效果。

會議閉幕式由華僑大學宗教學研究所所長黃海德教授主持,中國社會科學院世界宗教研究所副所長金澤研究員作大會總結,肯定了敦煌研究院相關人員在霞浦摩尼教研究中的突出貢獻,認爲福建所發現的關於摩尼教的新文獻、活態物品爲學術研究提供了新的生長點,有利於推動學術研究上一個新臺階。從文獻研究到田野調查中,結合運用諸如歷史學、人類學、考古學、語言學、社會學等多學科研究方法,在對現有遺存文獻、文物研究的基礎上,還要從社會、文化層面對其加以保護,並希望更多的學者參與到摩尼教文化研究中來,展開更爲廣泛的國際性合作。敦煌研究院霞浦摩尼教研究基地(霞浦上萬村)授牌儀式也在與會代表的熱烈掌聲中完成。最後,福建寧德市市委原副書記唐頤先生致閉幕詞,宣布此次學術研討會圓滿閉幕。

　　這次對福州福壽宮、霞浦上萬村、屛南降龍村摩尼教文獻、文物、遺址的考察,以及"霞浦摩尼教學術研討會"的成功召開,對今後研究歷史上摩尼教的傳播和它與中國社會文化的結合等問題具有重大意義。摩尼教文獻發現後,海內外同仁以敏銳的眼光洞悉其重要價值,並展開全方位研究,在某種程度上主導著霞浦摩尼教的研究,而霞浦文獻又與敦煌發現的摩尼教文獻具有同源關係。所以,可以認爲,霞浦摩尼教是敦煌學的新延展,對於絲綢之路沿線宗教文化交流與傳播的研究,具有積極意義。

何爲敦煌文獻

岩本篤志撰(日本立正大學)　田衛衛譯(北京大學)

"什麽是敦煌文獻",榮新江《辨僞與存真——敦煌學論集》(上海古籍出版社,2010年)正是回答這一問題的總結性的研究論著。

著者榮新江先生,北京大學中國古代史研究中心教授,以敦煌吐魯番文獻研究、東西交通史、北朝隋唐史相關論著及編纂物等而享有盛名。在介紹本書之前,先大概對敦煌文獻略作説明。

1900年,在敦煌莫高窟第十六窟甬道的北壁,偶然發現了藏有數萬件寫本的小房間。由於其中寫經衆多,後來這一小房間便被稱爲第十七窟"藏經洞"。又因爲發現的資料大多爲北朝至北宋初年(437—1000年左右)之物,而且不僅有漢文,也含有藏文以及于闐文、粟特文等寫本,故而,稱此藏經洞爲歐亞大陸史的時代文物貯藏器(time capsule)也並不爲過。

但在當時,其價值幾乎完全未被注意。在發現藏經洞數年之後,英法調查隊得到了一部分資料,並帶往國外。直至這其中的部分獲得品在北京被披露之時,清政府纔終於採取了將敦煌殘存寫本運送北京的處理措施。但在此期間,已經有相當部分的資料被從藏經洞拿出,經諸外國調查隊及收集者們之手,流諸國境内外。主要收藏於藏經洞的文獻被稱爲敦煌文獻,其絕大多數收集品分藏於英國、法國、中國、俄羅斯、日本。

雖然簡單説明的話如上所述,但實際上,藏經洞沉眠著大量寫本類文獻的原因並不清楚。雖然或許有人會想起井上靖的名著《敦煌》,但如今的主流看法認爲,其説並无根據。

榮氏本書卷首論文探索藏經洞大概何時封閉以及該處收藏大量寫本的原因等問題,這起到了連接書中所收録其他各分論專題論文的結合點的作用。

著者關於敦煌文獻的代表性論著有《歸義軍史研究——唐宋時代敦煌歷史考索》(上海古籍出版社,2002年)、《鳴沙集》(新文豐出版公司,1999年)、《敦煌學新論》(甘肅教育出版社,2001年)。《歸義軍史研究》是根據整理統治敦煌的歸義軍節度使之動向及相關敦煌文獻編年所獲得的成果,後面兩册則是集結了著者有關敦煌文獻論考的論文集。這裏所評述的《辨僞與存真》,即第一本論文集《鳴沙集》的增補版。

本書分爲論文(十四篇)、回顧與展望(六篇)、書評(十七篇)、其他(五篇),在《鳴沙集》的基礎上再增補了十一篇,從而組成這一可以反映最新研究動向的架構。在此,依照論文標題原排列順序,將書中所收録的論文聊分爲四個部分(Ⅰ—Ⅳ)進行概述。《鳴沙集》所未含的增補文章,加"＊"號以爲標識。

(Ⅰ) 敦煌藏經洞的性質及其封閉原因
(Ⅱ) 所謂李氏舊藏敦煌景教文獻二種辨僞
　　李盛鐸藏敦煌寫卷的真與僞
　　附録：李木齋氏鑑藏敦煌寫本目録
　　追尋最後的寶藏——李盛鐸舊藏敦煌文獻調查記＊
(Ⅲ) 敦煌寫本辨僞示例——以法成講《瑜伽師地論》學生筆記爲中心＊
　　有關敦博本禪籍的幾個問題
　　敦煌本禪宗燈史殘卷拾遺
　　有關敦煌本《歷代法寶記》的新資料——積翠軒文庫舊藏"略出本"校録＊
　　俄藏《景德傳燈録》非敦煌寫本辨
　　《俄藏敦煌文獻》中的黑水城文獻＊
(Ⅳ) 19世紀末20世紀初俄國考察隊與中國新疆官府＊
　　狩野直喜與王國維——早期敦煌學史上的一段佳話＊
　　驚沙撼大漠——向達的敦煌考察及其學術意義＊
　　關於北大所藏常書鴻致胡適的一封信＊

(Ⅰ)《敦煌藏經洞的性質及其封閉原因》

篇首論文討論了何爲藏經洞的問題。雖然解除封閉狀態之前的情況不詳,但僅有的記録與封閉後藏經洞的狀態、被搬出的敦煌文獻等資料都成爲其研究的線索。因爲敦煌文獻中捺有敦煌數座寺院藏書印的文獻以及似乎與寺院相關的文書多有所見,因此,藏經洞之封閉與敦煌寺院的動向並非無關,並且敦煌文獻中所見紀年等信息提示出藏經洞封閉時期大概在11世紀前半的情況,都被作者在第一時間指出。

故而,不論説寺院是爲了躲避來自何處的災難而隱藏書籍(避難説)也好,或者説是在收納廢棄經典之所丢棄藏書及故紙(廢棄説)也好,根據不同的理由,推斷的封閉時期也隨之有異。

著者列舉歷來未被注意的新資料,展開了自己的論説。首先,在包裹數件經典的經帙大量存在、並且存在著標記有基於唐代經典目録整理記號的經帙之外,還有不曾污損的完整寫經,以及相當於鎮宅之寶的寫本存在。據此推測,在封閉被解除的一刻,藏經洞是處於有一定目録學體系的典籍被保管著的狀態,因而構成"避難説"。還有,從敦煌文獻中所見的題記批注,可以看出敦煌三界寺與進行經典補修的僧侶們的活動,説明藏經洞内資料的形成與他們的活動有所關聯。

關於封閉的時期,雖然法國伯希和認爲是西夏侵入敦煌之1035年,而且後來有學者指出西夏時期以後也存在有"敦煌文獻"。但作者著力於徹底剔除"非敦煌文獻",以敦煌文獻中書寫年代最晚而且有明確紀年的1002年之寫本實物,來推定藏經洞在西夏侵攻的很久之前即被封閉。

順便一提,現今也在發表廢棄説相關論考的研究者當中,以歸義軍時期研究知名的土肥義和以及以吐蕃統治時期敦煌佛教之研究知名的上山大峻也主張廢棄説,所以在日本廢棄説被認爲是有力的説法。這是本論文被矚目的一個原因。

(II)《李盛鐸藏敦煌寫卷的真與僞》及其他兩篇

清政府將敦煌文獻殘存寫本運送北京之時,李盛鐸爲指揮者。既是官僚又是藏書家的李盛鐸,從中選取精品據爲私藏,雖然此收集品不久即提供給内外學者閱覽,但在1930年代被賣到了海外。不過,有名的文化財物很容易出現贋品。著名敦煌學者藤枝晃暗示被稱爲李盛鐸舊藏敦煌文獻的資料中即含有此類物品。

此三篇皆爲圍繞該李氏舊藏文獻的論述研究。然而,幾乎全部的李氏舊藏文獻的收藏者長期不明,所知者不過羽田亨等論著中所附的幾幀照片。著者將這些舊照片與北大藏李氏鑑藏敦煌寫本目録等加以聯繫,深入討論了其史料價值。另外,著者在逗留日本期間注意到,京都大學羽田紀念館(現歐亞文化研究中心)所藏羽田亨舊藏照片中,含有李氏舊藏文獻的照片,遂於《海外敦煌吐魯番文獻知見録》(江西人民出版社,1996年)中進行了介紹,這爲之後池田温、落合俊典等人依據舊照片展開研究創造了契機。《追尋最後的寶藏》即爲此研究成果的整理。

另外,《追尋》一文原文刊出一年半之後,圍繞李氏舊藏文獻的環境完全發生了改變。2009年春,與羽田亨有故交的第五代武田長兵衛刊行了武田科學振興財團杏雨書屋所藏大約760件未經精心審查之西域出土文獻的《敦煌秘笈・目録册》。如今,影片册也在陸續刊行中①。所謂李盛鐸售往海外的收集品大致相當於此敦煌秘笈的前432號一事,本書《真與僞》一文或可爲證,其中作者所論及的景教文獻與近年發現的洛陽經幢之關係也受到矚目。此外,關於敦煌秘笈,評者的拙文《杏雨書屋藏〈敦煌秘笈〉概觀》(《西北出土文

---

① 譯者注:《敦煌秘笈》計影片册共九册,已於2013年3月全部刊行完畢。岩本先生此書評發表於2011年,故有此言。

獻研究》第8號)中也有所介紹。

(III)《敦煌寫本辨僞示例》及其他五篇

衆所周知,因爲敦煌文獻早年流出中國境外,所以出現了大量僞造贋品的情況。但是,究竟如何判别真僞,怎樣看清楚其特徵及書寫年代等等,這六篇文章雖然各自有著自己的題目,但無一例外都從這同一視角展開了解讀。

其中三篇論文的關心點是禪宗文獻。特別是關於北宗禪,不少問題是首次根據敦煌文獻研究的闡明論述。著者在前人研究的基礎上,逐次評論過去不知道存在的敦煌禪宗文獻,對其性質進行了判定。另外,在此過程中,也言及了資料的外部特徵以及與上述三界寺經典修補的關係。

題名"俄藏"的兩篇文章中,對俄羅斯藏"敦煌文獻"裏混雜了其他時代、其他地區的古文獻一事,以及如何區分它們,也進行了說明。

(IV)《19世紀末20世紀初俄國考察隊與中國新疆官府》及其他三篇

敦煌文獻發現至今已經一個世紀有餘,仍處於分藏世界各國的狀態,這與20世紀的學術史以及國際關係史並非全無關係,四篇論文中從"敦煌學學術史"的觀點出發,闡明了20世紀的各國調查及其部分學術交流史。

以上,評者試著用有限的字數進行了概述。其他收録的"回顧與展望"、"書評"、"其他",作爲敦煌學研究史也好,作爲文獻指南也好,都非常有用。另外,卷末所附截至2009年著者所發表論文的目録,對關於北朝隋唐時期事與物等各方面現象的研究者也都非常有益。

敦煌文獻的研究開始至今已過百年,但正如著者所列舉之俄藏敦煌文獻以及李盛鐸舊藏文獻等例子所看到的那樣,終於要窺見其全貌也不過是最近的事情。也正如著者書評中所言,實際上,敦煌文獻資料群仍然謎團重重。

(原載《東方》第361號,2011年3月)

書訊二則

《絲綢之路與東西文化交流》出版
盧雅凝（上海師範大學）

榮新江著《絲綢之路與東西文化交流》一書已於 2015 年 8 月由北京大學出版社出版發行。

本書是作者有關絲綢之路的研究論集，分作五編，主要探討漢唐絲綢之路的走向，絲綢之路與某些區域或城鎮的關係；研究通過絲綢之路的東西文化交流，包括中國與波斯、大食（阿拉伯）、印度、朝鮮半島、日本的文化交往。作者利用對西域出土文書的諳熟，致力於探討漢文典籍向西域地區的傳播，這是前人比較忽略的絲綢之路研究的重要内涵。另外，作者還利用考古、美術、文獻材料，研究了西方物質文明和宗教文化如何沿絲綢之路向東方傳播，以及他們的傳播者——粟特商人、于闐使者、景教徒，並以此爲基礎討論了絲綢之路上宗教文化的並存現象。

《西域敦煌宗教論稿續編》出版
盧雅凝（上海師範大學）

楊富學著《西域敦煌宗教論稿續編》一書已於 2015 年 4 月由甘肅教育出版社出版發行。

本書是作者繼《西域敦煌宗教論稿》（甘肅文化出版社，1998 年）一書後又一部探究西域敦煌古代宗教歷史文化的書籍。全書共收入論文 31 篇，主要内容包括敦煌文獻對中國佛教史研究的貢獻、敦煌文獻所見阿育王塔原型的記載、敦煌寫本《付法藏因緣傳》與《歷代法寶記·弘忍傳》的考論、《金剛經》與《孔雀明王經》佛教義理與文本構成的考察、回鶻摩尼教的歷史、長安與西域敦煌佛教問題、禪宗信仰等方面探討研究的一系列學術論文。這些文章以敦煌出土文獻爲基礎，探討了古代西域敦煌地區佛教的發展情況以及各個宗教發展的多元性特徵，並特別注重西北少數民族文獻與地下考古資料，在内容的選取和研究成果方面具有一定的權威性和前沿性。

敦煌文獻 S.5894 寫卷內容之疑問

胡同慶（敦煌研究院）

  近期，筆者在查閱敦煌古代水利建設方面的資料時，發現許多專家學者都引用了一條據說源自敦煌文獻 S.5894 寫卷的資料，所引用的具體內容爲"本地，水是人血脈"。現將有關引用情況摘抄如下：

  李正宇《唐宋時代敦煌縣河渠泉澤簡志》（一）一文中寫道："敦煌城周綠洲生機，全賴河渠維持，故敦煌所出 S.5894《渠規殘卷》（擬名）開宗明義説：'本地，水是人血脈。'"[①]

  王進玉《敦煌古代的水利建設和管理使用》中寫道："生活在大漠戈壁綠洲中的古代敦煌人民，歷來將水源視爲自己的命脈。敦煌藏經洞唐代遺書 S.5894《渠規殘卷》（擬名）開宗名義就説：'本地，水是人血脈。'可見水對於敦煌人的生活、生產和歷史文化是多麼重要。"[②]

  李并成《唐代圖經考——對〈沙州都督府圖經〉的研究》一文中寫道："在敦煌這樣的乾旱地區，水資源是其最可寶貴的自然資源，是哺育綠洲文明、維繫綠洲經濟發展、繁榮的命脈。《渠規殘卷》（S.5894）開宗明義：'本地，水是人血脈'。"[③]

  吴廷楨、郭厚安主編《河西開發史研究》一書中説道："河西人民對於給予生命的水源非常重視，乃至尊崇。敦煌文書 S.5894《渠規殘卷》：'本地，水是人血脈。'敦煌百姓把黨河看作年輕美麗的女神。"[④]

  馮培紅《唐五代敦煌的河渠水利與水司管理機構初探》一文中説："敦煌莫高窟藏經洞出土的一份標號爲 S.5894 的文書中開篇寫道：'本地，水是人血脈'，一語道出了水在敦煌綠洲地區農業生產中的重要地位。"[⑤]

  艾紹強《敦煌會變樓蘭嗎？》一文中寫道："因爲有水纔出現了敦煌綠洲，而正是因爲水纔造就了敦煌，也造就了莫高窟，造就了輝煌的敦煌文化！但是同樣因爲水，今天的敦煌面臨著一系列危機，'本地，水是人血脈'。古人早

[①] 李正宇《唐宋時代敦煌縣河渠泉澤簡志》（一），《敦煌研究》1988 年第 4 期，第 89 頁。
[②] 王進玉《敦煌古代的水利建設和管理使用》，《古今農業》1989 年第 2 期，第 49 頁。
[③] 李并成《唐代圖經考——對〈沙州都督府圖經〉的研究》，李并成、李春元著《瓜沙史地研究》，蘭州：甘肅文化出版社，1996 年，第 180 頁。
[④] 吴廷楨、郭厚安主編《河西開發史研究》，蘭州：甘肅教育出版社，1996 年，第 224、225 頁。
[⑤] 馮培紅《唐五代敦煌的河渠水利與水司管理機構初探》，《敦煌學輯刊》1997 年第 2 期，第 67 頁；又鄭炳林主編《敦煌歸義軍史專題研究續編》，蘭州：蘭州大學出版社，2003 年，第 263 頁。

就認識到了這一點,今天'血脈'的順暢與否決定著敦煌明天的生死。"①

郝二旭《唐五代敦煌地區的農田灌溉制度淺析》一文中寫道:"敦煌地處内陸,四面被沙漠戈壁包圍……生活在這一地區的古代人民,歷來都視水源爲自己的命脈。敦煌文書 S.5894《渠規殘卷》中就說:'本地,水是人血脈'。"②孫毅華《創造敦煌》一書中寫道:"乾旱的氣候使敦煌很早就注重興修水利,敦煌有'本地,水是人血脈'(S.5894)的記載。"③

楊寶玉《敦煌史話》一書中寫道:"敦煌唐人寫卷中就有'本地,水是人血脈'的話,足見水對當地農業的重要。"④

王雪彤《明清時期河西走廊的水利開發探略》一文中寫道:"敦煌遺書 S.5894《渠規殘卷》云:'本地,水是人血脈。'自漢、唐以來,此地河渠縱橫,阡陌相連,是我國農田水利比較發達的地區。明清時期,河西人民重視水利興修,大力屯田。"⑤

從以上專家、學者的論述可知 S.5894 寫卷是一條非常重要的文獻資料,涉及古代敦煌水資源和水利建設等諸多問題,一針見血地讓我們看到水資源與敦煌人民的經濟、文化之間的密切關係,具有非常重要的史料價值。

然而,這條史料的出處卻令人疑惑。筆者從《敦煌遺書總目索引》查閱,S.5894 寫卷的内容爲:"5894 和戒文。"⑥從《敦煌遺書總目索引新編》查閱,S.5894 寫卷的内容爲:"S.5894 和戒文(原題)。"⑦其中均未見到"本地,水是人血脈"的内容。

再查閱《英藏敦煌文獻(漢文佛經以外部分)》(第九卷),S.5894 寫卷的内容也是"和戒文"⑧;再查閱《敦煌寶藏》第 44 册,S.5894 寫卷的内容也是"和戒文"⑨,其拍攝的原卷圖片中,均未發現"本地,水是人血脈"的字樣(圖 1、圖 2)。

綜上所述,衆專家學者所引用的所謂 S.5894 寫卷中的"本地,水是人血脈"内容,涉及古代敦煌水資源和水利建設等諸多問題,確實是一條非常重要的文獻資料。然而,在敦煌文獻 S.5894 寫卷中,卻查不到"本地,水是人血脈"這段内容。不知衆專家學者所引用的内容究竟出自何處,爲此筆者懇請有識之士能告知其真正的出處,在此謹致以深切謝意。

---

① 艾紹强《敦煌會變樓蘭嗎?》,《華夏地理》2006 年第 7 期,第 69 頁。
② 郝二旭《唐五代敦煌地區的農田灌溉制度淺析》,《敦煌學輯刊》2007 年第 4 期,第 335 頁。
③ 孫毅華著《創造敦煌》,上海:上海人民出版社,2007 年,第 32 頁。
④ 楊寶玉《敦煌史話》,北京:社會科學文獻出版社,2011 年,第 75 頁。
⑤ 王雪彤《明清時期河西走廊的水利開發探略》,《教育革新》2014 年第 12 期,第 46 頁。
⑥ 商務印書館編《敦煌遺書總目索引》,北京:中華書局,1983 年,第 231 頁。
⑦ 敦煌研究院編《敦煌遺書總目索引新編》,北京:中華書局,2000 年,第 185 頁。
⑧ 中國社會科學院歷史研究所等編《英藏敦煌文獻(漢文佛經以外部分)》(第九卷),成都:四川人民出版社,1994 年,第 201、202 頁。
⑨ 黄永武主編《敦煌寶藏》,臺北:新文豐出版公司,1985 年,第 546 頁。

图1　S.5894(1)《和戒文》

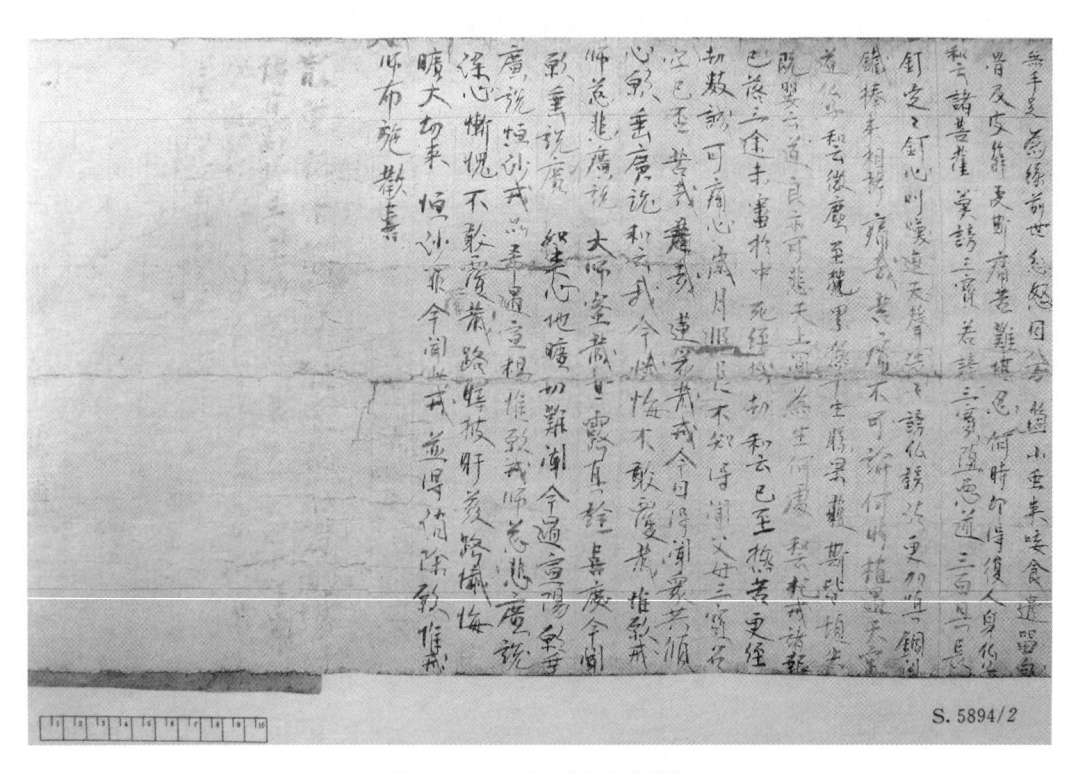

图2　S.5894(2)《散蓮花樂》

＊　　　　＊　　　　＊

當筆者將以上疑問請教有關專家學者後，收到楊寶玉女士的回覆，詳細告知了有關寫卷的具體情況，現轉引如下，供大家參考：

> 胡老師：您好！我剛從日本回來，回覆遲了，抱歉！S.5894的內容是《和戒文》和《散蓮花樂》。"本地，水是人血脈"出自 S.5874，當初做《英藏敦煌文獻》項目時，這兩個卷子都在宋家鈺先生主編、我具體編輯的第9卷(四川人民出版社1994年出版)中，我們將S.5874擬名爲"殘片(渠人條約?)"，後來我編輯第15卷即總目索引卷(2000年年底交稿，2009年出版)時沿用了這個擬名。《敦煌史話》(中國大百科全書出版社2000年初版，社科文獻出版社2011年再版)寫於90年代，當時已知以前學者標的卷號有誤，但慮及我那只是普及讀物就沒提卷號，其實我若給出正確卷號就可以省卻您翻檢之勞了，是我當時考慮不周。附件即爲S.5874圖版，殘缺得比較嚴重，很想知道它的準確類別和名稱，特盼您願抽時間考證和賜示結果，那樣將來若有機會修訂第15卷時就可以給讀者一個比較準確的信息了。
>
> 順祝
>
> 時祺！
>
> 楊寶玉敬上 2015.12.27

楊寶玉女士郵件中附有S.5874寫卷的圖片(圖3)。

由此可知，"本地，水是人血脈"內容出自S.5874寫卷，而非S.5894寫卷，而將S.5874定名爲"殘片(渠人條約?)"也非常準確。另外，也知道S.5894寫卷的內容除了有《和戒文》外，還有《散蓮花樂》。只是寫卷中《散蓮花樂》的內容已經漫漶不清，只能隱隱約約辨識幾個字，故以前被許多專家學者所忽略，現幸蒙楊寶玉女士認真辨識考證，在《英藏敦煌文獻(漢文佛經以外部分)》(第九卷)中對該寫卷準確定名，完整反映了該寫卷的實際情況，非常有意義。

S.5874寫卷中的"本地，水是人血脈"內容，涉及古代敦煌水資源和水利建設等諸多問題，是一條非常重要的文獻資料。確實是因爲有水纔出現了敦煌綠洲，因爲水纔造就了敦煌，也造就了莫高窟，造就了輝煌的敦煌文化。水資源是哺育綠洲文明、維繫綠洲經濟發展、繁榮的命脈。爲此，筆者在最初看到"本地，水是人血脈"這段文字時，立刻感受到這段文字意義非常重大，認爲如果將這段文字以醒目的紅色大字鐫刻在碑石上，安放在敦煌市的一些水渠路口以及月牙泉、黨河水庫、南湖等處，一定會有很好的警示世人的效果。也

图 3　S.5874《残片（渠人條約）》

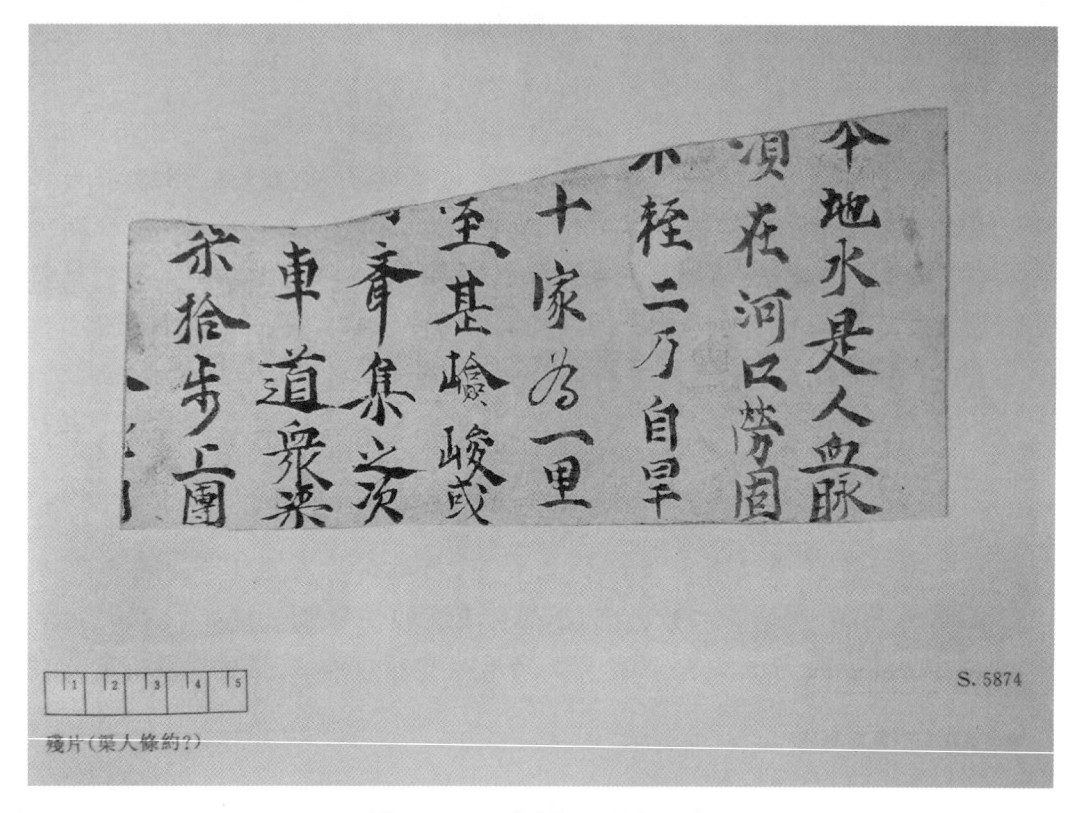

有利於幫助來敦煌的遊客對敦煌水資源意義有所認識，同時也會對目前全國各地愈來愈嚴重的水資源問題產生更多的危機感，增強環境保護意識。然而，當筆者試圖向敦煌市政府提有關建議時，查閱敦煌文獻 S.5894 寫卷時，卻未找到這段文字，翻閱《敦煌遺書總目索引》、《敦煌遺書總目索引新編》等目錄索引，也未找到這條資料的線索，故未敢貿然提建議。

　　現在，承蒙楊寶玉女士告知這段珍貴文獻資料的真正出處，同時我們看到這份寫卷中的文字從書法角度看也非常有特色，完全可以將"本地，水是人血脈"這幾個字原樣放大後鐫刻在巨石上（紅字，猶如血液），同時刻上"敦煌藏經洞出土文獻 S.5874 寫卷"字樣，安放在一些與水資源有關的地方，警示世人的效果一定會很好。

優秀學術領導人應該具備的品質
——2015年8月15日在敦煌吐魯番學會會員代表大會上的講話(節選)

郝春文(首都師範大學)

做好學術領導人的基本素質和品質

　　學會的主要任務是做好與國内外敦煌學學者和愛好者的聯絡與協調工作。要做好這項工作,除了需要專業知識,還需要一批優秀的學術領導人負責組織和協調。考慮到未來70後、80後的敦煌學者終將擔負起領導學會的責任,我想和在座的70後朋友們談談做一個學術領導人應該具有的素質和品質。

　　要做好一個學術領導人,要求可以有很多。我想是不是主要應該注意以下幾點:眼界要高、胸懷要寬、格局要大、熱心爲學者服務、有公心、不能太自我、懂感恩、能團結人、會用人。

　　所謂眼界高,就是視野要開闊,要有國際視野。所謂胸懷寬,就是爲人要坦蕩,有大氣度,特別是能夠忍辱負重。人們常説宰相肚裏能撑船,其實宰相的心胸都是被冤枉和委屈撑大的。如果你作爲一個學者,能負重就可以成功;如果作爲一個學術領導人,就必須具有在忍辱的情况下負重的品格。在現實生活中,忍辱比負重難度要大。但是,作爲一個學術領導人,就是要習慣在忍辱的情况下負重,在負重的情况下忍辱。

　　格局要大,説白了就是要大氣。我曾經在一次紀念段文傑先生的會上講過,段先生就很大氣。段先生應該不是一位脾氣很好的學術領導人,但他很大氣。現在敦煌研究院所有具有長遠影響的事業,幾乎都是段先生奠定的。人才引進和培養、提倡學術研究、創辦雜誌、推動國際交流、創辦基金會,等等。這些大的戰略舉措都是在段先生時期實施的,而且一直到現在都在影響著敦煌研究院的發展。所以,一個好的學術領導人可以脾氣不好,但大氣卻是必備的品質。

　　熱心爲學者服務,也是一個學者和學術領導人的重要分野。作爲一個學者,你只要做好自己的學術就行;作爲一個學術領導人,就必須熱心爲學者們服務,富有犧牲精神。這方面的典型就是柴劍虹先生,大家都知道,柴先生20多年來爲了學會的事情操了很多心,光打電話可能都成千上萬了。所以,希望年輕的學者能向柴先生學習。

"自我"的表現是自己想做什麼就做什麼,自己不想做的事情即使需要也不願意去做。據我觀察,比較自我在一些70後學者身上不同程度存在。如果作爲一個學者,自我一點不是什麼大問題。但如果作爲一個學術領導,太自我就難以擔當大任。

關於感恩,我也多説兩句。感恩本來應該是做人的基本素養,但不是每個人都明白它的價值和意義。説到底,懂得感恩的人有親和力,而親和力是一個學術領導人必備的品質。所以,我在多種場合強調,不懂得感恩的人走不遠。如果你整天認爲天下人都虧欠你的,大家就會疏遠你。

能團結人也是一個學者和一個學術領導人的重要區別。如果你是一個學者,你可以很任性,想不理誰就不理誰,想和誰吵架就和誰吵。作爲一個學術領導人,就不能這樣任性。重要的人物,不管你心裏多不喜歡,也要和他搞好關係,甚至委曲求全。即使不重要的人,面子上也應該讓人家過得去。

會用人也是一個學術領導人必備的素質。老子説:"知人者智,自知者明。"其實做到這兩點都很難。作爲一個學者,不需要自知,更不需要知人。但作爲一個學術領導人,就應該有知人之智。作爲一個學者,每天做好自己的事情就行;作爲一個學術領導,就是要學會指揮別人做事。能夠用人之長,避人之短。能夠成爲學術領導的人多數是因爲自己做事做得好,成爲學術領導以後如果不注意角色已經轉變了,就很容易什麼事都自己做。關於施政,古代就有兩種風格,一種是諸葛亮式的,事必躬親,結果把自己累死了;一種是司馬懿式的,舉重若輕。我以爲作爲一個學術領導人應該學習司馬懿。學術管理主要是用人,而不是什麼都自己去做,而且,主要任務應該是處理重大事項,而不是事無巨細。一個歷史學家在總結二戰史時説,既聰明又懶的人,應該做總司令;既聰明又勤奮的人,應該做參謀長;既不聰明而又勤奮的人,應該讓他退休。我覺得總結得很好。一個學術領導人特别是主要領導不能太勤奮,不能主意太多。那樣下面的人會很累。

關於學術領導人的典範,我認爲有兩個人值得我們學習,一個是傅斯年先生,一個是任繼愈先生,都是學問做得很好,又深得學者喜愛的學術領導人。

中國敦煌吐魯番學會第六屆理事會和領導機構成員名單

中國敦煌吐魯番學會秘書處

2015年8月15日,中國敦煌吐魯番學會在敦煌舉行了會員代表大會和新一屆理事會,選舉出了新一屆理事會和學會領導機構,名單如下:

一、中國敦煌吐魯番學會第六屆理事會理事名單
（會員代表大會以無記名投票方式選出）

共117人（以姓氏拼音爲序）：

阿不都熱西提·亞庫甫 敖特根 包銘新 才 讓 陳大爲 陳菊霞 陳 明 陳 楠 陳于柱 鄧文寬 竇懷永 馮培紅 伏俊璉 府憲展 高啓安 高 榮 郝春文 何劍平 賀燕雲 黑維强 侯 沖 侯世新 黄維忠 黄 征 黄正建 金瀅坤 雷 聞 李并成 李 方 李金梅 李錦繡 李 軍 李 翎 李偉國 李 肖 李小榮 林 春 林世田 劉安志 劉 波 劉進寶 劉全波 劉再聰 劉 屹 盧向前 陸 離 吕瑞鋒 羅世平 馬 德 孟嗣徽 孟憲實 乜小紅 聶志軍 牛汝極 榮新江 薩爾吉 薩仁高娃 沙武田 施新榮 史 睿 束錫紅 孫繼民 孫學雷 湯士華 汪 娟 王邦維 王光輝 王惠民 王冀青 王 卡 王 素 王霄飛 王振芬 王志鵬 魏文斌 魏迎春 吴麗娱 徐 俊 許建平 楊寶玉 楊富學 楊 銘 楊秀清 姚崇新 葉 莉 游自勇 余 欣 曾 良 湛 如 張德芳 張惠明 張 磊 張乃翥 張榮强 張善慶 張鐵山 張先堂 張小剛 張小貴 張小艶 張新朋 張永强 張 勇 張涌泉 張元林 張 總 趙 豐 趙和平 趙 莉 趙聲良 趙曉星 趙鑫曄 趙 貞 鄭阿財 鄭炳林 周尚兵 朱玉麒

二、名譽理事與名譽會長名單
（中國敦煌吐魯番學會第六屆理事會第一次全體會議確定）

海外名譽理事4人：

高田時雄 太史文 波波娃 吴芳思

名譽會長：樊錦詩

三、學會領導機構成員名單

（中國敦煌吐魯番學會第六屆理事會第一次全體會議以無記名投票方式選出）

會　長：郝春文

副會長（以姓氏拼音爲序）：

侯世新、榮新江、張先堂、張涌泉、鄭炳林

秘書長：劉　屹

常務理事26人（以姓氏拼音爲序）：

鄧文寬　郝春文　侯世新　黃　征　黃正建　雷　聞　李　軍　李　肖　劉安志
劉　屹　孟憲實　榮新江　王邦維　王　素　王霄飛　游自勇　余　欣　湛　如
張先堂　張小艷　張涌泉　張元林　趙　豐　趙和平　趙　莉　鄭炳林

副秘書長和秘書名單（中國敦煌吐魯番學會第六屆常務理事會第一次全體會議確定）

副秘書長：游自勇

秘書：謝金伶、魏迎春、葉莉、王樂

四、中國敦煌吐魯番學會第六屆顧問委員會名單

共45人（以姓氏拼音爲序）：

柴劍虹　常沙娜　陳國燦　程喜霖　程毅中　董玉祥　竇俠父　馮其庸　高金榮
耿　昇　侯　燦　胡　戟　黃文昆　霍旭初　賈應逸　姜伯勤　金維諾　李重申
李永寧　李正宇　林悟殊　陸慶夫　齊陳駿　饒宗頤　沙　知　施萍婷　史金波
宿　白　譚蟬雪　唐耕耦　王炳華　王克芬　王克孝　王　堯　吳夢麟　項　楚
顏廷亮　楊際平　袁　賓　張　弓　張廣達　張鴻勳　張金泉　趙承澤　朱　雷

2015 年敦煌學研究論著目録

宋雪春（華東師範大學）

2015 年度,中國大陸地區共出版敦煌學專著 30 餘部,公開發表相關論文 400 多篇。現將研究論著目録編製如下,其編排次序爲：一、專著部分；二、論文部分。論文部分又細分爲概説、歷史地理、社會文化、宗教、語言文字、文學、藝術、考古與文物保護、少數民族歷史語言、古籍、科技、書評與學術動態等十二個專題。

一、專　著

趙聲良《飛天花雨下的佛陀微笑》,蘭州：甘肅教育出版社,2015 年 1 月。

錢超塵《影印南朝秘本敦煌秘卷〈傷寒論〉校注考證》,北京：學苑出版社,2015 年 2 月。

中國敦煌吐魯番學會絲綢之路專業委員會、西安大唐西市歷史文化研究中心編《中國敦煌吐魯番學會絲綢之路專業委員會文集》,西安：陝西師範大學出版總社,2015 年 2 月。

金雅聲、趙德安、沙木主編《英國國家圖書館藏敦煌西域藏文文獻(7)》,上海：上海古籍出版社,2015 年 2 月。

劉達強《劉達強敦煌壁畫精選》,天津：天津人民美術出版社,2015 年 2 月。

郝春文主編《英藏敦煌社會歷史文獻釋録》第十二卷,北京：社會科學文獻出版社,2015 年 3 月。

榮新江《歸義軍史研究——唐宋時代敦煌歷史考索》,上海：上海古籍出版社,2015 年 3 月。

汪泛舟《敦煌詩解讀》,北京：世界圖書出版有限公司,2015 年 3 月。

項楚、戴瑩瑩《敦煌文化》,南京：江蘇人民出版社,2015 年 3 月。

王紅梅、楊富學《元代畏兀兒歷史文化與文獻研究》,蘭州：甘肅教育出版社,2015 年 4 月。

魏迎春《晚唐五代敦煌佛教教團戒律清規研究》,上海：上海古籍出版社,2015 年 4 月。

楊富學《西域敦煌宗教論稿續編》,蘭州：甘肅教育出版社,2015 年 4 月。

饒宗頤主編《敦煌吐魯番研究》第十五卷,上海：上海古籍出版社,2015 年 4 月。

楊富學《回鶻學譯文集新編》,蘭州：甘肅教育出版社,2015 年 5 月。

何鴻、何如珍《穿越敦煌——莫高窟舊影》,杭州:西泠印社出版社,2015年5月。

趙豐、羅華慶、許建平《敦煌與絲綢之路——浙江、甘肅兩省敦煌學研究會聯合研討會論文集》,杭州:浙江大學出版社,2015年5月。

袁仁智、潘文主編《敦煌醫藥文獻真蹟釋錄》,北京:中醫古籍出版社,2015年6月。

郝春文主編《英藏敦煌社會歷史文獻釋錄》第十三卷,北京:社會科學文獻出版社,2015年7月。

郝春文主編《2015敦煌學國際聯絡委員會通訊》,上海:上海古籍出版社,2015年7月。

金雅聲、郭恩主編《法國國家圖書館藏敦煌藏文文獻》第17册,上海:上海古籍出版社,2015年7月。

張志勇《敦煌邈真讚釋譯》,北京:人民出版社,2015年7月。

張春秀《敦煌變文名物研究》,成都:西南交通大學出版社,2015年7月。

張小剛《敦煌佛教感通畫研究》,蘭州:甘肅教育出版社,2015年8月。

趙聲良《敦煌石窟藝術簡史》,北京:中國青年出版社,2015年8月。

金墨主編《敦煌寫經集粹》,北京:中國書籍出版社,2015年9月。

李倩《敦煌變文單音動詞詞義演變研究》,北京:中國社會科學出版社,2015年9月。

俄軍主編《絲綢之路民族貨幣研究》,蘭州:甘肅教育出版社,2015年10月。

胡同慶、王義芝《敦煌壁畫中的養生》,蘭州:甘肅人民美術出版社,2015年10月。

俄軍主編《絲綢之路文物考古研究》,蘭州:甘肅教育出版社,2015年10月。

俄軍《敦煌懸泉置出土文書研究》,蘭州:甘肅教育出版社,2015年11月。

金雅聲、郭恩主編《法國國家圖書館藏敦煌藏文文獻》第18册,上海:上海古籍出版社,2015年11月。

米爾卡馬力·阿依達爾《回鶻文詩體注疏和新發現敦煌本韻文研究》,上海:上海世紀出版股份有限公司,2015年12月。

侯文昌《敦煌吐蕃文契約文書研究》,北京:法律出版社,2015年12月。

榮新江主編《唐研究》第21卷,北京:北京大學出版社,2015年12月。

二、論　　文

(一) 概説

樊錦詩《敦煌莫高窟及其文化價值》,《中國書畫家》2015年3期。

郝春文《敦煌寫本學與中國古代寫本學》,《中國高校社會科學》2015年2期。
榮新江《從"補史"到"重構"——敦煌吐魯番文書與中古史研究》,《中國高校社會科學》2015年2期。
張涌泉《寫本文獻：中華文明有待開發的寶藏》,《中國社會科學報》2015年5月13日。
余欣《博物學與寫本文化：敦煌學的新境域》,《中國高校社會科學》2015年2期。
馮培紅《敦煌基層社會史芻議》,《中國高校社會科學》2015年2期。
游自勇《敦煌吐魯番占卜文獻與日常生活史研究》,《中國高校社會科學》2015年2期。
余欣《寫本文化的綜合研究》,《文匯報》2015年1月9日。
孫儒僩《莫高軼事·我的敦煌生涯（六）——關於石室寶藏牌坊和慈氏之塔的拆遷與復原記事》,《敦煌研究》2015年5期。
孫儒僩《莫高軼事·我的敦煌生涯（七）——千相塔殘塑的整理及第17窟洪辯像的遷移》,《敦煌研究》2015年6期。
方廣錩《數字化：開創古籍整理新局面》,《中國社會科學報》2015年11月10日。
樊錦詩《敦煌莫高窟》,《世界遺産》2015年Z1期。
郝春文《〈英藏敦煌社會歷史文獻釋錄〉（1—11卷）出版》,《光明日報》2015年9月17日。
張涌泉《敦煌吐魯番文獻的啓迪：文明因融合而精彩》,《吐魯番日報》2015年10月29日。
榮新江《加强西域地區的絲綢之路研究》,《西域研究》2015年4期。
榮新江《西域發現的漢文文書及其價值》,《中國文化報》2015年5月22日。
杜英、邸金《數字化,敦煌遺書的另類回歸路》,《科技日報》2015年10月12日。
王楠《藏經洞發現前後伯希和與中國學人的交往》,《文匯報》2015年6月5日。
孫剛《敦煌遺書經卷》,《中國文物報》2015年1月20日。
葉渡《館藏敦煌寫卷三事》,《首都博物館論叢》2015年。
錢玲《館藏敦煌文獻述略》,《文物天地》2015年6期。
朱羿《以扭轉"敦煌學研究在國外"爲使命——記蘭州大學敦煌學研究所所長鄭炳林》,《中國社會科學報》2015年2月11日。
鄭世賢《敦煌藏經洞發現物所有權之謎》,《中國社會科學報》2015年12月

24日。

韓春平《敦煌文獻回歸的新時代》,《中國文化報》2015年9月15日。

劉進寶《中國敦煌吐魯番學會成立初期的點滴記憶》,《中國文化遺產》2015年3期。

榮新江《絲綢之路與東西文化交流》,《文史知識》2015年8期。

榮新江《絲綢之路與瑣羅亞斯德教的流行》,《世界遺産》2015年5期。

濮仲遠《敦煌吐魯番文獻與吐谷渾史研究》,《牡丹江大學學報》2015年6期。

肖愛景《〈英國國家圖書館藏敦煌遺書〉編輯始末》,《出版參考》2015年13期。

孔敏《歷史性是敦煌哲學研究的真正開端——從現象學的視角看敦煌哲學的概念與命題何以可能》,《甘肅社會科學》2015年3期。

穆紀光《西王母:中華文化東西交流的神話先驅——並論"交流"是"敦煌哲學"的重要範疇》,《甘肅社會科學》2015年1期。

張堡《論歷史原生態與生命原生態的敦煌生命哲學》,《甘肅社會科學》2015年5期。

王冀青《斯坦因在安西所獲敦煌寫本之外流過程研究》,《敦煌研究》2015年6期。

馬德《敦煌遺書的再度流失與陸續面世》,《敦煌學輯刊》2015年3期。

朱利華、伏俊璉《敦煌文人竇良驥生平考述》,《敦煌學輯刊》2015年3期。

張清文《論敦煌學人侯瑾的形象演變及其影響》,《敦煌研究》2015年4期。

(二)歷史地理

韓春平《敦煌金山國郊祀蠡測》,《敦煌學輯刊》2015年3期。

劉傳飛《清代安西衛、沙州衛設置時間考——兼論沙州所建制的有無》,《敦煌研究》2015年3期。

楊寶玉《〈張淮深碑〉作者再議》,《敦煌學輯刊》2015年3期。

王使臻《曹元忠、曹延祿父子兩代與于闐政權的聯姻》,《敦煌學輯刊》2015年2期。

張穩剛《敦煌文獻P.4064〈將軍論〉殘卷考釋——敦煌寫本兵書與歸義軍軍事研究之一》,《敦煌學輯刊》2015年3期。

劉子凡《法藏敦煌P.2754文書爲西州都督府長史袁公瑜判集考》,《敦煌研究》2015年5期。

孫聞博《河西漢塞"河渠卒"爲"治渠卒"辨》,《敦煌研究》2015年5期。

李軍《歸義軍節度使張淮深稱號問題再探》,《敦煌研究》2015年4期。

李軍《晚唐歸義軍節度使張淮深再收瓜州史事鈎沉》,《陝西師範大學學報》

2015 年 2 期。

杜海《曹元德稱司徒考》,《敦煌研究》2015 年 4 期。

許程諾《唐李靖定襄道行軍中所見"磧口"考釋》,《敦煌學輯刊》2015 年 4 期。

沈騫《河西小月氏、盧水胡與河東羯胡關係探源》,《敦煌學輯刊》2015 年 4 期。

趙衛東《奉仙觀〈崇寧葆光大師衛公道行之碑〉考釋》,《敦煌學輯刊》2015 年 4 期。

杜海《敦煌歸義軍政權與沙州回鶻關係述論》,《敦煌學輯刊》2015 年 4 期。

楊寶玉《晚唐敦煌名僧恒安事蹟稽考與相關歸義軍史探析》,《隋唐遼宋金元史論叢》5 輯,上海:上海古籍出版社,2015 年。

聶順新《張氏歸義軍時期敦煌與內地諸州府國忌行香制度的差異及其原因初探》,《敦煌研究》2015 年 6 期。

馬俊峰、沙武田《唐蕃清水會盟在敦煌石窟中的圖像遺存——瓜州榆林窟第 25 窟婚嫁圖繪製年代再探》,《石河子大學學報》2015 年 5 期。

吳炯炯、劉滿《也談炳靈寺石窟周邊的交通問題》,《敦煌研究》2015 年 6 期。

蘇金花《從敦煌、吐魯番文書看古代西部綠洲農業的灌溉特點——基於唐代沙州和西州的比較研究》,《中國經濟史研究》2015 年 6 期。

趙青山《甘圖藏 017 號敦煌文書〈金光明最勝王經〉題記解析》,《蘭州大學學報》2015 年 5 期。

張新國《唐前期的女户及相關問題——以敦煌吐魯番文書爲中心》,《中國邊疆史地研究》2015 年 1 期。

趙貞《唐前期"中男"承擔差役考——以敦煌吐魯番文書爲中心》,《西域研究》2015 年 1 期。

黃樓《麴氏高昌雜差科帳研究——吐魯番洋海一號墓所出〈麴氏高昌永康年間供物、差役帳〉的再考察》,《敦煌學輯刊》2015 年 2 期。

張雲霞《大理太子會與敦煌遺書相關資料比較研究》,《大理學院學報》2015 年 7 期。

陳繼宏《吐蕃佔領初期敦煌部落設置考》,《雲南社會科學》2015 年 5 期。

陳濤《唐大中年間沙州遣使中原路線新説——以敦煌本〈驛程記〉爲中心》,《蘭州學刊》2015 年 8 期。

張小剛、楊曉華、郭俊葉《于闐曹皇后畫像及生平事蹟考述》,《西域研究》2015 年 1 期。

劉滿《秦皇漢武巡幸隴右地名路線考釋——兼論歷史上的雞頭道》,《敦煌學輯刊》2015 年 2 期。

劉滿、關楠楠《左南城位置考辨》,《敦煌學輯刊》2015 年 1 期。

李建華《唐少府監鄭岩乃粟特後裔考——以鄭岩家族墓誌爲中心》,《敦煌學輯刊》2015 年 3 期。

謝繼忠《敦煌懸泉置〈四時月令五十條〉的生態環境保護思想淵源探析》,《農業考古》2015 年 6 期。

郝二旭《唐五代敦煌農業對生態環境的影響研究》,《敦煌學輯刊》2015 年 2 期。

黃艷萍《〈肩水金關漢簡(叁)〉紀年簡校考》,《敦煌研究》2015 年 2 期。

周艷濤《〈肩水金關漢簡(貳)〉釋文補正四則》,《敦煌研究》2015 年 2 期。

羅見今、關守義《〈肩水金關漢簡(叁)曆簡年代考釋〉》,《敦煌研究》2015 年 4 期。

張英梅《試探〈肩水金關漢簡(叁)〉中所見典籍簡及相關問題》,《敦煌研究》2015 年 4 期。

張俊民《懸泉漢簡新見的兩例漢代職官制度》,《敦煌研究》2015 年 6 期。

周銀霞、李永平《陽關博物館藏記載天水休茵苑漢簡及相關問題》,《敦煌研究》2015 年 6 期。

陶玉樂《漢代肩水塞的佈防特點及歷史價值》,《敦煌研究》2015 年 3 期。

陳光文、鄭炳林《莫高窟、榆林窟明代遊人題記研究》,《蘭州大學學報》2015 年 5 期。

陳光文《敦煌莫高窟第 237 窟北元時期漢文遊人題記考釋》,《敦煌學輯刊》2015 年 3 期。

張海娟《黑水城文獻與蒙元史的構建》,《敦煌研究》2015 年 1 期。

潘潔、陳朝輝《黑水城文書中錢糧物的放支方式》,《敦煌研究》2015 年 4 期。

鄭煒《從棄守湟鄯到繼述開拓——論宋徽宗西北邊策》,《敦煌學輯刊》2015 年 3 期。

王冀青《關於"絲綢之路"一詞的詞源》,《敦煌學輯刊》2015 年 2 期。

(三) 社會文化

趙和平《書儀——中古時代簡便實用的"禮經"》,《河北學刊》2015 年 2 期。

楊森《敦煌壁畫椅子造型與傳統匡(筐、框)牀關係研究》,《美育學刊》2015 年 2 期。

董曉榮《阿爾寨石窟壁畫中所繪坐具研究》,《敦煌研究》2015 年 2 期。

劉艷紅《敦煌五姓宅經中的四方文化探釋》,《齊齊哈爾大學學報》2015 年 6 期。

宋翔《唐宋時期沙州的城市形態與居住空間》,《中國社會經濟史研究》2015

年1期。

郝二旭《吐蕃佔領時期的敦煌人口研究》,《蘭臺世界》2015年30期。

喻忠傑《唐五代敦煌説唱伎藝的戲劇化轉向探考》,《吐魯番學研究》2015年2期。

薛艷霞《晚唐五代敦煌文書中有關女性的探究》,《鄂州大學學報》2015年12期。

石小英《唐五代宋初婚姻開放性初探——以敦煌婦女爲中心考察》,《敦煌學輯刊》2015年4期。

梁麗玲《敦煌文獻中的孕産習俗與佛教信仰》,《敦煌吐魯番研究》15卷,上海:上海古籍出版社,2015年4月。

楊秀清《論唐宋時期敦煌文化的大衆化特徵》,《敦煌吐魯番研究》15卷,上海:上海古籍出版社,2015年4月。

周珏幫《作爲資源、職業和信仰的佛經抄寫——吐蕃統治時期敦煌漢文寫經的模式與社會文化動因》,《西北民族大學學報》2015年5期。

張洋、司雯雯、王延松《童貞、童樂、童技——敦煌壁畫中的童子伎研究》,《中國民族博覽》2015年9期。

叢振《敦煌壁畫中的兒童遊戲》,《山西檔案》2015年5期。

叢振《古代雙陸遊戲小考——兼論敦煌、吐魯番的雙陸遊戲》,《吐魯番學研究》2015年2期。

高國藩《敦煌西王母神話的非遺傳播與〈周易〉》,《北京民俗論叢》2015年。

高國藩《敦煌唐人樹神崇拜的非物質文化遺産傳播》,《西夏研究》2015年3期。

陳曉强《敦煌社邑文書中的"營葬"用物考》,《西夏研究》2015年3期。

買小英《生死相依 患難與共——敦煌文書中所見中古夫妻倫理關係》,《石河子大學學報》2015年4期。

高國藩《敦煌唐人祭祀魯班神風俗與〈周易〉》,《文化學刊》2015年2期。

何劍平《論〈維摩詰經〉在中國中古庶民階層中的信仰特質》,《甘肅社會科學》2015年6期。

方俊琦《"葉子戲"考辨——兼論"葉子戲"與敦煌遺書形態"葉子"的關係》,《浙江師範大學學報》2015年3期。

買小英《敦煌願文中的家庭倫理管窺》,《敦煌學輯刊》2015年1期。

買小英《論敦煌佛教家庭倫理中的行孝方式》,《敦煌研究》2015年3期。

祁曉慶《敦煌壁畫婚禮圖中的鏡》,《敦煌研究》2015年6期。

買小英《從祭親方式看佛教的倫理思想——以敦煌亡文爲例》,《甘肅理論學刊》2015 年 1 期。

姜生《鬼聖項橐考》,《敦煌學輯刊》2015 年 2 期。

趙玉平《唐五代敦煌鹽神考——以敦煌文獻 S.5639〈鹽延願文〉爲中心》,《敦煌學輯刊》2015 年 1 期。

王使臻《晚唐五代宋初敦煌地區的文書教育》,《陝西理工學院學報》2015 年 4 期。

吳浩軍《河西鎮墓文叢考(三)、(四)——敦煌墓葬文獻研究系列之五》,《敦煌學輯刊》2015 年 1、3 期。

李瑞哲《對"圖像程序"的重新認識——入華粟特人石質葬具圖像所表現的共同主題》,《敦煌學輯刊》2015 年 1 期。

(四) 宗教

李正宇《孝順相承　戒行俱高——論中晚唐五代宋敦煌佛教高揚孝道》,《石河子大學學報》2015 年 5 期。

鄭阿財《〈佛頂心大陀羅尼經〉在漢字文化圈的傳布》,《敦煌學輯刊》2015 年 3 期。

陳大爲《中古時期敦煌佛教的特點探析》,《石河子大學學報》2015 年 4 期。

董大學《〈金剛經〉的儀式化——〈銷釋金剛經科儀〉相關寫本研究》,《中國典籍與文化》2015 年 4 期。

張磊、胡方方《國圖藏敦煌本〈四分比丘尼戒本〉殘卷綴合研究》,《宗教學研究》2015 年 4 期。

張磊、劉溪《國圖藏敦煌本〈佛名經〉殘卷綴合示例》,《浙江社會科學》2015 年 6 期。

張小艷《敦煌疑僞經四種殘卷綴合研究》,《宗教學研究》2015 年 4 期。

張涌泉、劉溪《古代寫經修復綴接釋例——以國圖藏〈佛名經〉敦煌寫卷爲中心》,《宗教學研究》2015 年 4 期。

張涌泉、胡方方《敦煌本〈四分律〉殘卷綴合研究》,《浙江社會科學》2015 年 6 期。

張涌泉、朱若溪《俄藏〈金光明經〉敦煌殘卷綴合研究》,《復旦學報》2015 年 6 期。

張小艷《敦煌本〈新菩薩經〉、〈勸善經〉、〈救諸衆生苦難經〉殘卷綴合研究》,《復旦學報》2015 年 6 期。

張磊、郭曉燕《俄藏楷書〈大智度論〉寫本殘片綴合研究》,《復旦學報》2015 年 6 期。

張小艷《敦煌本〈父母恩重經〉殘卷綴合研究》,《安徽大學學報》2015 年 3 期。

張小艷、傅及斯《敦煌本唐譯"八十華嚴"殘卷綴合研究》,《浙江社會科學》2015年6期。

張涌泉、孟雪《國圖藏〈梵網經〉敦煌殘卷綴合研究》,《出土文獻與古文字研究》2015年。

張磊、郭曉燕《敦煌寫本〈大智度論〉殘卷綴合研究》,《中國俗文化研究》2015年1期。

張涌泉、陳琳《敦煌本〈佛説阿彌陀經〉殘卷綴合研究——以中、俄、法三國館藏爲中心》,《中國俗文化研究》2015年1期。

張磊、左麗萍《俄藏敦煌文獻〈大乘無量壽經〉綴合研究》,《安徽大學學報》2015年3期。

張涌泉、徐鍵《〈瑜伽師地論〉系列敦煌殘卷綴合研究》,《安徽大學學報》2015年3期。

方廣錩《僞敦煌遺書〈般若波羅蜜菩薩教化經〉考》,《敦煌研究》2015年3期。

何瑩、張總《敦煌寫本〈千手經〉與〈大悲啓請〉》,《敦煌學輯刊》2015年4期。

王卡《敦煌本〈洞真高上玉帝大洞雌一玉檢五老寶經〉校讀記》,《敦煌吐魯番研究》15卷,上海：上海古籍出版社,2015年4月。

劉屹《論古靈寶經的神話時間模式——以新經和舊經中"劫"字的使用爲中心》,《敦煌吐魯番研究》15卷,上海：上海古籍出版社,2015年4月。

謝明《國圖敦煌道經校釋劄記》,《敦煌研究》2015年2期。

陳魏俊《敦煌文書"行散"非"行解"淺説——兼與張儂等先生商榷》,《敦煌研究》2015年2期。

楊富學、包朗《霞浦摩尼教文獻〈摩尼光佛〉與敦煌文獻之關係》,《敦煌吐魯番研究》15卷,上海：上海古籍出版社,2015年4月。

王蘭平《日本杏雨書屋藏唐代敦煌景教寫本〈志玄安樂經〉釋考》,《敦煌學輯刊》2015年2期。

郜同麟《〈太上洞玄靈寶天尊名〉新探》,《敦煌吐魯番研究》15卷,上海：上海古籍出版社,2015年4月。

姚崇新《淨土的嚮往還是現世的希冀？——中古中國藥師信仰內涵再考察》,《敦煌吐魯番研究》15卷,上海：上海古籍出版社,2015年4月。

張先堂《中國古代的温室浴僧供養活動——以唐宋時期敦煌文獻爲中心》,《敦煌吐魯番研究》15卷,上海：上海古籍出版社,2015年4月。

王惠民《P.2550〈略説禪師本末〉所反映的三階教實踐活動》,《敦煌吐魯番研究》15卷,上海：上海古籍出版社,2015年4月。

于淑健《敦煌僞經〈佛説要行捨身經〉考略——兼及與三階教的關聯》,《宗教學研究》2015年1期。

郭麗英《六世紀上半葉敦煌寫本〈大方等陀羅尼經〉新探》,《敦煌吐魯番研究》15卷,上海:上海古籍出版社,2015年4月。

張小艷《敦煌本〈衆經要攬〉研究》,《敦煌吐魯番研究》15卷,上海:上海古籍出版社,2015年4月。

王靜芬《不空胃索觀音新探》,《敦煌吐魯番研究》15卷,上海:上海古籍出版社,2015年4月。

張總《〈十王經〉新材料與研考轉遷》,《敦煌吐魯番研究》15卷,上海:上海古籍出版社,2015年4月。

王丁《佛教東傳早期的佛名經——〈北涼神璽三年寶賢寫千佛名號〉與漢譯〈賢劫經〉》,《敦煌學輯刊》2015年4期。

華海燕、袁佳紅《重慶市圖書館館藏敦煌寫本殘卷〈大通方廣經〉考辨》,《重慶師範大學學報》2015年1期。

華海燕、袁佳紅《敦煌寫本殘卷〈大通方廣經〉考辨》,《圖書館學刊》2015年4期。

牛尚鵬《〈中華道藏〉錄校指瑕——以敦煌本〈太上洞淵神咒經〉爲例》,《古籍研究》2015年1期。

劉永明《歸義軍時期的敦煌道教文獻與齋醮法事活動》,《敦煌學輯刊》2015年4期。

陳雙印、張鬱萍《晚唐五代敦煌僧人在中西經濟活動中的作用》,《敦煌學輯刊》2015年4期。

劉艷燕、吳軍《莫高窟禮佛儀式的左旋與右旋》,《敦煌研究》2015年6期。

楊秀清《唐宋時期敦煌道教大衆化的特徵——以敦煌文獻爲中心的研究》,《敦煌研究》2015年2期。

楊秀清《唐宋時期敦煌大衆的道教知識與思想——以敦煌文獻爲中心的研究》,《敦煌研究》2015年3期。

李秀花《論敦煌遺書之贊對漢譯佛經之容攝》,《五臺山研究》2015年3期。

哈磊《德異本〈壇經〉增補材料之文獻溯源考證》,《宗教學研究》2015年4期。

黃京《〈懺悔滅罪金光明經傳〉成書年代與作者等相關問題考論》,《敦煌研究》2015年2期。

廖暘《〈大威德熾盛光如來吉祥陀羅尼經〉文本研究》,《敦煌研究》2015年4期。

王孟《談敦煌遺書〈佛説孝順子修行成佛經〉的研究》,《敦煌研究》2015年4期。

樊波《新見〈尼釋然墓誌〉考釋——兼談唐長安比丘尼與本家的關係》,《敦煌學輯刊》2015年3期。

霍巍《荒漠清燈苦行僧——敦煌莫高窟北區石窟考古發掘所見僧侶生活》，《歷史教學》2015年12期。

馬德《敦煌文書S.2472V〈佛出家日開經發願文〉小議》，《石河子大學學報》2015年2期。

楊寶玉《英藏敦煌文書S.2199〈尼靈惠唯（遺）書〉解析》，《形象史學研究》2015年1期。

彭瑞花《惠真與敦煌本〈佛說善信菩薩二十四戒經〉及其他律學行蹟考》，《西北民族大學學報》2015年3期。

劉顯《敦煌本〈大智度論〉校正〈大正藏〉本廿八例》，《中華文化論叢》2015年8期。

徐秀玲、丁玉蓮《敦煌文書S.4782號〈寅年乾元寺堂齋修造兩司都師文謙諸色斛斗入破歷算會牒殘卷〉紀年探析》，《湖北省社會主義學院學報》2015年2期。

（五）語言文字

葉愛國《時間副詞"比"的義閾》，《敦煌研究》2015年1期。

陳曉強《敦煌社邑文書中語素"破"參構詞考釋》，《蘭州文理學院學報》2015年4期。

朱笛《敦煌寫本"鍔鑑"初探》，《中國國家博物館館刊》2015年4期。

姚美玲《敦煌碑銘贊校錄字辨》，《中國文字研究》2015年2期。

張小艷《敦煌佛經疑難字詞考辨三則》，《出土文獻與古文字研究》2015年。

徐朝東、唐浩《敦煌韻書P.2014、2015異常反切考察》，《語言學論叢》2015年1期。

黑維強、唐永健《契約文書中的"分數"類詞義考辨》，《中國文字研究》2015年2期。

高天霞《論〈俗務要名林〉音注所反映的濁音清化現象》，《漢語史研究集刊》2015年。

包朗、楊富學《〈吐魯番出土文書〉所見"譌"當爲"過"字考——兼與王啓濤先生商榷》，《敦煌研究》2015年4期。

黃英《敦煌經濟文獻紡織品詞語匯釋》，《語文學刊》2015年11期。

蒲斐然《〈敦煌變文校注〉詈罵語研究》，《語文學刊》2015年20期。

趙家棟《敦煌文獻疑難字詞考辨四則》，《漢語史學報》2015年。

李福音《敦煌〈大般涅槃經音〉伯2172音注略考》，《漢字文化》2015年4期。

于正安《敦煌曆文俗語詞考釋》，《許昌學院學報》2015年6期。

馮青《敦煌佛經詞語正詁三則》,《貴州師範大學學報》2015 年 6 期。
楊曉宇、劉瑶瑶《敦煌寫本碑銘贊詞語疏解》,《敦煌學輯刊》2015 年 1 期。
劉瑶瑶、楊曉宇《敦煌寫本碑銘贊釋録勘補》,《敦煌研究》2015 年 1 期。
鄭阿財《從敦煌文獻看日用字書在東亞漢字文化圈的容受——以越南〈指南玉音解義〉爲考察中心》,《中國俗文化研究》2015 年 1 期。
聶丹《西北屯戍漢簡中的"育"和"葦"》,《敦煌研究》2015 年 2 期。
柳慶齡《略談從"邈影如生"到"恍恍如生"》,《敦煌研究》2015 年 2 期。
王祥偉《法藏敦煌文書 P.2469V 釋録研究》,《敦煌研究》2015 年 2 期。
徐偉《〈王忠嗣碑〉校正》,《敦煌學輯刊》2015 年 2 期。

（六）文學

張涌泉《新見敦煌變文寫本敍録》,《文學遺産》2015 年 5 期。
周淑萍《敦煌文學與儒學關係述論》,《敦煌研究》2015 年 4 期。
趙家棟《敦煌寫卷北圖 7677V〈方言詩一首〉試解》,《敦煌研究》2015 年 4 期。
馮文開、王立霞《敦煌寫本〈漢將王陵變〉的口承性及其文本屬性》,《江西社會科學》2015 年 11 期。
王金娥《敦煌蒙書的寫本學特徵析論》,《蘭州文理學院學報》2015 年 4 期。
鄭阿財《變相與變文關係論爭平議》,《新國學》2015 年 2 期。
張利亞《唐代河西地區人口遷移對詩歌西傳的影響——以敦煌詩歌寫本爲例》,《内蒙古社會科學》2015 年 6 期。
劉顯《〈全敦煌詩〉校讀剳記》,《廣西社會科學》2015 年 9 期。
段觀宋《〈敦煌詩集殘卷輯考〉校讀隨剳》,《東莞理工學院學報》2015 年 4 期。
王志鵬《敦煌佚名組詩六十首的地域特徵及文學情思》,《西夏研究》2015 年 3 期。
王志鵬《敦煌釋門詩偈内容總論》,《蘭州學刊》2015 年 11 期。
張慕華《敦煌寫本〈齋琬文〉的文體實質及編纂體例》,《暨南學報》2015 年 12 期。
陳静《敦煌寫本〈茶酒論〉新考》,《敦煌研究》2015 年 6 期。
程興麗、許松《〈長興四年中興殿應聖節講經文〉性質、作者與用韻研究》,《敦煌研究》2015 年 3 期。
張長彬《〈十二時普勸四衆依教修行〉及其代表的敦煌宣傳文學》,《敦煌研究》2015 年 2 期。
冷江山《敦煌寫卷 S.2702〈净名經集解〉卷背諸内容之關聯性分析》,《敦煌研究》2015 年 2 期。
馬驍、馬蘭州《敦煌寫卷 P.2555 以"落蕃漢人"爲題材的 60 首詩作文本分析》,《内蒙古民族大學學報》2015年2期。

王晶波《果報與救贖:佛教入冥故事及其演化》,《敦煌學輯刊》2015年3期。

馬晨曦《論敦煌古抄〈百鳥鳴〉文體屬性》,《天水師範學院學報》2015年6期。

李貴生《從敦煌變文到河西寶卷——河西寶卷的淵源與發展》,《青海民族大學學報》2015年1期。

戴瑩瑩《敦煌説唱文本中的插詞》,《社會科學研究》2015年5期。

朱利華《孤寂之思:敦煌"没蕃"詩文書寫》,《中國社會科學報》2015年8月17日。

王樹森《論敦煌唐五代詩歌文獻的民族史意義》,《文學遺産》2015年4期。

田衛衛《〈秦婦吟〉敦煌寫本新探——文本概觀與分析》,《敦煌研究》2015年5期。

任偉《敦煌殘卷S.3905〈唐天復元年辛酉歲金光明寺造□窟上樑文〉匡補》,《河西學院學報》2015年3期。

吳華峰《袁潔及其〈出戍詩話〉研究》,《敦煌學輯刊》2015年1期。

(七) 藝術

黄文昆《中國早期佛教美術考古泛議》,《敦煌研究》2015年1期。

劉永增《瓜州榆林窟第3窟五守護佛母曼荼羅圖像解説》,《敦煌研究》2015年1期。

王惠民《莫高窟第280窟菩薩乘象圖和比丘誦經圖的再解讀》,《敦煌研究》2015年1期。

張寶璽《涼州洪元谷大雲寺考》,《敦煌研究》2015年1期。

胡同慶《試探敦煌北朝時期供養人畫像的美學意義》,《敦煌研究》2015年1期。

任平山《"身若出壁"的吐火羅粟特壁畫——以尉遲乙僧爲線索》,《敦煌研究》2015年1期。

張建宇《敦煌西魏畫風新詮——以莫高窟第285窟工匠及粉本問題爲核心》,《敦煌研究》2015年2期。

胡垚《論判教思想對敦煌北朝至隋石窟的影響》,《敦煌學輯刊》2015年3期。

馬德《敦煌石窟大勢至菩薩造像管窺》,《美育學刊》2015年2期。

趙聲良《敦煌美術研究與中國美術史——略談三十年來敦煌美術的研究》,《敦煌吐魯番研究》15卷,上海:上海古籍出版社,2015年4月。

盧秀文《敦煌婦女首飾步摇考》,《敦煌研究》2015年2期。

朱天舒《克孜爾第123窟主室兩側壁畫新探》,《敦煌研究》2015年3期。

胡同慶《試探敦煌壁畫中的佛教洗浴文化》,《敦煌研究》2015年3期。

盧秀文、徐會貞《披帛與絲路文化交流》,《敦煌研究》2015 年 3 期。

趙昆雨《古道西風別樣薰——北魏平城時代的胡風樂舞》,《敦煌研究》2015 年 3 期。

王明《從敦煌五代牒狀寫本看五代書法的過渡特色》,《敦煌研究》2015 年 3 期。

符永利《重慶龍多山田灣 3 號龕的造像題材與年代》,《敦煌研究》2015 年 4 期。

朱若昀《敦煌樂舞藝術研究的歷史與現狀》,《音樂天地》2015 年 4 期。

賈維維《榆林窟第 3 窟五護佛母圖像研究》,《敦煌研究》2015 年 4 期。

朱曉峰《〈張議潮統軍出行圖〉儀仗樂隊樂器考》,《敦煌研究》2015 年 4 期。

山部能宜著,陳瑞蓮譯,楊富學校《吐峪溝第 42 窟禪觀壁畫研究——兼及漢文禪觀文獻的起源》,《敦煌研究》2015 年 4 期。

潘亮文《敦煌石窟華嚴經變作品的再思考——以唐代爲中心》,《敦煌研究》2015 年 4 期。

史忠平《敦煌水月觀音圖的藝術》,《敦煌研究》2015 年 5 期。

沙武田《一幅珍貴的唐長安夜間樂舞圖——以莫高窟第 220 窟藥師經變樂舞圖中燈爲中心的解讀》,《敦煌研究》2015 年 5 期。

洛克什·錢德拉著,楊富學譯《丹丹烏里克二號殿所見于闐訶利帝壁畫》,《敦煌研究》2015 年 5 期。

苗立輝《龜茲石窟佛傳壁畫與佛神通力——兼論龜茲石窟涅槃題材故事畫》,《敦煌研究》2015 年 5 期。

唐仲明《論"響堂樣式"的特徵及形成》,《敦煌研究》2015 年 5 期。

劉振剛《志丹城臺寺石窟歷代題記的識讀與分析》,《敦煌研究》2015 年 5 期。

東山健吾著,李梅譯《敦煌莫高窟北朝尊像圖像學考察》,《敦煌研究》2015 年 6 期。

趙曉星《莫高窟第 361 窟主室窟頂藻井壇城辨識——莫高窟第 361 窟研究之八》,《敦煌吐魯番研究》15 卷,上海:上海古籍出版社,2015 年 4 月。

張惠明《俄藏柏孜克里克窟的一幅高昌回鶻時期的五臺山文殊圖壁畫研究》,《敦煌吐魯番研究》15 卷,上海:上海古籍出版社,2015 年 4 月。

孟嗣徽《文明與交匯——吐魯番龜茲地區熾盛光佛與星神圖像的研究》,《敦煌吐魯番研究》15 卷,上海:上海古籍出版社,2015 年 4 月。

陳愛峰《大桃兒溝石窟第 10 窟觀無量壽經變考釋》,《敦煌吐魯番研究》15 卷,上海:上海古籍出版社,2015 年 4 月。

汪娟《中土瑞像傳說的特色與發展——以敦煌瑞像作爲考察的起點》,《敦煌吐魯番研究》15卷,上海:上海古籍出版社,2015年4月。

張小剛、郭俊葉《敦煌"地藏十王"經像拾遺》,《敦煌吐魯番研究》15卷,上海:上海古籍出版社,2015年4月。

陳菊霞《〈維摩詰經變〉中的香山子》,《敦煌吐魯番研究》15卷,上海:上海古籍出版社,2015年4月。

沙武田、李國《由維摩詰經變贊普問疾圖看吐蕃之後的敦煌社會》,《中國藏學》2015年4期。

張景峰《佛教兩種末法觀的對抗與闡釋——敦煌莫高窟第321窟研究》,《敦煌吐魯番研究》15卷,上海:上海古籍出版社,2015年4月。

陳瑞瑞、尚俊睿《敦煌飛天藝術形象的舞蹈身體語言解讀》,《北京舞蹈學院學報》2015年4期。

劉艷燕、曾俊琴《敦煌壁畫中馬形象探析》,《絲綢之路》2015年8期。

王毓紅、馮少波《唐代三大胡舞中的佛教轉世再生思想——以敦煌石窟佛教經變壁畫爲例》,《唐史論叢》2015年1期。

趙曉星《西夏時期的敦煌五臺山圖——敦煌五臺山信仰研究之一》,《西夏學》第十一輯,2015年。

于博《張騫出使西域與絲綢之路的開闢——從敦煌壁畫談起》,《文史知識》2015年8期。

孫占鰲《敦煌遺書書法藝術研究》,《絲綢之路》2015年20期。

李雅潔《敦煌石窟蒙元時期裝飾圖案中的文化交融》,《中國藝術報》2015年7月17日。

王勝澤《西夏佛教藝術中的童子形象》,《敦煌學輯刊》2015年4期。

朱滸、李雯雯《論敦煌藝術中南朝因素的來源》,《中國國家博物館館刊》2015年10期。

米德昉《北大藏D079號敦煌寫卷與莫高窟第100窟千佛圖像》,《石河子大學學報》2015年4期。

朱曉峰《彈撥樂器流變考——以敦煌莫高窟壁畫弦鼗圖像爲依據》,《中央音樂學院學報》2015年4期。

任平山《庫木吐喇第75窟——敦煌寫本P.2649V的龜茲圖現》,《美術研究》2015年5期。

湯旭梅《敦煌石窟壁畫中舞蹈形象的文化解析》,《北京舞蹈學院學報》2015年5期。

郭俊葉《莫高窟第217窟佛頂尊勝陀羅尼經變中的看相圖及相關問題》,《敦煌學輯刊》2015年4期。

鍾國昌《麥積山與敦煌石窟北魏飛天造像色彩研究》,《中央民族大學學報》2015年4期。

劉文榮《莫高窟隋唐壁畫"葫蘆琴"圖像再考》,《音樂研究》2015年1期。

劉文榮《莫高窟隋唐壁畫"葫蘆琴"樂器的真實性問題探討》,《新疆藝術學院學報》2015年2期。

鄒清泉《敦煌石窟曹元忠與潯陽翟氏畫像研究》,《美術學報》2015年3期。

孫漢明《敦煌壁畫男性舞蹈形象研究》,《北京舞蹈學院學報》2015年3期。

張先堂《敦煌莫高窟第148窟西夏供養人圖像新探——以佛教史考察爲核心》,《西夏學》第十一輯,2015年。

信佳敏《敦煌莫高窟唐代龕內屏風畫的源起——以樹下人物圖屏風畫爲例》,《美術研究》2015年1期。

陳卉《滋生與嬗變:絲綢之路上的佛教樂舞》,《鄭州大學學報》2015年2期。

曲鴿《談敦煌壁畫對現當代繪畫語言轉換的啓發》,《長春師範大學學報》2015年3期。

陳乃惠《敦煌壁畫"意"與"象"契合的形式美》,《瀋陽建築大學學報》2015年1期。

王曉光、江彥彧、張璐《敦煌壁畫圖像語義描述層次模型實證研究》,《圖書情報工作》2015年19期。

黃火、黃雅雯《論貴霜經雕造像對早期敦煌石窟的影響——以"護法"模式和"二佛並坐"模式爲例》,《中北大學學報》2015年1期。

王冬松、李詩芸《唐代繪畫與雕塑的植物色考察》,《華僑大學學報》2015年1期。

苗利輝《說一切有部佛教美術思想芻議——兼談其在龜茲石窟中的反映》,《敦煌學輯刊》2015年2期。

李小强、姚淇琳《大足石刻宋代兩組取經圖簡說》,《敦煌研究》2015年6期。

張玉平《甘肅清水宋金墓葬的藝術美探究》,《敦煌學輯刊》2015年3期。

伏奕冰《古老的狩獵方式——莫高窟第285窟壁畫中的〈獵殺野豬圖〉》,《敦煌學輯刊》2015年3期。

黃文智《河南中部北魏晚期至東魏石窟佛像造型分析》,《敦煌學輯刊》2015年1期。

盧少珊《河西地區唐宋時期維摩詰經變細部圖像再認識》,《敦煌學輯刊》2015年3期。

陳明《論敦煌北魏石窟藝術成就的歷史背景》,《敦煌學輯刊》2015年3期。

項一峰《麥積山石窟第127窟造像壁畫思想研究》,《敦煌學輯刊》2015年

1期。

吳少明《清水宋金墓葬孝行圖探究》,《敦煌學輯刊》2015年1期。

董華鋒《慶陽北石窟寺第165窟"捨身飼虎"圖像考辨》,《敦煌學輯刊》2015年1期。

嚴耀中《從印度到中國的四臂像》,《敦煌學輯刊》2015年1期。

高秀軍《寶頂山石刻佛飾"毫光"意涵探析》,《敦煌學輯刊》2015年2期。

張景峰《敦煌石窟最早觀音經變考》,《敦煌學輯刊》2015年1期。

林春《魏晉墓葬彩繪體育磚畫的審美研究》,《敦煌學輯刊》2015年1期。

徐會貞、盧秀文《敦煌供養人襆頭的形制變化》,《寧夏師範學院學報》2015年5期。

陳振旺《莫高窟隋唐圖案的歷史演變和文化交流》,《深圳大學學報》2015年6期。

宋艷玉《敦煌石窟十一面觀音經變的演變》,《藝術探索》2015年4期。

李興濤《淺談敦煌遺書印文的印風特點》,《甘肅日報》2015年8月12日。

毛睿《唐代二元世界觀與音樂美學問題——以敦煌彌勒經變壁畫設樂供養爲例》,《南京藝術學院學報》2015年4期。

(八) 考古與文物保護

樊錦詩《堅持敦煌莫高窟文物管理體制不動搖》,《敦煌研究》2015年4期。

蔡偉堂《敦煌莫高窟編號的幾處訂正》,《敦煌研究》2015年2期。

韓有成《寧夏原州區禪塔山石窟調查報告》,《敦煌研究》2015年3期。

趙聲良《敦煌隋代中心柱窟的構成》,《敦煌研究》2015年6期。

張銘、魏文斌《甘肅秦安迦葉寺遺址調查報告》,《敦煌研究》2015年6期。

石建剛、高秀軍、賈延財《延安地區宋金石窟僧伽造像考察》,《敦煌研究》2015年6期。

王惠民《敦煌早期洞窟分期及存在的問題》,《石河子大學學報》2015年6期。

王旭東《基於風險管理理論的莫高窟監測預警體系構建與預防性保護探索》,《敦煌研究》2015年1期。

吉愛紅、汪萬福等《仿愛夜蛾在敦煌莫高窟模擬壁畫表面的附著力研究》,《敦煌研究》2015年1期。

杜文鳳、張虎元《莫高窟壁畫加筋土地仗乾縮變形研究》,《敦煌研究》2015年1期。

胡可佳、白崇斌等《陝西安康紫陽北五省會館壁畫製作工藝研究》,《敦煌研究》2015年1期。

吳健《石窟寺文物數字化的內涵——融學術、技術、藝術於一體》,《敦煌研究》

2015 年 2 期。

王旭東、郭青林等《多場耦合下岩土質文物風化機理試驗裝置研究》，《敦煌研究》2015 年 5 期。

吴健、俞天秀《絲綢之路中國段文化旅遊展示與體驗創新服務模式探討》，《敦煌研究》2015 年 5 期。

李大丁、楊夢琴等《體感技術在敦煌藝術交互展示中的應用初探》，《敦煌研究》2015 年 5 期。

歐秀花、惠澤霖、盧旭平《天水古民居木構件煙熏病害調查及治理的初步研究》，《敦煌研究》2015 年 5 期。

張春庭、王麟琨等《敦煌莫高窟微環境控制系統的設計》，《機電工程》2015 年 4 期。

張學超、張虎元、宋佳航《遊客呼吸對敦煌壁畫白粉層的損害機理研究》，《科學技術與工程》2015 年 3 期。

俞天秀、吴健等《敦煌石窟海量數據無差錯傳輸系統的設計與開發》，《敦煌研究》2015 年 3 期。

高潔《防洪墙在敦煌莫高窟堤防加固中的應用》，《西北水電》2015 年 4 期。

郭健、鄭秋平、張春庭《敦煌莫高窟微環境控制系統的 CFD 仿真及設計》，《儀器儀表標準化與計量》2015 年 4 期。

王江麗、閆增峰等《莫高窟洞窟自然通風測試研究》，《敦煌研究》2015 年 4 期。

王江麗、閆增峰等《敦煌莫高窟洞窟自然通風實驗研究》，《西安建築科技大學學報》2015 年 5 期。

姚雪、趙凡、孫滿利《降雨對榆陽區明長城單體建築模型破壞的定量化研究》，《敦煌研究》2015 年 4 期。

趙雪芬、賀延軍等《大寺溝淤沙對炳靈寺石窟的影響及治理措施》，《敦煌研究》2015 年 4 期。

李鳳潔、王旭東等《不同泥敷劑配比下土遺址泥敷法脱鹽效果評價》，《敦煌研究》2015 年 6 期。

裴強强、趙林毅等《山西北齊徐顯秀墓葬墓室結構保護技術研究》，《敦煌研究》2015 年 3 期。

王樂樂、李志敏等《高光譜技術無損鑒定壁畫顏料之研究——以西藏拉薩大昭寺壁畫爲例》，《敦煌研究》2015 年 3 期。

李大偉《長城保護維修中的遺産類别定位研究》，《敦煌研究》2015 年 3 期。

黄明玉《文化遺産概念與價值的表述——兼論我國文物保護法的相關問題》，

《敦煌研究》2015年3期。

蔡禮彬、呂雅坤《基於服務劇場理論的遺産地服務創新研究——以敦煌莫高窟爲例》,《旅遊研究》2015年2期。

李志榮、王瑞霞等《一鑿一磨皆菩提——青州龍興寺L0139造像記録中的新方法和新發現》,《敦煌研究》2015年4期。

劉牧、鄧靜宜、王明明《文物價值的現象學分析——以敦煌莫高窟爲例》,《敦煌研究》2015年6期。

戴春陽《敦煌佛爺廟灣唐代模印塑像磚墓(一)——墓葬舉要與年代》,《敦煌研究》2015年5期。

劉衛鵬《甘肅高臺前秦"建元廿年"棺板題記辨正》,《敦煌研究》2015年1期。

時蘭蘭《甘肅省博物館藏敦煌宋代天禧塔資料辨析》,《敦煌研究》2015年6期。

党菊紅《武威校尉鄉珍珠臺窖藏元代銅器銘文辨析》,《敦煌研究》2015年1期。

趙青山《〈唐故東都安國寺大德尼法真墓誌銘並序〉考釋》,《敦煌學輯刊》2015年1期。

吴正科《慶陽北石窟寺區域歷史文化遺存概述》,《敦煌學輯刊》2015年4期。

(九) 少數民族歷史語言

張多勇、于光建《瓜州東千佛洞泥壽桃洞西夏文兩件印本殘頁考釋》,《敦煌研究》2015年1期。

陳踐《吐蕃藏文文獻詞語釋讀瑣議》,《民族翻譯》2015年4期。

崔紅芬《中英藏西夏文〈聖曜母陀羅尼經〉考略》,《敦煌研究》2015年2期。

張鐵山、皮特·茨默《敦煌研究院藏回鶻文〈圓覺經〉注釋本殘片研究》,《敦煌研究》2015年2期。

宗喀·漾正岡布、周毛先《吐蕃〈大事紀年〉中的sho tshigs——敦煌古藏文寫卷P.T.1288中骰卜名號探析》,《青海民族研究》2015年1期。

陸離《關於吐蕃統治下于闐地區的tshan》,《西域研究》2015年1期。

陳于柱、張福慧《敦煌古藏文寫本P.T.1005+IOL TibJ 744〈十二錢卜法〉題解與釋録——敦煌漢、藏文術數書的比較歷史學研究之一》,《敦煌學輯刊》2015年4期。

馬晟楠《法藏敦煌文書P.T.986〈尚書·牧誓〉的藏漢對勘研究》,《故宫學刊》2015年1期。

牛宏《敦煌藏文文獻揭示禪宗傳播進路》,《中國社會科學報》2015年4月15日。

葉拉太《敦煌古藏文吐蕃地名所反映的古代民族情況》,《青海師範大學學報》2015年2期。

劉鳳強《從敦煌文獻看禮在吐蕃文化中的地位》,《西藏民族學院學報》2015年2期。

陸離《關於吐蕃統治敦煌時期的基層組織——十將、將》,《中國邊疆史地研究》2015年2期。

巴桑旺堆《一份新發現的敦煌古藏文吐蕃兵律文書(下卷)初步解讀》,《中國藏學》2015年S1期。

陳踐《若干典型古藏文語詞疏譯之一——重讀〈敦煌本吐蕃歷史文書〉之體會》,《中國藏學》2015年S1期。

今枝由郎著,班瑪更珠譯《生死輪回史——一部來自敦煌的藏文敘事文獻(二)(三)(四)》,《敦煌學輯刊》2015年1、2、4期。

謝後芳《馬的分類及其世系血統和馬祭儀式——P. T. 1060號卷譯釋》,《中國藏學》2015年S1期。

王東《西域出土的一份古藏文告身文獻補考》,《敦煌研究》2015年4期。

郭萌、張建林《敦煌莫高窟北區出土擦擦研究》,《文博》2015年5期。

沙武田《敦煌吐蕃期洞窟與唐蕃文化交流》,《光明日報》2015年9月17日。

彭傑《旅順博物館藏兩件高昌王麴乾固供養寫經殘片探析》,《敦煌研究》2015年3期。

馬振穎、鄭炳林《〈俄藏敦煌文獻〉中的黑水城文獻補釋》,《敦煌學輯刊》2015年2期。

(十) 古籍

陳緒波《試論武威漢簡〈儀禮〉的版本問題——從簡本、石經本、今本〈儀禮〉篇題間的關係著眼》,《敦煌研究》2015年1期。

伏俊璉《唐寫本〈論語〉鄭玄注的學術特點》,《甘肅理論學刊》2015年1期。

鍾書林《〈敦煌汜氏家傳〉與先周世系》,《中南大學學報》2015年1期。

俞紹宏、李索《敦煌寫本〈詩經〉異文中的隸定古文釋例》,《古籍整理研究學刊》2015年3期。

史志林《〈讀史方輿紀要〉獻疑一則》,《敦煌學輯刊》2015年2期。

周慧《日本〈中村不折舊藏禹域墨書集成〉題跋研究》,《古籍整理研究學刊》2015年6期。

(十一) 科技

劉英華《敦煌本藏文六十甲子納音文書研究》,《中國藏學》2015年1期。

劉英華《敦煌本藏文算書研究》,《西藏大學學報》2015年1期。

僧海霞《唐宋時期敦煌行藥法再探》,《南京中醫藥大學學報》2015 年 1 期。
趙小强、田永衍、胡蓉《敦煌〈灸經圖〉足太陽經理論源流探析》,《中國中醫藥信息雜誌》2015 年 5 期。
彭馨、胡翠華《從敦煌醫藥文獻看古代民間獸藥方的流傳形式》,《農業考古》2015 年 1 期。
彭馨、胡翠華《敦煌醫藥卷子訛誤字分析》,《科技視界》2015 年 4 期。
田永衍《〈輔行訣臟腑用藥法要〉非藏經洞遺書考——從文本形式與文獻關係考察》,《南京中醫藥大學學報》2015 年 4 期。
陳明《絲路出土密教醫學文獻芻議》,《敦煌吐魯番研究》15 卷,上海:上海古籍出版社,2015 年 4 月。
安永澤、孫守華《敦煌古方治療消渴》,《實用中醫內科雜誌》2015 年 12 期。
張靖《敦煌遺書〈黑帝要略方〉探析》,《西部中醫藥》2015 年 3 期。
史正剛、劉喜平等《敦煌遺書中梵文香藥的應用探析》,《中國民族民間醫藥》2015 年 20 期。
僧海霞《敦煌醫藥文書考補的重要依據》,《南京中醫藥大學學報》2015 年 3 期。
鄧文寬《敦煌本 S.3326 號星圖新探——文本和歷史學的研究》,《敦煌吐魯番研究》15 卷,上海:上海古籍出版社,2015 年 4 月。
鄧文寬《法國學者對敦煌術數和天文曆法文獻研究的貢獻》,《敦煌學輯刊》2015 年 1 期。
陳于柱《日本杏雨書屋藏敦煌本〈發病書〉殘卷整理與研究》,《敦煌吐魯番研究》15 卷,上海:上海古籍出版社,2015 年 4 月。
趙貞《S.P12〈上都東市大刀家印具注曆日〉殘頁考》,《敦煌研究》2015 年 3 期。
田永衍《敦煌文獻〈平脈略例〉、〈玄感脈經〉考論三則》,《敦煌學輯刊》2015 年 3 期。
Christine Mollier *Astrological Talismans and Paper Amulets from Dunhuang: Typlogy and Function*(穆瑞明《敦煌九曜星宿與陀羅尼符》)《敦煌吐魯番研究》15 卷,上海:上海古籍出版社,2015 年 4 月。
傅千吉《敦煌藏文文獻中的天文曆算文化研究》,《西藏大學學報》2015 年 2 期。

(十二) 書評與學術動態

劉進寶《石窟寺考古報告的典範——評〈莫高窟第 266—275 窟考古報告〉》,《敦煌研究》2015 年 1 期。

鄧文寬《一部敦煌學者的必讀之作——張涌泉〈敦煌寫本文獻學〉讀後》,《敦煌研究》2015年2期。

鄒清泉《美術史與敦煌學的交匯——試評〈敦煌石窟美術史·十六國北朝〉》,《敦煌研究》2015年2期。

陳習剛《吐魯番學研究新成就——評〈吐魯番唐代軍事文書研究〉》,《西域研究》2015年2期。

王慧慧《〈敦煌藝術畫庫〉的概況及學術史價值》,《敦煌研究》2015年5期。

史文韜《〈朱雷敦煌吐魯番文書論叢〉評介》,《中國史研究動態》2015年6期。

裴成國《關尾史郎先生〈另一個敦煌〉評介》,《敦煌研究》2015年6期。

金海峰《敦煌石窟營建史研究的新篇章——〈敦煌佛教與石窟營建〉述評》,《敦煌學輯刊》2015年3期。

劉進寶《避諱在史學研究中的重要作用——評〈敦煌文獻避諱研究〉》,《社會科學戰線》2015年6期。

張海娟《敦煌學、回鶻學、裕固學新饌——楊富學著〈回鶻與敦煌〉評介》,《河西學院學報》2015年3期。

陳國燦《探源察變,務實求真——評乜小紅著〈中國中古契券關係研究〉》,《中國社會經濟史研究》2015年2期。

劉全波、胡康《〈敦煌三夷教與中古社會〉評介》,《世界宗教研究》2015年5期。

張利亞《文史兼通,通而不俗——〈炎鳳朔龍記——大唐帝國與東亞的中世〉述評》,《敦煌學輯刊》2015年3期。

武内紹人著,楊銘、楊壯立譯《〈敦煌、西域出土的古藏文契約文書〉導言》,《石河子大學學報》2015年6期。

閔定慶、張洲《車柱環教授敦煌詞校勘實績述要》,《敦煌研究》2015年6期。

石建剛《延安宋金石窟研究述評》,《敦煌學輯刊》2015年1期。

侯文昌《敦煌出土吐蕃契約文書研究述評》,《隴東學院學報》2015年6期。

郝憲愛《敦煌十王信仰研究綜述》,《河西學院學報》2015年1期。

張寧《"敦煌吐蕃文獻專題學術討論會"綜述》,《中國藏學》2015年S1期。

楊亞瓊《馬達漢西域考察研究綜述》,《敦煌研究》2015年5期。

翟興龍《21世紀我國內地敦煌本〈歷代法寶記〉研究綜述》,《西南石油大學學報》2015年6期。

閆斯文、武振玉《敦煌文獻詞彙研究綜述》,《華夏文化論壇》2015年2期。

崔怡《敦煌歌辭〈百歲篇〉研究綜述》,《寧夏師範大學學報》2015年4期。

李萍《法藏敦煌P.2161文書殘片研究綜述》,《雞西大學學報》2015年3期。

2015年吐魯番學研究論著目錄

殷盼盼　李曉明（蘭州大學）

一、專著與文集

王欣《中國古代石窟》，北京：中國商業出版社，2015年1月。

中國敦煌吐魯番學會絲綢之路專業委員會、西安大唐西市歷史文化研究中心編《中國敦煌吐魯番學會絲綢之路專業委員會文集》，西安：陝西師範大學出版總社，2015年2月。

李宗俊《唐前期西北軍事地理問題研究》，北京：中國社會科學出版社，2015年2月。

[日]西川寧著，姚宇亮譯《西域出土晉代墨蹟的書法史研究》，北京：人民美術出版社，2015年3月。

樊錦詩、才讓、楊富學主編《絲綢之路民族文獻與文化研究》，蘭州：甘肅教育出版社，2015年4月。

楊富學著《西域敦煌宗教論稿續編》，蘭州：甘肅教育出版社，2015年4月。

王紅梅、楊富學著《元代畏兀兒歷史文化與文獻研究》，蘭州：甘肅教育出版社，2015年4月。

孟彥弘《出土文獻與漢唐典制研究》，北京：北京大學出版社，2015年5月。

陸娟娟《吐魯番出土文書語言研究》，杭州：浙江工商大學出版社，2015年6月。

楊蕤《回鶻時代：10—13世紀陸上絲綢之路貿易研究》，北京：中國社會科學出版社，2015年6月。

榮新江《絲綢之路與東西文化交流》，北京：北京大學出版社，2015年8月。

烏布里·買買提艾力《絲綢之路新疆段建築研究》，北京：科學出版社，2015年9月。

王衛東、[日]小島康譽主編《新疆世界文化遺產圖典》，烏魯木齊：新疆美術攝影出版社，2015年9月。

[美]芮樂偉·韓森著，張湛譯《絲綢之路新史》，北京：北京聯合出版公司，2015年9月。

俄軍、楊富學主編《絲綢之路文物考古研究》，蘭州：甘肅教育出版社，2015年10月。

俄軍主編《絲綢之路民族貨幣研究》,蘭州:甘肅教育出版社,2015年10月。

張鐵山編著《古代維吾爾語詩體故事、懺悔文及碑銘研究》,上海:上海古籍出版社,2015年12月。

肖小勇《西域考古研究——遊牧與定居》,北京:中央民族大學出版社,2015年12月。

黃文弼著,黃烈編《西域史地考古論集》,北京:商務印書館,2015年12月。

朱玉麒《徐松與〈西域水道記〉研究》,北京:北京大學出版社,2015年12月。

李剛、崔峰《絲綢之路與中西文化交流》,西安:陝西人民出版社,2015年12月。

[德]阿爾伯特·格倫威德爾著,管平譯《高昌故城及其周邊地區的考古工作報告(1902—1903年冬季)》,北京:文物出版社,2015年12月。

二、論　　文

(一) 政治法律

謝紹鷁《漢代西北邊郡代管邊外事務試析》,《西域研究》2015年2期,1—6頁。

孟遼闊《西漢中期西域都護府的設立及其重要意義》,《寧夏大學學報》2015年6期,71—77、98頁。

申超《漢代西域長史略論》,《中國邊疆史地研究》2015年1期,50—55頁。

朱紹侯《兩漢對匈奴西域西羌戰爭戰略研究》,《史學月刊》2015年5期,5—42頁。

劉國防《政策因素對兩漢西域經略的影響——以龜茲爲例》,《西域研究》2015年3期,53—60頁。

翟麥玲《兩漢西北邊疆移民政策比較研究》,《南都學壇》2015年4期,7—10頁。

趙紅梅《兩漢魏晉南北朝時期西域管理模式演變研究——以魏晉時期涼州刺史領戊己校尉護西域事爲中心》,《學習與探索》2015年8期,157—160頁。

魏俊傑《十六國時期的準政區考論》,《歷史地理》31輯,上海:上海人民出版社,2015年6月,191—200頁。

石坤《淺談高昌王國的客館制度》,《文教資料》2015年26期,69—70頁。

王巧玲《漢唐時期新疆的漢族人口》,《中共伊犁州委黨校學報》2015年1期,85—90頁。

曹李海《隋唐時期西域治理人物、事件、關係以及軍事制度回應的梳理》,《蘭州大學學報》2015年1期,83—92頁。

龔靜《高昌平滅後的麴氏王姓——從麴建泰墓誌説起》,《社會科學戰線》2015年5期,122—126頁。

李大龍《安西都護府第一次晉升爲大都護府時間考》,《陝西學前師範學院學報》2015年4期,61—63頁。

程喜霖《略論唐朝治理西域的戰略思想與民族政策》,《西域研究》2015年4期,28—41頁。

劉子凡《法藏敦煌P.2754文書爲西州都督府長史袁公瑜判集考》,《敦煌研究》2015年5期,72—80頁。

任克良《唐代西域漢人與當地民族的融合》,《新疆地方志》2015年1期,46—50頁。

王義康《唐代中央派員出任蕃州官員吏員考》,《史學集刊》2015年6期,51—59頁。

張文德《明代天方國使臣來華考——兼議明人對天方國的認識》,《西域研究》2015年4期,50—58頁。

陳光文、鄭炳林《莫高窟、榆林窟明代遊人題記研究》,《蘭州大學學報》2015年5期,110—118頁。

王啓明《晚清吐魯番協理台吉》,《新疆大學學報》2015年1期,50—55頁。

劉國俊《楊增新對新疆行政區劃的調整及其意義》,《西域研究》2015年3期,93—100頁。

王啓濤《敦煌吐魯番文獻所見杖刑考辨》,《成都工業學院學報》2015年3期,82—84頁。

肖海英《隋唐五代時期繼承訴訟慣例探析——以敦煌吐魯番文書爲研究視角》,《新西部》2015年17期,94—95頁。

李進、張異《論清末吐魯番刑事訴訟過程與維吾爾族的刑事法律認同》,《蘭臺世界》2015年33期,39—41頁。

（二）經濟

王欣《魏晉西域屯田的特點》,《中國邊疆史地研究》2015年4期,40—44頁。

蘇金花《從敦煌、吐魯番文書看古代西部綠洲農業的灌溉特點——基於唐代沙州和西州的比較研究》,《中國經濟史研究》2015年6期,72—79頁。

陶德臣《"一帶一路"：中國茶走向世界的主渠道》,《農業考古》2015年5期,257—268頁。

劉晉文《魏晉時期户籍制度探析》,《上饒師範學院學報》2015年1期,10—12頁。

張榮强《從"歲盡增年"到"歲初增年"——中國中古官方計齡方式的演變》,

《歷史研究》2015年2期,51—67頁。

張榮强《再談〈前秦建元二十年籍〉錄文問題》,《史學史研究》2015年3期,120—122頁。

黃樓《闞氏高昌雜差科帳研究——吐魯番洋海一號墓所出〈闞氏高昌永康年間供物、差役帳〉的再考察》,《敦煌學輯刊》2015年2期,55—70頁。

陳習剛《吐魯番所出〈高昌張武順等葡萄畝數及租酒帳〉再探討》,《吐魯番學研究》2015年1期,23—45頁。

趙貞《唐前期"中男"承擔差役考——以敦煌吐魯番文書爲中心》,《西域研究》2015年1期,78—88頁。

張新國《唐前期的女户及相關問題——以敦煌吐魯番文書爲中心》,《中國邊疆史地研究》2015年1期,88—103頁。

彭麗華《唐代丁匠的徵發與上役管理——以〈賦役令〉爲中心》,《史學月刊》2015年4期,92—99頁。

黃樓《唐代的更簿與直簿——以吐魯番所出〈唐某年二月西州高昌縣更簿〉爲中心》,《吐魯番學研究》2015年1期,46—64頁。

趙璐璐《里正職掌與唐宋間差科徵發程序的變化——兼論〈天聖令·賦役令〉宋令第9條的復原》,《史學月刊》2015年10期,92—99頁。

阿風《中國歷史上的"契約"》,《安徽史學》2015年4期,5—12頁。

龔戰梅、崔匡洲《〈清代新疆檔案選輯〉中所見土地契約的形式和特點》,《蘭臺世界》2015年28期,119—121頁。

（三）歷史地理

陳國燦《吐魯番地名的開創期——吐魯番地名研究之二》,《吐魯番學研究》2015年2期,33—39頁。

陳國燦《對高昌國諸城"丁輸木薪額"文書的研究——兼論高昌國早期的諸城分佈》,《吐魯番學研究》2015年1期,14—22頁。

夏國强《〈經火山〉與"蒲昌館"》,《中華文史論叢》2015年2期,357—369頁。

李樹輝《吐魯番地名新探》,《語言與翻譯》2015年2期,33—38頁。

張碩勛、王曉紅、韓岩《作爲媒介的驛道：古代長安通西域的驛道考》,《長安大學學報》2015年1期,28—35頁。

李書吉、錢龍《漢唐間的伊吾及伊吾路》,《山西大學學報》2015年5期,33—41頁。

李樹輝《絲綢之路"新北道"的開通與興盛》,《石河子大學學報》2015年3期,17—24頁。

盛景艷《〈新唐書·地理志〉標點勘誤兩則》,《智富時代》2015年11期,

324頁。

(四) 社會文化

榮新江《絲綢之路與東西文化交流》,《文史知識》2015年8期,3—11頁。

鄭君雷《西漢邊遠地區漢文化結構中的西域》,《北方民族考古》2輯,北京:科學出版社,2015年8月,179—189頁。

王聰延《漢代西域屯墾與漢文化在西域的傳播》,《兵團黨校學報》2015年4期,66—70頁。

劉德波《古代中國與印度的樂舞文化交流》,《音樂傳播》2015年1期,81—84頁。

董永強《唐代西州百姓陪葬〈孝經〉習俗考論》,《西北大學學報》2015年2期,15—21頁。

于力《古代西域民族體育項目類型淺析》,《塔里木大學學報》2015年1期,55—61頁。

叢振《古代雙陸遊戲小考——兼論敦煌、吐魯番的雙陸遊戲》,《吐魯番學研究》2015年2期,52—57頁。

張金傑《吐魯番出土磚誌中的女性磚誌研究——以〈吐魯番出土磚誌集注〉爲中心》,《綏化學院學報》2015年6期,105—110頁。

劉子凡《唐代書信緘封考——以中國人民大學藏和田出土書信文書爲中心》,《文獻》2015年5期,48—68頁。

趙毅《清末吐魯番養濟院》,《清史研究》2015年1期,126—132頁。

游自勇《敦煌吐魯番占卜文獻與日常生活史研究》,《中國高校社會科學》2015年2期,88—91頁。

(五) 民族與宗教

布阿衣夏木·阿吉《喀喇汗王朝與高昌回鶻汗國的政治關係探析》,《哈爾濱學院學報》2015年12期,102—105頁。

楊富學《回鶻社會文化發展逆演進現象考析》,《暨南學報》2015年4期,147—154頁。

閆國疆、郝新鴻《多元共生、動態交融——回鶻西遷後的西域文明與居民身份變化》,《西北民族大學學報》2015年6期,49—56頁。

熱依汗·卡德爾《歷史書寫、家族記憶與認同建構》,《新疆師範大學學報》2015年3期,114—117頁。

謝貴安《懷柔遠人:國史〈明實錄〉對西域"回回"記載的價值取向》,《北方民族大學學報》2015年2期,32—37頁。

王晶《論漢宋間翟氏的民族融合》,《中國邊疆史地研究》2015年1期,104—

111頁。

王欣《漢唐時期的西域佛教及其東傳路徑》,《中國歷史地理論叢》2015年3輯,31—39頁。

吕麗軍《吐魯番出土北涼時期寫經題記研究——以〈優婆塞戒經〉爲中心》,《太原師範學院學報》2015年2期,40—44頁。

許雲和《鄯善出土〈佛説金剛般若波羅蜜經〉殘卷題記考》,《文獻》2015年3期,56—60頁。

白凡《公元5—8世紀絲綢之路對佛教文化的影響》,《絲綢之路》2015年20期,37—39頁。

彭傑《旅順博物館藏兩件高昌王麴乾固供養寫經殘片探析》,《敦煌研究》2015年3期,67—73頁。

彭傑《略論柏孜克里克石窟新發現的漢文〈金剛經〉殘卷》,《新疆大學學報》2015年1期,46—49頁。

陳明《義淨的律典翻譯及其流傳——以敦煌西域出土寫卷爲中心》,《文史》2015年3輯,145—176頁。

胡曉丹《摩尼教〈佛性經〉之"七苦惱懊悔"與"五處分配"考》,《中華文史論叢》2015年1期,285—299頁。

芮傳明《吐魯番TM276文書及回紇改宗摩尼教之史實辨》,復旦大學文史研究院編《交錯的文化史論集》,北京:中華書局,2015年11月,第45—59頁。

陳凌《中國境內祆教相關遺存考略(之一)》,《歐亞學刊》2015年新2輯,126—158頁。

榮新江《絲綢之路與瑣羅亞斯德教的流行》,《世界遺產》2015年5期,69頁。

石勇《絲路上的景教遺存》,《中國宗教》2015年2期,54—55頁。

王啓明《晚清吐魯番社會中的伊斯蘭教首領》,《世界宗教研究》2015年1期,170—178頁。

李雪娜《淺析新疆道教歷史沿革與道教音樂現狀》,《新疆藝術學院學報》2015年1期,25—28頁。

劉欣如《中亞宗教文化和社會的重大轉折(9至13世紀)》,《世界宗教研究》2015年6期,17—29頁。

王紅梅、黎春林《元明之際畏兀兒宗教嬗變述論》,《宗教學研究》2015年2期,258—264頁。

帕提曼·穆明《高昌回鶻國多元宗教共生並存格局及其歷史啓示》,《和田師範專科學校學報》2015年2期,93—96頁。

郭益海《中國歷代政權治理新疆時期宗教政策特點研究》,《實事求是》2015

年1期,74—77頁。

（六）語言與文字

曹利華《時間副詞"比爾"考論——從吐魯番出土文書説起》,《新疆大學學報》2015年4期,133—137頁。

彭礪志《敦煌吐魯番文書所見"側書"詩詩義新證》,《文獻》2015年3期,50—55頁。

包朗、楊富學《〈吐魯番出土文書〉所見"遹"當爲"過"字考——兼與王啓濤先生商榷》,《敦煌研究》2015年4期,97—101頁。

時兵《出土衣物疏量詞考釋二則》,《淮北師範大學學報》2015年1期,99—100頁。

邵天松《黑水城出土宋代漢文社會文獻中的度量量詞》,《寧夏社會科學》2015年1期,139—144頁。

巴圖寶力道、奧特功《突厥、回鶻文中的"娑匐 Säbig"一詞考釋》,《草原文物》2015年2期,110—114頁。

胡瀟元、張增吉《論高昌回鶻汗國君主的語言觀》,《蘭臺世界》2015年3期,16、17頁。

王莉、張迎治《回鶻西遷前夕新疆民—漢、民—民語言文化互動現象探討》,《貴州民族研究》2015年4期,168—171頁。

[匈牙利] 潑爾奇奧著,張海娟、楊富學譯《回鶻文佛典翻譯技巧考析》,《河西學院學報》2015年1期,1—7頁。

李樹輝《ujʁur一詞在不同歷史時期的含義和指謂》,《青海民族研究》2015年2期,121—125頁。

張鐵山《新疆歷史錢幣上語言文字的交融與合璧》,《吐魯番學研究》2015年1期,65—75頁。

郭蘭、陳世明《古代新疆漢族學習其他民族語言現象説略》,《新疆大學學報》2015年4期,68—73頁。

廖澤余《維吾爾語外來詞面面觀》,《雙語教育研究》2015年4期,21—24頁。

成湘麗、楊榮成《〈西域考古記〉中記載的中國古代語言文字簡考》,《蘭臺世界》2015年31期,47—48、49頁。

韓文慧《絲綢之路上的吐魯番出土文書》,《昌吉學院學報》2015年5期,7—11頁。

（七）文獻與古籍

包曉悦《日本書道博物館藏吐魯番文獻目錄（上篇）》,《吐魯番學研究》2015年2期,96—146頁。

包曉悦《日本書道博物館藏敦煌吐魯番"寫經殘片册"的文獻價值》,《文獻》2015年5期,36—47頁。

張新朋《吐魯番、黑水城出土〈急就篇〉〈千字文〉殘片考釋》,《尋根》2015年6期,19—25頁。

蘆韜《吐魯番所出〈晉陽秋〉殘本研究》,《黑龍江史志》2015年1期,148、160頁。

張新朋《新認定吐魯番出土〈桔子賦〉及相關殘片考》,《敦煌與絲綢之路——浙江、甘肅兩省敦煌學研究會聯合研討會論文集》,杭州:浙江大學出版社,2015年4月,143—148頁。

李小東《〈大慈恩寺三藏法師傳〉點校考異一則》,《華夏文化》2015年4期,60—61頁。

孔漫春《唐景龍四年寫本〈論語鄭氏注〉"道行,乘桴於海"章辨析》,《貴州民族大學學報》2015年5期,56—61頁。

伏俊璉《唐寫本〈論語〉鄭玄注的學術特點》,《甘肅理論學刊》2015年1期,105—107頁。

李芳、任龍《光緒朝首任新疆巡撫劉錦棠未刊奏摺》,《歷史檔案》2015年4期,36—48頁。

王慧娟、陳昕《〈急就篇〉成書及版本述略》,《内蒙古科技與經濟》2015年6期,102—104頁。

孫文傑《〈三州輯略〉史學價值論析》,《昌吉學院學報》2015年6期,10—18頁。

孫文傑《〈回疆通志〉史學價值論析》,《新疆大學學報》2015年6期,66—70頁。

李軍《新疆簡史精品——〈三邊賦〉之〈新疆賦〉的史料價值》,《遼東學院學報》2015年2期,26—32頁。

李軍《西北史地學巨著〈漢西域圖考〉論略》,《魯東大學學報》2015年1期,1—5頁。

王天麗《新疆方志綜述》,《河南圖書館學刊》2015年2期,132—134頁。

(八) 文學

謝建忠《吐魯番出土文書中交河郡騰過人馬與岑參詩關係考論》,《蘭州學刊》2015年2期,124—130頁。

王艷軍、龐振華《古城交河在唐詩中的運用》,《蘭臺世界》2015年24期,64、65頁。

杜曼·葉爾江《一首裕固族民歌和一首古代吐魯番民歌比較》,《甘肅高師學報》2015年6期,25—27頁。

劉坎龍《西域歷史文化對新疆當代詩詞創作的潤澤》,《新疆社會科學》2015年6期,122—128頁。

(九) 藝術

周雲《管窺柏孜克里克石窟總體設計思想》,《新疆藝術學院學報》2015年3期,1—5頁。

趙麗婭《龜茲風佛教藝術的特點及其和吐峪溝石窟的關係》,《新疆藝術學院學報》2015年2期,8—12頁。

李雯雯《古代新疆的木雕佛像》,《美術與時代(上)》2015年5期,45—47頁。

[日]山部能宜著,陳瑞蓮譯,楊富學校《吐峪溝第42窟禪觀壁畫研究——兼及漢文禪觀文獻的起源》,《敦煌研究》2015年4期,35—42頁。

陳愛峰《大桃兒溝石窟第10窟觀無量壽經變考釋》,《敦煌吐魯番研究》15卷,上海:上海古籍出版社,2015年4月,201—215頁。

孟嗣徽《文明與交匯——吐魯番龜茲地區熾盛光佛與星神圖像的研究》,《敦煌吐魯番研究》15卷,上海:上海古籍出版社,2015年4月,181—200頁。

金建榮《三至六世紀新疆地區佛教造像背光研究》,《藝術品》2015年4期,30—45頁。

張統亮、鍾超、安尼瓦·買買提《柏孜克里克千佛洞31號窟壁畫概述(上)》,《文物鑒定與鑒賞》2015年6期,68—73頁。

張統亮、鍾超、安尼瓦·買買提《柏孜克里克千佛洞31號窟壁畫概述(下)》,《文物鑒定與鑒賞》2015年8期,74—78頁。

張惠明《俄藏柏孜克里克石窟的一幅高昌回鶻時期的五臺山文殊圖壁畫研究》,《敦煌吐魯番研究》15卷,上海:上海古籍出版社,2015年4月,157—179頁。

李雲、吳潔《新疆石窟壁畫中的王侯貴族供養人圖像研究》,《新絲路(下旬)》2015年11期,103—106頁。

李雲、郭瑞陶《試論漢風影響下的庫木吐喇石窟壁畫中的供養人圖像》,《工業設計》2015年12期,85—87頁。

穆宏燕《摩尼教繪畫藝術對伊斯蘭細密畫發展的影響》,《世界宗教文化》2015年4期,73—77頁。

王維坤《絲路來使圖為證 讀唐章懷太子墓"西客使圖"壁畫》,《大眾考古》2015年2期,48—51頁。

馮筱媛《論唐墓屏風式壁畫"樹與人物"題材的母題與來源》,《寧夏社會科學》2015年6期,162—167頁。

王曉玲、呂恩國《阿斯塔那古墓出土屏風畫研究》,《美與時代(中)》2015年2期,42—44頁。

汪小洋《絲綢之路墓室壁畫的圖像體系討論》,《民族藝術》2015年2期,66—72頁。

趙喜惠《唐朝與西域繪畫藝術交流探析》,《青海師範大學學報》2015年5期,124—127頁。

韓文慧、高益榮《魏晉時期西域宗教文化與樂舞繪畫藝術》,《渭南師範學院學報》2015年5期,83—86頁。

唐星、高人雄《試論北周時期的西域音樂及其東傳》,《廊坊師範學院學報》2015年4期,85—88、91頁。

劉文榮《莫高窟隋唐壁畫"葫蘆琴"圖像再考》,《音樂研究》2015年1期,82—91頁。

楊洪冰、賈嫚《從西亞到新疆——箜篌自西向東的流播路徑》,《西域研究》2015年3期,119—124頁。

張蓓蓓《南北朝至隋唐時期新疆與中原民族婦女服飾交流》,《民族藝術研究》2015年2期,122—130頁。

閆文君、徐紅《新疆阿斯塔那墓出土的晉唐時期絲履特色分析》,《絲綢》2015年7期,65—69頁。

王麗娜《唐后宮女服對高昌服飾的影響》,《寧夏大學學報》2015年2期,41—49頁。

周珩幫《技與物的傳載——漢魏六朝書法西域傳播的主體和載體》,《新疆藝術學院學報》2015年2期,13—19頁。

(十)考古與文物保護

陳倩《公元6—8世紀吐魯番阿斯塔那地區家族塋院研究——以張雄家族塋院爲例》,《鄭州航空工業管理學院學報》2015年6期,51—55頁。

張安福、岳麗霞《環塔里木墓葬文化及對漢唐國家認同的趨勢分析》,《煙臺大學學報》2015年3期,67—73頁。

吐魯番地區文物局、吐魯番學研究院《雅爾湖石窟調查簡報》,《吐魯番學研究》2015年1期,1—13頁。

張鐵山、李剛《吐魯番雅爾湖千佛洞5號窟突厥文題記研究》,《西域研究》2015年4期,161—168頁。

鍾曉青《吐魯番古代建築遺蹟考察隨筆》,《美術大觀》2015年5期,120—124頁。

王龍執筆《吐魯番市軍事設施遺址考古調查發掘記》,《吐魯番學研究》2015

年2期,150—151頁。

丁曉蓮、王龍執筆《吐峪溝石窟寺西岸中區考古新收穫》,《吐魯番學研究》2015年2期,155—156頁。

陳凌《近年吐峪溝石窟考古收穫與認識述略》,《歐亞學刊》2015年新3輯,第78—95頁。

徐佑成、朱海生《柳中古城形制初探》,《吐魯番學研究》2015年1期,93—97頁。

張安福、田海峰《城址遺存與漢代西域屯城佈局》,《中國歷史地理論叢》2015年3輯,47—55頁。

龍山《高昌古城》,《尋根》2015年1期,71—77頁。

劉正江、江秋麗《新疆吐魯番維吾爾民居院門的裝飾文化探析》,《中華文化論壇》2015年8期,160—162頁。

路瑩《吐魯番地區第一次全國可移動文物普查信息登錄工作情況概述》,《吐魯番學研究》2015年2期,152—154頁。

黎珂、王睦、李肖、德金、佟湃、陳曉程《褲子、騎馬與遊牧——新疆吐魯番洋海墓地出土有襠褲子研究》,《西域研究》2015年2期,48—62頁。

魯禮鵬《吐魯番阿斯塔那古墓群出土陶(泥)燈研究》,《吐魯番學研究》2015年2期,1—18頁。

葛承雍《從出土漢至唐文物看歐亞文化交流遺痕》,《故宮博物院院刊》2015年3期,111—125頁。

達瓦加甫·烏吉瑪《阿斯塔那—哈拉和卓古墓群出土絲織品紋樣特徵探討》,《北方民族考古》2輯,北京:科學出版社,2015年8月,221—229頁。

李晶靜、張勇、張永兵、王龍、蔣洪恩《新疆吐魯番勝金店墓地小麥遺存加工處理方式初探》,《第四紀研究》2015年1期,218—228頁。

阿不來提·阿布拉《新疆吐魯番發現明代成化年六字三行陶瓷款識瓷片的研究》,《中國陶瓷》2015年12期,113—115頁。

阿不來提·阿布拉《吐魯番發現的明代成化瓷器款識字體結構研究》,《文物鑒定與鑒賞》2015年12期,88—92頁。

吐魯番學研究院技術保護研究所《吐魯番阿斯塔那古墓群三六一號墓葬出土皮鞋保護修復報告》,《吐魯番學研究》2015年1期,98—103頁。

趙陽、徐東良、陳玉珍《吐魯番博物館館藏紙質文物的儲存與展示環境評估》,《吐魯番學研究》2015年1期,104—117頁。

夏克爾江·牙生《高昌故城土遺址病害調查及因素分析》,《黑龍江史志》2015年13期,78—79頁。

克立木·買買提、杜培軍、丁建麗《吐魯番市歷史文化遺址環境生態敏感性綜合分析》,《環境保護科學》2015年1期,95—98頁。

克立木·買買提、丁建麗、杜培軍《基於GIS的吐魯番地區古遺址空間分佈及其影響因素分析》,《文物保護與考古科學》2015年3期,90—95頁。

(十一)醫學

王興伊《吐魯番出土的我國現存最早的木製假肢》,《中醫藥文化》2015年4期,63—64頁。

于業禮、王興伊《吐魯番出土牛疫方考》,《中醫藥文化》2015年5期,50—52頁。

王興伊、侯世新《吐魯番出土我國現存最早的殘疾鑒定書考議》,《中醫藥文化》2015年5期,24—26頁。

王錦、王興伊《古回回醫學與高昌回鶻醫學的聯繫——以〈回回藥方〉和〈雜病醫療百方〉外治方藥對比爲例》,《中醫藥文化》2015年6期,52—54頁。

(十二)書評與學術動態

陳國燦《探源察變,務實求真——評乜小紅著〈中國中古契券關係研究〉》,《中國社會經濟史研究》2015年2期,92—95頁。

史文韜《〈朱雷敦煌吐魯番文書論叢〉評介》,《中國史研究動態》2015年6期,86—87頁。

陳習剛《吐魯番學研究新成就——評〈吐魯番唐代軍事文書研究〉》,《西域研究》2015年2期,127—133頁。

[日]武内紹人著,楊銘、楊壯立譯《〈敦煌、西域出土的古藏文契約文書〉導言》,《石河子大學學報》2015年6期,18—21頁。

李莉《吐魯番文書目錄發展史要略》,《湖北科技學院學報》2015年8期,18—20頁。

周泓、郭宏珍、王耀《近年新疆研究專題概述(上)》,《民族論壇》2015年3期,10—26頁。

殷盼盼、朱艷桐《2014年吐魯番學研究綜述》,《2015敦煌學國際聯絡委員會通訊》,上海:上海古籍出版社,2015年7月,32—49頁。

殷盼盼、朱艷桐《2014年吐魯番學研究論著目錄》,《2015敦煌學國際聯絡委員會通訊》,上海:上海古籍出版社,2015年7月,230—239頁。

濮仲遠《敦煌吐魯番文獻與吐谷渾史研究》,《牡丹江大學學報》2015年6期,99—101頁。

楊富學、蓋佳擇《敦煌吐魯番摩尼教文獻研究述評》,《吐魯番學研究》2015年2期,79—95頁。

喬同歡《國内回鶻城市史研究簡述》,《西安建築科技大學學報》2015 年 2 期, 63—66 頁。

張之佐《新中國建立以來回鶻宗教史研究綜述》,《世界宗教文化》2015 年 4 期,151—157 頁。

張鷹《中國近代西北之學的興盛與田野考古史實探究》,《文藝爭鳴》2015 年 9 期,204—208 頁。

楊亞瓊《馬達漢西域考察研究綜述》,《敦煌研究》2015 年 5 期,96—102 頁。

馬大正《清至民國中國學者新疆考察史研究述評》,《西域研究》2015 年 4 期, 181—186 頁。

湯士華《吐魯番與絲綢之路經濟帶高峰論壇暨第五屆吐魯番學國際學術研討會綜述》,《2015 敦煌學國際聯絡委員會通訊》,上海:上海古籍出版社, 2015 年 7 月,178—182 頁。

劉進寶《中國敦煌吐魯番學會成立初期的點滴回憶》,《中國文化遺產》2015 年 3 期,94—97 頁。

王炳華《加強考古研究　深入認識西域文明》,《西域研究》2015 年 4 期,1—5 頁。

榮新江《加強西域地區的絲綢之路研究》,《西域研究》2015 年 4 期,6—7 頁。

孟憲實《中原與西域——西域研究若干思考》,《西域研究》2015 年 4 期,8—11 頁。

榮新江《從"補史"到"重構"——敦煌吐魯番文書與中古史研究》,《中國高校社會科學》2015 年 2 期,75—79 頁。

2015 年西夏學研究論著目録[*]

馬振穎（蘭州大學）

2015 年在西夏王陵申遺緊鑼密鼓進行的大背景下，西夏學研究迎來了蓬勃的生機與活力，湧現出了大量論著。據筆者不完全統計，2015 年中國大陸地區出版西夏學專著 20 部，發表論文 220 餘篇。本文將分專著和論文兩部分目録對 2015 年的西夏學研究成果進行分類。其中論文部分又細分爲考古與藝術、文獻典籍、社會經濟、歷史地理、宗教文化、文學及語言文字、民族與民族關係、政治法律與軍事、序跋書評與學術動態、其他等十個專題。

一、專　著

杜建録、波波娃主編《〈天盛律令〉研究》，上海：上海古籍出版社，2015 年 1 月。

劉揚忠《儒風漢韻流海内：兩宋遼金西夏時期的中國意識與民族觀念——古典文學與華夏民族精神建構》，石家莊：河北教育出版社，2015 年 3 月。

杜建録主編《西夏學》（第十一輯），上海：上海古籍出版社，2015 年 3 月。

杜立暉、陳瑞青、朱建路著《黑水城元代漢文軍政文書研究》，天津：天津古籍出版社，2015 年 4 月。

俄羅斯科學院東方文獻研究所、中國社科院民族學與人類學研究所、上海古籍出版社合編《俄藏黑水城文獻 24：西夏文佛教部分》，上海：上海古籍出版社，2015 年 5 月。

孫繼民、宋坤、陳瑞青、杜立暉、郭兆斌編著《英藏及俄藏黑水城漢文文獻整理》（上下册），天津：天津古籍出版社，2015 年 5 月。

王靜如著《王靜如文集》，史金波主編《西夏文獻文物研究叢書》，北京：社會科學文獻出版社，2015 年 5 月。

史金波著《西夏文化研究》，北京：中國社會科學出版社，2015 年 6 月。

胡進彬著《西夏佛典探微》，上海：上海古籍出版社，2015 年 7 月。

黄光華著《西夏寶藏》，廣州：廣東花城出版社，2015 年 7 月。

---

[*] 基金項目：本文爲國家科技支撑計劃國家文化科技創新工程項目"絲綢之路文化主題創意關鍵技術研究"（2013BAH40F01）階段性成果之一。

張重艷、楊淑紅著《中國藏黑水城所出元代律令與詞訟文書整理與研究》,北京:知識産權出版社,2015年8月。

趙聲良《敦煌石窟藝術簡史》,北京:中國青年出版社,2015年8月。

史金波著《西夏文珍貴典籍史話》,韓永進主編《中國珍貴典籍史話叢書》,北京:國家圖書館出版社,2015年9月。

梁松濤著《黑水城出土西夏文醫藥文獻整理與研究》,史金波主編《西夏文獻文物研究叢書》,北京:社會科學文獻出版社,2015年10月。

張鑑著,龔世俊、王偉偉注解《西夏紀事本末》,杭州:浙江古籍出版社,2015年10月。

唐榮堯《神秘的西夏》,長春:時代文藝出版社,2015年10月。

唐榮堯《西夏王朝》,北京:中信出版社,2015年10月。

杜建録著《党項西夏碑石整理研究》,上海:上海古籍出版社,2015年12月。

梁繼紅著《武威出土西夏文獻研究》,史金波主編《西夏文獻文物研究叢書》,北京:社會科學文獻出版社,2015年12月。

王培培著《西夏文〈維摩詰經〉整理研究》,北京:社會科學文獻出版社,2015年12月。

二、論　文

(一) 考古與藝術

劉永增《瓜州榆林窟第3窟五守護佛母曼荼羅圖像解説》,《敦煌研究》2015年第1期。

楊富學《文殊山萬佛洞西夏説獻疑》,《西夏研究》2015年第1期。

魏亞麗、楊浣《西夏僧侶帽式研究》,《西夏研究》2015年第1期。

李進興《略説後刻工的仿西夏瓷器》,《東方收藏》2015年第1期。

魏亞麗《西夏武官帽式研究》,《西夏學》(第十一輯),2015年3月。

任懷晟、魏亞麗《西夏僧人服飾譾論》,《西夏學》(第十一輯),2015年3月。

張先堂《敦煌莫高窟第148窟西夏供養人圖像新探——以佛教史考察爲核心》,《西夏學》(第十一輯),2015年3月。

趙曉星《西夏時期的敦煌五臺山圖——敦煌五臺山信仰研究之一》,《西夏學》(第十一輯),2015年3月。

劉文榮《瓜州東千佛洞西夏第7窟"涅槃變"中樂器圖像的音樂學考察》,《西夏學》(第十一輯),2015年3月。

孫鳴春《西夏水月觀音圖像考論》,《蘭臺世界》2015年第6期。

周維娜《西夏晚期石窟壁畫風格探析》,《蘭臺世界》2015年第6期。

劉文榮《西夏樂器"七星"考》,《寧夏大學學報》2015年第3期。

魏亞麗、楊浣《西夏襆頭考——兼論西夏文官帽式》,《西夏研究》2015年第2期。

任艾青《論西夏服飾中的多元文化因素》,《西夏研究》2015年第2期。

張克復《古代甘肅的西遊記故事壁畫和雕塑遺存》,《檔案》2015年第7期。

牛勇《西夏時期敦煌石窟裝飾圖案藝術研究》,《中國包裝》2015年第7期。

黎李《略述甘肅館藏西夏瓷器上的文字》,《中國陶瓷》2015年第8期。

任懷晟、楊浣《西夏"漢式頭巾"初探》,《西夏研究》2015年第3期。

張雪愛《西夏瓷器款識述論》,《西夏研究》2015年第3期。

馬莉、史忠平《黑水城X.2438號唐卡水月觀音圖研究》,《新疆藝術學院學報》2015年第3期。

嚴耀中《"四面像碑"與"四面佛像"》,《社會科學戰線》2015年第9期。

劉紅英《西夏青銅鑄造藝術精品——鎏金銅牛》,《文物天地》2015年第9期。

史忠平《敦煌水月觀音圖的藝術》,《敦煌研究》2015年第5期。

李慧國《張掖大佛寺西遊取經圖壁畫內容考辨》,《貴州大學學報(藝術版)》2015年第5期。

米向軍《衆裏尋他千百度——民間收藏西夏白瓷與白陶》,《收藏》2015年第5期。

李進興《西夏瓷器上牡丹花紋的重新解讀》,《東方收藏》2015年第5期。

尹江偉《略談西夏文化中的繪畫與雕塑藝術》,《西部學刊》2015年第10期。

劉瀾汀《西夏刻書活動及其裝幀鈎沉》,《出版發行研究》2015年第10期。

周胤君《西夏陵石雕藝術風格初探》,《藝術科技》2015年第11期。

賈維維《榆林窟第3窟五護佛母圖像研究》,《敦煌研究》2015年第4期。

段岩、彭向前《〈西夏譯場圖〉人物分工考》,《寧夏社會科學》2015年第4期。

王勝澤《西夏佛教中的童子形象分析》,《敦煌學輯刊》2015年第4期。

余軍《西夏王陵對唐宋陵寢制度的繼承與嬗變——以西夏王陵三號陵園爲切入點》,《宋史研究論叢》,2015年。

(二) 文獻典籍

張多勇、于光建《瓜州東千佛洞泥壽桃洞西夏文兩件印本殘頁考釋》,《敦煌研究》2015年第1期。

聶鴻音《西夏文獻中的占卜》,《西夏研究》2015年第2期。

彭向前《西夏曆日文獻中關於長期觀察行星運行的記錄》,《西夏學》(第十一輯),2015年3月。

梁松濤、袁利《俄藏黑水城出土西夏文占卜文書5722考釋》,《西夏學》,2015

年3月。

王培培《中國藏西夏文〈維摩詰經〉整理》,《西夏學》(第十一輯),2015年3月。

鄭祖龍《山嘴溝石窟出土的幾件西夏文獻殘卷考證》,《西夏學》(第十一輯),2015年3月。

陳瑋《後晉綏州刺史李仁寶墓誌銘考釋》,《西夏學》(第十一輯),2015年3月。

侯子罡、彭向前《黑水城出土元代M1·1284[F21：W25]曆日殘頁考》,《西夏學》(第十一輯),2015年3月。

王亞莉《黑水城出土元末〈簽補站户文卷〉之"急遞鋪户"考證》,《西夏學》(第十一輯),2015年3月。

張笑峰《黑水城出土F234：W10元代出首文書考》,《西夏學》(第十一輯),2015年3月。

杜立暉《元代勘合文書探析——以黑水城文獻爲中心》,《歷史研究》2015年第2期。

朱鴻、陳鴻儒《〈劉知遠諸宮調〉用韻與〈中原音韻〉比較研究》,《東南學術》2015年第2期。

彭向前《幾件黑水城出土殘曆日新考》,《中國科技史雜誌》2015年第2期。

杜建録、鄧文韜、王富春《後唐定難軍節度押衙白全周墓誌考釋》,《寧夏社會科學》2015年第2期。

袁志偉《〈聖立義海〉與西夏"佛儒融合"的哲學思想》,《寧夏大學學報》2015年第3期。

馬振穎、鄭炳林《〈俄藏敦煌文獻〉中的黑水城文獻補釋》,《敦煌學輯刊》2015年第2期。

張憲榮《黑水城出土〈解釋歌義〉的作者、體制及版本辨析》,《圖書館理論與實踐》2015年第8期。

張新鵬《吐魯番、黑水城出土〈急就篇〉〈千字文〉殘片考辨》,《尋根》2015年第6期。

郭勤華《從諺語看党項人的哲學思想》,《西夏研究》2015年第4期。

趙生泉《〈元代唐兀人李愛魯墓誌考釋〉補正》,《寧夏社會科學》2015年第4期。

邵鴻、張海濤《西夏文〈六韜〉譯本的文獻價值》,《文獻》2015年第6期。

秦樺林《黑水城文獻刻本殘葉定名拾補二則》,《文獻》2015年第6期。

陳朝輝《黑水城出土北元初期漢文文書初探》,《西夏研究》2015年第4期。

王雯雯、張傑《黑水城文獻——開啓塵封的西夏記憶》,《湖北檔案》2015年第

10 期。

（三）社會經濟

邵天松《黑水城出土宋代漢文社會文獻中的度量量詞》，《寧夏社會科學》2015年第 1 期。

杜建録、鄧文韜《黑水城出土合同婚書整理研究》，《西夏研究》2015 年第 1 期。

李柏杉《西夏倉庫生産管理職能初探》，《西夏研究》2015 年第 1 期。

趙彥龍《西夏契約參與人及其簽字畫押特點》，《青海民族研究》2015 年第 1 期。

杜珊珊《淺論金夏間的貢榷貿易》，《新西部（理論版）》2015 年第 8 期。

陳瑞海《西夏金銀錢探微》，《西夏研究》2015 年第 2 期。

李玉峰《從考古資料看西夏農業發展狀況》，《西夏研究》2015 年第 2 期。

周永傑《元代亦集乃路市場問題舉隅》，《西夏研究》2015 年第 3 期。

高仁《元代亦集乃路鈔庫探析——以黑水城出土文書爲中心》，《西夏研究》2015 年第 3 期。

周永傑《元代亦集乃路的物價問題——以黑城出土文書爲中心》，寧夏大學碩士學位論文，2015 年。

張淮智《黑水城出土〈大德十一年税糧文卷〉整理與研究》，河北師範大學碩士學位論文，2015 年。

陳瑞青《黑水城所出西夏榷場使文書中的"頭子"》，《中華文史論叢》2015 年第 3 期。

潘潔、陳朝輝《黑水城文書中錢糧物的放支方式》，《敦煌研究》2015 年第 4 期。

趙彥龍、孫小倩《種類齊全　價值珍貴——西夏帳册檔案研究之三》，《寧夏師範學院學報》2015 年第 4 期。

梁君《元代黑水城地區婚姻契約考釋》，《黑河學刊》2015 年第 4 期。

郭坤、陳瑞青《交易有無：宋、夏、金榷場貿易的融通與互動——以黑水城西夏榷場使文書爲中心的考察》，《寧夏社會科學》2015 年第 5 期。

劉霞、張玉海《〈金史〉夏金榷場考論》，《寧夏社會科學》2015 年第 6 期。

郝繼偉《西夏會計契約探討》，《貴州民族研究》2015 年第 10 期。

劉曄、趙彥龍、孫小倩《西夏榷場貿易檔案中計量單位探討》，《蘭臺世界》2015 年第 33 期。

（四）歷史地理

張多勇、張志揚《西夏京畿鎮守體系蠡測》，《歷史地理》2015 年第 1 期。

吴忠禮《西夏"宫城"初探》,《西夏研究》2015 年第 1 期。

任長幸《西夏鹽池地理分佈考》,《鹽業史研究》2015 年第 1 期。

張多勇《西夏白馬强鎮監軍司地望考察》,《西夏學》(第十一輯),2015 年 3 月。

史志林、楊誼時、汪桂生、董斌《西夏元時期黑河流域綠洲開發的自然驅動因素研究》,《西夏學》(第十一輯),2015 年 3 月。

劉雙怡《水洛城事件再探究》,《西夏學》(第十一輯),2015 年 3 月。

張多勇《西夏監軍司的研究現狀和尚待解決的問題》,《西夏研究》2015 年第 3 期。

鄭煒《從棄守湟鄯到繼述開拓——論宋徽宗西北邊策》,《敦煌學輯刊》2015 年第 3 期。

薛正昌《寧夏平原歷代屯田與水利開發研究》,《西夏研究》2015 年第 3 期。

楊浣、許偉偉《宋、夏"豐州"考辨》,《寧夏社會科學》2015 年第 3 期。

史志林《西夏元時期黑河流域綠洲開發的人文驅動因素研究》,《嘉峪關與絲綢之路歷史文化研究》,2015 年 9 月。

楊蕤《河套之都:作爲區域中心城市的統萬城——兼論河套地區中心城市的形成與轉移》,《寧夏社會科學》2015 年第 5 期。

李玉峰《西夏瓦川會考》,《河北北方學院學報》2015 年第 5 期。

[俄] 葉夫根尼·克恰諾夫作,董斌、史志林編譯《敦煌作爲西夏王國疆域的一部分(982—1227)》,《絲綢之路》2015 年第 8 期。

楊浣《任得敬分國地界考》,《歷史教學(下半月刊)》,2015 年 11 月。

劉興全、于瑞瑞《試析榆林地區對西夏歷史發展的貢獻》,《西夏研究》2015 年第 4 期。

王博文《甘肅鎮原縣境内宋代禦夏古城遺址考察研究》,《西夏研究》2015 年第 4 期。

瞿萍《絲綢之路靈州道沿線鹽業運輸網初探——兼談人類學視域下的駝運文化》,《西夏研究》2015 年第 4 期。

(五) 宗教文化

趙天英、張心東《新見甘肅臨洮縣博物館藏西夏文〈大方等大集經賢護分〉殘卷考釋》,《西夏研究》2015 年第 1 期。

張九玲《〈佛頂心觀世音菩薩大陀羅尼經〉的西夏譯本》,《寧夏師範學院學報》2015 年第 1 期。

孔德翎《西夏社稷祭祀探析》,《農業考古》2015 年第 1 期。

許鵬《中藏 S21·002 號西夏文〈華嚴懺儀〉殘卷考釋》,《五臺山研究》2015 年第1期。

段玉泉《兩部西夏文佛經在傳世典籍中的流變》,《西夏學》(第十一輯),2015年3月。

張九玲《〈英藏黑水城文獻〉佛經殘片考補》,《西夏學》(第十一輯),2015年3月。

孫飛鵬《西夏文〈方廣大莊嚴經〉殘片考釋》,《西夏學》(第十一輯),2015年3月。

于光建《武威藏6749號西夏文佛經〈淨土求生禮佛盛讚偈〉考釋》,《西夏學》(第十一輯),2015年3月。

王龍《中國藏西夏文〈佛説消除一切疾病陀羅尼經〉譯釋》,《西夏學》(第十一輯),2015年3月。

榮智潤《西安文物保護所藏西夏文譯〈瑜伽師地論〉殘葉整理》,《西夏學》(第十一輯),2015年3月。

樊麗沙《從出土文書看西夏佛典的印製與傳播》,《蘭臺世界》2015年第9期。

崔紅芬《中英藏西夏文〈聖曜母陀羅尼經〉考略》,《敦煌研究》2015年第2期。

孫伯君《玄奘譯〈般若心經〉西夏文譯本》,《西夏研究》2015年第2期。

梁松濤《西夏時期的佛教寺院》,《西夏研究》2015年第2期。

秦雅婷《元昊西涼府祠神初探》,《西夏研究》2015年第2期。

李玉峰《論西夏的農事信仰》,《滄州師範學院學報》2015年第2期。

陳廣恩《黑水城出土元代道教文書初探》,《寧夏社會科學》2015年第3期。

張九玲《西夏本〈佛頂心觀世音菩薩大陀羅尼經〉述略》,《寧夏社會科學》2015年第3期。

付聰林《大佛寺,從西夏走來》,《檔案》2015年第8期。

廖暘《〈大威德熾盛光如來吉祥陀羅尼經〉文本研究》,《敦煌研究》2015年第4期。

項璿《國家圖書館道教文獻殘頁"xixdi11jian1.04－1"等三張考辨》,《寧夏社會科學》2015年第4期。

史金波《西夏文〈大白傘蓋陀羅尼經〉及發願文考釋》,《世界宗教研究》2015年第5期。

任紅婷《試論我國中古時期的成文宗教法——以西夏〈天盛律令·爲僧道修寺廟門〉爲中心》,《寧夏大學學報》2015年第5期。

孫昌盛《西夏文藏經〈吉祥遍至口合本續〉勘誤》,《北方民族大學學報》2015年第5期。

許鵬《西夏文〈大方廣佛華嚴經名略〉》,《寧夏社會科學》2015年第6期。

麻曉芳《西夏文〈勝慧彼岸到要門教授現前解莊嚴論詮頌〉譯考》,《寧夏社會科學》2015年第6期。

崔紅芬《元代楊璉真伽佛事活動考略》,《西部蒙古論壇》2015年第4期。

袁志偉《西夏人的佛儒融合思想及其倫理道德觀》,《西北大學學報》2015年第3期。

任懷晟、楊浣《西夏天葬初探——以俄藏黑水城唐卡X‐2368爲中心》,《西夏學》(第十一輯),2015年3月。

（六）文學與語言文字

段玉泉《西夏語中的選擇連詞 mo~2》,《語言研究》2015年第1期。

孫伯君《西夏文"明點"考釋》,《寧夏社會科學》2015年第1期。

孫穎新《西夏寫本〈近住八齋戒文〉草書規律初探》,《寧夏社會科學》2015年第1期。

賈常業《〈番漢合時掌中珠〉中的異訛字》,《西夏研究》2015年第1期。

尤雅麗、彭向前《試論西夏譯場對〈掌中珠〉編寫的啓示》,《西夏學》(第十一輯),2015年3月。

史金波《略論西夏文草書》,《西夏學》(第十一輯),2015年3月。

王榮飛、戴羽《英藏西夏文譯〈貞觀政要〉的整理與研究》,《西夏學》(第十一輯),2015年3月。

趙生泉《西夏的筆與筆法》,《西夏學》(第十一輯),2015年3月。

宋曉希、黃博《從黑水城習抄看元代儒學教育中的日常書寫》,《西夏學》(第十一輯),2015年3月。

韓小忙《俄藏佛教文獻中夾雜的〈同音〉殘片新考》,《寧夏社會科學》2015年第2期。

趙天英《西夏文社會文書草書結體特色初探》,《寧夏社會科學》2015年第2期。

邵天松《黑水城出土宋代漢文社會文獻中的個體量詞》,《南京師範大學文學院學報》2015年第3期。

任長幸《西夏文書法及其創作淺析》,《渭南師範學院學報》2015年第17期。

徐麗華《兩種西夏藏文刻本考釋》,《中央民族大學學報》2015年第5期。

聶鴻音《西夏字典中的非常規反切》,《寧夏師範學院學報》2015年第5期。

王龍《印度紀月法的西夏譯名》,《寧夏社會科學》2015年第6期。

孫穎新《西夏文獻中的通假》,《寧夏社會科學》2015年第6期。

沈奇喜《少數民族漢字錢文書法》,《金融教育研究》2015年第6期。

袁利《俄藏黑水城出土西夏文占卜文書 ИНВ. No. 5722 研究》,河北大學碩士學位論文,2015年。

（七）民族與民族關係

張海娟《黑水城文獻與蒙元史的構建》,《敦煌研究》2015年第1期。

周峰《元代西夏遺民買住的兩通德政碑》,《西夏學》（第十一輯）,2015年3月。

鄧文韜《蒙元時期西夏遺民人物補表》,《西夏學》（第十一輯）,2015年3月。

鄧文韜《元代唐兀怯薛考論》,《西夏研究》2015年第2期。

尹江偉《党項民族溯源及其最終流向探考》,《西部學刊》2015年7月。

保宏彪《中晚唐時代背景下的党項崛起》,《西夏研究》2015年第3期。

［俄］葉甫蓋尼·克恰諾夫作,李梅景、史志林編譯《元帝國時期(13—14世紀)唐古特民族與宗教變更》,《甘肅廣播電視大學學報》2015年第5期。

任艾青《宋夏關係的折射:北宋荔原堡兵變——以〈郭邁墓誌〉爲中心》,《寧夏師範學院學報》2015年第5期。

王善軍《生命彩裝:遼宋西夏金人生禮儀述略》,《蘭州學刊》2015年第10期。

周偉洲《早期党項拓跋氏世系補考》,《西夏研究》2015年第4期。

劉翠萍《府州折氏族源與党項化的再思考》,《西夏研究》2015年第4期。

鄧如萍《昔裏鈐部及沙陀後裔的神話:宗譜的憂慮與元代家族史》,《西夏研究》2015年第4期。

魏淑霞《遼、西夏、金民族政權的漢化探討》,《西夏研究》2015年第4期。

陳瑞青《略論黑水城元代文獻中的忽剌尤大王》,《西夏學》（第十一輯）,2015年3月。

樊永學、鄧文韜《黑城出土的舉薦信與北元初期三位宗王的去向》,《西夏學》（第十一輯）,2015年3月。

（八）政治法律與軍事

聶麗娜《高遵裕與元豐四年靈州之戰》,《寧夏社會科學》2005年第1期。

任紅婷《論西夏社會保障》,《寧夏大學學報》2015年第1期。

崔玉謙《北宋陝西路制置解鹽司考論》,《西夏研究》2015年第1期。

戴羽《〈天盛律令〉的法律移植與本土化》,《西夏研究》2015年第1期。

高仁《一件英藏〈天盛律令〉印本殘頁譯考》,《西夏學》（第十一輯）,2015年3月。

尤樺《從武器裝備看西夏儀衛制度》,《西夏學》（第十一輯）,2015年3月。

翟麗萍《夏州節度使文武僚屬考——以出土碑石文獻爲中心》,《西夏學》（第十一輯）,2015年3月。

杜立暉《黑水城文獻所見元代地方倉庫官選任制度的變化》,《西夏學》（第十一輯),2015年3月。

王曉萌《從〈天盛律令〉看西夏法典的創新與作用》,《蘭臺世界》2015年第6期。

戴羽《〈天盛律令〉中的西夏體育法令研究》,《成都體育學院學報》2015年第4期。

姜歆《論西夏的起訴制度》,《寧夏社會科學》2015年第2期。

姜歆《論西夏的審判制度》,《西夏研究》2015年第2期。

任長幸《夏宋鹽政比較研究》,《鹽業史研究》2015年第2期。

梁松濤《黑水城出土西夏文〈亥年新法〉卷十三"隱逃人門"考釋》,《寧夏師範學院學報》2015年第2期。

譚黛麗、于光建《從〈天盛律令〉看西夏的出工抵債問題——基於唐、宋、西夏律法的比較》,《寧夏社會科學》2015年第3期。

馮金忠《黑水城文書所見銀牌——兼論西夏制度的遼金來源》,《中華文史論叢》2015年第3期。

王剛、李延睿《夏金末年夏使入金賀正旦儀式考論——以〈金史〉"新定夏使儀"爲中心》,《北方民族大學學報》2015年第4期。

姜歆《論西夏司法官吏的法律責任》,《寧夏師範學院學報》2015年第4期。

侯愛梅《從黑水城出土文書看元代亦集乃路的司法機構》,《商丘師範學院學報》2015年第8期。

魏淑霞《西夏職官中的宗族首領》,《寧夏社會科學》2015年第5期。

駱詳譯《從〈天盛律令〉看西夏水利法與中原法的制度淵源關係——兼論西夏計田出役的制度淵源》,《中國農史》2015年第5期。

景永時《西夏馬政述論》,《北方民族大學學報》2015年第5期。

周源《宋代外交避諱研究》,《安慶師範學院學報》2015年第5期。

王又一《西夏"秦晉國王"再考——兼論西夏封王制度》,《淮海工學院學報(人文社會科學版)》2015年第6期。

劉雙怡《西夏地方行政區劃若干問題初探》,《宋史研究論叢》,2015年。

梁松濤、李靈均《試論西夏中晚期官當制度之變化》,《宋史研究論叢》,2015年。

劉志《西夏的對外進攻戰略研究》,外交學院碩士學位論文,2015年。

(九) 序跋書評與學術動態

正昌《胡玉冰教授新著〈西夏書校補〉出版》,《西夏研究》2015年第1期。

魏文《西夏文藏傳佛教文獻整理編目工作綜述》,《西夏學》(第十一輯),2015年3月。

史金波《西夏文物考古的一面旗幟——牛達生先生〈西夏考古論稿〉序言》，《石河子大學學報》2015年第2期。

吳玉梅《小殘頁中的大歷史——評〈黑水城宋代軍政文書研究〉》，《河北學刊》2015年第2期。

郭勤華《沿絲綢之路追尋寧夏歷史文化〈寧夏境內絲綢之路文化研究〉讀後》，《西夏研究》2015年第2期。

趙毅、楊蕤《三十年來寧夏歷史地理研究綜述》，《西夏研究》2015年第2期。

楊富學、曹源《根植西夏 惠施泉界——評牛達生新著〈西夏錢幣研究〉》，《西夏研究》2015年第2期。

于光建《西夏文物考古研究的典範之作——讀牛達生先生〈西夏考古論稿〉有感》，《西夏研究》2015年第2期。

許鵬《百年來西夏文辭書編纂之回溯》，《中央民族大學學報》2015年第3期。

張美僑《西夏漢人研究綜述》，《西夏研究》2015年第3期。

向柏霖著，聶大昕譯《〈新集慈孝傳〉導言》，《西夏研究》2015年第3期。

俄軍、趙天英《甘肅境內西夏遺址綜述》，《西夏研究》2015年第4期。

張琰玲、王耀《〈西夏研究〉文獻信息計量分析（2010—2014）》，《西夏研究》2015年第4期。

王茂華、王衡蔚《遼宋夏金時期城池研究回顧與前瞻》，《宋史研究論叢》，2015年。

楊蕤《党項史蹟與陝北歷史文化學術研討會綜述》，《榆林學院學報》2015年第6期。

（十）其他

劉廣瑞《張大千西夏文獻題跋考釋——張大千舊藏西夏漢文文書研究之二》，《寧夏師範學院學報》2015年第1期。

史志林、張志勇、路旻《西夏元時期黑河流域水土資源開發利用研究述評》，《青藏高原論壇》2015年第1期。

盧江良《西夏王陵的"惡之花"》，《民主與科學》2015年第1期。

趙彥龍《西夏星占檔案整理研究》，《檔案管理》2015年第2期。

劉曄、穆旋、趙彥龍《宋夏喪葬文書檔案比較淺析》，《檔案管理》2015年第3期。

楊滿忠、何曉燕《從歷代孔子諡號看西夏儒學的發展與貢獻》，《西夏研究》2015年第3期。

陳娉《西夏星占、曆法檔案鈎沉》，《蘭臺世界》2015年第26期。

莊電一《西夏文草書研究取得重要進展》，《光明日報》2015年3月23日第

005 版。

周偉《西夏體育研究》,《體育文化導刊》2015 年第 11 期。

杜建錄《一部恢弘大氣的歷史文化大片——評大型紀錄片〈神秘的西夏〉》,《中國文化報》2015 年 4 月 9 日第 006 版。

朱羿《中國西夏學研究漸入佳境》,《中國社會科學報》2015 年 8 月 21 日第 001 版。

史金波《中華民族是多元一體的》,《人民日報》2015 年 8 月 26 日第 007 版。

史金波《展少數民族古籍風采》,《光明日報》2015 年 11 月 18 日第 007 版。

張碧遷《30 餘位專家助力西夏陵申遺》,《銀川日報》2015 年 11 月 18 號第 007 版。

2012 年日本敦煌學研究論著目錄

林生海（廣島大學）

一、論　　文

1. 政治·地理

新見まどか,唐代後半期における「華北東部藩鎮連合體」,東方學(123),20-35,2012-01

菅沼愛語,安史の乱における周辺諸国の動向：ウイグル・吐蕃・于闐・抜汗那・吐火羅・大食・南蛮・契丹・奚・南詔・党項・渤海・新羅・日本,史窓(69),1-26,2012-2

小谷仲男,遊牧民族の右臂を斷つ理論：中国正史西域伝の訳注序説,内陸アジア史研究(27),122-123,2012-03

気賀澤保規,弘農楊氏の総合的研究のために（特集 弘農（華陰）楊氏をめぐる総合的研究）,駿台史學(144),巻頭1-4,2012-03

山下将司,唐の太原挙兵と山西ソグド軍府：〈唐・曹怡墓誌〉を手がかりに,東洋學報93(4),397-425,2012-03

森部豊,「安史の乱」三論,森部豊、橋寺知子（編）『アジアにおける文化システムの展開と交流』,関西大學出版部,1-34,2012-3

林俊雄,六～八世紀のモンゴリア、中央アジア、北中国：突厥王侯の墓廟から見た文化複合,史境(64),1-17,2012-3

張學鋒,小尾孝夫（訳）,六朝建康城の研究：発掘と復原,山形大學歴史・地理・人類學論集(13),55-79,2012-3

河上洋,五京制度の系譜,研究論集9,43-49,2012-03

前島佳孝,西魏・北周・隋初における領域統治体制の諸相,唐代史研究(15),22-48,2012-08

陳濤,石野智大（訳）,唐代楊於陵事蹟小考,駿台史學(144),165-176,2012-03

江川式部,中国史のなかの神と皇帝,国士舘東洋史學(6),108-100（逆）,2012-03

川本芳昭,倭の五王の自称と東アジアの国際情勢,史淵(149),49-72,2012-03

高兵兵,菅原道真と九世紀の日本外交,専修大學東アジア世界史研究センター年報(6),87 - 95,2012 - 03

浜田久美子,日本と渤海との文化交流：承和年間の『白氏文集』受容を中心に,専修大學東アジア世界史研究センター年報(6),97 - 110,2012 - 3

山内晋次,9～12世紀の日本と東アジア：海域を往来するヒトの視点から,専修大學東アジア世界史研究センター年報(6),111 - 127,2012 - 3

矢野建一,遣唐使と来日「唐人」：皇甫東朝を中心として,専修大學東アジア世界史研究センター年報(6),129 - 141,2012 - 3

鈴木靖民,東アジア世界史と東部ユーラシア世界史：梁の国際関係・国際秩序・国際意識を中心に,専修大學東アジア世界史研究センター年報(6),143 - 163,2012 - 3

飯尾秀幸,古代東アジア世界史論をめぐって,専修大學東アジア世界史研究センター年報(6),205 - 209,2012 - 3

赤木崇敏,宋代「檢文書」攷：『宋西北辺境軍政文書』の性格,大阪大學大學院文學研究科紀要(52),33 - 90,2012 - 03

山崎覚士,宋代明州城の復元図作成にむけて,海港都市研究(7),77 - 82,2012 - 03

藤本猛,妖人・張懷素の獄,東洋學報：東洋文庫和文紀要93(4),427 - 453,2012 - 3

落合悠紀,後漢末魏晋時期における弘農楊氏の動向,駿台史學(144),81 - 105,2012 - 3

福島恵,唐の中央アジア進出とソグド系武人：「史多墓誌」を中心に,學習院大學文學部研究年報(59),27 - 54,2012 - 3

佐川英治,漢代の郊祀と都城の空間（東アジアの王権と宗教）,アジア遊學(151),40 - 51,2012 - 03

濱川栄,中国史にみる災害と復興：黄河の水災の場合,史觀(166),163 - 165,2012 - 03

張帆,山田伸吾(訳),元朝の中国の歴史発展に及ぼした影響,研究論集9,51 - 56,2012 - 03

川本芳昭,日本と中国との関係：一歴史研究者の目から見た,學士会会報2012(2),43 - 47,2012 - 03

榎本淳一,日本古代における金の朝貢・貿易と流通,歴史と地理(655),31 - 41,2012 - 6

山内晋次,平氏と日宋貿易：通説的歴史像への疑問,神戸女子大學古典芸能

研究センター紀要(6),68-82,2012-07

藤野月子,和蕃公主の降嫁における婚儀の實態,東方學(124),35-53,2012-07

堀井裕之,唐朝政権の形成と太宗の氏族政策：金劉若虛撰「裴氏相公家譜之碑」所引の唐裴滔撰『裴氏家譜』を手掛かりに,史林95(4),1-32,2012-7

山内晋次,平氏と日宋貿易：通説的歴史像への疑問,神戸女子大學古典芸能研究センター紀要(6),68-82,2012-07

川合安,南朝史からみた隋唐帝国の形成,唐代史研究(15),3-21,2012-08

榎本淳一,隋唐朝の朝貢体制の構造と展開,唐代史研究(15),49-64,2012-08

山根直生,淮陽県出土「朱瞻墓誌銘」に見る九世紀忠武節度使の動向,史學研究(276),1-20,2012-9

山根直生,9世紀、龐勛集団への再考と対南詔戦争事情素描,広島東洋史學報(17),1-20,2012-12

尤東進,北宋禁軍における「異族兵」について,史滴(34),97-119,2012-12

王明珂,柿沼陽平(訳),中国漢代の羌(5)生態學的辺境と民族的境界,史滴(34),120-137,2012-12

福原啓郎,「中正」官の特異性について：魏晋時代における国家と社会に関する一考察,第三屆中日學者中国古代史論壇文集,124-152,2012

葭森健介,東アジア世界の形成と中国の皇帝権,徳島大學総合科學部人間社会文化研究(20),35-50,2012

　2. 社會・經濟

江川式部,唐代の家廟：とくに唐後半期における立廟とその意義について,史學雜誌121(1),120,2012-01

山根清志,宋書孝義伝にみえる自売十夫と雇傭制,福井大學教育地域科學部紀要3,61-72,2012-01

竹内康浩,伝統中国における民間暴力の素描の試み(1)『夷堅志』を対象として,史流(44),1-35,2012-02

片山章雄,杏雨書屋「敦煌秘笈」中の物価文書と龍谷大學図書館大谷文書中の物価文書,内陸アジア史研究(27),77-84,2012-03

坂尻彰宏,大英博物館藏甲戌年四月沙州妻鄧慶連致肅州僧李保祐狀,敦煌寫本研究年報(6),155-167,2012-3

山口正晃,羽53「吳安君分家契」について：家産相続をめぐる一つの事例,敦煌寫本研究年報(6),99-116,2012-3

柴田昇,曹娥と「孝」：後漢時代の「孝」に関する斷章,紀要(41),1 - 15, 2012 - 03

郭永利,河西高臺出土的幾件前涼、前秦時期墓葬文書,敦煌寫本研究年報 (6),67 - 79,2012 - 3

李宇泰,稲田奈津子(訳),韓国の買地券,都市文化研究(14),106 - 119, 2012 - 03

關尾史郎,木と紙のあいだ,東洋文化研究(14),607 - 631,2012 - 3

關尾史郎,長沙吳簡中の賦税納入簡について：作成者の問題を中心に,資料學研究(9),1 - 11,2012 - 03

会田大輔,北周宗室の婚姻動向：「楊文愻墓誌」を手がかりとして,駿台史學(144),107 - 139,2012 - 03

衛麗,会田大輔(訳),弘農華陰楊氏の現地調査と考察,駿台史學(144),63 - 80,2012 - 03

坂尻彰宏,杏雨書屋蔵敦煌秘笈所収懸泉索什子致沙州阿耶状,杏雨(15), 374 - 389,2012 - 4

佐々木聡,怪異を學ぶ：中国社会と怪異,東アジア恠異學會『怪異學入門』, 東京：岩田書院,2012 - 4

許飛,西王母と東王公の冥界とのかかわり：六朝買地券を中心に,中國學研究論集(28),37 - 52,2012 - 04

荒見泰史,古代中国の龍船とその展開,琉球弧：海洋をめぐるモノ・人・文化,国立歴史民俗博物館、松尾恒一(編著),285 - 312,東京：岩田書院, 2012 - 5

盧秀文,日本における飛鳥、白鳳、天平時代の女性の服装と敦煌との比較研究,藤井一二(編),東アジアの交流と地域展開,京都：思文閣出版, 2012 - 6

渡部武,中国伝統農具調査の回顧と展望,比較民俗研究(27),1 - 4, 2012 - 06

伊藤宏明,唐五代期における「逃げ城」について：民衆運動の一側面,吉尾寛(編),民衆反乱と中華世界：新しい中国史像の構築に向けて,305 - 341, 東京：汲古書院,2012 - 7

平田茂樹,宋代の士大夫・形勢戸・官戸の関係について教えてください, 歴史と地理(656),45 - 47,2012 - 08

韓昇,岩田和子(訳),中国における古代婚姻制度と習俗,アジア遊學(157), 112 - 126,2012 - 09

江草宣友,古代日本における銭貨と国家,歴史學研究(898),25－34,2012－10

葭森健介,均田農民の「分」：魏晋南北朝隋唐における農民の社會的生存權について,研究論集(10),75－87,2012－12

關尾史郎,河西出土磚画・壁画に描かれた非漢族,西北出土文獻研究(10),5－22,2012－12

海野洋平,敦煌童蒙教材「牛羊千口」校釈：蒙書「上大人」の姉妹篇,一関工業高等專門學校研究紀要(47),22－7,2012－12

佐藤智水,中国における初期の「邑義」について：北魏における女性の集団造像(下),仏教文化研究所紀要(51),105－139,2012－12

川手翔生,嶺南士氏交易考,史滴(34),18－40,2012－12

平田陽一郎,北朝末期の「部曲」について,史滴(22),18－34,2000－12

高井康典行,唐後半期から遼北宋初期の幽州の「文士」,史滴(34),68－96,2012－12

高橋継男,唐後期の〈韋応墓誌〉：塩鉄転運江淮留後に関連して,東洋大學文學部紀要・史學科篇(38),155－176,2012

窪添慶文,長楽馮氏に関する諸問題(窪添慶文教授退職記念号),立正史學(111),11－31,2012

  3.法律・制度

速水大,唐武德年間の法律について,國學院大學大學院紀要・文學研究科(43),149－170,2012－3

冨谷至,中国史上最長で最強の王朝漢、その存続の理由：簡牘と文書行政,東洋文化研究14,563－580,2012－03

南澤良彦,裴頠の「一屋之論」と南朝北朝の明堂,哲學年報(71),177－201,2012－03

王博,唐代軍礼における「献俘礼」の基本構造,史觀(167),44－60,2012－09

宮川麻紀,都城と市：日唐坊制・時刻制の比較より見る東西市,續日本紀研究(401),21－32,2012－12

王博,献俘礼から見た唐・宋軍礼の変容,史滴(34),41－67,2012－12

周東平,"舉重以明輕,舉輕以明重"之法理補論：兼論隋律立法技術的重要性,東方學報87,392－377,2012－12

黃正建,江川式部(訳),唐代の法律体系,古代學研究所紀要(16),53－66,2012

  4.語言・文學

松井太,敦煌出土西夏語仏典に挿入されたウイグル文雜記,人文社会論叢

（弘前大學人文學部）27,59-64,2012-2

森部豊,中国洛陽新出景教経幢の紹介と史料的価値,東アジア文化交渉研究(5),351-357,2012-2

後藤秋正,杜甫の詩における「児童」,北海道教育大學紀要・人文科學・社会科學編 62(2),A7-20,2012-02

李浩、鄭小瓊、野村喜和夫等,詩はどこから来るのか：新しい世代の中国詩,現代詩手帖 55(2),84-89,2012-02

荒見泰史,講史類変文とその空間,軍記と語り物(48),30-40,2012-03

Takao Moriyasu "Epistolary Formulae of the Old Uighur Letters from the Eastern Silk Road (Part2)",大阪大學大學院文學研究科紀要(52),1-98,2012-3

落合俊典,On Ancient Japanese Manuscript Copies of the Dīrghanakhaparipṛcchā sūtra 長爪梵志請問經,国際仏教學大學院大學研究紀要(16),39-47,2012-03

荒見泰史,敦煌本《齋琬文》等諸斎願文寫本的演變,敦煌學(29),119-148,2012-3

荒見泰史,敦煌の喪葬儀礼と唱導,敦煌寫本研究年報(6),27-40,2012-3

高井龍,敦煌本「祇園因由記」考：9、10 世紀の敦煌講唱文藝の發展に關する一考察,敦煌寫本研究年報(6),193-213,2012-3

藤井律之,和製類書所引《説苑》小考,敦煌寫本研究年報(6),117-153,2012-3

山本孝子,書儀の普及と利用：内外族書儀と家書の關係を中心に,敦煌寫本研究年報(6),169-191,2012-3

横田むつみ,薛濤詩小攷：贈答の詩について,二松學舍大學人文論叢(88),94-122,2012-03

横田むつみ,日本における薛濤詩の受容,日本漢文學研究：二松學舍大學 21 世紀 COE プログラム「日本漢文學研究の世界的拠点の構築」(7),1-28,2012-03

内田誠一,王維が嵩山で詠んだ「過太一觀賈生房」詩について（上）（下定雅弘教授退休記念号）,中国文史論叢(8),25-34,2012-03

大橋由治,『捜神記』編纂の背景,東洋文化(108),58-72,2012-03

岩尾一史、Sam Van Schaik、武内紹人（編）,Old Tibetian Texts in The Stein Collection Or. 8210: Studies in Old Tibetian Texts from Central Asia, Vol. 1,東洋文庫,2012-3

高村武幸,敦煌・居延漢簡にみえる書信簡牘の分類：書信簡牘試論,國士舘

東洋史學(6),1-48,2012-03

渡辺義浩,郭象の『莊子注』と貴族制：魏晉期における玄學の展開と君主權力,六朝學術學會報 13,51-63,2012-03

後藤秋正,「稚子」と「雉子」と杜甫「絶句漫興九首」〈其七〉,語學文學 50,33-44,2012-03

荒川慎太郎,プリンストン大學所藏西夏文仏典斷片(Peald)について,アジア・アフリカ言語文化研究(83),5-36,2012-03

小南一郎,中国の龍と龍宮,説話・伝承學 20,28-43,2012-03

伊藤美重子,敦煌寫本「伍子胥変文」について：その娯楽性,お茶の水女子大學中国文學会報(31),25-40,2012-04

内田誠一,王維のクオリアを探る：「輞川集」にみる〈光と音の交錯する世界〉,アジア遊學(152),35-43,2012-05

福田俊昭,『朝野僉載』に見える嘲哂説話(後編),東洋研究(184),1-32,2012-07

荒川慎太郎,契丹文字解読の最前線,フィールドプラス：世界を感応する雑誌/東京外国語大學アジア・アフリカ言語文化研究所［編］(8),2-3,2012-07

Dieter Maue & Niu Ruji "80 TBI 774 b: A Sanskrit-Uigur bilingual text from Bezeklik",内陸アジア言語の研究(27),43-92,2012-8

海老原志穂,19 世紀後半の大通河付近のチベット語語彙について：Mongoliia i strana Tangutov を資料として,内陸アジア言語の研究(27),93-122,2012-8

ヴャチェスラフ・P・ザイツェフ,荒川慎太郎(訳),ロシア科學アカデミー東洋文献研究所藏契丹大字寫本,内陸アジア言語の研究(27),123-160,2012-8

後藤秋正,李白と杜甫の「飛揚」について,北海道教育大學紀要・人文科學・社会科學編 63(1),A1-9,2012-08

Kazushi Iwao, "Organisation of the Chinese Inhabitants in Tibetan-rule Dunhuang", Scherrer-Schaub, C. (ed.), Proceedings of the Tenth Seminar of International Association for Tibetan Studies: St. Hugh' Colledge, 65-75, 2012-8

荒見泰史,敦煌的唱導文學文獻,項楚先生欣開八秩頌壽文集,48-61,北京：中華書局,2012-9

Dai Matsui, A Sogdian-Uigur Bilingual Fragment from the Arat Collection,新疆吐

魯番學研究院(編)『語言背後的歷史：西域古典語言學高峰論壇論文集』，115－127，上海：上海古籍出版社，2012－9

Kazushi Iwao,"Preliminary Study on the Old Tibetan Land Registries from Central Asia",新疆吐魯番學研究院(編)『語言背後的歷史：西域古典語言學高峰論壇論文集』，175－182，上海：上海古籍出版社，2012－9

許飛,「注連」考：六朝小説と墓券を中心に,中国中世文學研究(61),1－16,2012－09

張娜麗,敦煌本 P.2901について,論叢：現代語・現代文化(9),45－76,2012－10

小南一郎,杜甫の秦州詩(杜甫誕生一千三百年特刊),中國文學報(83),75－95,2012－10

小松謙,「杜甫遊春」の系譜：民間における杜甫像の形成,中國文學報(83),215－233,2012－10

松原朗,杜甫と裴冕：成都草堂の造営をめぐる覚書,専修人文論集(91),1－42,2012－10

荒見泰史、桂弘,日本中国佛教文學叙述,武漢大學學報(6),66－74,2012－11

黒田彰,抜き取られた敦煌文書：何彦昇、邕威のことなど・太公家教攷・補(3),京都語文(19),180－202,2012－11

丸井憲,近體詩成立後の唐詩の韻律：殷璠『河岳英靈集』を手がかりに,中国詩文論叢(31),2－20,2012－12

松原朗,杜甫「兩當縣吳十侍御江上宅」詩覺書：「江上宅」が呼び出す世界,中国詩文論叢 31,52－71,2012－12

丸井憲,近體詩成立後の唐詩の韻律：殷璠『河岳英靈集』を手がかりに,中国詩文論叢 31,2－20,2012－12

大取一馬等,龍谷大學図書館蔵「中世歌書」の研究,佛教文化研究所紀要(51),1－33,2012－12

中純子,唐代中晩期における蜀の音樂文化：長安との交流を軸として,日本中国學会報(64),99－112,2012

後藤秋正,「花燃えんと欲す」の系譜,中国文化(70),69－81,2012

後藤秋正,李白と杜甫の「独立」について,札幌国語研究 17,1－13,2012

谷口高志,「琵琶引」における音楽：作品の構成と中唐期における音楽詩の展開,白居易研究年報(13),97－123,2012

下定雅弘,白居易の「琵琶引」：名作を成立させた四つの系譜(特集 琵琶行：天涯淪落の歌),白居易研究年報(13),40－70,2012

黒田彰子、大秦一浩,和歌童蒙抄輪読(8),愛知文教大學論叢 15,270－203,2012

黒田彰子,広本古今六帖考,愛知文教大學比較文化研究(12),92－76,2012

Kazushi Iwao, "Reconsidering the Sino-Tibetian Treaty Inscription", Journal of Research Institute, Vol. 49, 19－28, 2012

会田大輔,『類要』所引『白集』の巻数について,白居易研究年報(13),472－484,2012

    5. 思想・宗教

手島崇裕,平安時代の対外関係における僧侶入宋の意義・役割について,史學雜誌 121(1),107,2012－01

二階堂善弘,妙見信仰と真武信仰における文化交渉,東アジア文化交渉研究(5),11－22,2012－02

二階堂善弘,関於民間寺廟祭孔的状況：以閩台地區爲主,東アジア文化交渉研究別册 8,61－68,2012－02

佐々木聡,『白沢図』をめぐる辟邪文化の変遷と受容,日本中国學会 第一回 若手シンポジウム論文集,45－59,2012－2

小谷仲男,ガンダーラ仏教とキジル千仏洞壁画(続)末羅力士移石説話の探求,史窓(69),160－143,2012－02

高田時雄,新出の行瑫『内典隨函音疏』に關する小注,敦煌寫本研究年報(6),1－12,2012－3

游佐昇,"見之悲傷、念之在心"：道教の唱導をめぐって,敦煌寫本研究年報(6),13－26,2012－3

荒見泰史,敦煌の喪葬儀禮と唱導,敦煌寫本研究年報(6),27－40,2012－3

手島崇裕,入宋僧の聖地巡礼と往生をめぐる諸問題：成尋と後続僧侶を中心に,死生學研究(17),112－136,2012－03

大西磨希子,敦煌發現の宮廷寫經について,敦煌寫本研究年報(6),41－65,2012－3

許飛,「泰山治鬼」の形成年代考：漢代の鎮墓文を中心に,中国中世文學研究(60),1－11,2012－03

池麗梅,伝最澄編『天台霊応図本伝集』の研究(1)現存最古の李善単注本「遊天台山賦」,鶴見大學仏教文化研究所紀要(17),177－205,2012－03

丸山裕美子,日本の古代王権と神獣,共生の文化研究(7),161－170,2012－03

本井牧子,敦煌寫本中の『法苑珠林』と『諸經要集』,敦煌寫本研究年報(6),81－98,2012－3

土屋昌明,金仙公主の墓葬からみた玄宗期長安道教の文字観,国學院中国學会報(57),21‐38,2012‐03

赤尾栄慶,カタチから見た坂東本『教行信証』,親鸞の水脈(11),19‐34,2012‐03

大橋由治,『捜神記』の精怪観：怪異と神道設教（池田教授 三浦教授退休記念號）,大東文化大學漢學会誌(51),185‐205,2012‐03

町田隆吉,唐代西州淨土思想管見：「唐咸亨三年(672)後新婦爲阿公録在生及亡没所修功徳疏」をめぐって,国際學研究(2),13‐37,2012‐03

定源（王招国）,敦煌文献より見られる唐代沙門道氤の伝歴,印度學佛教學研究60(2),1080‐1076,2012‐03

定源,Newly Discovered Japanese Manuscript Copies of the Liang Biographies of Eminent Monks 梁高僧傳：An Examination of the Problem of the Text's Development based on a Comparison with Printed Editions,国際仏教學大學院大學研究紀要(16),129‐142,2012‐03

佐々木大樹,敦煌本「仏頂尊勝陀羅尼」の研究：翻刻と解説,智山學報(61),89‐129,2012‐03

下野玲子,唐代前期の仏頂尊勝陀羅尼,武蔵野大學通信教育部・人間學研究論集(1),23‐34,2012‐3

原田覺,吐蕃の大校閲翻訳師,印度學佛教學研究60(2),1050‐1043,2012‐03

池田將則,道基の生涯と思想：敦煌出土『雜阿毘曇心章』卷第三（S二七七＋P二七九六）「四善根義」を中心として,船山徹（編）,真諦三藏研究論集,京都大學人文科學研究所研究報告,2012‐03

齋藤智寛,法相宗の禪宗批判と真諦三藏：敦煌文書スタイン二五四六『妙法蓮華經玄贊鈔（擬）』と『真諦沙門行記』,船山徹（編）真諦三藏研究論集,京都大學人文科學研究所研究報告,2012‐03

加納和雄,『宝性論』弥勒著作説の下限年代再考：敦煌梵文斷簡IOL Khot S 5とPelliot 2740の接合復元と年代推定,印度學佛教學研究60(2),957‐951,2012‐03

小川太龍,黃檗希運と會昌の廢佛：『傳心法要』の思想から,印度學佛教學研究60(2),816‐819,2012‐03

二階堂善弘,華光大帝の変容,東アジア文化交渉研究（東アジア文化研究科開設記念号）,173‐180,2012‐03

落合俊典,On Ancient Japanese Manuscript Copies of the Dīrghanakhaparipṛcchā sūtra 長爪梵志請問經,国際仏教學大學院大學研究紀要(16),39－47,2012－03

井本英一,二神一体の祭祀：聖なる伝承と西アジアの神々,紫明(30),22－25,2012－03

町田隆吉,「唐西州高昌県成黙仁誦経功徳疏」小攷：8世紀前半トゥルファン漢人の来生観,佐藤正光、木村守(編)松岡榮志教授還暦記念論集 中國學藝聚華,56－68,白帝社,2012－3

菊地章太,蓄積される罪と罰：古代の道教思想から現代へ,国際哲學研究(1),34－37,2012－03

青木健,ミトラ教研究：一六世紀のゾロアスター教ペルシア語寫本から,宗教研究85(4),1109－1110,2012－03

青木健,ミトラ教ペルシア語文献研究(2)『誓約の書』の寫本蒐集と校訂翻訳,慶応義塾大學言語文化研究所紀要(43),1－18,2012－03

武田時昌,五星會聚説の数理的考察(下)秦漢における天文暦術の一側面,中国思想史研究(32),1－30,2012－03

二階堂善弘,海を越える伽藍神：日中五山の伽藍神の比定,関西大學東西學術研究所紀要45,33－34,2012－04

吉田豊,マニの降誕図について(マニ降誕図特輯),大和文華(124),1－10,2012－05

古川攝一,マニ降誕図試論：元代マニ教絵画における位置づけを中心に,大和文華(124),11－22,2012－05

三島貴雄,元照系「観経十六観変相図」解釈に関する一試論：第一観から第七観を中心に,京都国立博物館學叢(34),69－87,2012－05

西本照真,杏雨書屋所蔵三階教寫本『人集録明諸経中対根浅深発菩提心法』一卷(羽411)翻刻,東アジア仏教研究(10),37－55,2012－05

佐々木聡,法蔵『白澤精怪圖』(P.2682)考,敦煌研究2012年第3期,73－81,2012－6

黃海靜,武周政権における仏教の役割：「訳場列位」に登場する賈膺福を中心とした一考察,社会と文化(27),288－307,2012－07

渡辺英幸,〈中華〉観念の淵源と華夷思想の論理,歴史と地理(656),52－55,2012－08

奈良康明,ブッダの「直説」の魅力(特集 今こそ読みたい ブッダのことば：原始経典の世界),大法輪79(8),66－69,2012－08

二階堂善弘,道教(特集もっと『電脳中国學入門』),漢字文献情報処理研究

(13),70-72,2012-10

佐々木聡,『開元占経』の諸抄本と近世以降の伝来について,日本中国學会報(64),83-97,2012-10

奈良康明,宗教が与えてくれるもの(特集 宗教は必要か:神とは何か? 仏とは何か? 信仰とは? 救いとは?),大法輪79(10),110-114,2012-10

鈴木健郎,白玉蟾と道教聖地,東方宗教(120),22-39,2012-11

田村俊郎(編),道教關係著書論文目録2011年(平成23)年,東方宗教(120),1-40,2012-11

都築晶子,琉球における風水思想の受容:蔡温を中心に(特集 民俗知としての風水),アリーナ = Arena(14),89-96,2012

高户聰,「長沙子彈庫帛書」に見られる「神」の役割について,集刊東洋學(107),113-131,2012

高田時雄, Qianlong Emperor's Copperplate Engravings of the "Conquest of Western Regions",東洋文庫欧文紀要70,111-111,2012

松岡智美,南北朝期における女性の出家について:皇后の出家を中心に,大谷大學大學院研究紀要(29),177-203,2012

奈良康明,第四回 神儒仏合同講演会『神儒仏に期待するもの』報告(中村元博士生誕100年記念号),東方(28),135-138,2012

奈良康明,中村元と原始仏教,東方(28),77-90,2012

菊地章太,慈氏菩薩図像存疑(竹内清己博士記念号),東洋學研究(49),492-474,2012

河野保博,日本古代の入唐僧と五臺山,日本學研究(中國)6號,366-376,2012-12

田中公明,大乗仏教在家起源説再考:『般舟三昧経』の八菩薩と十六正士を中心に,印度學佛教學研究61(1),348-343,2012-12

原田覺,敦煌本 Rigs pa drug [cu] pahi tshig lehur byas pa 考,印度學佛教學研究61(1),457-450,2012-12

田中公明,胎蔵五仏の成立について:『大日経』の先行経典としての『文殊師利根本儀軌経』,密教図像(31),83-95,2012-12

定源(王招国),敦煌寫本に見られる道氤撰の「願文」について,印度學佛教學研究61(1),476-472,2012-12

小倉聖,『淮南子』天文訓「二十歳刑徳」の「刑」・「徳」運行について,史滴(34),2-17,2012-12

金炳坤,西域出土法華章疏について,印度學佛教學研究61(1),482-477,

2012－12

荒見泰史,淨土五会念仏法事与八関斎、講経,政大中文學報(18),57－86, 2012－12

林鳴宇,宋代天台安心観の変遷,東京電機大學総合文化研究(10),203－210,2012－12

　　6. 考古・美術

向井佑介,曹魏洛陽の宮城をめぐる近年の議論(特集 都市),史林 95(1), 247－266,2012－01

肥田路美、大島幸代、小野英二等,美術史料として読む『集神州三宝感通録』：釈読と研究(5)舎利感通篇、仁寿舎利塔篇(前半),奈良美術研究(12),1－84,2012－02

濱田瑞美,敦煌莫高窟第一四八窟の薬師経変について,奈良美術研究(12), 115－133,2012－02

刘呆运,三宅俊彦(訳),长安城南郊唐代墓地的发掘与初步研究,専修大學東アジア世界史研究センター年報(6),55－67/69－83,2012－3

葛継勇,『祢軍墓誌』についての覚書：附録 唐代百済人関連石刻の釈文,専修大學東アジア世界史研究センター年報(6),165－197,2012－03

桐本東太,漢代画像石研究より見た魏晋画像磚の図像解釈についての二・三の臆説,山本正身(編)アジアにおける「知の伝達」の伝統と系譜,慶應義塾大學言語文化研究所,63－73,2012－3

倉本尚徳,ハイデルベルク大學東亜藝術史研究所訪問記：「中国における仏教石刻」プロジェクトの概要,2011 年度研究報告書,301－308,2012－03

殷光明,北村永(訳),西北科學考察団発掘の敦煌翟宗盈画像磚墓について, 仏教芸術(322),77－97,5－6,2012－05

鄭暁紅,敦煌藻井：建築及び地域文化からの色彩と文様,日本色彩學会誌 (36),20－21,2012－05

中田雄基等,敦煌莫高窟第 285 窟壁画の劣化要因の検討：模擬壁画を用いた劣化実験(環境),日本建築學会近畿支部研究報告集・環境系(52), 257－260,2012－05

岡村秀典、廣川守、向井佑介,六世紀のソグド系響銅：和泉市久保惣記念美術館所蔵品の調査から,史林 95(3),553－581,2012－05

蔡偉堂,敦煌莫高窟早期における三窟に関して,藤井一二(編)東アジアの交流と地域展開,京都：思文閣出版,2012－6

田先千春,トゥルファン・敦煌の仏教絵画の基底材について：西ウイグル

王国における棉織物の研究の一環として,東京:富士ゼロックス小林節太郎記念基金,2012-6

白須淨真,シルクロードの古墓から出土した「玉手箱」:2006年発掘・アスターナ古墳群西區(Ⅱ區)603号墓出土の「木函」,内陸アジア言語の研究(27),1-42,2012-8

王媛,淨土変相図に描かれる迦陵頻伽の考察:敦煌壁画を中心に,比較文化研究(103),1-14,2012-09

中田雄基等,敦煌莫高窟第285窟壁画の劣化要因の検討:模擬壁画を用いた劣化実験,學術講演梗概集2012,251-252,2012-09

長谷隆秀等,敦煌莫高窟内の壁画の劣化に関する研究:塩の析出による壁画の劣化の評価,學術講演梗概集2012,253-254,2012-09

八木春生,敦煌莫高窟第二二〇窟に関する一考察,仏教芸術(324),9-41,6,2012-09

向井佑介,中国における瓦の出現と伝播,古代(129・130),177-214,2012-09

小峯和明,イメージの回廊(11)敦煌の石窟を観る,図書(765),52-57,2012-11

長谷隆秀等,敦煌莫高窟内の壁画の劣化に関する研究:熱水分同時移動解析による窟内温

日本画研究室、保存修復研究室,「敦煌意象:中日岩彩画展」および「敦煌芸術の伝承と当代岩彩画創作国際學術研討会」報告,京都市立芸術大學美術學部研究紀要(56),69-77,2012

關尾史郎,河西魏晉墓出土磚画一覧(Ⅰ):嘉峪関・新城古墓群(史料紹介),西北出土文獻研究(10),59-99,2012-12

大門浩子,キジル石窟涅槃図にみられる仏教的特質,印度學佛教學研究61(1),323-320,2012-12

肥田路美,四川省夾江千仏岩の僧伽・宝誌・萬回三聖龕について,早稲田大學大學院文學研究科紀要58(3),51-67,2012

鷲尾祐子,走馬楼呉簡吏民簿と郷の状況:家族研究のための予備的検討,立命館東洋史學(35),35-74,2012

小野英二,阿弥陀淨土美術成立の前史的研究:中国南北朝末~隋代を中心に,鹿島美術財団年報(30),94-102,2012

山本忠尚,古代の盤上遊戯 数の呪力と考古學(その3),中国文化研究(28),21-43,2012

河野道房,敦煌仏爺廟湾西晋墓画像磚資料稿,人文學論集(30),1-16,2012

犬塚将英、高林弘実、渡辺真樹子等,敦煌莫高窟第285窟の東壁における青色の材料と技法について,保存科學(52),71-79,2012

Arakawa Masaharu: Chinese Research on Sources Excavation from Turfan Archeological Sites, Asian Research Trends New Series, No. 7, pp. 19-40, 2012

7. 文書・譯注

道坂昭廣,『夜航詩話』訳注稿(10),歷史文化社会論講座紀要(9),1-9,2012-01

Mair Victor H,高井龍(訳),新たに確認された「王陵変文」の一残簡,アジア社会文化研究(13),189-200,2012-03

小谷仲男、菅沼愛語,『隋書』西域伝、『周書』異域伝(下)の訳注,京都女子大學大學院文學研究科研究紀要・史學編(11),51-106,2012-3

岩尾一史,敦煌文書における紛れ込み問題覺書,敦煌寫本研究年報(6),239-247,2012-3

蔡淵迪,伯編敦煌文獻目録羅譯本考,敦煌寫本研究年報(6),273-282,2012-3

榎本淳一,天平宝字元年十一月癸未勅の漢籍について:藤原仲麻呂政権における唐文化の受容,史聚(45),1-19,2012-3

高田時雄,李滂と白堅(再補),敦煌寫本研究年報(6),283-290,2012-3

大東文化大學東洋研究所(編),藝文類聚(卷八十五)訓讀付索引,大東文化大學東洋研究所,2012-3

中林史朗,『陔餘叢考』訓訳卷十一之上,大東文化大學漢學会誌(51),335-378,2012-3

堀井裕之,「北魏・楊鈞墓誌」の訳注と考察,駿台史學(144),141-164,2012-3

太平広記研究会,『太平広記』訳注(19)卷二百九十五「神」(5),中國學研究論集(28),10-36,2012-04

満田剛,中国仏教文献所引王沈『魏書』佚文について:附論 所謂『魏志』倭人伝の史料批判に関する一考察,シルクロード研究(7),7-25,2012-5

今場正美、尾崎裕,『太平廣記』夢部譯注(9),學林(55),145-175,2012-06

今場正美,譯注 中国古代の占夢(1),立命館白川靜記念東洋文字文化研究所紀要(6),65-91,2012-07

永井政之、程正、山本元隆等,『宋会要』道釈部訓注(7)(池田魯参教授退任記念號),駒沢大學仏教學部論集(43),35-69,2012-10

田中良昭、程正,敦煌禪宗文獻分類目録(2)語録類(5),駒沢大學仏教學部論集(43),536-499,2012-10

田中良昭、程正,敦煌禪宗文獻分類目録(3)注抄・僞經論類(1),駒沢大學禅研究所年報(24),266-233,2012-12

太平広記研究会,『太平広記』訳注(20)巻二百九十六「神」(6),中國學研究論集(29),38-63,2012-12

古代東アジア史ゼミナール,祢軍墓誌訳注,史滴(34),159-186,2012-12

ソグド人墓誌研究ゼミナール,ソグド人漢文墓誌訳注(9):西安出土「安伽墓誌」(北周・大象元年),史滴(34),138-158,2012-12

古代東アジア史ゼミナール,祢軍墓誌訳注,史滴(34),159-186,2012-12

 8.動向・調査

高田時雄,ロシア科學アカデミー東洋寫本研究所と『東洋の文獻遺産』誌など,東方學(123),141-147,2012-01

金子修一,中國留學と二つの學會,東方學123,148-159,2012-01

辻正博,敦煌・トルファン出土唐代法制文獻研究の現在,敦煌寫本研究年報(6),249-272,2012-3

永田知之,陳寅恪論及敦煌文獻雜記:利用經路を中心に,敦煌寫本研究年報(6),215-237,2012-3

梶山智史,北朝隋代弘農楊氏墓誌目録,駿台史學(144),17-27,2012-03

石野智大,唐代弘農楊氏墓誌目録,駿台史學(144),29-56,2012-03

気賀澤保規,日本明治大學文學部アジア史研究室(専攻)・中国北京師範大學歷史學院古代史研究中心共催「中国中古(中世)社会諸形態」日中研究生(大學院生)學術論壇の報告,明大アジア史論集(16),72-79,2012-03

入澤崇,大谷探檢隊をめぐる新研究(第62回學術大会パネル発表報告),印度學佛教學研究60(2),836-835,2012-03

柴田幹夫,大谷光瑞とアジア,東アジア:歴史と文化(21),62-67,2012-03

平田茂樹,日本の宋代史研究の現状と課題:2011年秋中国上海滞在の体験を手がかりとして,都市文化研究(14),80-85,2012-03

森部豊,中国石刻資料のアーカイヴズ構築に向けて:その現状と課題,関西大學アジア文化研究センターディスカッションペーパー2,26-32,2012-07

辻正博,「唐長孺先生百年誕辰紀念国際學術研討会暨中国唐史學会第十一届年会」参加記:附『唐長孺文集』全8巻の刊行,唐代史研究(15),152-164,2012-08

古畑徹,高句麗・渤海史ウラジオストク国際學術会議参加報告,唐代史研究(15),173‐178,2012‐08

伊藤一馬,黒水城出土「宋西北辺境軍政文書」:概要と研究状況,内陸アジア言語の研究(27),161‐180,2012‐8

山田俊,國際學界動向 敦煌道經文獻シンポジウム,東方宗教(120),104‐108,2012‐11

堤一昭,石濱文庫所蔵の桑原隲藏書簡:マルコ・ポーロの「キンサイ＝行在」説をめぐって,待兼山論叢(46)(文化動態論篇),1‐20,2012

下定雅弘,日本における白居易の研究:二〇一〇年,白居易研究年報(13),564‐594,2012

下定雅弘,戰後日本「琵琶行」研究一覽(特集 琵琶行:天涯淪落の歌),白居易研究年報(13),315‐341,2012

佐藤貴保,岩手県立博物館・福岡市博物館所蔵西夏文印章について,西北出土文獻研究(10),23‐58,2012‐12

堀伸一郎,東洋文庫所蔵未比定サンスクリット寫本について,東洋文庫書報(44),1‐24,2012

9. 書評・介紹

福島恵,曾布川寛、吉田豊(編)『ソグド人の美術と言語』,内陸アジア史研究(27),91‐92,2012‐03

福島恵,荒川正晴著『ユーラシアの交通・交易と唐帝國』,東洋史研究70(4),669‐677,2012‐03

中田裕子,荒川正晴著『ユーラシアの交通・交易と唐帝国』,内陸アジア史研究(27),88‐89,2012‐03

佐藤裕亮,宮井里佳、本井牧子編著『金蔵論:本文と研究』,明大アジア史論集(16),53‐62,2012‐03

シャキャスダン,田中公明博士著『インドにおける曼荼羅の成立と発展』,密教學研究(44),87‐97,2012‐03

村田哲也,渡辺義浩著『西晉「儒教國家」と貴族制』,史學雜誌121(3),392‐401,2012‐03

深田淳太郎,田中雅一、稲葉穣編『コンタクト・ゾーンの人文學第Ⅱ巻:Material Culture/物質文化』,人文學報(102),113‐118,2012‐3

小林宏,岡野誠著「新たに紹介された吐魯番・敦煌本『唐律』『律疏』斷片:旅順博物館及び中国国家図書館所蔵資料を中心に」同「旅順博物館・中国国家図書館における『唐律』『律疏』斷片の原卷調査」,法制史研究:法

制史學會年報(62),250–253,2013–3

裴成国,關尾史郎著『もうひとつの敦煌:鎮墓瓶と画像磚の世界』,東アジア:歴史と文化(21),50–53,2012–03

江川式部,西安市長安博物館編『長安新出墓誌』,東アジア石刻研究(4),105–110,2012–3

石岡浩,宮宅潔著『中国古代刑制史の研究』,古代文化63(4),628–630,2012–03

大津透,荒川正晴著『ユーラシアの交通・交易と唐帝国』,史學雜誌121(3),401–408,2012–03

土屋昌明,葉國良『宋代金石學研究』,専修大學東アジア世界史研究センター年報(6),199–203,2012–3

榎本淳一,浜田久美子著『日本古代の外交儀礼と渤海』,法政史學(77),73–78,2012–03

柿沼陽平,渡辺信一郎著『中國古代の財政と國家』,史學雜誌121(4),548–556,2012–04

佐川英治,渡辺信一郎著『中国古代の財政と国家』,社會經濟史學78(1),151–153,2012–05

西山美香,西洋から東洋へ[夢窓疎石『夢中問答集』,山田無文提唱『臨済録』,藤善真澄『隋唐時代の仏教と社会:弾圧の狭間にて』](アジアの〈教養〉を考える:學問のためのブックガイド),アジア遊學(150),132–136,2012–05

安藤礼二,柴田幹夫編 大谷光瑞とアジア,近代仏教(19),139–143,2012–05

工藤元男,廣瀬薫雄『秦漢律令研究』,歷史學研究(893),69–71,2012–06

池澤優,本邦初の『日書』と卜筮祭禱簡に関する包括的概説書:工藤元男著『占いと中国古代の社会:発掘された古文献が語る』,東方(376),20–23,2012–06

籾山明,宮宅潔著『中国古代刑制史の研究』,史學雜誌121(6),1143–1150,2012–06

葛継勇,「中国」をめぐる歴史記述の再建:葛兆光『宅茲中国』によせて,日本思想文化研究5(2),112–117,2012–07

丸橋充拓,渡辺信一郎著『中国古代の財政と国家』,唐代史研究(15),102–111,2012–08

赤木崇敏,關尾史郎著『もうひとつの敦煌:鎮墓瓶と画像磚の世界』,唐代史

研究(15),112-116,2012-08

古畑徹,赤羽目匡由著『渤海王国の政治と社会』,史學雜誌121(8),1474-1483,2012-08

斉藤達也,森安孝夫編『ソグドからウイグルへ：シルクロード東部の民族と文化の交流』,唐代史研究(15),132-141,2012-08

陳俊強,辻正博著『唐宋時代刑罰制度の研究』,唐代史研究(15),124-131,2012-08

柴田幹夫,序言(大谷光瑞:「国家の前途」を考える),アジア遊學(156),4-8,2012-08

柴田幹夫,『清国巡遊誌』を読む(大谷光瑞と中国:「国家の前途」を考える),アジア遊學(156),31-46,2012-08

金子修一,大隅清陽『律令官制と礼秩序の研究』,唐代史研究(15),142-151,2012-08

平田茂樹,伊藤正彦著『宋元郷村社会史論：明初里甲制体制の形成過程』,社會經濟史學78(2),306-308,2012-08

丸山裕美子,遣隋使研究の新地平：気賀澤保規編 遣隋使がみた風景：東アジアからの新視点,東方(379),28-31,2012-09

永井瑞枝,気賀澤保規編『遣隋使がみた風景：東アジアからの新視点』,史學雜誌121(9),1630-1631,2012-09

三浦雄城,工藤元男著『占いと中国古代の社会：発掘された古文献が語る』,史學雜誌121(9),1636-1637,2012-09

水間大輔,宮宅潔著『中國古代刑制史の研究』,東洋史研究71(2),315-321,2012-09

關尾史郎,俄軍、鄭炳林、高國祥主編『甘肅出土魏晉唐墓壁画』(全三册),東洋學報94(2),91-97,2012-9

平雅行,中世成立期の王権と宗教：上島享『日本中世社会の形成と王権』の書評にかえて,日本史研究(601),46-62,2012-09

中野高行,廣瀬憲雄著『東アジアの国際秩序と古代日本』,日本史研究(602),65-72,2012-10

朝山明彦,渡辺義浩著『關羽：神になった「三國志」の英雄』,東方宗教(120),87-91,2012-11

吉田隆英,奈良行博著『中國の吉祥文化と道教：祝祭から知る中國民衆の心』,東方宗教(120),81-86,2012-11

工藤元男著『占いと中国古代の社会：発掘された古文献が語る』,史滴

(34),222-224,2012-12

浜田久美子,赤羽目匡由著『渤海王国の政治と社会』,歴史評論(752),75-79,2012-12

佐佐木満実,藤野月子『王昭君から文成公主へ：中国古代の国際結婚』,史學雜誌121(12),2094-2095,2012-12

山崎覚士,藤野月子著『王昭君から文成公主へ：中国古代の国際結婚』,九州歷史科學(40),73-79,2012-12

葛継勇,王博(訳),古代中韓関係史研究の新たな視角：拝根興『唐代高麗百済移民研究』によせて,史滴(34),216-221,2012-12

岡野誠,石岡浩、川村康、七野敏光、中村正人著『史料からみる中国法史』,法史學研究会会報(17),175-179,2012

宮布香織,大津透編『律令制研究入門』,法制史研究：法制史學會年報(62),128-132,2012

下定雅弘,入谷仙介先生の『詩人の視線と聴覚 王維と陸游』(研文出版,2011.9)を拝読して,中唐文學会報(19),121-134,2012

田中公明著『図説チベット密教』(中村元博士生誕100年記念号),東方(28),405-408,2012

丸山裕美子,海外からの風：北京・中国社会科學院研修記,愛知県立大學日本文化學部論集・歷史文化學科編4(100-120),2012

竹内康浩,居酒屋をめぐる中国社会史：下田淳『居酒屋の世界史』をめぐって,釧路論集：北海道教育大學釧路分校研究報告44,1-9,2012

10. 學者・其他

河野保博,円仁の足蹟を訪ねて(6)山西省 五臺山・忻州・太原,栃木史學(26),49-69,2012-03

森安孝夫教授略歷・主要業績,大阪大學大學院文學研究科紀要(52),186-196,2012-03

森安孝夫,加藤修弘卒業論文の公刊にあたって,九州大學東洋史論集(40),1-6,2012-03

下定雅弘,我が師の恩(下定雅弘教授退休記念号),中国文史論叢(8),17-23,2012-03

石松日奈子(編),古代中国をとりまく胡漢諸民族の服飾に関する調査研究(平成21～23年度文部科學省委托服飾文化共同研究拠点事業報告書(統括者：石松日奈子／課題番号：21008)),2012-3

谷川道雄、中田和宏、田村俊郎,共同研究：現代中国農民の維権(権利擁護)

運動:中国學界の討論をめぐって,研究論集(河合文化教育研究所)第9集,71－107,2012－3

佐藤貴保(代表),出土文献を用いた西夏王朝の交通制度に関する研究(平成21～23年度日本學術振興会科學研究費補助金・若手研究(B)研究成果報告書(課題番号21720256)),新潟大學超域學術院,2012－3

山田伸吾,内藤湖南と現代,研究論集9,133－147,2012－03

気賀澤保規,東アジアの遣隋使:『遣隋使がみた風景』の刊行に寄せて,日本古書通信77(6),18－19,2012－06

松浦章,藤善真澄名誉教授の御逝去を悼む,史泉(116),4－6,2012－07

柴田幹夫,大谷光瑞とアジア,新潟親鸞學会紀要(9),71－77,2012－7

気賀澤保規,訃報 追悼・畏友愛宕元君,唐代史研究(15),179－182,2012－08

原宗子,中国史研究の変貌:国交正常化が変えたもの,中国研究月報66(10),12－14,2012－10

追悼 藤善真澄先生,仏教史學研究55(1),1－3,2012－11

Irina Popova and Liu Yi (co-ed.) DHNHUANG STUDIES: PROSPECTS AND PROBLEMS FOR THE COMING SECOND CENTURY OF RESEARCH/波波娃、劉屹主編,敦煌學:第二個百年的研究視角與問題/Дуньхуановедение: перспективы и проблемы второго столетия исследований, St. Petersburg: Slavia Publishers,2012 收錄日本學者論文如下:

Akagi Takatoshi 赤木崇敏,The Genealogy of the Military Commanders of the Guiyijun from Cao Family 曹氏歸義軍節度使的譜系,8－13

Enami Kazuyuki 江南和幸、Sakamoto Shoji 坂本昭、Okada Yoshihiro 岡由至弘、Kohno Masuchika 河野益近,Approach to the History of Social and Cultural Life in Medieval China and Central Asia through the Scientific Analysis of Paper 中國中亞社會文化生活史研究:通過古文書用紙質料科學分析,39－48

Hyun Heangja 玄幸子,俄藏敦煌文獻錄文與定名:整理過程中發現的幾個問題 On Preliminary Results of the Identification and Reconstruction of the Manuscripts in the Russian Dunhuang Collection,95－101

Iwao Kazushi 岩尾一史,The Purpose of Sutra Copying in Dunhuang under the Tibetan Rule

吐蕃統治敦煌時期的寫經目的,102－105

Kasai Yukiyo 笠井幸代,The Outline of the Old Turkish Commentary on the VimalakTrtinirdesa Sutra 一種古突厥語《維摩經》注疏概觀,106－111

Matsui Dai 松井太,Uighur Almanac Divination Fragments from Dunhuang 敦煌出

土回鶻文曆占書殘片,154–166

Nagata Tomoyuki 永田知之,敦煌書儀語言淺析：以與日本傳世書簡、詩序的比較爲中心 A Comparative Study of the Dunhuang shuyi and the Medieval Japanese Sources,185–189

Ochiai Toshinori 落合俊典,The Authenticity of Li Shengduo's Old Corpus of Dunhuang Manuscripts 李盛鐸舊藏敦煌本的真僞,196–199

Sakajiri Akihiro 坂尻彰宏,An Order of the Governor-General of Guiyijun about an Attack of Upland Nomads：P.3835V7 戊寅年五月十日歸義軍節度使下壽昌副使等防禦南山攻擊帖（P.3855V7）,217–221

Takata Tokio 高田時雄,Phonological Variation among Ancient North-Western Dialects in Chinese 古代西北方言的下位變體,249–250

Tsuji Masahiro 辻正博,俄羅斯科學院東方文獻研究所藏《唐名例律》殘片淺析：關於 Дх.8467 的考證爲主 A Preliminary Study on Identification of the Дх8467 Legal Document of the Collection of the Institute of Oriental Manuscripts,RAS 257–260

Yamabe Nobuyoshi 山部能宜,An Analysis of the Guanjing bianxiang Focusing on Дх.316：A Reconsideration of the Relationship between Art and Text 以 Дх.316 爲中心的《觀經變相》的分析：再探美術和文獻的關係,299–309

二、著　書

武田科學振興財團杏雨書屋（編）,敦煌秘笈：影片册六,大阪：武田科學振興財團,2012–1

武田科學振興財團杏雨書屋（編）,敦煌秘笈：影片册七,大阪：武田科學振興財團,2012–3

武田科學振興財團杏雨書屋（編）,敦煌秘笈：影片册八,大阪：武田科學振興財團,2012–12

菊地章太,道教の世界,東京：講談社,2012–1

渡会瑞顕（編）,十三仏の世界：追善供養の歴史・思想・文化,東京：ノンブル社,2012–1

久保常晴,日本私年号の研究（新装版）,東京：吉川弘文館,2012–1

気賀澤保規（編著）,遣唐使がみた風景：東アジアからの新視点,東京：八木書店,2012–2

菅野博史,南北朝・隋代の中國仏教思想研究,東京：大蔵出版株式會社,2012–2

福田俊昭,李嶠と雜詠詩の研究,東京：汲古書院,2012－2
冨谷至,四字熟語の中国史,東京：岩波書店,2012－2
五胡の會(編),五胡十六國霸史輯軼,名古屋：燎原書店,2012－2
平田茂樹,宋代政治構造研究,東京：汲古書院,2012－2
高田時雄(編),涅瓦河邊談敦煌,京都大學人文科學研究所,2012－3
東アジア石刻研究第4號,明治大學東アジア石刻文物研究所,2012－3
福原啓郎,魏晉政治社会史研究,京都：京都大學學術出版会,2012－3
斯波義信(編著),中国社会経済史用語解,(財)東洋文庫,2012－3
藤野月子,王昭君から文成公主へ：中國古代的國際結婚,九州大學出版會,2012－3
荊木美行,風土記と古代史料の研究,東京：国書刊行会,2012－3
森部豊、橋寺知子(編著),アジアにおける文化システムの展開,關西大學出版部,2012－3
旅順博物館、龍谷大學(共編),中央アジア出土の仏教寫本,旅順博物館・龍谷大學仏教文化研究所「西域文化研究会」,2012－3
玄幸子,『語録解』研究：李氏朝鮮において中国語口語辞典はいかに編まれたか,関西大學出版部,2012－3
田林啓,敦煌莫高窟北朝窟の研究,神户大學博士論文,2012－3
上川通夫,日本中世仏教と東アジア世界,東京：塙書房,2012－3
坂本和子,織物に見るシルクロードの文化交流：トゥルファン出土染織資料：錦綾を中心に,東京：同時代社,2012－5
岡元司,宋代沿海地域社会史研究：ネットワークと地域文化,東京：汲古書院,2012－5
中村裕一,唐令の基礎研究,東京：汲古書院,2012－5
服部一隆,班田收授法の復原的研究,東京：吉川弘文館,2012－5
福原啓郎,魏晉政治社會史研究,京都大學學術出版會,2012－5
古賀登,兩税法成立史の研究,東京：雄山閣,2012－7
柴田幹夫(編),大谷光瑞：国家の前途を考える,東京：勉誠出版,2012－8
白須淨真,大谷探檢隊研究の新たな地平：アジア広域調査活動と外務省外交記録,東京：勉誠出版,2012－8
河野貴美子、王勇(編集),東アジアの漢籍遺産：奈良を中心として,東京：勉誠出版,2012－8
上山大峻,敦煌佛教の研究,京都：法藏館,2012－9
石松日奈子,北魏佛教造像史研究,北京：文物出版社,2012－9

中尾健一郎,古都洛陽と唐宋文人,東京：汲古書院,2012-10
川勝守,三角縁神獣鏡と東アジア世界,東京：汲古書院,2012-10
熊倉功夫、程啓坤(編集),陸羽『茶経』の研究,京都：宮帯出版社,2012-10
三崎良章,五胡十六国：中国史上の民族大移動(新訂版),東京：東方書店,2012-10
石塚晴通(編),漢字字體史研究,東京：勉誠出版,2012-11
静永健(監修),陳翀、大渕貴之(編),東アジアをむすぶ漢籍文化：敦煌から正倉院、そして金沢文庫へ,佐倉：国立歴史民俗博物館,2012-11
百橋明穂,東アジア美術交流史論,東京：中央公論美術出版,2012-12
栄新江著,高田時雄(監訳)、西村陽子(訳),敦煌の民族と東西交流：敦煌歴史文化絵卷,東京：東方書店,2012-12
斎藤英喜,増補 陰陽道の神々,佛教大學生涯學習機構,2012-12

三、「2011年日本敦煌學研究論著目錄」増補

後藤秋正,杜甫の詩における飢餓表現,北海道教育大學紀要・人文科學・社会科學編 61(2),1-16,2011-02
小谷仲男,ガンダーラ仏教とキジル千仏洞壁画,史窓(68),470-445,2011-02
倉本尚徳,中國における觀音信仰の展開の一樣相：『觀世音十大願經』と「觀世音佛」,研究報告書,117-132,2011-03
稲葉穣,モンゴル時代以前の西トルキスタン：ソグディアナからガンダーラまで(「内陸アジア史研究の課題と展望」),内陸アジア史研究(26),58-63,2011-03
井村哲郎,柴田幹夫編『大谷光瑞とアジア：知られざるアジア主義者の軌蹟』,東アジア(20),45-51,2011-03
程正,『大乘開心顯性頓悟真宗論』の依據文獻について,駒澤大學佛教學部研究紀要 69,121-141,2011-03
二階堂善弘,文昌帝君信仰と書院：台湾における文昌帝君廟を例に,東アジア文化交渉研究 4,11-19,2011-03
韓昇,秦氏：中国、朝鮮、日本(古代の京都と渡来人：秦氏を中心として),京都産業大學日本文化研究所紀要 16,306-296,2011-03
廖咸恵,今泉牧子(訳),「小道」の体験：宋代士人生活における術士と術数,都市文化研究(13),81-104,2011-03
青木健,ゾロアスター教ズルヴァーン主義研究,宗教研究 84(4),1065-

1066,2011 - 03

二階堂善弘,道教研究の新側面:周緣からのアプローチ,東方宗教(117),74 - 77,2011 - 05

村井恭子,東アジア 中国 隋・唐(2010 年の歷史學界:回顧と展望),史學雜誌 120(5),837 - 844,2011 - 05

稻田奈津子,高木博志、山田邦和編『歷史のなかの天皇陵』,史學雜誌 120(7),1289 - 1290,2011 - 07

石見清裕,森部豊著『ソグド人の東方活動と東ユーラシア世界の歷史的展開』,史林 94(4),662 - 667,2011 - 07

後藤秋正,杜詩と蝶,北海道教育大學紀要・人文科學・社会科學編 62(1),A1 - 10,2011 - 08

津田資久,渡辺義浩『西晋「儒教国家」と貴族制』,唐代史研究(14),99 - 108,2011 - 08

高田時雄(編),尾崎雄二郎筆錄、小川環樹中國語學講義,京都:臨川書店,2011 - 9

永井政之、程正、山本元隆等,『宋会要』道釈部訓注(6)(袴谷憲昭教授退任記念號),駒沢大學仏教學部論集(42),31 - 51,2011 - 10

荻原裕敏、慶昭蓉,大谷探檢隊將来トカラ語資料をめぐって(1),佛教文化研究所紀要 50,25 - 49,2011 - 12

荻原裕敏,On the Poṣatha ceremony in the Tocharian Buddhist texts,龍谷大學仏教文化研究所所報 35,28 - 22,2011 - 12

大渕貴之,伝世過程における白氏六帖の部立て増修:『藝文類聚』『初學記』による山部門目の増修を中心として,白居易研究年報(12),213 - 234,2011

大渕貴之,『初學記』による『藝文類聚』補綴について,中国文學論集(40),23 - 37,2011

後藤秋正,杜詩における「執熱」について,中国文化(69),27 - 39,2011

金子修一,大學院短期招聘研究員講演会紹介 李華瑞氏(中国・首都師範大學教授)「唐宋変革」論の中国大陸の宋史研究に対する影響,国學院大學大學院紀要・文學研究科 43,147 - 151,2011

金子修一,読『旧唐書』巻二五・巻二六礼儀志「宗廟」劄記,国學院大學大學院紀要・文學研究科 43,1 - 22,2011

山本忠尚,算木と骰子:数の呪力と考古學(その2),中国文化研究(27),45 - 62,2011

2013 年日本敦煌學研究論著目録

林生海（廣島大學）

一、論　文

1. 政治・地理

山崎覚士,五代十国史と契丹：（契丹［遼］とその国際関係）,アジア游學(160),34‐43,2013‐01

赤羽目匡由,契丹と渤海との関係,アジア遊學(160),70‐75,2013‐01

松井太,契丹とウイグルの関係,アジア遊學(160),56‐69,2013‐01

菅沼愛語,西魏・北周の対外政策と中国再統一へのプロセス：東部ユーラシア分裂時代末期の外交関係,史窓(70),1‐21,2013‐2

岡田和一郎,西魏・北周の国家構造：第二次「代人共同体」体制から古典的国制へ,唐宋変革研究通訊(4),縦3‐33,2013‐2

葛継勇,国号「日本」とその周辺：「祢軍墓誌」の「日本」に寄せて（1）,国史學(209),1‐29,2013‐02

葛継勇,「扶桑」について：「祢軍墓誌」の「日本」に寄せて（2）,早稲田大學日本古典籍研究所年報(6),18‐32,2013‐03

岩尾一史,古代チベット帝國の敦煌支配と寺領：Or. 8210/S. 2228の檢討を中心に,敦煌寫本研究年報(7),267‐279,2013‐3

岩尾一史,Reconsidering the Sino-Tibetan treaty inscription,Journal of Research Institute：Historical Development of the Tibetan Languages 49,19‐28,2013‐03

原京子、小口雅史,トゥルファン地域における府兵の管理方法について：在ベルリン・トゥルファン・コレクションCh1256と秋田城出土木簡との比較から,法政史學(79),173‐197,2013‐3

松澤博,西夏下吏遷佐考,東洋史苑(80),20‐84,2013‐03

柴田昇,『史記』項羽本紀考,紀要(42),1‐12,2013‐03

川本芳昭,漢唐間における雲南と日本との関係について：比較史の観点から見た,九州大學東洋史論集(41),1‐27,2013‐03

藤野月子,唐代和蕃公主考：降嫁に付随して移動したヒトとモノ,九州大學東洋史論集(41),78‐101,2013‐03

佐藤貴保,西夏王国の官印に関する基礎的研究：日本・中国・ロシア所蔵

資料から,資料學研究(10),1-24,2013-03

会田大輔,北周宇文護執政期の地方統治体制:「延寿公碑」からみた河東地域,東アジア石刻研究(5),90-118,2013-3

長部悦弘,北魏孝文帝代の尚書省と洛陽遷都(2)宗室元氏の尚書省官への任官状況に焦点を当てて,人間科學:琉球大學法文學部人間科學科紀要(29),189-222,2013-03

山崎覚士,宋代明州城の都市空間と楼店務地(上),歴史學部論集3,35-55,2013-03

森部豊、齊藤茂雄,舍利石鐵墓誌の研究,関西大學東西學術研究46,1-20,2013-04

柴田昇,劉邦集団の成長過程,海南史學(51),1-19,2013-08

古畑徹,唐王朝は渤海をどのように位置づけていたか:中国「東北工程」における「册封」の理解をめぐって,唐代史研究(16),38-67,2013-08

岩本篤志,敦煌秘笈所見印記小考:寺印・官印・蔵印,内陸アジア言語の研究(28),129-170,2013-9

赤木崇敏,10世紀コータンの王統・年号問題の新史料:敦煌秘笈羽686文書,内陸アジア言語の研究(28),101-128,2013-9

齊藤茂雄,突厥第二可汗国の内部対立:古チベット語文書(P. t. 1283)にみえるブグチョル('Bug-chor)を手がかりに,史學雜誌122(9),1542-1568,2013-09

葛継勇,「風谷」と「盤桃」、「海左」と「瀛東」:祢軍墓誌の「日本」に寄せて(3),東洋文庫和文紀要95(2),129-149,2013-09

河上麻由子,飛鳥「日出ずる処の天子」宣言は苦肉の策,文芸春秋91(12),297-300,2013-11

河上麻由子,唐代における僧侶と対外交渉,日本史研究(615),27-52,2013-11

金子修一,禰氏墓誌と唐朝治下の百済人の動向(特集 古代における国際秩序形成と仏教),日本史研究(615),103-120,2013-11

榎本渉,平安~室町 遣唐使中止でも日中交流は花盛り,文芸春秋91(12),303-305,2013-11

渡辺義浩,諸葛亮の外交政策,東洋研究(190),123-149,2013-12

内田昌功,隋唐長安城の形成過程:北周長安城との関係を中心に,史朋(46),1-13,2013-12

岩尾一史,古代チベット帝國の千戶とその下部組織:百戶、五十戶、十戶,東

方學報(88),358–343,2013–12

新見まどか,唐代河北藩鎮に対する公主降嫁とウイグル,待兼山論叢(47)史學篇,25–50,2013–12

平田茂樹,兩宋間の政治空間の變化について：魏了翁『應詔封事』を手がかりとして,東洋史研究72(3),425–459,2013–12

稲葉穣,8—10世紀ヒンドゥークシュ山脈の南北,西南アジア研究(79),1–27,2013

金子修一,中国古代の皇帝陵をめぐる諸問題,国學院大學大學院紀要・文學研究科45,19–49,2013

  2. 社會・經濟

牛來穎,江川式部(訳),唐宋の贓贖錢物と國家地方財政：『天聖令』を中心に,東方學(125),123–139,2013–01

吳志宏,唐代左・右蔵庫の変容と内庫との関係,史學雜誌122(1),108,2013–01

赤木崇敏,甲午年五月十五日陰家婢子小娘子榮進客目,敦煌寫本研究年報(7),241–266,2013–3

岩本篤志,唐宋時期的守庚申和棋盤遊戲：《敦煌秘笈宵夜図考》,國際漢學研究通訊(6),104–123,2013–3

岩本篤志,敦煌吐魯番「発病書」小考：ロシア・ドイツ蔵文献の試釈と『占事略決』との比較を通して,立正大學文學部論叢(136),75–107,2013–03

齋藤道子,古代中国社会における「姓」：その境界性をめぐって,東海大學文學部紀要98,212–196,2013–3

渡辺英幸,秦漢交代期における民・夷の帰属と編成,歷史研究(59),23–56,2013–03

關尾史郎,長沙出土郷名不詳賦税納入簡に関する一試論：『長沙走馬楼三国吳簡 竹簡』[肆]所収簡を中心として,資料學研究(10),25–39,2013–03

荒川正晴,前近代中央アジアの国家と交易,内陸アジア史研究(28),192–193,2013–03

關尾史郎,「吳嘉禾六(二三七)年四月都市史唐玉白收送中外估具錢事」試釈,東洋文庫和文紀要95(1),33–57,2013–06

新見まどか,唐後半期における平盧節度使と海商・山地狩猟民の活動,東洋文庫和文紀要95(1),59–88,2013–06

谷口高志,愛好という病：唐代における偏愛・偏好への志向,東方學126,

35－52,2013－07

中純子,唐宋期の古楽復興:古楽にまつわる言説から見えるもの,中国:社会と文化(28),98－117,2013－07

福島恵,北朝隋唐期におけるソグド人の東方移住とその待遇:新出墓誌史料を中心に,唐代史研究(16),6－37,2013－08

吴志宏,唐代における左蔵庫と内蔵庫の変遷について,史観(169),20－36,2013－09

工藤元男,具注暦の淵源:「日書」・「視日」・「質日」の間,東洋史研究72(2),222－254,2013－09

稲田奈津子,日本古代の服喪と追善,日本史研究(613),5－7,2013－09

三上喜孝,古代日本における九九算の受容と特質:九九算木簡を手がかりに,万葉集研究(34),221－249,2013－10

大澤正昭,唐末から宋初の基層社会と在地有力者:郷土防衛・復興とその後,(坂野良吉先生退職記念号)上智史學(58),17－72,2013－11

渡辺信一郎,定額制の成立:唐代後半期における財務運営の転換,国立歴史民俗博物館研究報告(179),455－480,2013－11

濱川栄,秦・漢時代の庶民の識字,史滴(35),2－26,2013－12

榎本渉,平安王朝と中国医学:12世紀を中心に,東京大學日本史學研究室紀要別册 中世政治社会論叢,3－15,2013

白須淨真,晋の(建)興五(317)年、故酒泉表是都郷仁業里・大女・夏侯妙々の衣物疏:古陶文明博物館(北京)所蔵・新資料の紹介,広島東洋史學報(18),1－9,2013

小南一郎,中国の都市革命,泉屋博古館紀要(29),1－36,2013

　　3．法律・制度

矢越葉子,日本古代文書行政の特質:正倉院文書と敦煌吐魯番文書の比較を通じて,史學雜誌122(1),96,2013－01

南澤良彦,魏晉の明堂改制論と王肅の五帝説(池田秀三教授退職記念論集),中国思想史研究(34),106－126,2013－03

稲田奈津子,日本古代の服喪と喪葬令,歷史評論(759),18－31,2013－07

渡辺滋,日本古代の任官における親族廻避の制,延喜式研究(29),43－96,2013－03

中村裕一,『大唐六典』唐令の「開元七年令」説への反論,汲古(63),1－5,2013－06

川村康,中国律令法の変容,歷史評論(759),5－17,2013－7

江川式部,唐代の改葬儀禮とその制度,東洋史研究72(2),255‐295,2013‐09

丸山裕美子,万葉律令考補:「檢税使大伴卿」と「七出例」を中心に,美夫君志(87),1‐14,2013‐11

劉可維,唐代の贈賻制度について:唐喪葬令を中心として,史學雜誌122(11),1853‐1876,2013‐11

稻田奈津子、山本弘、稻垣知子等,日本法制史(特集 學界回顧2013),法律時報85(13),329‐333,2013‐12

丸橋充拓,中國古代の戰爭と出征儀禮:『禮記』王制と『大唐開元禮』のあいだ,東洋史研究72(3),398‐424,2013‐12

冨谷至,漢律から唐律へ:裁判規範と行爲規範,東方學報(88),1‐79,2013‐12

赤木崇敏,唐代公文書体系とその変遷:牒・帖・狀を中心に,平田茂樹・遠藤隆俊(編)外交史料から十～十四世紀を探る,汲古書院,31‐75,2013‐12

　　4.語言・文學

YOSHIDA, Yutaka, When Did Sogdians Begin to Write Vertically, Tokyo University Linguistic Papers33, pp. 375‐394, 2013‐1

Ogihara Hirotoshi,ドイツ所蔵トカラ語斷片THT333について,東京大學言語學論集33,205‐217,2013‐01

荒川慎太郎,ロシア科學アカデミー東洋文献研究所所蔵契丹文字寫本(契丹[遼]と10～12世紀の東部ユーラシア),アジア遊學(160),179‐187,2013‐01

松原朗,陶淵明と白樂天:下定雅弘著 陶淵明と白樂天:生きる喜びをうたい続けた詩人,東方(383),18‐21,2013‐01

道坂昭廣,王勃「滕王閣序」中の「勃三尺微命、一介書生」句の解釋について,歷史文化社会論講座紀要(10),1‐9,2013‐02

戴燕,佐藤禮子(譯),六朝文學研究の趨勢および私の見解,六朝學術學會報14,143‐162,2013‐03

王三慶,從聖武天皇《雜集》的整理研究兼論其與敦煌文獻之關渉,敦煌寫本研究年報(7),1‐22,2013‐3

鄭阿財,論日本藏敦煌寫本及古寫經靈驗記的價值,敦煌寫本研究年報(7),23‐50,2013‐3

朱鳳玉,敦煌《妙法蓮華經講經文》(普門品)殘卷新論,敦煌寫本研究年報

(7),51-68,2013-3

荒見泰史,敦煌講經文類と『東大寺諷誦文稿』より見た講經に於ける孝子譚の宣唱,敦煌寫本研究年報(7),69-89,2013-3

永田知之,『琉璃堂墨圖』覺書:「句圖」詩人番付と日本傳存資料,敦煌寫本研究年報(7),91-112,2013-3

定源(王招國),敦煌遺書《比丘含注戒本》之基礎研究:寫本系統與成書年代,敦煌寫本研究年報(7),113-148,2013-3

道坂昭廣,正倉院藏『王勃詩序』中の「秋日登洪府滕王閣餞別序」について,敦煌寫本研究年報(7),149-165,2013-3

劉安志,《華林遍略》乎?《修文殿御覽》乎:敦煌寫本 P.2526 號新探,敦煌寫本研究年報(7),167-201,2013-3

玄幸子,『閻羅王授記經』寫經考:天堂へのパスポート,敦煌寫本研究年報(7),203-218,2013-3

山本孝子,ハコを用いた封緘方法:敦煌書儀による一考察,敦煌寫本研究年報(7),281-296,2013-3

佐藤禮子,羽094R「(擬)天台智者大師智顗別傳」初探,敦煌寫本研究年報(7),297-311,2013-3

高井龍,舜の舌による瞽叟開眼故事の流布について,敦煌寫本研究年報(7),313-331,2013-3

徐銘,敦煌本讚文類小考:唱導、俗講、變文との關わりより,敦煌寫本研究年報(7),333-346,2013-3

白石將人,書道博物館藏吐魯番出土『左傳』服虔注殘卷について,敦煌寫本研究年報(7),347-360,2013-3

楊莉,敦煌凶書儀にみえる「死」の表現の語義に関する考察,奈良大學紀要(41),105-115,2013-03

蕭文真,『敦煌秘笈』羽-100号残卷の特性およびその真偽,印度學佛教學研究 61(2),1021-1018,2013-03

李育娟,『注好選』と敦煌啓蒙書,国語国文 82(3),1-16,2013-03

田林啓,敦煌石窟における劉薩訶因縁変の台頭とその背景について,大和文華(125),15-27,2013-03

池田昌広,唐代における『漢書』顔師古本の普及について:『史記索隱』『史記正義』を例にして,京都産業大學論集(46)人文科學系列,29-47,2013-3

後藤秋正,杜詩「無地」考,語學文學 51,11-24,2013-03

伊藤美重子,敦煌寫本「王陵変文」について,お茶の水女子大學中国文學会報(32),1‒16,2013‒04

許飛,六朝小説に見られる「算」の溯源,中國學研究論集(30),46‒58,2013‒04

福田俊昭,『朝野僉載』に見える酷暴説話(前編),東洋研究(188),33‒61,2013‒07

荒見泰史,敦煌本『仏説諸経雜縁喻因由記』の内容と唱導の展開,説話文學会編,説話から世界をどう解き明かすのか:説話文學会設立50周年記念シンポジウム〈日本・韓国〉の記録,東京:笠間書院,2013‒7

Peter Zieme, "Toyın körklüg". An Old Uigur Buddha Poem,内陸アジア言語の研究(28),7‒38,2013‒9

鈴木宏節,内モンゴル自治區発現の突厥文字銘文と陰山山脈の遊牧中原,内陸アジア言語の研究(28),67‒100,2013‒9

黒田彰子、大秦一浩,和歌童蒙抄輪読(9),文芸論叢(81),80‒100,2013‒10

渡辺滋,古代日本における曹植「洛神賦」受容:秋田城出土木簡の性格を中心として,文學・語學(207),1‒13,2013‒11

梶山智史,北朝における東清河崔氏:崔鴻『十六国春秋』編纂の背景に関する一考察,史林96(6),815‒848,2013‒11

高井龍,敦煌講唱體文獻の生成と發展に關する研究〈學位論文要旨〉,広島大學大學院総合科學研究科紀要Ⅲ,文明科學研究8,35‒37,2013‒12

丸井憲,青年韓愈の長安交遊詩(1)陳羽を送る詩,中国詩文論叢(32),48‒58,2013‒12

南澤良彦,漢代の將作大匠と儒教:中国古代の科學技術と官僚制,中国哲學論集(39),1‒23,2013‒12

松原朗,杜甫の百花潭莊:浣花草堂のもう一つの顔,中国詩文論叢32,30‒47,2013‒12

丸井憲,青年韓愈の長安交遊詩(1)陳羽を送る詩,中国詩文論叢32,48‒58,2013‒12

中村友香,『搜神記』の傳世過程とその課題:『搜神記』のテキストを巡る議論よりの考察,中國學研究論集(31),1‒11,2013‒12

中純子,唐代音楽の物語伝承研究初探,中国文化研究(29),61‒69,2013

下定雅弘,杜詩における「独善」:その食の喜び(特集 閑適と隠遁),白居易研究年報(14),101‒132,2013

葛継勇,『白氏文集』の成立と寺院奉納及びその行方,白居易研究年報(14),

208－237,2013

入澤崇、三谷真澄、臼田淳三,擬南斉竟陵文宣王所持の「雜義記」残簡:『敦煌秘笈』羽二七一録文研究,龍谷大學仏教文化研究所紀要 52,160－220,2013

池田昌広,敦煌秘笈の『漢書』残巻,杏雨(16),115－131,2013

南澤良彦,『孔子家語』の流伝と評価との再検討,九州中國學会報 51,1－15,2013

    5. 思想・宗教

游佐昇,道教と語りの世界(第 15 回明海大學大學院応用言語學研究科セミナー講演),応用言語學研究:明海大學大學院応用言語學研究科紀要(15),9－16,2013－03

原宗子,古代中國における樹木への認識の変遷:簡帛資料等を中心に,東洋文化研究所紀要 163,1－45,2013－03

金浩星、遠藤隆俊,仏教化された孝の談論の解体:「中国-儒教」及び「インド-ヒンドゥー教」と関連して,高知大學學術研究報告 62,207－218,2013

宮井里佳,中国仏教の唱導,宗教研究 86(4),851－852,2013－03

山本忠尚,唐代の道教鏡,郵政考古紀要(56),1－25,2013－03

西康友,法華経の成立過程についての一試論,宗教研究 86(4),954－955,2013－03

二階堂善弘,二十四諸天と二十八部衆,東アジア文化交渉研究(6),229－236,2013－03

倉本尚徳,林慮山と白鹿山:北朝時代の太行山脈一帶における僧の修行地の問題について,印度學佛教學研究 61(2),767－771,2013－03

藤井教公,東アジア佛教と『涅槃經』,中国哲學(40),1－27,2013－03

定源(王招國),南宋における俊芿の行歴,国際仏教學大學院大學研究紀要(17),216－157,2013－03

門田誠一,高句麗千仏信仰の系譜:延嘉七年造像銘の検討,歴史學部論集(3),65－76,2013－03

黒田彰,有鄰館本維摩疏釈前小序抄攷:第三十一号「苻堅迎鳩摩羅什事」について,文學部論集 97,3－22,2013－03

神塚淑子,国立国会図書館所蔵の敦煌道教寫本,名古屋大學文學部研究論集(哲學 59),59－88,2013－3

蕭文真,『敦煌秘笈』羽-100 号残巻の特性およびその真偽,印度學佛教學研究 61(2),1021－1018,2013－03

黒田彰,有鄰館本維摩疏釈前小序抄攷：第三十一号「苻堅迎鳩摩羅什事」について,文學部論集 97,3-22,2013-03

井本英一,火祭りと鎮魂,説話・伝承學 21,79-100,2013-03

池麗梅,『続高僧伝』研究序説：刊本大蔵経本を中心として,鶴見大學仏教文化研究所紀要(18),203-258,2013-03

武田時昌,天の時、地の利を推す兵法：兵陰陽の占術理論（池田秀三教授退職記念論集）,中国思想史研究(34),25-50,2013-03

辛嶋静志,言葉の向こうに開ける大乗仏教の原風景：経文に見える大乗、一闡提、観音、淨土の本当の意味,真宗文化：真宗文化研究所年報 22,1-48,2013-03

辛嶋静志,大乗仏教とガンダーラ：般若経・阿弥陀・観音,創価大學国際仏教學高等研究所年報(17),449-485,2013

唐忠毛,倉本尚徳(訳),中国仏教における近代性の位相、特徴と問題,東アジア仏教研究(11),87-106,2013-05

荒川正晴,インド・イラン起源の諸宗教と中国,歴史と地理(664),1-13,2013-05

赤木崇敏,金輪聖王から菩薩の人王へ：一〇世紀敦煌の王権と仏教,歴史の理論と教育(139),3-17,2013-07

森安孝夫,東ウイグル＝マニ教史の新展開,東方學(126),142-124,2013-07

辛嶋静志,「盂蘭盆」の本当の意味：千四百年間の誤解を解く,大法輪 80(10),182-189,2013-10

土屋昌明,道教の新羅東傳と長安の道觀：「皇甫奉諝墓誌」を中心に,東方宗教(122),1-23,2013-11

佐々木聡,『天元玉暦祥異賦』の成立過程とその意義について,東方宗教(113),24-45,2013-11

中田美絵,八世紀における唐朝と仏教,日本史研究(615),79-102,2013-11

田中健一,7 世紀後半期から 8 世紀初頭における東アジア舎利信仰関連遺品の比較検討,鹿島美術研究別冊(28),236-246,2011-11

二階堂善弘,祠山張王信仰發展と衰退,東方宗教(122),46-64,2013-11

黒田彰,祇園精舎覚書：鐘はいつ誰が鳴らすのか,京都語文 20,109-151,2013-11

榎本淳一,日本古代における仏典の将来について（特集 古代における国際秩序形成と仏教）,日本史研究(615),3-26,2013-11

田村俊郎(編),道教關係著書論文目録 2012 年(平成 24)年,東方宗教(122),1－30,2013－11

高瀬奈津子,中唐期における五台山普通院の研究：その成立と仏教教団との関係,札幌大學總合論叢 36,77－99,2013－12

田中公明,『秘密集会』「聖者流」における修道論,東洋文化研究所紀要(164),60－52,2013－12

吉村誠,玄奘所伝の瑜伽行派の系譜：『大唐西域記』を中心に,印度學佛教學研究 62(1),20－27,2013－12

坂本道生,道宣の感通観について,印度學佛教學研究 62(1),64－69,2013－12

向井佑介,佛塔の中國的變容,東方學報 88,81－110,2013－12

田中公明,『秘密集会』における勝義の曼荼羅について：Nāgabodhiの『安立次第論』第 4 章サンスクリット寫本ローマ字化テキスト,東洋文化研究所紀要(162),267－282,2012－12

清水洋平,タイ国の仏典寫本と造形,アジア民族造形學会誌(13),71－84,2013

石川巌,闇に関する遠古の記録：古代チベットの土着宗教とヨーロッパの暗黒,東方(29),207－220,2013

李子捷,杏雨書屋所蔵敦煌寫本『入楞伽経疏』(擬題、羽 726R)について,南都仏教(98),25－40,2013

土屋昌明,長安の太清観の道士とその道教：史崇玄と張萬福を中心に,人文科學年報(43),109－136,2013

榎本渉,アジアのなかの建長寺：鎌倉時代の住持中の渡来僧の位置,禅文化(228),25－33,2013

黒田彰子、大秦一浩,和歌童蒙抄輪読(10),愛知文教大學論叢 16,266－224,2013

菊地章太,罪を分解する：六朝道教の死霊祭祀から現代へ(吉田公平博士記念号),東洋學研究(50),454－444,2013

奈良康明,『イジメを考える』報告(第五回神儒仏合同公演会：イジメを考える),東方(29),23－28,2013

松浦典弘,新出の唐代尼僧墓誌について,真宗総合研究所研究紀要(32),53－69,2013

　6. 考古・美術

肥田路美,四川省夾江千仏岩の僧伽・宝誌・萬回三聖龕について,早稲田

大學大學院文學研究科紀要第 3 分冊,51－67,2013－02

石松日奈子,関于敦煌莫高窟第 275 窟営造年代：由供養人図像看北魏営造説,敦煌・絲綢之路国際學術研討会議論文集,神戶大學大學院人文學研究科美術史學百橋研究室,65－74,2013－2

大西磨希子,西方淨土變の白描畫 Stein painting76、P.2671Vの解釋について,敦煌寫本研究年報(7),219－240,2013－3

橫田恭三,化度寺碑再考：〈敦煌本〉翻刻説をめぐって,蹟見學園女子大學文學部紀要 48,75－90,2013－03

石野智大,唐初村落制度の「新史料」：西安碑林博物館蔵「荔非明達等四面造像題名」の再檢討,明大アジア史論集(17),1－36,2013－3

佐藤智水、市川良文等,隋代における造塔・造像銘文の調查・研究,龍谷大學仏教文化研究所紀要 52,22－71,2013

山本忠尚,鏡に見る五の実力：数の呪力と考古學(その4),中国文化研究 (29),21－44,2013

丸山裕美子,ロシア科學アカデミー東洋寫本研究所蔵「索靖月儀帖」斷簡についての基礎的考察,愛知県立大學文字文化財研究所年報(6),106－91,2013－03

森部豊、齊藤茂雄,舎利石鐵墓誌の研究,関西大學東西學術研究所紀要 (46),1－20,2013－04

關尾史郎,中国古代における墓券の展開(稿)：附中国古代墓券一覽(漢～五代),「石刻史料と史料批判による魏晉南北朝史の基本問題の再檢討」中間成果報告書,大阪教育大學,90－111,2013－5

鄭曉紅,敦煌図案の色彩構成原理研究,日本色彩學会誌 37(3),282－283,2013－05

平井宥慶,敦煌・シルクロードにおける初期密教美術,高橋尚夫(等編)初期密教：思想信仰文化,東京：春秋社,2013－7

張成,中国古代鎮墓獸の基礎的研究(2)Ⅱ類「蹲踞型」・Ⅲ類「伏臥型」鎮墓獸の編年を中心に,立命館文學(632),174－164,2013－07

松井太,敦煌諸石窟のウイグル語題記銘文に關する箚記,人文社会論叢・人文科學篇(30),29－50,2013－8

關尾史郎,解説：唐代の東西交流とシルクロード,日本の歴史(12),16－17,2013－9

肥田路美,七・八世紀の仏教美術に見る唐と日本、新羅の関係の一斷面,日本史研究(615),53－78,2013－11

河上麻由子,ベトナムバクニン省出土仁壽舍利塔銘、及びその石函について,東方學報(88),462-443,2013-12

松井太,敦煌諸石窟のウイグル語題記銘文に關する箚記,人文社会論叢・人文科學篇(30),29-50,2013

李銀廣,敦煌莫高窟第二八五窟南壁故事画の意味とその宗教的機能,美術史學(34),41-60,2013

東潮,モンゴル草原の突厥オラーン・ヘレム壁画墓,德島大學總合科學部人間社会文化研究21,1-50,2013

濱田瑞美,清水寺式千手観音の四十手図像に関する調査研究,鹿島美術財団年報(31),297-308,2013

杜斗城,許棟,早期五台山図の図像源泉について:敦煌壁画五台山図を中心に,百橋明穂先生退職記念献呈論文集刊行委員会(編),美術史歷参:百橋明穂先生退職記念献呈論文集,東京:中央公論美術出版,345-360,2013-3

稲本泰生,敦煌第二四九・二八五窟における神々の図像の意義,361-378,同上

潘亮文,日中文化交流の歷史価値の研究:十三、四世紀の僧侶画をめぐって,379-402,同上

杜曉帆,中国文化財保護の現状と課題,403-420,同上

孫曉崗,中国仏教史における安陽霊泉寺石窟の位置付けについて(1),421-440,同上

王元林,試論獸首人身十二支図像の芸術源流,457-480,同上

瀧朝子,仏塔への古物の納入に関する一考察:五代から北宋時代にかけての江南地方を中心に,481-498,同上

田林啓,敦煌莫高窟第二八五窟開鑿の背景に関して,499-518,同上

大橋一章博士古稀記念会編,てら ゆき めぐれ:大橋一章博士古稀記念美術史論集,東京:中央公論美術出版,2013-4

井上豪,キジル石窟仏伝図壁画「バドリカの継位」の図像的問題,同上

下野玲子,吐蕃支配期以降の敦煌法華経変に関する一考察,同上

楢山満照,漢代画像石にみる荊軻刺秦王図,同上

村松哲文,『歴代名画記』にみられる涅槃図の描かれた寺院,同上

7. 文書・譯注

中鉢雅量主編,敦煌作品研究3,敦煌作品研究會,2013-1

今場正美、尾崎裕,『太平廣記』夢部譯注(十),學林(56),118-150,2013-01

寺本健三(訳),風水研究(7)敦煌文書『司馬頭陀地脉訣』和訳(上),史迹と美術 83(2),47-55,2013-02

寺本健三(訳),風水研究(7)敦煌文書『司馬頭陀地脉訣』和訳(下),史迹と美術 83(3),72-83,2013-03

赤尾栄慶,坂東本『教行信証』の書誌について,竜谷教學(48),188-191,2013-03

小谷仲男、菅沼愛語,南朝正史西戎伝と『魏書』吐谷渾・高昌伝の訳注,京都女子大學大學院文學研究科研究紀要・史學編(12),187-250,2013-3

太平広記研究会,『太平広記』訳注(21)卷二百九十七「神」(7),中國學研究論集(30),66-86,2013-04

佐藤貴保,馮培紅、王蕾(訳),西夏末期黒水城的状況:従両件西夏文文書談起,敦煌學輯刊2013年第1期,163-180,2013-6

今場正美,譯注 中国古代の占夢(2),立命館白川靜記念東洋文字文化研究所紀要(7),81-103,2013-07

町田隆吉,河西出土魏晋・五胡十六国時代漢語文献の基礎的整理,渡辺義浩(編)中国新出資料學の展開,東京:汲古書院,236-256,2013-8

永井政之、程正等,『宋会要』道釈部訓注(8)(片山一良教授退任記念號),駒沢大學仏教學部論集(44),31-77,2013-10

太平広記研究会,『太平広記』訳注(22)卷二百九十八「神」(8),中國學研究論集(31),12-29,2013-12

西康友,中央アジア系寫本の梵文「法華経」訳注研究:Upama-parivarta,中央學術研究所紀要(42),73-82,2013

8. 動向・調査

丸山裕美子,二〇一一年北京三つの研究會報告:天聖令・古文書・大唐西市墓誌,東方學(125),150-157,2013-01

小林岳,唐宋における『後漢書』の合綴と合刻について:李賢『後漢書注』に劉昭『集注後漢』八志を補うこと,榎本淳一(編)古代中國・日本における學術と支配,103-125,同成社,2013-2

小浜正子、金子修一、猪原達生等,第一回中国前近代ジェンダー史ワークショップ:〈唐宋変革は中国のジェンダー構造をどう変えたか?:中国ジェンダー史教育の方向を探る〉報告,中国女性史研究(22),64-69,2013-02

岩本篤志,敦煌吐魯番文書とソグド研究:七~十世紀の東ユーラシア史研究の手引き,立正大學文學部論叢(136),153-158,2013-03

平田茂樹,近年の中国・台湾の中国宋史研究の状況,都市文化研究(15),78－81,2013－03

気賀澤保規,明治大學・北京師範大學・台湾大學主催「第2回"中国中世(中古)社会諸形態"国際大學院生若手研究者學術交流論壇」の開催報告,明大アジア史論集(17),151－155,2013－03

梶山智史,稀見北朝墓誌輯録,東アジア石刻研究(5),125－147,2013－3

倉本尚徳、赤羽奈津子,中国山西省仏教遺蹟および現代仏教の実態調査,2012年度研究報告書,303－313,2013－03

ギャル ケサン、倉本尚徳,チベット族居士の伝承と村落文化,2012年度研究報告書,269－277,2013－03

宮宅潔(代表),中国古代軍事制度の総合的研究(平成20～24年度科學研究費補助金基盤研究(B)研究成果報告書/課題番号：20320109),京都大學人文科學研究所,2013－3

神塚淑子,国立国会図書館所蔵の敦煌道教寫本,名古屋大學文學部研究論集・哲學(59),59－88,2013－03

古泉圓順,巷談『敦煌秘笈』,龍谷大學アジア仏教文化研究センター研究報告,2013－5

梶山智史(編),北朝隋代墓誌所在総合目録,明治大學東アジア石刻文物研究所・明治大學東洋史資料叢刊(11),2013－5

岩本篤志,"中古中国的信仰與社會"學術研討会参加報告,唐代史研究(16),133－139,2013－08

吉田豊,バクトリア語文書研究の近況と課題,内陸アジア言語の研究(28),39－66,2013－9

田中良昭、程正,敦煌禪宗文獻分類目録(3)注抄・僞經論類(2)(片山一良教授退任記念號),駒沢大學仏教學部論集(44),474－449,2013－10

荒見泰史,東アジア宗教文獻國際研究集會報告,東方宗教(122),77－82,2013－11

皿井舞,仏教美術受容史論の現在：肥田路美氏の報告を聴いて(特集 古代における国際秩序形成と仏教),日本史研究(615),128－132,2013－11

丸山裕美子,尾張名古屋の正倉院文書：庫外流出正倉院文書の行方,正倉院文書研究(13),171－191,2013－11

田中良昭、程正,敦煌禪宗文獻分類目録(4)偈頌類(1),駒沢大學禅研究所年報(25),518－482,2013－12

岩本篤志,大東急記念文庫蔵敦煌文獻来歴小考,立正史學(114),1－24,

2013－12

藤野月子,黄正建(譯),2011 年日本隋唐史研究(史學雜誌 121(5),212－219,2012－6),中國史研究動態,77、81－82,2013 年 3 期

白須淨真,江間さやか,安満星(柱本瑞俊)の英領インド調査(1907 年～1909 年): 安満星の円明院と柱本瑞雲宛私信の整理報告,広島大學大學院教育學研究科紀要・第二部,文化教育開発関連領域(62),385－394,2013

山田勝久,鳩摩羅什の足蹟を訪ねて:長安からインド迄の 9 都市と、羅什の人生との連鎖の若干の考察,二松學舎大學論集(56),93－119,2013

下定雅弘,日本における白居易の研究:二〇一一年,白居易研究年報(14),342－383,2013

　　9. 書評・介紹

藤原崇人,河上麻由子著『古代アジア世界の対外交渉と仏教』,史學雜誌 122(1),77－85,2013－01

渡辺義浩,表現することの価値を問い続ける:大上正美著 六朝文學が要請する視座:曹植・陶淵明・庾信,東方(383),27－31,2013－01

石見清裕,廣瀬憲雄著『東アジアの国際秩序と古代日本』,歷史學研究(902),52－55,2013－02

小嶋芳孝,馬一虹著『靺鞨、渤海与周辺国家、部族関係史研究』,國學院雜誌 114(2),45－48,2013－02

石見清裕,廣瀬憲雄『東アジアの国際秩序と古代日本』,歷史學研究(902),52－55,2013－02

柴田幹夫,大谷探検隊研究新段階へ:新資料・外務省外交記録の活用:白須淨真著『大谷探検隊研究の新たな地平:アジア広域調査活動と外務省外交記録』,東方(385),28－31,2013－03

岩本篤志,敦煌吐魯番學からみた東アジア博物學:余欣『中古異相:寫本時代的學術、信仰與社會』,敦煌寫本研究年報(7),361－366,2013－3

榎本淳一,唐代法制史の「不動の定説」に挑む:中村裕一著『唐令の基礎的研究』,東方(385),22－27,2013－03

蕭家如,藤野月子著『王昭君から文成公主へ:中国古代の国際結婚』,七隈史學(15),147－153,2013－03

金東鎮,工藤元男著『占いと中国古代の社会:発掘された古文献が語る』,中国(21),233－237,2013－03

森本創,気賀澤保規編『遣隋使がみた風景:東アジアからの新視点』,明大ア

ジア史論集(17),111-116,2013-03

高瀬奈津子,張偉雄著『比較文學考』,札幌大學總合研究4,183-188,2013-03

河内春人,河上麻由子『古代アジア世界の対外交渉と仏教』,歷史學研究(904),36-39,2013-04

廣瀬憲雄,河上麻由子著『古代アジア世界の対外交渉と仏教』,日本史研究(608),62-68,2013-04

手島崇裕,上川通夫著『日本中世仏教と東アジア世界』,日本歷史(779),117-119,2013-04

平田茂樹,近藤一成著『宋代中國科舉社會の研究』,史學雜誌122(4),532-539,2013-04

森部豊,最新の學説による敦煌へのいざない:柴劍虹・榮新江主編/榮新江著/高田時雄監訳/西村陽子訳『敦煌の民族と東西交流』,東方(387),33-37,2013-05

濱田耕策,古瀬奈津子編『広開土王碑拓本の新研究』,日本歷史(792),107-109,2014-05

中田裕子,森安孝夫編『ソグドからウイグルへ:シルクロード東部の民族と文化の交流』,東洋史研究72(1),155-166,2013-06

佐藤雄基、手島崇裕,上島享著『日本中世社会の形成と王権』,歷史評論758,106-110,2013-06

中野高行,鈴木靖民著『倭国史の展開と東アジア』,国史學(210),81-87,2013-06

岩本篤志,白須淨真編『大谷光瑞と国際政治社会:チベット・探檢隊・辛亥革命』,新潟史學(69),63-66,2013-06

荊木美行,氣賀澤保規編『遣隋使がみた風景:東アジアからの新視点』,古文書研究(75),113-115,2013-06

津田資久,福原啓郎著『魏晉政治社会史研究』,東洋史研究72(1),146-154,2013-6

三田辰彦,福原啓郎著『魏晉政治社会史研究』,集刊東洋學(109),76-87,2013-6

鷲尾祐子,張榮強著『漢唐籍帳制度研究』,東洋文庫和文紀要95(1),121-127,2013-06

井上直樹,古瀬奈津子編『広開土王碑拓本の新研究』,史學雜誌123(7),1396-1397,2014-07

吉田一彦,河上麻由子著『古代アジア世界の対外交渉と仏教』,日本歴史(781),107－109,2013－06

小林晃,平田茂樹著『宋代政治構造研究』,史學雜誌122(6),1115－1124,2013－06

山内晋次,河上麻由子著『古代アジア世界の対外交渉と仏教』,九州史學(165),55－63,2013－07

岡野誠,大津透編『律令制研究入門』,唐代史研究(16),113－122,2013－08

關尾史郎,河西磚画墓・壁画墓的空間與時間：読《甘粛出土魏晉唐墓壁画》一書後,饒宗頤主編『敦煌吐魯番研究』第13卷,上海：上海古籍出版社,549－562,2013－8

中野高行,鈴木靖民著『倭国史の展開と東アジア』,唐代史研究(16),79－90,2013－08

高瀬奈津子,古賀登著『両税法成立史の研究』,唐代史研究(16),123－132,2013－08

古瀬奈津子,気賀澤保規編『遣隋使がみた風景：東アジアからの新視点』,唐代史研究(16),99－104,2013－08

藤野月子著『王昭君から文成公主へ：中国古代の国際結婚』,法制史學會年報(63),243－248,2013

河上麻由子,藤野月子著『王昭君から文成公主へ：中国古代の国際結婚』,唐代史研究(16),91－98,2013－08

山下将司,藤野月子『王昭君から文成公主へ：中国古代の国際結婚』,歷史學研究(908),58－60,64,2013－08

赤羽目匡由,古瀬奈津子編『広開土王碑拓本の新研究』,唐代史研究(17),155－161,2014－08

久保田和男,平田茂樹著『宋代政治構造研究』,社會經濟史學79(2),280－282,2013－08

宮崎聖明,平田茂樹著『宋代政治構造研究』,歷史評論(760),101－105,2013－08

奈良行博,二階堂善弘著『アジアの民間信仰と文化交渉』,東方宗教(122),65－71,2013－11

吉田愛,栄新江著/高田時雄監訳、西村陽子訳,『敦煌の民族と東西交流』,史學雜誌122(11),1939－1940,2013－11

山口周子,宮井里佳、本井牧子編著『金蔵論』,仏教史學研究56(1),22－25,2013－11

中林広一,鮮やかに再現された西域の食文化：高啓安著/高田時雄監訳、山本孝子訳 敦煌の飲食文化（敦煌歴史文化絵巻）,東方(393),33－36,2013－11

榎本渉,渡辺誠著『平安時代貿易管理制度史の研究』,社會經濟史學 79(3),439－441,2013－11

金子修一,廣瀨憲雄著『東アジアの国際秩序と古代日本』,歴史評論(763),83－88,2013－11

榎本淳一,廣瀨憲雄著『東アジアの国際秩序と古代日本』,日本歴史(787),109－111,2013－12

河内春人,赤羽目匡由『渤海王国の政治と社会』,メトロポリタン史學 9,133－141,2013－12

下定雅弘,陳翀著『白居易の文學と白氏文集の成立：廬山から東アジアへ』,白居易研究年報(14),280－300,2013

辻正博,英國國家圖書館藏敦煌遺書：Chinese Manuscripts from Dunhuang Collected in British Library,かりん(6),12－13,2013－12

    10. 學者・其他

Culture ANTIQUES,バーチャル世界が敦煌の遺産を救う,Newsweek 28(3),59,2013－01

丸山裕美子,二〇一一年北京三つの研究會報告：天聖令・古文書・大唐西市墓誌,東方學 125,150－157,2013－01

池田正之、高瀨奈津子,池田先生の定年を迎えるにあたって,比較文化論叢：札幌大學文化學部紀要(28),29－35,2013－03

庄垣内正弘,西田龍雄先生の學問研究（追悼 西田龍雄先生）,言語研究(143),120－123,2013－03

赤尾栄慶,上山春平先生を偲ぶ,京都国立博物館學叢(35),26－29,2013－05

佐藤貴保,西田龍雄博士の西夏語研究の業績と歴史研究,東方(390),2－6,2013－08

気賀澤保規,私と唐代史研究会：研究会第二期への道程,唐代史研究(16),1－5,2013－08

吉田豊,Werner Sundermann 教授を偲ぶ,内陸アジア言語の研究(28),1－6,2013－9

福原隆善先生略歴および業績（池見澄隆教授福原隆善教授古稀記念号）,仏教大学仏教學会紀要(18),13－26,2013

内田誠一,中国の国學大師・啓功先生について,国語国文論集(43),2737－

2743,2013

森部豊(代表),ソグド人の東方活動に関する基礎的研究(平成21～24年度科學研究費補助金(基盤研究(B))研究成果報告書・課題番号21320135),関西大學文學部,2013－3

高木伸幸,井上靖文學における「學問」:「敦煌」試論,別府大學国語国文學(55),16－30,2013－12

李明慧,敦煌:魅力増すシルクロードの要衝,人民中国(726),52－63,2013－12

白須淨真,門司尚之,安満星・柱本瑞俊仮年譜(Ⅰ):1888(明治21)年～1914(大正3)年,龍谷史壇138,19－48,2013－12

大澤孝,大阪大學外国語學部 トルコ語專攻紹介,生産と技術65(3),114－116,2013

土肥義和編,敦煌・吐魯番出土漢文文書の新研究(修訂版),東京:汲古書院,2013－4

石塚晴通,漢字字體規範データベース(HNG),同上,1－10

王素,吐魯番新出高昌郡文書の年代區分とその研究,同上,27－43

伊藤敏雄,樓蘭出土の魏晉期書信の書式をめぐって,同上,45－66

古瀬奈津子,敦煌書儀と「上表」文,同上,67－82

岡野誠,新たに紹介された吐魯番・敦煌本『唐律』『律疏』斷片,同上,83－114

丸山裕美子,敦煌寫本「月儀」「朋友書儀」と日本傳來『杜家立成雜書要略』,同上,115－136

池田温,敦煌寫本偽造問題管見,同上,137－155

石見清裕,吐魯番出土墓表・墓誌の統計的分析,同上,157－182

關尾史郎,「五胡」時代、高昌郡文書の基礎的考察,同上,183－200

榮新江,吐魯番新出前秦建元二十年籍の淵源,同上,213－225

町田隆吉,麴氏高昌國時代寺院支出簿の基礎的考察,同上,227－249

大津透,吐魯番文書と律令制,同上,251－270

荒川正晴,唐代中央アジアにおける帖式文書の性格をめぐって,同上,271－291

気賀澤保規,唐代西州府兵制再論,同上,293－313

片山章雄,大谷探險隊將來吐魯番出土物價文書斷片の數點の綴合について,同上,315－335

石田勇作,社文書研究再論,同上,337－363

張娜麗,吐魯番本『爾雅注』について,同上,365－389

西本照真,三階教寫本研究の到達點と今後の課題,同上,391－403

伊藤美重子,敦煌寫本「雜抄」に關する諸問題,同上,405－426

妹尾達彦,唐代長安の印刷文化,同上,427－446

土肥義和,曹氏歸義軍後期、敦煌管內佛教教團の寫經事業記錄の分析,同上,447－488

二、著　書

广中智之,漢唐于闐佛教研究,烏魯木齊：新疆人民出版社,2013－1

高橋均,論語義疏の研究,東京：創文社,2013－1

富永一登,中国古小説の展開,東京：研文出版,2013－2

金子修一(主編),大唐元陵儀注新釋,東京：汲古書院,2013－2

磯部章,東アジア典籍文化研究,東京：堝書房,2013－2

金子修一(主編),大唐元陵儀注新釋,東京：汲古書院,2013－2

中村圭爾,六朝政治社会史研究,東京：汲古書院,2013－2

八木春生,中国仏教造像の変容：南北朝後期および隋時代,京都：法藏館,2013－2

小前亮,唐玄宗紀,東京：講談社,2013－2

黒沢はゆま,劉邦の宦官,東京：双葉社,2013－2

榎本淳一(編),古代中国・日本における學術と支配,東京：同成社,2013－2

百橋明穗先生退職記念獻呈論文集刊行委員会(編),美術史歷参：百橋明穗先生退職記念獻呈論文集,東京：中央公論美術出版,2013－3

藤井律之,魏晉南朝の遷官制度,京都大學學術出版会,2013－3

大内文雄,南北朝隋唐期佛教史研究,京都：法藏館,2013－3

気賀澤保規(編),中国中世仏教石刻の研究,東京：勉誠出版社,2013－3

三船順一郎,遙かなる遣唐使の道,京都：宮帶出版社,2013－3

增井経夫,『智囊』中国人の知恵,東京：朝日新聞出版,2013－3

增井経夫,中国的自由人の系譜,東京：朝日新聞出版,2013－3

東京文化財研究所,敦煌壁畫の保護に關する日中共同研究2012,東京：国立文化財機構東京文化財研究所保存修復科學センター,2013－3

高井龍,敦煌講唱體文獻の生成と發展に關する研究,広島大學博士論文,2013－3

下野玲子,敦煌仏頂尊勝陀羅尼経変相図に関する研究,早稲田大學博士論文,2013－3

土肥義和(編),敦煌・吐魯番出土漢文文書の新研究修訂版,東京:汲古書院,2013-4

大橋一章博士古稀記念会(編),てらゆきめぐれ:大橋一章博士古稀記念美術史論集,中央公論美術出版,2013-4

沖本克己,沖本克己仏教學論集 第2巻(シナ編1),東京:山喜房佛書林,2013-5

尾崎雄二郎、竺沙雅章、户川芳郎(編集),中国文化史大事典,東京:大修館書店,2013-5

定源,敦煌本『御注金剛般若經宣演』の文獻學的研究,東京:大東出版社,2013-6

森部豊,安禄山,東京:山川出版社,2013-6

上田正昭,渡来の古代史:国のかたちをつくったのは誰か,東京:角川學芸出版,2013-6

高橋尚夫(等編),初期密教:思想信仰文化,東京:春秋社,2013-7

渡辺義浩(編),中国新出資料學の展開:第四回日中學者中国古代史論壇論文集,東京:汲古書院,2013-8

大竹晋,元魏漢訳ヴァスバンドゥ釈経論群の研究,東京:大蔵出版,2013-3

加藤九祚,シルクロードの古代都市:アムダリヤ遺蹟の旅,東京:岩波書店,2013-9

川合康三,桃源郷:中国の楽園思想,東京:講談社,2013-9

上野誠,遣唐使 阿倍仲麻呂の夢,東京:角川學芸出版,2013-9

矢嶋美都子,佯狂:古代中国人の処世術,東京:汲古書院,2013-10

郝春文,高田時雄監訳,山口正晃訳,よみがえる古文書:敦煌遺書,東京:東方書店,2013-10

渡辺信一郎,中國古代の楽制と国家:日本雅楽の源流,京都:文理閣,2013-11

石塚晴通(編),唐煒譯,敦煌學・日本學:續編,上海:上海辭書出版社,2013-11

塩沢裕仁,後漢魏晋南北朝都城境域研究,東京:雄山閣,2013-11

佐々木高明,日本文化の源流を探る,大津市:海青社,2013-11

河内春人,東アジア交流史のなかの遣唐使,東京:汲古書院,2013-12

船山徹,仏典はどう漢訳されたのか:スートラが経典になるとき,東京:岩波書店,2013-12

菅沼愛語,7世紀後半から8世紀の東部ユーラシアの国際情勢とその推移:

唐・吐蕃・突厥の外交関係を中心に,廣島：渓水社,2013－12

佐々木聡,『開元占経』閣本の資料と解説,仙台：東北アジア研究センター,2013－12

2009年以來中國大陸敦煌學博碩士學位論文目錄
朱國立（蘭州大學）

　　自1909年我國敦煌學發軔以來，至今已經走過了百餘年的風雨，也取得了長足的發展。這既得益於國際學術界的努力，更來源於中國學者的辛勤耕耘，還得利於中國大陸相關院所、科研機構十分重視敦煌學博士、碩士研究生的培養。中國大陸敦煌學博碩士學位論文則在一定程度上見證、代表了我國敦煌學的發展，這些論文不僅是作者及其導師的心血，也是衡量科研發展、探研學術動向的標準，更是敦煌學界的珍寶；因而，對這些博碩士學位論文加以整理可以對學人瞭解中國大陸敦煌學的發展有所裨益。鑒於已有學者對1978—2008年相關論文做過整理[1]，本文只對2009年以來的博碩士學位論文編製目錄[2]，供學界參考。學識所限，難免掛一漏萬，祈教於方家。

一、語言文字

王祥偉《敦煌五兆卜法文獻校錄研究》，蘭州大學，博士，2009年，鄭炳林。
陸娟娟《吐魯番出土文書語言研究》，浙江大學，博士，2009年，張涌泉。
葉嬌《敦煌文獻服飾詞研究》，浙江大學，博士，2009年，張涌泉。
王淑華《晚唐五代連詞研究》，山東大學，博士，2009年，馮春田。
楊曉宇《敦煌碑銘贊詞彙研究》，蘭州大學，博士，2010年，鄭炳林。
張文冠《敦煌變文語詞校釋補正》，浙江大學，碩士，2010年，王雲路。
姬慧《敦煌碑銘贊詞彙研究》，陝西師範大學，碩士，2010年，黑維強。
賀雪梅《敦煌契約文書詞語考釋》，陝西師範大學，碩士，2010年，黑維強。
蔣玲玲《敦煌寺院會計文書詞語考釋》，陝西師範大學，碩士，2010年，黑維強。
王策《金雞梁所出木牘、封檢及相關問題研究》，蘭州大學，博士，2011年，鄭炳林。
賈娟《敦煌變文俗語詞論著解題》，南京師範大學，博士，2011年，黃征。
周靜《〈敦煌願文集〉程度副詞研究》，陝西師範大學，碩士，2011年，黑維強。
姜美菊《敦煌邈真讚詞彙選釋》，華東師範大學，碩士，2011年，姚美玲。
于李麗《敦煌契約文書詞語輯釋》，南京師範大學，碩士，2011年，黃征。

---
[1] 參看劉全波《近三十年中國大陸敦煌學博碩士學位論文目錄索引》，《2009年敦煌學國際聯絡委員會通訊》，上海：上海古籍出版社，2008年，第202—226頁。
[2] 目錄體例爲：姓名、學位論文題目、學位授予機構、學位級別、論文答辯年份、指導教師姓名。

盧金《敦煌變文詞綴探析》,南京師範大學,碩士,2011年,黃征。
何琴《英藏敦煌文獻(S.10—S.522)量詞研究》,西南大學,碩士,2011年,張顯成。
沈娟《敦煌寫本社邑文書詞語研究貳題》,西南大學,碩士,2011年,張顯成。
劉全波《魏晉南北朝類書編纂研究》,蘭州大學,博士,2012年,鄭炳林。
任曜新《新疆庫木吐喇佛塔出土鮑威爾寫本研究》,蘭州大學,博士,2012年,杜斗城。
陳光文《敦煌遺書P.4022+P.3636〈某學郎書抄殘卷(710—762)〉校注研究》,蘭州大學,碩士,2012年,鄭炳林。
杜海《敦煌書儀述論及選注》,蘭州大學,碩士,2012年,伏俊璉。
陳瑞峰《〈甘肅藏敦煌文獻〉俗字研究》,浙江師範大學,碩士,2012年,張涌泉。
劉昊《敦煌民間詩歌詞彙研究》,浙江師範大學,碩士,2012年,劉力堅。
張琴《〈敦煌願文集〉複音詞研究》,南京師範大學,碩士,2012年,黃征。
唐帥彬《敦煌俗字論辨》,南京師範大學,碩士,2012年,黃征。
丁思喆《唐五代敦煌公文研究》,南京師範大學,碩士,2012年,胡元德。
王璽《敦煌社邑文書詞語考釋》,陝西師範大學,碩士,2012年,黑維強。
張永莉《吐魯番契約文書詞語例釋》,陝西師範大學,碩士,2012年,黑維強。
劉哲《敦煌吐魯番文獻畜牧業類詞語研究》,陝西師範大學,碩士,2012年,黑維強。
劉光蓉《吐魯番出土磚誌異體字研究》,西南大學,碩士,2012年,毛遠明。
潘夢麗《〈吐魯番出土文書〉校補及字形譜》,西南大學,碩士,2012年,張顯成。
楊帆《英藏敦煌契約、社邑文書名量詞研究》,西南大學,碩士,2012年,張顯成。
劉亞麗《敦煌願文校考》,河北大學,碩士,2012年,楊寶忠、梁春勝。
趙曜曜《公元618至755年法藏敦煌漢文紀年寫卷楷書俗字研究》,廣西大學,碩士,2012年,肖瑜。
龔元華《英藏敦煌社會歷史文獻釋文語言文字研究》,廣西大學,碩士,2012年,肖瑜。
吳婭婭《吐魯番出土衣物疏輯錄及所記名物詞彙釋》,西北師範大學,碩士,2012年,田河。
潘超《敦煌吐魯番本兵書文獻探微》,浙江大學,碩士,2012年,朱大星。
張崇依《浙藏敦煌文獻解題目錄》,南京師範大學,碩士,2012年,吳新江。

史淑琴《敦煌漢藏對音材料音系研究》，蘭州大學，博士，2013年，伏俊璉。
王金保《敦煌遺書P.3715"類書草稿"校注研究》，蘭州大學，碩士，2013年，魏迎春。
周慧《日本〈中村不折舊藏禹域墨書集成〉俗字研究》，南京師範大學，碩士，2013年，黃征。
張蓓蓓《黑水城出土漢文文學文獻輯考》，蘭州大學，博士，2014年，伏俊璉。
白軍鵬《"敦煌漢簡"整理與研究》，吉林大學，博士，2014年，吳振武。
王馳《敦煌寫本類書徵引史籍研究》，蘭州大學，碩士，2014年，鄭炳林。
張志傑《敦煌漢簡書籍文獻類整理研究》，蘭州大學，碩士，2014年，伏俊璉。
屈懿《敦煌占卜文書字詞校釋》，復旦大學，碩士，2014年，傅傑。
戴明珠《〈中國書店藏敦煌文獻〉俗字研究》，南京師範大學，碩士，2014年，黃征。
楊義鳳《〈上海圖書館藏敦煌吐魯番文獻〉佛經寫本俗字研究》，南京師範大學，碩士，2014年，黃征。
陶美玲《〈北京大學圖書館藏敦煌文獻〉俗字研究》，南京師範大學，碩士，2014年，黃征。
肖倩《敦煌寫卷中古俗字研究》，南京師範大學，碩士，2014年，趙紅。
王翠《〈甘肅藏敦煌文獻〉俗字研究》，南京師範大學，碩士，2014年，趙紅。
仝正濤《敦煌世俗文賦體韻文用韻研究》，南京師範大學，碩士，2014年，徐朝東。
肖冰萌《法藏歸義軍時期敦煌漢文寫卷俗字研究及應用》，廣西大學，碩士，2014年，肖瑜。
李曉光《敦煌文獻編纂成果研究》，遼寧大學，碩士，2014年，趙彥昌。

二、文　　學

王偉琴《敦煌變文作時作者考論》西北師範大學，博士，2009年，伏俊璉。
劉曉紅《敦煌懸泉漢簡虛詞研究》，吉林大學，碩士，2009年，徐正考。
張敬文《中國當代文學中的敦煌敘事與想象》，西北師範大學，碩士，2009年，邵寧寧。
馬希剛《敦煌曲子戲研究》，西北師範大學，碩士，2009年，張君仁。
韓茜《敦煌變文同素異序詞研究》，西北大學，碩士，2009年，劉百順。
張亮《變文研究之發現、整理、命名、形態及消亡綜述》，東北師範大學，碩士，2009年，周奇文。
劉蕊《試論敦煌變文的文學性》，東北師範大學，碩士，2010年，周奇文。

趙波《敦煌曲子詞的女性書寫》，東北師範大學，碩士，2010年，曹勝高。
劉傳啓《敦煌歌辭語言研究》，蘭州大學，博士，2011年，伏俊璉、鄭炳林。
朱利華《吐蕃攻佔時期的敦煌文學研究》，西北師範大學，碩士，2011年，伏俊璉、秦丙坤。
郝翠玉《敦煌佛教講經文研究》，河南師範大學，碩士，2011年，張富春。
崔丹《從支遁詩到王梵志詩：僧詩雅俗之變研究》，河南師範大學，碩士，2011年，張富春。
周娜《敦煌變文的修辭歧義研究》，青海師範大學，碩士，2011年，米海萍。
武玉秀《敦煌遺書及其中的文學所反映的淨土信仰研究》，揚州大學，博士，2012年，王小盾。
張琪《〈王梵志詩〉名詞、動詞、形容詞研究》，四川師範大學，碩士，2012年，張能甫。
許松《敦煌變文語言文學研究》，蘭州大學，博士，2013年，伏俊璉。
侯成成《英藏敦煌詩集七種敘錄》，蘭州大學，碩士，2013年，伏俊璉。
荊玉傑《法藏敦煌詩文選集敘錄——以P.3619、P.3885等爲中心》，蘭州大學，碩士，2013年，伏俊璉。
李海玲《敦煌願文別字異文材料所反映的語音問題》，浙江大學，碩士，2013年，黃笑山。
宋新宇《敦煌變文中"了"的語法化考察》，山東大學，碩士，2013年，王新華。
霍佳梅《敦煌民間詞與金代道教詞比較研究》，寧波大學，碩士，2013年，左洪濤。
楊朝棟《〈上海博物館藏敦煌吐魯番文獻〉佛教文獻中的俗字研究》，南京師範大學，碩士，2013年，黃徵。
劉欣馨《敦煌寫本唐五代俗字研究》，南京師範大學，碩士，2013年，趙紅。
吳盼《敦煌變文同義連文研究》，杭州師範大學，碩士，2013年，周掌勝。
黃欣《敦煌道教類書文獻研究》，浙江財經學院，碩士，2013年，葉貴良。
喻忠傑《敦煌寫本中戲劇發生研究》，蘭州大學，博士，2014年，伏俊璉、鄭炳林。
王惠《敦煌賦七篇校錄》，蘭州大學，碩士，2014年，伏俊璉。
王繼榮《敦煌變文與日本古代相關講史類題材文學作品比較研究》，蘭州大學，碩士，2014年，王冀青。
朱成林《西域敦煌龍女故事源流研究》，蘭州大學，碩士，2014年，王冀青。
段王靜《敦煌變文中的女性形象研究》，揚州大學，碩士，2014年，陸永峰。
徐珊珊《〈敦煌石窟僧詩校釋〉校補》，南京師範大學，碩士，2014年，吳新江。

龍敏思《〈伍子胥變文〉詞彙研究》,四川師範大學,碩士,2014年,張能甫。
吳孔義《敦煌目連救母變文母題及文化意義研究》,西北民族大學,碩士,2014年,徐曉麗。
李敏《敦煌變文唱詞代詞研究》,山西師範大學,碩士,2014年,趙變親。
王鑫《唐五代筆記小説佛道内容研究》,蘭州大學,碩士,2015年,陳雙印。
伊昕舟《敦煌變文中的教化思想研究》,山東師範大學,碩士,2015年,張仁璽。
張芷萱《敦煌變文三考》,四川師範大學,碩士,2015年,湯君。
羅皓月《敦煌文獻中的目連變文研究》,四川師範大學,碩士,2015年,湯君。
張娜《敦煌本王梵志詩異文研究》,哈爾濱師範大學,碩士,2015年,黄威。
樊福菊《敦煌變文處所介詞研究》,西北師範大學,碩士,2015年,司曉蓮。
鄭驥《敦煌歌辭〈十二時〉寫本研究》,西北師範大學,碩士,2015年,伏俊璉。

三、古　　籍

馬培潔《〈啓顔録〉與中古時期的笑話集》,西北師範大學,碩士,2009年,王晶波。
井米蘭《敦煌俗字與宋本〈玉篇〉文字比較研究》,華東師範大學,碩士,2009年,王平。
沙梅真《敦煌本〈類林〉研究》,蘭州大學,博士,2010年,鄭炳林。
邵郁《敦煌寫本〈朋友書儀〉研究》,西北師範大學,碩士,2010年,王晶波。
陳影《敦煌文獻〈茶酒論〉研究》,青海師範大學,碩士,2010年,米海萍。
韓鵬《敦煌寫本〈法門名義集〉研究》,蘭州大學,碩士,2011年,杜斗城。
宋麗麗《敦煌寫本〈籯金〉俗字研究》,南京師範大學,碩士,2011年,趙紅。
程興麗《魏晉南北朝〈尚書〉學研究》,揚州大學,博士,2012年,錢宗武。
彭婷婷《敦煌類書〈勵忠節鈔〉用字研究》,南京師範大學,碩士,2012年,趙紅。
耿彬《敦煌寫本類書〈應機抄〉研究》,蘭州大學,博士,2013年,鄭炳林。
楊玉君《〈往五天竺國傳〉研究》,中央民族大學,碩士,2013年,李德龍。
薛皖東《〈干禄字書〉所收俗字與敦煌俗字比較研究》,南京師範大學,碩士,2013年,黄征。
高力敏《敦煌文獻P.2494〈楚辭音〉殘卷研究》,西北民族大學,碩士,2013年,楊同軍。
熊鑫《吐魯番出土〈文選〉殘卷研究》,西南民族大學,碩士,2013年,王啓濤。
王文瑜《敦煌寫本〈百行章〉倫理思想及其現代德育價值研究》,蘭州商學院,碩士,2013年,郭明霞。

姜竹萍《敦煌文獻〈韓朋賦〉研究》,青海師範大學,碩士,2013 年,米海萍。
高美林《敦煌〈篆書千字文〉字形研究》,廣西大學,碩士,2014 年,肖瑜、黄宇鴻。
王祺《敦煌寫本類書〈語對〉詞彙研究》西北師範大學,碩士,2014 年,秦丙坤。
張存良《水泉子漢簡〈蒼頡篇〉整理與研究》,蘭州大學,博士,2015 年,伏俊璉。
高小偉《敦煌本〈圓明論〉校録研究》,蘭州大學,碩士,2015 年,鄭炳林。

四、歷 史 地 理

劉振剛《敦煌本〈諸道山河地名要略〉窺管》,蘭州大學,碩士,2009 年,鄭炳林。
張倩茜《唐前後水系演變對敦煌發展的影響研究》,蘭州大學,碩士,2010 年,鄭炳林。
楊潔《高昌王國商業貿易研究》,蘭州大學,碩士,2009 年,馮培紅。
王紅武《隋唐西北羈縻制研究》,西北師範大學,碩士,2009 年,李清凌。
魏昀《唐代西北地區政治地理格局變動研究》,陝西師範大學,碩士,2009 年,艾沖。
羅勇《隋唐時期吐谷渾與中原王朝的關係》,蘭州大學,碩士,2010 年,陸慶夫。
邢衛《清至民國敦煌水利設施興修與管理研究》,陝西師範大學,碩士,2010 年,侯甬堅。
陰朝霞《唐代河東道研究——以敦煌文書爲中心》,西北師範大學,碩士,2010 年,劉再聰。
許春華《北涼王沮渠蒙遜及其政權研究》,蘭州大學,碩士,2011 年,鄭炳林。
張耀《晚唐五代的河隴吐蕃》,蘭州大學,碩士,2011 年,馮培紅。
車雯婧《清代對敦煌的開發》,蘭州大學,碩士,2012 年,王冀青。
王東《唐宋之際河隴吐蕃研究》,蘭州大學,博士,2013 年,馮培紅。
史志林《西夏元時期黑河流域水土資源開發利用及驅動因素研究》,蘭州大學,碩士,2013 年,鄭炳林。
鄭紅翔《唐蕃戰爭時期關中西部的古道交通》,蘭州大學,碩士,2014 年,鄭炳林。
王蕾《漢唐河隴關津與東西交通》,蘭州大學,碩士,2014 年,馮培紅。
毛至淼《隴右節度使所轄軍鎮問題研究》,揚州大學,碩士,2014 年,李文才。
杜海《敦煌曹氏歸義軍史研究》,蘭州大學,博士,2015 年,鄭炳林。
胡中良《吐蕃前期王室政治婚姻研究》,蘭州大學,碩士,2015 年,魏迎春。

詹靜嫻《北宋鎮戎軍研究》,蘭州大學,碩士,2015年,鄭炳林。

盧紹華《唐代前期隴右節度使研究——基於制度視角》,蘭州大學,碩士,2015年,馮培紅。

馮盼盼《唐前期瓜州研究——以唐對瓜州的經營爲中心》,蘭州大學,碩士,2015年,馮培紅。

蘆韜《唐代河南道研究——以敦煌文書爲中心》,西北師範大學,碩士,2015年,劉再聰。

許世江《敦煌大姓與前涼、西涼政治》,西北師範大學,碩士,2015年,黃兆宏。

五、藝　　術

張元林《北朝—隋時期敦煌法華藝術研究》,蘭州大學,博士,2009年,鄭炳林、樊錦詩。

王中旭《陰嘉政窟——禮俗、法事與家窟藝術》,中央美術學院,博士,2009年,羅世平。

牛玲《敦煌莫高窟唐代壁畫中的動物畫研究》,蘭州大學,碩士,2009年,陸慶夫。

于宗仁《敦煌石窟元代壁畫製作材料及工藝分析研究》,蘭州大學,碩士,2009年,孫柏年。

陳粟裕《榆林25窟一佛八菩薩圖像研究》,中央美術學院,碩士,2009年,羅世平。

丁艷《中國傳統文化的現代演繹——以動畫短片創作〈敦煌印象〉爲例》,中央美術學院,碩士,2009年,曉歐。

孫志傑《傳統壁畫的比較及其當代意義——從〈美人菩薩〉與〈維納斯的誕生〉的比較談起》,中央美術學院,碩士,2009年,王穎生。

錢玲《敦煌壁畫山水與中原傳統山水畫之比較研究》,吉林大學,碩士,2009年,魏存成。

孫韡《淺議魏晉時期莫高窟與克孜爾石窟岩彩壁畫表現的異同——以敦煌莫高窟第245窟與克孜爾第104窟爲例》,廈門大學,碩士,2009年,張小鷺。

張彤《敦煌莫高窟北朝時期圖形研究》,西安美術學院,碩士,2009年,郭線廬。

滑嵐《麥積山第四窟薄肉塑壁畫藝術探微》,西安美術學院,碩士,2009年,王海力。

肖堯軒《克孜爾石窟壁畫中的伎樂及其樂隊組合形式》,中國藝術研究院,碩士,2009年,王子初。

武瓊芳《莫高窟北周故事畫中人物服飾研究》,東華大學,碩士,2009年,趙聲良。

胡發強《敦煌藏經洞出土雕版印刷品研究》，西北師範大學，碩士，2009年，馬德、劉再聰。

王金元《敦煌藝術再生的宗教意蘊研究》，西北師範大學，碩士，2009年，王建疆。

汪旻《瓜州東千佛洞二窟壁畫〈水月觀音〉的藝術特色——通過臨摹感悟西夏繪畫風格》，西北師範大學，碩士，2009年，王宏恩。

顧曉燕《炳靈寺169窟壁畫塑像風格研究》，西北師範大學，碩士，2009年，王宏恩。

馮麗娟《高臺魏晉墓壁畫形式與風格的研究》，西北師範大學，碩士，2009年，張國榮。

曾鵬德《武威西夏木板畫藝術特點研究》，西北師範大學，碩士，2009年，王宏恩。

李銀霞《西夏石窟藝術研究》，西北師範大學，碩士，2009年，李清凌。

宋元《水簾洞石窟群的藝術特點和文化內涵》，西北師範大學，碩士，2009年，陳永祥。

張麗《敦煌莫高窟壁畫禽鳥圖像藝術風格及技法研究》，西南大學，碩士，2009年，黃靜。

王嬌艷《唐代敦煌壁畫研究》，雲南師範大學，碩士，2009年，王首麟。

張善慶《馬蹄寺石窟群早期漢傳佛教洞窟研究》，蘭州大學，博士，2010年，鄭炳林。

郭俊葉《敦煌莫高窟第454窟研究》，蘭州大學，博士，2010年，鄭炳林。

劉穎《敦煌莫高窟吐蕃後期經變畫研究》，中央美術學院，博士，2010年，羅世平。

王敏慶《北周佛教美術研究——以敦煌莫高窟為中心》，中央美術學院，博士，2010年，金維諾。

潘汶汛《唐及唐以前敦煌壁畫設色研究及其在現代繪畫的影響》，中國美術學院，博士，2010年，吳憲生、曹意強。

李建隆《敦煌壁畫中的樂舞演出與演出空間》，上海戲劇學院，博士，2010年，劉元聲。

李文婷《莫高窟晚唐第14窟洞窟裝飾藝術初探》，蘭州大學，碩士，2010年，鄭炳林。

鄭怡楠《河西高臺墓葬壁畫娛樂圖研究》，蘭州大學，碩士，2010年，李天義。

鄔文霞《敦煌石窟唐五代官員畫像之服飾研究》，蘭州大學，碩士，2010年，馮培紅。

韓榮《敦煌早期石窟壁畫藝術及其美學價值》,蘭州大學,碩士,2010年,程金城。

蔡淵迪《敦煌經典書法及相關習字研究》,浙江大學,碩士,2010年,許建平。

黃佳《敦煌音聲人史料及其研究》,中央音樂學院,碩士,2010年,鄭祖襄。

徐玉瓊《莫高窟北朝壁畫漢式造像特徵研究》,南京藝術學院,碩士,2010年,費泳。

郭曉麗《隋唐敦煌壁畫色彩研究對現代色彩設計的啓示》,北京服裝學院,碩士,2010年,龐綺。

喬晴《敦煌莫高窟第148窟樂舞壁畫研究》,武漢音樂學院,碩士,2010年,李幼平。

楊成忠《敦煌變文的審美文化研究》,青海師範大學,碩士,2010年,米海萍。

黃敏《敦煌壁畫視覺痕蹟對當代中國繪畫表現形式的影響》,安徽大學,碩士,2010年,黃德俊。

郭旺學《"中西合璧"的藝術張力——敦煌早期壁畫藝術創作研究》,上海師範大學,碩士,2010年,劉亞平。

阮立《唐敦煌壁畫女性形象研究》,上海大學,博士,2011年,趙憲章。

張艷方《敦煌早中期石窟建築的藝術特色與審美價值》,蘭州大學,碩士,2011年,程金城。

常紅紅《甘肅瓜州東千佛洞第五窟研究》,首都師範大學,碩士,2011年,謝繼勝。

張天一《淺談敦煌飛天造型形式及其影響》,上海戲劇學院,碩士,2011年,徐家華。

李娜《試論麥積山石窟早期塑像的語言元素及其內在意蘊》,西北師範大學,碩士,2011年,王宏恩。

李飛《淺談唐文化對敦煌莫高窟唐代彩塑的影響》,河北師範大學,碩士,2011年,黃興國。

王秀芬《淺談敦煌壁畫對現代人物畫創新與發展的啓示》,曲阜師範大學,碩士,2011年,李廣平。

袁婷《敦煌藏經洞出土繪畫品研究史》,蘭州大學,博士,2012年,王冀青。

陳粟裕《唐宋時期敦煌石窟中的于闐因素研究》,中央美術學院,博士,2012年,羅世平。

阮麗《敦煌石窟曼荼羅圖像研究》,中央美術學院,博士,2012年,羅世平。

仇春霞《西域繪畫東傳及本土化——從西域到敦煌》,中國藝術研究院,博士,

2012年,張曉凌。

尹泓《飛天意象研究》,揚州大學,博士,2012年,古風。

高秀軍《敦煌壁畫形象到動畫形象的轉化探析——以國産動畫〈九色鹿〉及相關動畫爲中心》,蘭州大學,碩士,2012年,寧强。

李清利《從平面設計角度淺析唐代敦煌壁畫藝術》,蘭州大學,碩士,2012年,李從芹。

肖永傑《敦煌故事畫在動畫造型設計中的應用研究》,蘭州大學,碩士,2012年,李從芹。

何旭佳《西夏水月觀音圖像研究》,蘭州大學,碩士,2012年,杜斗城。

鄭弋《唐五代敦煌僧俗邈真圖像考釋》,中央美術學院,碩士,2012年,羅世平。

張書彬《文本、圖像與儀軌——唐宋之間敦煌地藏信仰的圖像研究》,中國美術學院,碩士,2012年,曹意强、楊振宇。

林碩《敦煌莫高窟唐代壁畫構圖研究》,山東大學,碩士,2012年,李平。

公阿寧《嘉峪關魏晉壁畫墓中的百姓服裝研究》,南開大學,碩士,2012年,謝朝。

馮星宇《河西走廊魏晉墓葬磚畫的裝飾藝術研究》,遼寧師範大學,碩士,2012年,韓高路。

李文倩《敦煌壁畫中的晚唐女供養人服裝研究》,東華大學,碩士,2012年,趙聲良。

李珊娜《歸義軍時期敦煌壁畫中供養人服飾初探》,南昌大學,碩士,2012年,李夏。

李依萱《敦煌壁畫的色彩表現方法》,河北大學,碩士,2012年,賀志樸。

王一如《北魏時期甘肅石窟造像藝術研究——以北魏麥積山石窟造像爲主》,西北師範大學,碩士,2012年,王玉芳。

徐胭胭《瓔珞——以北朝至唐前期莫高窟菩薩瓔珞爲中心》,北京服裝學院,碩士,2012年,邱忠鳴。

左丹《敦煌壁畫空間型制特徵研究——從藻井型制談起》,西南大學,碩士,2012年,劉曙光。

韓燕《西斯廷天頂壁畫與莫高窟西方淨土變之色彩對比研究》,海南大學,碩士,2012年,陳桂香。

楊郁如《融會與創新——敦煌隋代石窟壁畫樣式與題材研究》,蘭州大學,博士,2013年,鄭炳林。

何卯平《東傳日本的宋代寧波佛畫〈十王圖〉之研究——以奈良博物館藏陸忠信筆〈十王圖〉爲中心》,蘭州大學,博士,2013年,王晶波、鄭炳林。

米德昉《敦煌莫高窟第 100 窟研究》,蘭州大學,博士,2013 年,寧强、鄭炳林。

信佳敏《敦煌莫高窟唐代屏風畫研究》,中央美術學院,博士,2013 年,羅世平。

徐藝《敦煌北朝彩塑造型語言研究》,中央美術學院,博士,2013 年,羅世平、袁運生。

曹棟《論早期的敦煌繪畫畫法研究》,中央美術學院,博士,2013 年,鄭岩、袁運生。

楊新《敦煌地區石窟中的山水紋袈裟研究》,蘭州大學,碩士,2013 年,鄭炳林。

郭芳《莫高窟藝術中菩薩寶冠的演變》,蘭州大學,碩士,2013 年,鄭炳林。

馬月嬌《"飛天"的源流與藝術風格流變——以敦煌"飛天"爲中心》,蘭州大學,碩士,2013 年,鄭炳林。

邵强軍《莫高窟早期裝飾圖案藝術研究》,蘭州大學,碩士,2013 年,寧强。

石建剛《中古北方涅槃圖像中的樂舞者形象研究》,蘭州大學,碩士,2013 年,馮培紅。

張亞玲《敦煌書法理論研究》,蘭州大學,碩士,2013 年,程金城。

葉黎君《生生之道——淺析隋朝與唐初期敦煌壁畫的藝術風格》,中國美術學院,碩士,2013 年,黄駿。

方金達《莫高窟 205 窟唐代殘損彩塑臨摹與復原研究》,中國美術學院,碩士,2013 年,黄駿、謝成水。

林立峰《沿襲與兼容——淺析十六國至北周的敦煌壁畫》,中國美術學院,碩士,2013 年,黄駿。

王金志《"凹凸造型體系"初探——以敦煌莫高窟壁畫凹凸法爲中心展開》,西安美術學院,碩士,2013 年,王勝利。

楊勇《十六國時期敦煌寫經書法藝術初論》,西安美術學院,碩士,2013 年,李青。

高超《佛教石窟寺中裸身舞蹈形象研究——以敦煌莫高窟壁畫爲例》,中央民族大學,碩士,2013 年,朴永光。

趙紅星《敦煌圖案中的圓形造型研究》,揚州大學,碩士,2013 年,李玫。

韓凌雲《落入凡間的天音——〈敦煌樂譜〉研究》,西安音樂學院,碩士,2013 年,寧爾。

李鑫《唐代敦煌卷草紋裝飾特徵研究及其在服裝設計中的應用》,北京服裝學院,碩士,2013 年,賀陽。

武慶雲《唐敦煌飛天人物造型研究》,瀋陽大學,碩士,2013 年,禹稱。

付玉峰《敦煌壁畫中"樹"的造型研究》,鄭州大學,碩士,2013 年,鄔建。

陳明《麥積山石窟樂伎圖像研究》,陝西師範大學,碩士,2013 年,陳四海。

金亮《敦煌壁畫舞姿與敦煌舞蹈》,西北民族大學,碩士,2013年,高金榮。

雲茜《敦煌莫高窟壁畫北朝時期圖形構成之研究分析》,西北大學,碩士,2013年,屈健。

謝雨珂《莫高窟盛唐菩薩服飾特點的應用研究》,四川師範大學,碩士,2013年,喬洪。

侯霄爽《敦煌壁畫中飛天造型與服飾藝術研究》,西安工程大學,碩士,2013年,張星。

陳曦《敦煌飛天壁畫藝術在現代禮服設計中的研究與開發》,長春工業大學,碩士,2013年,雒薇艷。

師慧《論敦煌壁畫中唐代繪畫與中原繪畫特徵的關係》,南昌大學,碩士,2013年,韓順任。

李鑫《唐代敦煌卷草紋裝飾特徵研究及其在服裝設計中的應用》,北京服裝學院,碩士,2013年,賀陽。

鄭怡楠《敦煌法榮窟研究》,中央美術學院,博士,2014年,羅世平。

胡明強《敦煌壁畫形式元素的現代闡釋》,中國藝術研究院,博士,2014年,姜寶林。

黃龍順《高句麗古墓壁畫與敦煌莫高窟壁畫的比較研究——以集安長川一號墓與莫高窟第285窟爲中心》,延邊大學,博士,2014年,朴燦奎。

曲悅銘《淺談敦煌繪畫中工筆人物畫的寫意性》,中央美術學院,碩士,2014年,唐勇力。

王闊《莫高窟第254窟降魔變中"魔怪"造型研究》,中國美術學院,碩士,2014年,黃駿、謝成水。

朱若昀《所見中文文本敦煌樂舞藝術研究成果的研究方法分析》,西安音樂學院,碩士,2014年,夏灩洲。

張樂《敦煌石窟中的幾何裝飾圖案形式美研究》,北京林業大學,碩士,2014年,高陽。

張麗麗《傳統陰陽五行視角下的敦煌壁畫研究》,燕山大學,碩士,2014年,高承珊。

李舒《敦煌藻井圖案色彩配置分析與應用》,南京理工大學,碩士,2014年,劉雁。

劉喜姣《敦煌壁畫中祥雲文化元素的特徵提取及演化規律研究》,武漢理工大學,碩士,2014年,熊盛武、段鵬飛。

蔣應紅《莫高窟壁畫藝術的傳承創新問題研究》,西北師範大學,碩士,2014年,韓偉。

夏瑩瑩《關於敦煌舞美學特徵的探索》,西北民族大學,碩士,2014年,高金榮。

張玉平《敦煌吐魯番出土古代剪紙藝術品研究》,西北師範大學,碩士,2014年,張國榮。

解雨姣《唐代樂舞在敦煌壁畫中的反映》,西北民族大學,碩士,2014年,高金榮。

丁靜雯《解讀佛教文化對敦煌舞蹈的影響》,西北民族大學,碩士,2014年,高金榮。

楊芳《當代敦煌舞劇的美學研究》,西北師範大學,碩士,2014年,韓偉。

香佳莉《可移動的敦煌壁畫——甘肅武威地區水陸畫研究》,西北師範大學,碩士,2014年,田衛弋。

李蕾《霓裳羽衣天樂長鳴——唐敦煌飛天樂舞造型審美研究》,西北師範大學,碩士,2014年,文化。

任娜《敦煌莫高窟壁畫唐代供養人服飾研究》,河北聯合大學,碩士,2014年,李延。

宋文欣《敦煌壁畫中牀榻的解析》,南京林業大學,碩士,2014年,邵曉峰。

閔書園《唐卡與敦煌壁畫中的觀音菩薩像造型對比研究》,安徽師範大學,碩士,2014年,陳琳。

鮑嬌《敦煌符瑞研究——以符瑞與歸義軍政權嬗變爲中心》,蘭州大學,博士,2015年,鄭炳林。

李金娟《敦煌莫高窟索義辯窟研究》,蘭州大學,博士,2015年,寧强、鄭炳林。

柳慶齡《〈方氏像譜〉研究》,蘭州大學,博士,2015年,寧强。

金鑫《夏加爾繪畫作品宗教意識與魏晉時期敦煌壁畫中佛教文化表現比較》,山東師範大學,碩士,2015年,鄒光平。

陳氏河玲《敦煌第3窟與越南筆塔寺的千手觀音造型研究》,中國美術學院,碩士,2015年,黃駿、謝成水。

李玲《敦煌壁畫藝術的動畫重構研究——以唐代莫高窟爲例》,中國美術學院,碩士,2015年,鄧冰。

張敬《敦煌莫高窟第465窟窟頂壁畫的圖像形式及藝術價值研究》,西安美術學院,碩士,2015年,李陽。

卞成林《五代〈丹楓呦鹿圖〉與敦煌壁畫樹法色彩比較研究》,西安美術學院,碩士,2015年,李雲集。

姜侍沅《敦煌樂舞文化的研究》,吉林藝術學院,碩士,2015年,李燕。

毛睿《世欲與往生的行爲驅動——唐代敦煌彌勒經變造像的藝術哲學思想探尋》,西安音樂學院,碩士,2015年,葉明春。

孫斐《莫高窟北朝時期菩薩頭冠》，北京服裝學院，碩士，2015年，邱忠鳴。

劉璐《潘絜兹與敦煌藝術研究》，南京師範大學，碩士，2015年，劉進寶、潘晟。

白雪《基於敦煌壁畫研究盛唐時期服飾文化精髓》，西安工程大學，碩士，2015年，張星。

劉春紅《敦煌遺書對近現代書法藝術的影響》，齊魯工業大學，碩士，2015年，晁岱雙。

曾倩《敦煌石窟唐代壁畫樂舞造型圖式研究》，西南大學，碩士，2015年，劉曙光。

樊慶燕《唐代敦煌壁畫色彩對我繪畫的啟示》，山東師範大學，碩士，2015年，鄒光平、仲濟昆。

張世奇《敦煌西夏石窟千佛圖像研究》，西北師範大學，碩士，2015年，沙武田、何玉紅。

孫烈鵬《藝取敦煌——淺談油畫創作對敦煌壁畫的借鑒》，西北師範大學，碩士，2015年，王爾義。

六、宗　　教

党燕妮《晚唐五代宋初敦煌民間佛教信仰研究》，蘭州大學，博士，2009年，鄭炳林。

段玉泉《語言背後的文化流傳：一組西夏藏傳佛教文獻解讀》，蘭州大學，博士，2009年，陸慶夫。

魏郭輝《敦煌寫本佛經題記研究——以唐宋寫經爲中心》，蘭州大學，博士，2009年，陸慶夫。

馬格俠《敦煌所出禪宗早期文獻研究》，蘭州大學，博士，2009年，陸慶夫。

侯沖《中國佛教儀式研究——以齋供儀式爲中心》，上海師範大學，博士，2009年，方廣錩。

劉真《吐蕃佔領時期敦煌觀音信仰研究》，蘭州大學，碩士，2009年，杜斗城。

孫景《敦煌文書〈道教詮理答難〉校錄研究》，蘭州大學，碩士，2009年，劉永明。

顧淑彥《敦煌石窟賢愚經變研究——以莫高窟第146窟爲中心》，蘭州大學，碩士，2009年，劉永明。

董大學《敦煌本〈金剛經〉注疏敍錄》，上海師範大學，碩士，2009年，郝春文。

曹凌《中國佛教疑僞經綜錄》，上海師範大學，碩士，2009年，方廣錩。

白占功《佛教在吐蕃的初期傳播情況》，西北師範大學，碩士，2009年，元旦。

張超《佛教在西夏傳播的社會歷史條件》，東北師範大學，碩士，2009年，王德忠。

譚成明《回紇信仰摩尼教的社會背景和原因分析》,新疆師範大學,碩士,2009年,馬品彥。

易咸英《〈妙法蓮華經〉異文研究》,湖南師範大學,碩士,2009年,鄭賢章。

張延清《吐蕃敦煌抄經制度研究》,蘭州大學,博士,2010年,鄭炳林。

楊學勇《三階教史研究——以敦煌資料爲主》,蘭州大學,博士,2010年,王冀青。

聶葛明《元魏譯經研究》,蘭州大學,博士,2010年,杜斗城。

黄崑威《敦煌本〈太玄真一本際經〉思想研究》,蘇州大學,博士,2010年,周可真。

段園園《7—11世紀景教在陸上絲綢之路的傳播》,蘭州大學,碩士,2010年,陸慶夫。

寇鳳凱《敦煌道教講經文研究》,蘭州大學,碩士,2010年,劉永明。

張春梅《敦煌本受戒文研究》,蘭州大學,碩士,2010年,杜斗城。

李婧《敦煌本〈壇經〉語言研究》,上海師範大學,碩士,2010年,袁賓。

趙青山《6世紀末至11世紀初中國抄經活動研究——以敦煌漢文文獻爲中心》,蘭州大學,博士,2011年,鄭炳林。

李艷《唐代佛教史籍研究》,蘭州大學,博士,2011年,杜斗城。

姜濤《後秦佛教研究——以譯經爲中心》,蘭州大學,博士,2011年,杜斗城。

張小剛《敦煌佛教感通畫研究》,武漢大學,博士,2011年,朱雷。

班睿《漢魏兩晉南北朝佛教的本土化研究》,蘭州大學,碩士,2011年,鄭炳林。

張園園《唐宋應病故事研究》,蘭州大學,碩士,2011年,劉永明。

楊會萍《明清時期河西地區的道教與民間信仰》,蘭州大學,碩士,2011年,劉永明。

范文美《蒲縣東岳廟"地獄變"之調查與研究》,蘭州大學,碩士,2011年,杜斗城。

范立君《俄藏黑水城發願文研究》,蘭州大學,碩士,2011年,王冀青。

吕德廷《摩醯首羅天形象在中國的演變》,蘭州大學,碩士,2011年,馮培紅。

曹麗萍《敦煌文獻中的唐五代祥瑞研究》,蘭州大學,碩士,2011年,馮培紅。

郭瑨芳《敦煌文獻中漢文〈金光明經〉題名研究——兼論時人眼中的〈金光明經〉》,中央民族大學,碩士,2011年,李德龍。

項秉光《三種景教敦煌寫卷考釋》,上海師範大學,碩士,2011年,謝志斌。

孫寧《歸義軍時期敦煌僧官選擇考論》,南京師範大學,碩士,2011年,劉進寶。

劉吉寧《敦煌本〈太上洞玄靈寶無量度人上品妙經〉文字研究》,廣西大學,碩士,2011 年,肖瑜。

周遠軍《敦煌寫卷〈道行般若經〉用字研究及校勘》,廣西大學,碩士,2011 年,肖瑜。

夏春峰《吐蕃統治時期敦煌佛教研究》,蘭州大學,博士,2012 年,鄭炳林。

樊麗沙《漢傳佛教在西夏的傳播及影響》,蘭州大學,博士,2012 年,施萍婷、鄭炳林。

陶家駿《敦煌研究院藏佚本〈維摩詰經注〉寫卷研究》,蘇州大學,博士,2012 年,王繼如。

蘇敏《陝北地區的地藏菩薩及其信仰》,蘭州大學,碩士,2012 年,鄭炳林。

魏健鵬《生天與淨土——莫高窟第 9 窟研究》,蘭州大學,碩士,2012 年,鄭炳林。

趙宇翔《劉一明的先天真一之氣學説與佛教如來藏》,蘭州大學,碩士,2012 年,劉永明。

張厚進《三至五世紀陸路西行求法僧人研究》,蘭州大學,碩士,2012 年,伏俊璉。

蘭利瓊《〈父母恩重經〉研究》,河北師範大學,碩士,2012 年,崔紅芬。

劉彩紅《敦煌本〈太上洞淵神咒經〉文字與詞彙研究》,浙江財經學院,碩士,2012 年,葉貴良。

楊靜《敦煌本〈太上業報因緣經〉文字與詞彙研究》,浙江財經學院,碩士,2012 年,葉貴良。

錢光勝《唐五代宋初冥界觀念及其信仰研究》,蘭州大學,博士,2013 年,王晶波。

許棟《中國中古文殊信仰形成的研究》,蘭州大學,博士,2013 年,杜斗城。

張穎《敦煌佛經意義研究》,蘭州大學,博士,2013 年,杜斗城。

VU THI NGOC BICH(武氏玉璧)《〈維摩詰經〉大正藏三譯本翻譯用字對比研究——兼論敦煌寫本 P.4646 的文字現象》,福建師範大學,博士,2013 年,林志强。

徐海《伍子胥信仰研究》,蘭州大學,碩士,2013 年,鄭炳林。

張鵬《崆峒山道教研究——以營建爲中心的考察》,蘭州大學,碩士,2013 年,劉永明。

趙丹《敦煌本道液〈淨名經〉疏解二種異文研究》,浙江師範大學,碩士,2013 年,張涌泉。

張瑞蘭《敦煌本〈維摩詰經〉異文研究》,浙江師範大學,碩士,2013 年,陳年福。

楊朝棟《〈上海博物館藏敦煌吐魯番文獻〉佛教文獻中的俗字研究》,南京師範大學,碩士,2013年,黃征。

袁廣香《敦煌本S4155、S415與S2221〈金光明經〉整理與研究》,湖南師範大學,碩士,2013年,鄭賢章。

高靜怡《北圖藏敦煌漢文寫經〈金光明經〉異文研究》,廣西大學,碩士,2013年,肖瑜。

黃欣《敦煌道教類書文獻研究》,浙江財經學院,碩士,2013年,葉貴良。

張妍《古代甘肅道教人物輯考——以〈道藏〉爲中心》,蘭州大學,碩士,2014年,劉永明。

黃國維《漢唐間老子顯靈故事研究》,蘭州大學,碩士,2014年,劉永明。

梁棟《敦煌本P.2444〈洞淵神咒經〉卷七〈斬鬼品〉研究》,蘭州大學,碩士,2014年,馮培紅。

傅及斯《敦煌本〈華嚴經〉整理與研究》,復旦大學,碩士,2014年,張小艷。

唐武嘉《敦煌道經佛源詞研究——以〈老子化胡經〉爲中心》,浙江財經大學,碩士,2014年,葉貴良。

劉騰《敦煌本〈正法念處經〉寫本考和異體字研究》,浙江師範大學,碩士,2014年,景盛軒。

孟雪《敦煌〈梵網經〉寫本考暨俗字匯輯》,浙江師範大學,碩士,2014年,張涌泉。

左麗萍《敦煌〈大乘無量壽經〉寫本考暨俗字匯輯》,浙江師範大學,碩士,2014年,張涌泉。

曾誠《歸義軍時期的敦煌寺院經濟簡論》,南京師範大學,碩士,2014年,劉進寶。

武海龍《民國時期河西地區佛教研究》,蘭州大學,博士,2015年,杜斗成。

包朗《霞浦本、敦煌本摩尼教文獻比較研究——以〈摩尼光佛〉爲主》,蘭州大學,博士,2015年,楊富學。

呂德廷《佛教藝術中的外道形象——以敦煌石窟爲中心》,蘭州大學,博士,2015年,馮培紅。

高海燕《中國漢傳佛教本生故事研究——以"捨身飼虎本生"和"睒子本生"爲中心》,蘭州大學,博士,2015年,魏文斌。

張媛《唐五代敦煌地區〈金剛經〉民間信仰研究》,蘭州大學,碩士,2015年,鄭炳林。

Lee SuJin(李修真)《論景教與佛教關係》,蘭州大學,碩士,2015年,鄭炳林。

郝憲愛《唐宋之際敦煌作灶信仰研究》,蘭州大學,碩士,2015年,王晶波。

王震《敦煌本〈壇經〉爲"傳宗簡本"考》,蘭州大學,碩士,2015年,王晶波。

劉泓文《P.2213〈三教至理相通論(擬)〉校録研究》,蘭州大學,碩士,2015年,劉永明。

張曉雷《〈高上老子内傳〉考論》,蘭州大學,碩士,2015年,劉永明。

楊揚《敦煌本〈佛頂尊勝陀羅尼經〉寫本考暨俗字匯輯》,浙江師範大學,碩士,2015年,張涌泉。

徐鍵《敦煌本〈瑜伽師地論〉寫本考》,浙江師範大學,碩士,2015年,張涌泉。

陳琳《敦煌本〈阿彌陀經〉寫本考》,浙江師範大學,碩士,2015年,張涌泉。

羅慕君《敦煌〈八陽經〉漢文寫本考》,浙江師範大學,碩士,2015年,張涌泉。

劉艷紅《敦煌本〈藥師琉璃光如來本願功德經〉寫本考》,浙江師範大學,碩士,2015年,張涌泉。

劉芬《津藝藏〈妙法蓮華經〉五代寫卷異文研究》,南京師範大學,碩士,2015年,趙紅。

郭曉燕《敦煌本〈大智度論〉寫本考》,浙江師範大學,碩士,2015年,陳年福。

李沛雷《敦煌文獻〈父母恩重經〉研究》,青海師範大學,碩士,2015年,米海萍。

七、科　　技

袁仁智《敦煌吐魯番醫藥卷子校勘及其文獻研究》,南京中醫藥大學,博士,2010年,沈澍農。

王亞麗《敦煌寫本醫籍語言研究》,蘭州大學,博士,2012年,鄭炳林。

錢婷婷《敦煌中醫藥文獻法藏卷子疑難字研究》,南京中醫藥大學,碩士,2012年,沈澍農。

孫兆傑《敦煌漢文中醫藥文獻俗字研究》,廣州中醫藥大學,碩士,2012年,范登脈。

倪小鵬《兩唐書〈方技傳〉研究》,蘭州大學,碩士,2014年,王晶波。

朱若林《英藏敦煌中醫藥文獻疑難字詞考證》,南京中醫藥大學,碩士,2014年,沈澍農。

牟海霞《唐五代敦煌藥材資源——以敦煌漢文醫藥文獻爲中心探究》,西北師範大學,碩士,2015年,俄軍、劉再聰。

曾少林《法藏公元755年至855年敦煌漢文紀年寫卷俗字研究及應用》,廣西大學,碩士,2015年,肖瑜。

八、社　　會

陳于柱《區域社會史視野下的敦煌禄命書研究》,蘭州大學,博士,2009年,鄭炳林。

任海燕《唐代敦煌吐魯番地區婦女生育問題試探》,首都師範大學,碩士,2009年,金瀅坤。

熊崧策《漢晉敦煌士人學術研究》,蘭州大學,碩士,2009年,陸慶夫。

李暢《敦煌吐魯番出土遺囑探析》,陝西師範大學,碩士,2009年,劉戈。

周艷萍《吐魯番出土隨葬衣物疏探索》,陝西師範大學,碩士,2009年,劉戈。

王歡《唐五代宋初敦煌農業民俗考論》,西北師範大學,碩士,2009年,李并成。

朱江紅《從敦煌文書看唐五代宋初敦煌地區的物權觀念》,西北師範大學,碩士,2009年,李并成。

郝文林《隋唐五代西北地區喪葬風俗》,西北師範大學,碩士,2009年,李清凌。

肖瀟《從王梵志詩看唐代下層民衆的生活和心態》,河北師範大學,碩士,2009年,邢鐵。

王曉暉《漢唐時期吐魯番地區的農業經濟與農業社會》,蘭州大學,博士,2010年,陸慶夫。

張軍勝《敦煌寫本僧無名所上諫表研究》,蘭州大學,碩士,2010年,馮培紅。

趙玉平《唐五代宋初敦煌地區祈雨活動研究》,西北師範大學,碩士,2010年,劉再聰。

祁曉慶《敦煌歸義軍社會教育研究》,蘭州大學,博士,2011年,鄭炳林。

郝二旭《唐五代敦煌農業專題研究——以敦煌寫本文獻爲中心》,蘭州大學,博士,2011年,施萍婷、鄭炳林。

孔令梅《敦煌大族與佛教》,蘭州大學,博士,2011年,杜斗城。

徐秀玲《中古時期僱傭契約研究——以敦煌吐魯番出土僱傭文書爲中心》,南京師範大學,博士,2011年,劉進寶。

胡翠霞《百年敦煌婚喪禮俗研究綜論》,西北師範大學,碩士,2011年,王晶波。

曹明《敦煌"馬術"史料研究》,西北民族大學,碩士,2011年,陳康。

唐尚書《漢唐西北畜牧業經濟研究》,蘭州大學,碩士,2011年,鄭炳林。

張波《唐五代敦煌地區的家庭教育》,蘭州大學,碩士,2011年,陸慶夫。

姜博《魏晉南北朝時期敦煌歷史研究——以考察敦煌建置、佛教、太守爲中心》,南京師範大學,碩士,2011年,劉進寶。

王維莉《唐五代宋初敦煌寺院四時節俗》,西北師範大學,碩士,2011年,劉再聰。

尤國輝《敦煌體育中技能主導類項目的競技因素及特點研究》,西北民族大學,碩士,2011年,張德生。

祝子麗《敦煌寺院會計文書中的單式簿記思想研究》,湖南大學,碩士,2011年,陳敏。

譚興亮《唐代西州法律制度研究——以吐魯番出土文書爲中心》,新疆大學,碩士,2011年,白京蘭。

吳炯炯《新刊唐代墓誌所見世系考訂及相關專題研究》,蘭州大學,博士,2012年,鄭炳林。

吳明亮《敦煌社邑轉帖的定年與紀年方式略論》,南京師範大學,碩士,2012年,劉進寶。

王使臻《敦煌遺書中的唐宋尺牘研究》,蘭州大學,博士,2012年,陸慶夫。

趙曉芳《互動視角下唐代西州基層社會研究》,蘭州大學,博士,2012年,陸慶夫。

楊潔《公元3—8世紀中亞貿易問題研究》,蘭州大學,博士,2012年,馮培紅。

陳敏《唐五代宋初敦煌寺院會計制度研究》,湖南大學,博士,2012年,伍中信。

于正安《敦煌曆文詞彙研究》,南開大學,博士,2012年,楊琳。

張曉磊《唐五代宋初敦煌社邑的幾個問題》,蘭州大學,碩士,2012年,鄭炳林。

余燕《唐五代宋初敦煌古史傳說的民間形態》,蘭州大學,碩士,2012年,王晶波。

王晶《中古家族三調:唐帝國邊境城鎮的三個家族》,蘭州大學,碩士,2012年,馮培紅。

宋翔《唐宋時期敦煌的居住空間》,蘭州大學,碩士,2012年,馮培紅。

高斯《五—十世紀敦煌寺院財產管理研究》,湖南大學,碩士,2012年,陳敏。

屈蓉蓉《吐魯番出土5—8世紀租佃契約文書中的立契日期研究》,陝西師範大學,碩士,2012年,劉戈。

趙莎《吐魯番出土租佃文書中的地租形態探究》,陝西師範大學,碩士,2012年,劉戈。

姚彩玉《漢唐敦煌索氏研究》,西北師範大學,碩士,2012年,劉再聰。

侯凌靜《晚唐五代宋初敦煌會計文書記賬方法研究》,西北師範大學,碩士,2012年,劉再聰。

朱斌權《丁中制與唐代敦煌"中女"婚姻研究——以出土文獻爲中心》,西北師範大學,碩士,2012年,劉再聰。

王春慧《唐代服章制度與敦煌賜紫研究》,西北師範大學,碩士,2012年,劉再聰。

寧宇《敦煌寫本時日宜忌文書研究》,蘭州大學,博士,2013年,鄭炳林。

叢振《敦煌遊藝文化研究》,蘭州大學,博士,2013年,馮培紅、樊錦詩。

張春秀《敦煌變文名物研究》,南京師範大學,博士,2013年,黃征。

鄒旭《敦煌歸義軍時期文人及其寫作研究》,蘭州大學,碩士,2013年,王晶波。

車娟娟《中古時期入華粟特女性的婚姻與社會生活》，蘭州大學，碩士，2013年，王冀青。

朱艷桐《唐代傔人研究》，蘭州大學，碩士，2013年，馮培紅。

劉傑《唐五代宋初敦煌地區農產品研究》，西北民族大學，碩士，2013年，劉再聰。

王艷玲《敦煌史籍抄本與僧人的社會生活》，西北民族大學，碩士，2013年，劉再聰。

楊馨《敦煌莫高窟北區石窟出土西夏至元代絲綢的研究》，東華大學，碩士，2013年，趙豐。

楊曉《新刊唐代碑誌所見唐代刺史資料輯考》，蘭州大學，博士，2014年，鄭炳林。

馬元藝璐《敦煌"田徑"史料研究》，西北民族大學，碩士，2014年，陳康。

王金娥《敦煌蒙書及蒙學研究》，蘭州大學，博士，2014年，伏俊璉。

韓紅《敦煌逆刺占文獻校錄研究》，蘭州大學，碩士，2014年，王晶波。

王朝陽《唐代佛教供養器——香器研究》，蘭州大學，碩士，2014年，陳雙印。

王秀波《唐後期五代宋初敦煌三界寺研究》，上海師範大學，碩士，2014年，嚴耀中、陳大爲。

宋廣玲《唐五代敦煌生養問題研究》，西北師範大學，碩士，2014年，劉再聰。

李超雲《唐五代宋初敦煌居民姓氏構成研究》，西北師範大學，碩士，2014年，劉再聰。

劉長悅《唐宋書儀中實用文體研究》，南京師範大學，碩士，2014年，胡元德。

趙歡《唐五代時期敦煌燃燈活動研究》，蘭州大學，碩士，2015年，鄭炳林。

李穎《唐五代時期的沐浴及其風俗——以敦煌文獻爲中心》，蘭州大學，碩士，2015年，王晶波。

陳菡旖《唐五代宋初敦煌開元寺研究》，上海師範大學，碩士，2015年，陳大爲。

陳卿《唐後期五代宋初敦煌金光明寺研究》，上海師範大學，碩士，2015年，陳大爲。

周明帥《對中古時期"耕作半徑"現象的審視——以敦煌吐魯番文書爲中心》，陝西師範大學，碩士，2015年，薛平拴。

陳得勝《敦煌出土放妻書研究》，甘肅政法學院，碩士，2015年，侯文昌。

李妍容《唐五代敦煌婚喪禮俗概論》，蘭州大學，碩士，2015年，陳雙印。

九、民族歷史語言

石磊《十六國少數民族史學研究》，蘭州大學，碩士，2009年，屈直敏。

李娟《淺議漠北回鶻汗國時期的史料及其史學——以回鶻碑銘爲中心》，蘭州大學，碩士，2009年，屈直敏。

項欠多傑《敦煌吐蕃占卜文書研究》，中央民族大學，碩士，2009年，郭須·扎巴軍乃。

吉加本《試析法藏敦煌古藏文寫本〈白傘蓋〉殘片的版本及語法特徵》，西北民族大學，碩士，2009年，扎西才讓。

夏吾拉旦《敦煌文獻漢藏文學翻譯研究——以〈尚書〉和〈戰國策〉譯文爲例》，西北民族大學，碩士，2009年，山夫旦。

巴桑頓珠《對敦煌文獻中"大事紀年"的兩種漢語譯文之比較研究》，西藏大學，碩士，2009年，赤列曲扎。

周毅《唐蕃舅甥關係研究》，西藏民族學院，碩士，2009年，顧祖成。

冉永忠《吐蕃佔領敦煌時期的部落制度與封建關係研究》，西藏民族學院，碩士，2010年，孫林。

三羊切旦《敦煌藏文文獻中的訴訟文及語法研究》，西北民族大學，碩士，2010年，扎西才讓。

旦知介布《吐蕃時期盟會制文獻研究》，西北民族大學，碩士，2010年，扎西才讓。

張青平《唐宋之際河西地區的嗢末考察》，蘭州大學，碩士，2011年，王冀青。

周先加《敦煌古藏文回向文寫本及其語法特徵研究》，西北民族大學，碩士，2011年，嘎藏陀美。

扎平《敦煌古藏文文獻中的佛教神話原型研究——以〈賢愚姻緣經〉爲例》，西北民族大學，碩士，2011年，嘎藏陀美。

拉毛加《由敦煌手卷P.T.1287，P.T.1286，P.T.1288來探究吐蕃時期記載歷史的參照框架》，西藏大學，碩士，2011年，群培。

白雪《魏晉北朝河西走廊的民族結構與社會變動》，蘭州大學，博士，2012年，馮培紅。

張旭《P.T.1288藏文寫卷譯釋研究》，蘭州大學，碩士，2014年，魏迎春。

周太才讓《敦煌古藏文音譯文獻P.T.1258號〈天地八陽神咒經〉研究》，西北民族大學，碩士，2014年，嘎藏陀美。

教毛加《P.T.1287研究》，西北民族大學，碩士，2014年，萬瑪航青。

邊巴旺堆《論敦煌古藏文文獻中史傳文獻和其古語法及文字書寫之特徵》，西藏大學，碩士，2015年，巴擦·巴桑旺堆。

馬舟《唐五代時期敦煌粟特人的幾個問題》，南京師範大學，碩士，2015年，劉進寶、潘晟。

十、考古與文物保護

魏文斌《麥積山石窟初期洞窟調查與研究》，蘭州大學，博士，2009年，鄭炳林。

吳荭《北周石窟造像研究》，蘭州大學，博士，2009年，鄭炳林。

郭青林《敦煌莫高窟壁畫病害水鹽來源研究》，蘭州大學，博士，2009年，李最雄、王旭東。

楊濤《探地雷達和紅外熱像儀在西藏寺院和敦煌石窟空鼓壁畫保護中的應用》，蘭州大學，博士，2009年，李最雄。

楊善龍《敦煌莫高窟崖體中水、鹽分佈現狀初步研究》，蘭州大學，碩士，2009年，王旭東。

康紅衛《敦煌壁畫脫鹽材料的製備研究》蘭州大學，碩士，2009年，馬建泰。

余凱《敦煌懸泉置遺址保護規劃與設計研究》，西安建築科技大學，碩士，2009年，劉克成。

董華鋒《慶陽北石窟寺北魏洞窟研究》，蘭州大學，博士，2010年，陸慶夫。

張黎瓊《北周時期武山水簾洞石窟群研究》，蘭州大學，碩士，2010年，鄭炳林。

臧志成《莫高窟254窟捨身飼虎圖變色原因探析與色彩修復研究》，中國美術學院，碩士，2012年，黃駿、謝成水。

魏海霞《天水麥積山石窟研究綜述》，西北師範大學，碩士，2011年，文化。

蘇繼紅《敦煌故城遺址價值審視及保護利用策略研究》，長安大學，碩士，2013年，李成。

閆婷《莫高窟窟前建築保護設計——從敦煌莫高窟130窟窟前建築保護設計開始》，昆明理工大學，碩士，2013年，王冬。

劉宏梅《莫高窟晚唐石窟研究的成就及面臨的問題》，蘭州大學，碩士，2013年，鄭炳林。

芮櫻《莫高窟第372窟阿彌陀經變壁畫殘缺部分復原探究》，中國美術學院，碩士，2014年，黃駿、謝成水。

俄玉楠《甘肅省博物館藏北朝石刻造像研究》，蘭州大學，博士，2014年，鄭炳林、樊錦詩。

張景峰《敦煌陰家窟研究》，蘭州大學，博士，2014年，鄭炳林、樊錦詩。

賴文英《安西榆林窟第25窟研究》，蘭州大學，博士，2014年，鄭炳林、施萍婷。

孫曉峰《麥積山石窟127窟研究》，蘭州大學，博士，2014年，施萍婷、鄭炳林。

劉賢德《莫高窟壁畫與空氣細菌多樣性及其對顏料色變的模擬試驗分析》，蘭州大學，碩士，2015年，汪萬福、馮虎元。

張屹東《敦煌莫高窟洞窟環境監測及對壁畫病害影響研究》，北京化工大學，碩士,2015年,王菊琳。

十一、學術史

陳繼宏《勞費爾與中亞古代語言文字研究》,蘭州大學,碩士,2009年,王冀青。
宋文《大谷探險隊吐魯番地區活動研究》,蘭州大學,碩士,2010年,王冀青。
張秀萍《布婁及其對斯坦因所獲佉盧文文書的研究》,蘭州大學,碩士,2010年,王冀青。
周常林《羅振玉與清末民初歷史文獻學》,蘭州大學,博士,2011年,王冀青。
馬洪菊《葉昌熾與清末民初金石學》,蘭州大學,博士,2011年,王冀青。
周常林《羅振玉與清末民初歷史文獻學》,蘭州大學,博士,2011年,王冀青。
李燕《蔣禮鴻先生在語言學領域的成就》,浙江大學,碩士,2011年,陳東輝。
尹紅丹《大谷探險隊第一次西域探險研究》,蘭州大學,碩士,2012年,王冀青。
王新春《中國西北科學考查團考古學史研究》,蘭州大學,博士,2012年,王冀青。
杜進科《向達史學初探》,河北師範大學,碩士,2012年,孫文閣。
王磊《論姜亮夫在文字學方面的研究》,江西師範大學,碩士,2012年,邱進春。
黃婷《段文傑的敦煌服飾藝術研究》,中國美術學院,碩士,2012年,楊樺林。
陳香萍《王重民目錄學研究芻議》,黑龍江大學,碩士,2012年,楊慶辰。
劉波《國家圖書館與敦煌學》,河北師範大學,博士,2013年,張廷銀。
車守同《國立敦煌藝術研究所的時代背景與史事日記》,華東師範大學,博士,2013年,王家範。
郭佳惠《論二十世紀以來中英敦煌文化學術交流——以英藏敦煌文獻的刊布和研究爲中心》,四川師範大學,碩士,2013年,許曉光。
趙輝《賀昌群史學研究》,華東師範大學,碩士,2013年,胡逢祥。
李莉《試析張大千臨摹敦煌壁畫的意義》,山西大學,碩士,2013年,趙瑞民。
葉早蕾《"勁柳舞沙"——記謝稚柳短暫的敦煌學術生涯》,南京師範大學,碩士,2013年,劉進寶。
姜忠傑《向達與敦煌學研究》,南京師範大學,碩士,2014年,劉進寶。
瞿繼娟《甘肅石窟發現史》,西北師範大學,碩士,2014年,王輝、劉再聰。
林靖《淺析張大千三顧敦煌對其藝術風格的影響》,福建師範大學,碩士,2015年,張明超。

十二、其他

王亞芹《敦煌莫高窟生活污水的地埋式SBR處理研究》,蘭州大學,碩士,2009

年,張明泉。

宋志浩《基於本體的敦煌壁畫信息語義檢索系統研究與實現》,浙江大學,碩士,2010年,許端清。

潘琳達《數字敦煌作品版權研究》,中南大學,碩士,2010年,蔣言斌。

韓春平《敦煌文獻數字化問題研究》,蘭州大學,博士,2011年,王冀青。

周健悅《敦煌壁畫數字化的知識産權問題研究》,浙江大學,碩士,2012年,李永明。

田佳《基於多源數據融合的三維重建研究——以敦煌莫高窟爲例》,東華理工大學,碩士,2012年,程朋根。

伏婧《"敦煌韻"之美——敦煌藝術元素在畢業設計中的運用》,南京藝術學院,碩士,2012年,曹方。

閆嘉哲《以當代敦煌藝術爲例分析文藝隨機性問題》,西北師範大學,碩士,2012年,王建疆、韓偉、黄懷璞、朱斌、楊華。

郭倩倩《敦煌歷史文化題材電視紀錄片的叙事研究——以秦川系列作品爲例》,蘭州大學,碩士,2013年,張民華。

劉文傑《世界文化遺産敦煌莫高窟開發與遊客滿意度關係分析》,曲阜師範大學,碩士,2013年,謝小平。

尚文輝《1990年以來文學中的敦煌書寫研究——以"藏經洞"事件爲中心》,西北師範大學,碩士,2013年,孫强。

李洪《敦煌文化對韓國三國時期區域文化的影響》,中國美術學院,博士,2013年,王贊、范景中。

高薇《文化遺産旅遊開發研究——以敦煌莫高窟爲例》,蘭州大學,碩士,2014年,李映洲。

吕越超《傳播學視野下的敦煌文獻研究》,青海師範大學,碩士,2014年,米海萍。

王磊《敦煌壁畫與漢語國際教育高級文化專題課程教學設計》,廣西大學,碩士,2014年,肖瑜。

　　後記:本文資料檢索過程中得到了蘭州大學王晶波、張善慶、劉全波諸先生以及紀應昕、牛利利等同學的幫助,此外還得到了南京大學王沖、浙江大學王碧等同學的幫助,在此謹致謝忱。

近六十年河西魏晉十六國壁畫墓研究著述目録

朱國立（蘭州大學）

自 1944 年河西魏晉十六國壁畫墓發現以來①，相關材料逐漸積累、不斷豐富，尤其是 20 世紀 70 年代以來，考古工作者對河西壁畫墓進行了較大規模的發掘；學界對於河西魏晉十六國壁畫墓的研究也不斷深入，取得了豐碩的成果，爲研究魏晉十六國時期的歷史提供了寶貴的資料。爲便於學界更好地瞭解河西魏晉十六國壁畫墓研究狀況，筆者將大陸近六十年來關於河西魏晉十六國壁畫墓的研究著述編製簡目，供學界參考②。學養所限，難免掛一漏萬，望方家不吝指教。

一、專　　著

甘肅省博物館《嘉峪關畫像磚》，北京：文物出版社，1976 年。

甘肅省文物隊、甘肅省博物館、嘉裕關市文物管理所《嘉峪關壁畫墓發掘報告》，北京：文物出版社，1985 年。

張朋川、張寶璽《嘉峪關魏晉墓室壁畫》，北京：人民美術出版社，1985 年。

牛龍菲《古樂發隱：嘉峪關魏晉墓室磚畫樂器考證》，蘭州：甘肅人民出版社，1985 年。

甘肅省文物考古研究所《酒泉十六國墓壁畫》，北京：文物出版社，1989 年。

王天一《魏晉墓磚畫》，北京：新世界出版社，1989 年。

張軍武、高鳳山《嘉峪關魏晉墓彩繪磚畫淺識》，蘭州：甘肅人民出版社，1989 年。

殷光明《敦煌畫像磚》，北京：人民美術出版社，1990 年。

戴春陽、張瓏編《敦煌祁家灣——西晉十六國墓葬發掘報告》，北京：文物出版社，1994 年。

戴春陽主編《敦煌佛爺廟灣——西晉畫像磚墓》，北京：文物出版社，1998 年。

靜安《甘肅丁家閘十六國墓壁畫》，重慶：重慶出版社，1999 年。

靜安攝影，施愛民撰文《甘肅高臺魏晉墓彩繪磚》，重慶：重慶出版社，

---

① 關於壁畫墓這一概念之界定學界觀點多出，壁畫墓、磚畫墓、畫墓、墓室壁畫等見諸著述之間，本文取廣義上的壁畫墓概念，將上述概念統歸爲壁畫墓之屬。

② 鑒於壁畫墓發掘初期材料較少，部分壁畫墓被定爲東漢時期，故先期報告和論述中多以"漢墓"稱之，隨著材料的不斷增多，綜合比較研究後發現其中不乏魏晉時期的墓葬；此外，河西地區發掘了較大數量的裝飾墓和其他的魏晉十六國時期的墓葬；故爲便於研究，筆者亦將這些成果有選擇性地收入本文。

1999年。
林少雄《古冢丹青——河西走廊魏晉墓葬畫》，蘭州：甘肅教育出版社，1999年。
陳綬祥《魏晉南北朝繪畫史》，北京：人民美術出版社，2000年。
馬建華主編《甘肅酒泉西溝魏晉墓彩繪磚》，重慶：重慶出版社，2000年。
馬建華主編《甘肅敦煌佛爺廟灣魏晉墓彩繪磚》，重慶：重慶出版社，2000年。
胡之主編《甘肅嘉峪關魏晉一號墓彩繪磚》，重慶：重慶出版社，2000年。
胡之主編《甘肅嘉峪關魏晉三號墓彩繪磚》，重慶：重慶出版社，2000年。
胡之主編《甘肅嘉峪關魏晉四號墓彩繪磚》，重慶：重慶出版社，2000年。
胡之主編《甘肅嘉峪關魏晉六號墓彩繪磚》，重慶：重慶出版社，2000年。
胡之主編《甘肅嘉峪關魏晉七號墓彩繪磚》，重慶：重慶出版社，2000年。
胡之主編《甘肅嘉峪關魏晉十二、十三號墓彩繪磚》，重慶：重慶出版社，2000年。
張寶璽編《嘉峪關酒泉魏晉十六國墓壁畫》，蘭州：甘肅人民美術出版社，2001年。
賀西林《古墓丹青——漢代墓室壁畫的發現與研究》，西安：陝西人民美術出版社，2001年。
胡之主編《甘肅嘉峪關魏晉五號墓彩繪磚》，重慶：重慶出版社，2002年。
鄭岩《魏晉南北朝壁畫墓研究》，北京：文物出版社，2002年。
岳邦湖、田曉、杜思平、張軍武《岩畫及墓葬壁畫》，蘭州：敦煌文藝出版社，2004年。
具聖姬《兩漢魏晉南北朝的塢壁》，北京：民族出版社，2004年。
陳綬祥《中國繪畫斷代史——魏晉南北朝繪畫》，北京：人民美術出版社，2004年。
羅世平、廖暘《古代壁畫墓》，北京：文物出版社，2005年。
張興盛《地下畫廊：魏晉墓群》，蘭州：敦煌文藝出版社，2008年。
俄軍、鄭炳林、高國祥主編《甘肅出土魏晉唐墓壁畫》（全三冊），蘭州：蘭州大學出版社，2009年。
賀西林、李清泉《中國墓室壁畫史》，北京：高等教育出版社，2009年。
張曉東《嘉峪關魏晉民俗研究》，蘭州：甘肅文化出版社，2010年。
姚義斌《六朝畫像磚研究》，鎮江：江蘇大學出版社，2010年。
羅世平主編《中國美術全集：墓室壁畫》（全二冊），合肥：黃山書社，2010年。
《中國墓室壁畫全集》編委會編《中國墓室壁畫全集：漢魏晉南北朝》（全三冊），石家莊：河北教育出版社，2011年。

孫彥《河西魏晉十六國壁畫墓研究》,北京:文物出版社,2011年。
賈小軍《魏晉十六國河西社會生活史》,蘭州:甘肅人民出版社,2011年。
郭永利《河西魏晉十六國壁畫墓》,北京:民族出版社,2012年。
徐光冀等主編《中國出土壁畫全集:甘肅、寧夏、新疆》,北京:科學出版社,
　　2012年。
馬德、羅華慶主編《高臺魏晉墓與河西歷史文化研究》,蘭州:甘肅教育出版
　　社,2012年。

二、論　文

(一) 概説

閻文儒《河西考古簡報》,《國學季刊》1950年第7卷第1期。
夏鼐《敦煌考古漫記(一)》,《考古通訊》1955年第1期。
夏鼐《敦煌考古漫記(二)》,《考古通訊》1955年第2期。
夏鼐《敦煌考古漫記(三)》,《考古通訊》1955年第3期。
張朋川《河西出土的漢晉繪畫簡述》,《文物》1978年第6期。
張朋川《酒泉丁家閘古墓壁畫藝術》,《文物》1979年第6期。
陳昌遠《關於嘉峪關魏晉墓室壁畫的幾個問題》,《中原文物》1980年第1期。
肖亢達《河西壁畫墓中所見的農業生產概況》,《農業考古》1985年第2期。
李建軍《漫談河西魏晉畫像磚的特點》,《張掖師專學報》1990年第1期。
唐曉軍《河西走廊農業考古概述》,《農業考古》1994年第1期。
薛長年《大戈壁裏的地下藝術宮——嘉峪關魏晉壁畫墓》,《中國典籍與文化》
　　1997年第3期。
施愛民《民樂縣八卦營墓葬·壁畫·古城》,《絲綢之路》1998年第3期。
侍建華《甘肅河西魏晉彩繪畫像磚》,《古今農業》2000年第3期。
康小花《酒泉丁家閘魏晉墓壁畫》,《絲綢之路》2002年第9期。
祝中熹《魏晉驛使墓畫磚》,《甘肅日報》2002年1月29日第7版。
楊雄《敦煌西晉墓畫——敦煌壁畫的另一源頭》,《内蒙古社會科學(漢文
　　版)》2005年第1期。
梁曉英、朱安《淺析武威魏晉時期墓葬的特點》,《隴右文博》2005年第2期。
王金《嘉峪關魏晉墓群》,《西部人》2005年第2期。
杜林淵《河西漢魏畫墓研究綜述》,《延安教育學院學報》2005年第3期。
田曉娟、魏梓秋《亂世異彩——河西魏晉壁畫墓》,《絲綢之路》2006年第
　　3期。
孔令忠、侯晉剛《記新發現的嘉峪關毛莊子魏晉墓木板畫》,《文物》2006年第

11期。

梁寧森《魏晉南北朝時期西北地方墓室壁畫淺析》,《三門峽職業技術學院學報》2007年第3期。

殷光明《敦煌西晉墨書題記畫像磚墓及相關內容考論》,《考古與文物》2008年第2期。

李懷順《地下的精彩世界——甘肅古代墓室磚畫藝術擷英》,《美術研究》2008年第3期。

吳荭《甘肅高臺發掘地埂坡墓群魏晉墓葬》,《中國文物報》2008年1月16日,第2版。

羅世平《地下畫卷:中國古代墓室壁畫》,《美術研究》2009年第3期。

李成斌《淺論嘉峪關魏晉墓畫像磚》,《大眾文藝》2009年第17期。

韓小囡《墓葬壁畫研究的方法論探討——從美術考古的角度出發》,《濟寧學院學報》2010年第4期。

殷光明《西北科學考察團發掘敦煌翟宗盈畫像磚墓述論》,樊錦詩、榮新江、林世田主編《敦煌文獻·考古·藝術綜合研究(精)——紀念向達先生誕辰110周年國際學術研討會論文集》,北京:中華書局,2011年,第157—168頁。

張金蓮、許晶《酒泉高閘溝魏晉墓出土的畫像磚淺論》,《隴右文博》2011年第2期。

董淑燕《執麈憑几的墓主人圖》,《東方博物》2011年第3期。

沙武田、寇克紅《高臺魏晉墓與河西歷史文化國際學術研討會綜述》,《敦煌學輯刊》2011年第4期。

黃曉宏《淺析嘉峪關魏晉五號墓壁畫》,《絲綢之路》2011年第8期。

《嘉峪關魏晉墓壁畫解說詞》,楊生寶主編《嘉峪關年鑒·2012》,蘭州:甘肅文化出版社,2012年,第479—481頁。

韓莎《河西地區魏晉十六國時期照牆研究綜述》,《樂山師範學院學報》2012年第2期。

張建品、范曉東《酒泉果園墓群及其文化內涵述略》,《絲綢之路》2012年第22期。

十工《畫像磚中的饗宴》,《大眾考古》2014年第5期。

孫占鰲、劉生平《論河西魏晉墓畫的藝術特色》,《絲綢之路》2014年第22期。

胡楊《嘉峪關魏晉墓:鮮活千年的地下畫廊》,《甘肅日報》2015年7月4日第10版。

楊殿剛《淺述魏晉墓壁畫反映的絲綢之路文化》,《絲綢之路》2015年第4期。

（二）考古與文物保護

甘肅文物管理委員會《酒泉下河清第 1 號墓和第 18 號墓發掘簡報》，《文物》1959 年第 10 期。

陳賢儒《甘肅武威磨咀子漢墓發掘》，《考古》1960 年第 9 期。

嘉峪關市文物清理小組《嘉峪關漢畫像磚墓》，《文物》1972 年第 12 期。

馬世長、孫國璋《敦煌晉墓》，《考古》1974 年第 3 期。

吳礽驤《酒泉、嘉峪關晉墓的發掘》，《文物》1979 年第 6 期。

宋子華、高鳳山、楊會福、巨金虎《嘉峪關新城十二、十三號畫像磚墓發掘簡報》，《文物》1982 年第 8 期。

吳礽驤《酒泉丁家閘五號墓壁畫內容考釋》，《敦煌學輯刊（創刊號）》總第 4 期，1983 年。

劉興義《酒泉縣下河清鄉皇城遺址考》，《敦煌學輯刊》1986 年第 2 期。

張小舟《北方地區魏晉十六國墓葬的分區與分期》，《考古學報》1987 年第 1 期。

鍾長發《甘肅武威南灘魏晉墓》，《文物》1987 年第 9 期。

薛俊彥、馬清林、周國信《甘肅酒泉、嘉峪關壁畫墓顏料分析》，《考古》1995 年第 3 期。

鄭國鈺、馬清林《甘肅酒泉、嘉峪關壁畫墓黴菌分離鑒定與防治研究》，《文物保護與考古科學》1996 年第 1 期。

馬建華、趙吳成《甘肅酒泉西溝村魏晉墓發掘報告》，《文物》1996 年第 7 期。

薛俊彥《嘉峪關魏晉壁畫墓五號墓的搬遷與半地下復原研究》，《文物保護與考古科學》1997 年第 1 期。

趙吳成《河西晉墓出土的碳精小獸考》，《絲綢之路》1999 年第 2 期。

巨金虎、景吉元、呂占光《嘉峪關市新城村魏晉墓清理簡報》，《隴右文博》2001 年第 1 期。

楊福《武威藏家莊魏晉墓清理簡報》，《隴右文博》2001 年第 2 期。

胡愛玲《武威九條嶺魏晉墓清理簡報》，《隴右文博》2001 年第 2 期。

甘肅省文物考古研究所《甘肅疏勒河魏晉墓發掘簡報》，《隴右文博》2002 年第 1 期。

陳庚齡、馬清林《酒泉丁家閘五號壁畫墓現狀調查》，《文物保護與考古科學》2002 年第 1 期。

盧燕玲、田小龍、韓鑒卿《甘肅河西地區墓葬壁畫與磚畫顏料分析比較》，《敦煌研究》2002 年第 4 期。

呂占光、楊會福、牛海鵬、巨金虎《嘉峪關新城魏晉磚墓發掘報告》，《隴右文博》2003 年第 1 期。

張興盛《關於魏晉墓磚壁畫色彩保護的探索》,《文物保護與考古科學》2003年第 3 期。

盧燕玲、韓鑒卿、田小龍、于宗仁《甘肅河西魏晉畫像磚畫面固色及磚體脫鹽》,《敦煌研究》2003 年第 5 期。

吳葒《甘肅高臺縣駱駝城墓葬的發掘》,《考古》2003 年第 6 期。

肅州區博物館《酒泉小土山墓葬清理簡報》,《隴右文博》2004 年第 4 期。

蔡江波、張健全、韓鑒清《嘉峪關魏晉五號壁畫墓地磚清洗與複製》,《絲綢之路》2004 年第 S1 期。

張興盛《關於魏晉時代壁畫色彩褪變原因之探討》,《敦煌學輯刊》2005 年第 4 期。

趙吳成、周廣濟《甘肅省高臺縣漢晉墓葬發掘簡報》,《考古與文物》2005 年第 5 期。

趙吳成、周廣濟《甘肅酒泉孫家石灘魏晉墓發掘簡報》,《考古與文物》2005 年第 5 期。

趙吳成、周廣濟《甘肅酒泉三壩灣魏晉墓葬發掘簡報》,《考古與文物》2005 年第 5 期。

魏象《壁畫墓葬保護的淺見》,《東南文化》2005 年第 6 期。

謝焱、李永峰《甘肅玉門官莊魏晉墓葬發掘簡報》,《考古與文物》2005 年第 6 期。

張小剛、王建軍、張景峰、賈剛、劉永增、呂文旭《甘肅高臺縣駱駝城南墓葬 2003 年發掘簡報》,《敦煌研究》2006 年第 3 期。

陳港泉、王旭東、張魯、喬兆福《甘肅河西地區館藏畫像磚現狀調查研究》,《敦煌研究》2006 年第 4 期。

郭永利、楊惠福《敦煌翟宗盈墓及其年代》,《考古與文物》2007 年第 4 期。

楊富《甘肅地區魏晉南北朝時期墓室壁畫內容淺析》,《黑龍江史志》2009 年第 12 期。

黃佩賢《漢代壁畫墓的分區與分期研究》,《考古與文物》2010 年第 1 期。

盧燕玲《武威磨嘴子漢墓新近出土木質文物的搶救保護與修復》,《文物保護與考古科學》2010 年第 4 期。

吳葒、王永安、張存良、魏美麗、馬智全、謝焱、李平樂、馬力樂、李建雲、孫明霞《甘肅玉門金雞梁十六國墓葬發掘簡報》,《文物》2011 年第 2 期。

韋正《試談酒泉丁家閘 5 號壁畫墓的時代》,《文物》2011 年第 4 期。

陳港泉《甘肅河西地區館藏畫像磚物理力學性質試驗》,《敦煌研究》2011 年第 6 期。

武發思、汪萬福、賀東鵬、陳港泉、馬燕天、張曉東、馮虎元《嘉峪關魏晉墓腐蝕壁畫細菌類群的分子生物學檢測》,《敦煌研究》2011 年第 6 期。

王輝、趙雪野、李永寧、王琦、王勇、寧生銀、大野憲司、村上義直、新海和廣、魏美麗《2003 年甘肅武威磨咀子墓地發掘簡報》,《考古與文物》2012 年第 5 期。

李梅田《魏晉南北朝墓葬中的弧壁磚室現象研究》,《中國國家博物館館刊》2012 年第 7 期。

吳依茜、張健全、俄軍《甘肅省博物館館藏嘉峪關新城魏晉壁畫墓環境分析研究》,《絲綢之路》2012 年第 10 期。

牛海鵬《淺談嘉峪關魏晉墓出土的銅獅犳》,《絲綢之路》2012 年第 16 期。

王春梅《嘉峪關峪泉鎮魏晉墓出土畫像磚及其保存狀況調查》,《絲綢之路》2012 年第 20 期。

武發思、汪萬福、賀東鵬、陳港泉、馬燕天、張國彬、張曉東、馮虎元《嘉峪關魏晉墓腐蝕壁畫真菌群落組成分析》,《敦煌研究》2013 年第 1 期。

俄軍、武發思、汪萬福、陳庚齡、趙林毅、賀東鵬、徐瑞紅《魏晉五號壁畫墓保存環境中空氣微生物監測研究》,《敦煌研究》2013 年第 6 期。

李强、葛琴雅、潘曉軒、王宇、朱旭東、郭宏、潘皎《岩畫和壁畫類文物微生物病害研究進展》,《生態學報》2014 年第 6 期。

俞春榮、王春梅《甘肅嘉峪關市文殊鎮漢魏墓的發掘》,《考古》2014 年第 9 期。

范曉東《酒泉小土山墓葬考古發掘及墓主人身份初探》,《絲綢之路》2014 年第 24 期。

秦國順《李皓墓疑雲》,《北方作家》2015 年第 1 期。

戎岩、李玉虎、王保東《酒泉西溝四、五號壁畫墓病害調研分析》,《陝西師範大學學報(自然科學版)》2015 年第 3 期。

(三) 社會

蕭亢達《從嘉峪關魏晉墓壁畫看河西地區實行的法治措施》,《文物》1976 年第 2 期。

牛龍菲《嘉峪關魏晉墓室"製醋"畫磚辨》,《中國農史》1985 年第 3 期。

張軍武《嘉峪關魏晉墓磚畫——六博》,《體育文史》1989 年第 3 期。

于船、唐德華《論嘉峪關魏晉墓磚畫"穿牛鼻使役圖"》,《中國獸醫雜誌》1992 年第 11 期。

李清凌《魏晉十六國北朝各民族政權競爭下的西北經濟》,《甘肅社會科學》

1995年第5期。

馬建華《甘肅酒泉西溝魏晉畫像磚墓的農牧圖》,《農業考古》1997年第1期。

李并成《古代河西走廊桑蠶絲織業考》,《敦煌學輯刊》1997年第2期。

宋濤《嘉峪關漢墓畫像磚》,《絲綢之路》1997年第6期。

王磊《現實的提升——嘉峪關新城魏晉墓室壁畫題材中所反映的現實問題》,《設計藝術》2004年第2期。

段小强、趙學東《嘉峪關魏晉壁畫墓中的〈農作圖〉》,《敦煌學輯刊》2005年第2期。

路志峻、李金梅《敦煌魏晉古墓體育畫像磚研究》,《敦煌研究》2005年第3期。

宋欣《從嘉峪關魏晉墓彩色磚畫〈井飲〉圖看歷史上的水井與環境保護》,《社科縱橫》2007年第2期。

鄭志剛《嘉峪關魏晉古墓磚畫中的訓鷹狩獵圖像研究》,《敦煌學輯刊》2007年第2期。

趙雪野《從畫像磚看河西魏晉社會生活》,《考古與文物》2007年第5期。

趙雪野、趙萬鈞《甘肅高臺魏晉墓墓券及所涉及的神祇和卜宅圖》,《考古與文物》2008年第1期。

易立《魏晉十六國墓葬中"絳釉小罐"初探》,《中原文物》2008年第1期。

郭永利《河西魏晉十六國壁畫墓宴飲、出行圖的類型及其演變》,《考古與文物》2008年第3期。

孫彦《試論魏晉十六國時期的農具與農業生產——以河西走廊墓葬壁畫爲例》,《農業考古》2008年第4期。

熊帝兵、惠富平《十六國時期農業漢化問題研究》,《求索》2009年第12期。

劉衛鵬《甘肅高臺十六國墓券的再釋讀》,《敦煌研究》2009年第1期。

馬文濤、劉超《從嘉峪關墓壁畫看魏晉河西屯田制度》,《湖南科技學院學報》2009年第3期。

馬文濤《淺析嘉峪關魏晉壁畫墓中的〈畜牧圖〉》,《内蒙古農業大學學報》2009年第5期。

韓笑《隱性文化傳統的影響力——以嘉峪關魏晉墓壁畫爲例》,《飛天》2009年第8期。

馬文濤《魏晉河西地區莊園的農副業和手工業經濟模式——以嘉峪關墓壁畫爲中心的考察》,《宜賓學院學報》2010年第3期。

孫彦《墓葬壁畫所見魏晉十六國時期的畜牧業——以河西走廊爲例》,《農業考古》2010年第4期。

張有《絲綢之路河西地區魏晉墓彩繪磚畫——六博新考》,《敦煌研究》2011年第2期。

張有《甘肅魏晉墓遺存的"博戲"圖辨析》,《成都體育學院學報》2011年第3期。

白雪《魏晉時期河西的民族結構研究》,《社會科學家》2011年第5期。

賈小軍《魏晉十六國河西墓葬壁畫中的"夫婦勞作圖"——兼論小家庭在魏晉十六國河西社會中的作用》,中國魏晉南北朝史學會、山西大學歷史文化學院《中國魏晉南北朝史學會第十屆年會暨國際學術研討會論文集》,太原:北岳文藝出版社,2012年,第389—397頁。

史亞軍《魏晉十六國河西塢壁組織初探》,《河西學院學報》2012年第1期。

賈小軍《農牧業之外:漁采狩獵與魏晉十六國河西民衆生計》,《河西學院學報》2012年第3期。

陳禕晟、白潔《文化視角下關於嘉峪關魏晉墓葬中體育題材彩繪磚畫的研究》,《敦煌研究》2012年第3期。

楊殿剛《嘉峪關魏晉墓鷹獵磚畫考》,《絲綢之路》2012年第6期。

潘勇勇《五涼時期河西民族融合略論》,《濮陽職業技術學院學報》2013年第1期。

郭志華《魏晉十六國時期河西民衆飲食生活初論——以河西魏晉壁畫墓爲中心的考察》,《科技導刊》2013年第2期。

李明《論魏晉十六國時期河西民衆的社會生活——以魏晉墓畫像磚資料爲視角》,《絲綢之路》2013年第6期。

張海博《淺析敦煌魏晉墓畫像磚中的持械人物》,《絲綢之路》2013年第12期。

劉文科、周蜜《丁家閘五號墓大樹壁畫考釋》,《黑龍江史志》2013年第17期。

賈小軍《榜題與畫像:魏晉十六國河西墓葬壁畫中的社會史》,《敦煌學輯刊》2014年第2期。

柳君君《嘉峪關魏晉墓磚壁畫之婦女形象》,《華章》2014年第6期。

趙建平、王海宇、王春梅《從墓葬壁畫看魏晉時期酒泉地區的桑蠶業》,《絲綢之路》2014年第24期。

林春《魏晉墓葬彩繪體育磚畫的審美研究》,《敦煌學輯刊》2015年第1期。

王海宇《從出土文物及相關史料談古代河西地區畜牧業》,《絲綢之路》2015年第10期。

賈小軍《魏晉十六國敦煌"薄命早終"鎮墓文研究》,《社會科學戰線》2015年第3期。

（四）藝術

張朋川《嘉峪關魏晉墓室壁畫的題材和藝術價值》,《文物》1974 年第 9 期。

周京新《試論嘉峪關魏晉墓畫像磚的藝術風格》,《南京藝術學院學報（美術與設計版）》1989 年第 2 期。

尹德生《酒泉丁家閘壁畫"燕居行樂圖"淺識——兼論河西十六國時期的表演藝術》,《敦煌研究》1995 年第 2 期。

鄭岩《酒泉丁家閘十六國墓社樹壁畫考》,《故宮文物月刊》1995 年第 11 期。

吳礽驤《略談河西晉墓壁畫中的蓮花藻井》,《隴右文博》2004 年第 2 期。

馬剛、尹立峰《魏晉時期河西墓室彩繪磚畫的藝術特點》,《敦煌研究》2005 年第 3 期。

杜少虎《魏晉南北朝墓室壁畫繪作風格之嬗變》,《洛陽師範學院學報》2005 年第 4 期。

胡方硯《由河西走廊魏晉墓壁畫試析當時人們的思想》,《甘肅民族研究》2006 年第 4 期。

史躍軍《淺析敦煌壁畫與墓室壁畫的關係》,《美與時代》2006 年第 10 期。

郭永利《甘肅河西魏晉十六國墓葬壁畫中的"矩形"、"圓圈"圖像考釋》,《四川文物》2007 年第 1 期。

韓釗《中國魏晉南北朝壁畫墓和日本裝飾古墳的比較研究》,《考古與文物》2007 年第 2 期。

王中旭《敦煌佛爺廟灣墓伯牙彈琴畫像之淵源與含義》,《故宮博物院院刊》2008 年第 1 期。

張國榮、馮麗娟《甘肅高臺魏晉墓壁畫與壁畫磚的藝術特色》,《美術》2009 年第 8 期。

鄭怡楠《河西高臺縣墓葬壁畫祥瑞圖研究——河西高臺縣地埂坡 M4 墓葬壁畫研究之一》,《敦煌學輯刊》2010 年第 1 期。

鄭怡楠《河西高臺縣墓葬壁畫娛樂圖研究——河西高臺縣地埂坡 M4 墓葬壁畫研究之二》,《敦煌學輯刊》2010 年第 2 期。

趙玲《河西地區東漢魏晉十六國墓葬的蓮花藻井》,《文學界（理論版）》2010 年第 8 期。

孫彥《試論魏晉十六國壁畫題材的配置——以河西走廊墓葬壁畫為例》,《南京藝術學院學報（美術與設計版）》2011 年第 1 期。

張晶《中國繪畫色彩觀演變研究——魏晉南北朝》,《藝苑》2011 年第 1 期。

林碩《敦煌壁畫與墓室壁畫和寺觀壁畫的關係》,《大衆文藝》2011 年第 1 期。

宋洋《牆壁上的風俗畫——甘肅嘉峪關魏晉墓彩繪磚畫》,《青年文學家》2011

年第 9 期。

梁雄德《魏晉風韻——魏晉十六國墓室繪畫及其他》,《絲綢之路》2011 年 24 期。

張曉梅《嘉峪關魏晉墓磚壁畫藝術特色》,《當代藝術》2012 年第 3 期。

王昱《簡述酒泉魏晉墓畫像磚藝術》,《絲綢之路》2012 年第 4 期。

孫彦《論河西走廊魏晉十六國墓葬照牆裝飾》,《南京藝術學院學報(美術與設計版)》2012 年第 4 期。

鄭怡楠《河西高臺墓葬壁畫娛樂圖與龜玆樂舞蘇摩遮——兼論隊舞的起源及其高臺墓葬壁畫樂舞圖的性質》,《敦煌學輯刊》2012 年第 4 期。

徐李葳《神儀在壁——魏晉時期甘肅墓室壁畫風範小考》,《美術大觀》2012 年第 5 期。

左中玥《淺析嘉峪關魏晉墓室壁畫藝術價值》,《美術教育研究》2012 年第 18 期。

鈕毅《酒泉丁家閘 5 號墓社樹圖淺識》,《宜春學院學報》2013 年第 1 期。

刁雅琳《魏風遺韻淺述甘肅嘉峪關魏晉墓彩繪磚之畫意》,《上海工藝美術》2014 年第 1 期。

曹宇《河西走廊魏晉十六國壁畫墓畫像磚題榜内容考論》,陳建明主編《湖南省博物館館刊》,長沙: 岳麓書社,2014 年,第 352—358 頁。

汪小洋《中國墓室壁畫圖像體系探究》,《民族藝術》2014 年第 2 期。

汪小洋《中國墓室壁畫興盛期圖像探究》,《民族藝術》2014 年第 3 期。

朱智武《酒泉丁家閘五號墓"社樹圖"辨析》,《南京藝術學院學報(美術與設計版)》2014 年第 6 期。

馮芳《河西走廊魏晉墓室壁畫磚飾藝術研究——以高臺縣駱駝城遺址爲例》,《雕塑》2014 年第 6 期。

杜伊帆《嘉峪關魏晉墓室壁畫繪畫手法初探》,《西北成人教育學院學報》2014 年第 6 期。

劉菲《試析河西地區魏晉南北朝時期墓葬形制、壁畫題材與早期佛教洞窟的關係》,《青年文學家》2014 年第 21 期。

馮星宇《河西走廊魏晉墓葬磚畫的裝飾藝術研究——以嘉峪關魏晉墓磚畫爲例》,《藝術研究》2015 年第 1 期。

汪小洋《絲綢之路墓室壁畫的圖像體系討論》,《民族藝術》2015 年第 2 期。

鄭婷婷《漢代畫像磚同魏晉墓磚畫的比較探析》,《品牌(下半月)》2015 年第 6 期。

孫占鼇《論河西魏晉墓畫所反映的經濟社會生活》,《絲綢之路》2015 年第

8期。

馮麗娟《高臺魏晉壁畫墓的形態及其美學價值》,《絲綢之路》2015年第16期。

(五) 宗教

楊曾文《從漢晉壁畫墓及副葬物中發現佛像的意義》,《世界宗教研究》1996年第2期。

蕭巍《淺談敦煌晉墓出土的四神磚》,《絲綢之路》1999年第5期。

趙吳成《河西墓室壁畫中"伏羲、女媧"和"牛首人身、雞首人身"圖像淺析》,《考古與文物》2005年第4期。

孫彥《漢魏南北朝羽人圖像考》,《南方文物》2006年第1期。

趙吳成《河西晉墓木棺上的"五星"圖形淺析》,《考古與文物》2006年第5期。

孫彥《考古所見魏晉十六國時期的宗教信仰——以河西走廊為例》,《南京曉莊學院學報》2008年第4期。

戴春陽《敦煌西晉畫像磚中白象內涵辨析》,《敦煌研究》2011年第2期。

楊瑩沁《漢末魏晉南北朝時期墓葬中神仙與佛教混合圖像分析》,中國古蹟遺址保護協會石窟專業委員會、龍門石窟研究院編《石窟寺研究·第三輯(No.3)》,北京:文物出版社,2012年,第37—98頁。

羅梅《魏晉墓中的桃木、虎形與神荼、鬱壘》,《絲綢之路》2012年第24期。

吳新榮《淺談酒泉丁家閘五號墓中的羽人圖像》,《絲綢之路》2013年第2期。

王春梅《嘉峪關魏晉墓出土伏羲女媧圖像考析》,《絲綢之路》2013年第8期。

程琦、王睿穎《河西走廊的伏羲女媧圖像與道教信仰》,《天水師範學院學報》2014年第1期

王江鵬《魏晉南北朝墓葬圖像與佛教圖像之關係探析》,《西北美術》2014年第2期。

楊殿剛《魏晉壁畫之伏羲女媧圖》,《旅遊縱覽(下半月)》2014年第9期。

(六) 民族歷史與語言

彭豐文《漢魏十六國時期河隴大族勢力的崛起及其在西北邊疆開發中的作用》,《中國邊疆史地研究》2003年第4期。

李并成《甘肅省高臺縣駱駝城遺址新考》,《中國歷史地理論叢》2006年第1期。

李懷順《河西魏晉墓壁畫少數民族形象初探》,《華夏考古》2010年第1期。

郭永利《魏晉十六國時期河西墓葬畫像磚上的披髮民族》,鄭炳林、樊錦詩、楊富學主編《絲綢之路民族古文字與文化學術討論會會議論文集(下冊)》,西安:三秦出版社,2007年,第602—618頁。

孫彥《羌女圖像考》，《華夏考古》2012年第3期。
吳葒、王策、毛瑞林《河西墓葬中的鮮卑因素》，《考古與文物》2012年第4期。

（七）序跋書評與學術動態

林友仁《讀"古樂發隱·臥箜篌——古琴考"》，《中國音樂學》1986年第3期。
藍玉崧《〈古樂發隱〉書後》，《人民音樂》1987年第1期。
梅真君《地下畫廊——魏晉墓磚畫觀感》，《浙江工藝美術》2000年第4期。
吳葒《〈嘉峪關酒泉魏晉十六國墓壁畫〉評介》，《隴右文博》2002年第1期。
加貝《〈嘉峪關酒泉魏晉十六國墓壁畫〉出版》，《敦煌研究》2002年第3期。
鄭岩《魏晉南北朝的壁畫墓》，《中華讀書報》2003年8月13日。
王雪峰《材料、視角、問題、方法——中國古代墓葬美術研究國際學術討論會綜述》，《美術研究》2010年第1期。
沙武田、寇克紅《高臺魏晉墓與河西歷史文化國際學術研討會在高臺召開》，《敦煌研究》2010年第5期。
張學鋒《棲息在 frontier 的"蟻群"——序孫彥著〈河西魏晉十六國壁畫墓研究〉》，《淮陰師範學院學報》2011年第1期。
唐海琴《〈河西魏晉十六國壁畫墓〉出版》，《敦煌學輯刊》2012年第4期。
敦煌研究院文獻研究所《〈高臺魏晉墓與河西歷史文化研究〉出版》，《敦煌研究》2012年第5期。
孫莉《"中國古代歷史與文化藝術學術論壇暨〈中國出土壁畫全集〉首發式"會議綜述》，《四川文物》2012年第5期。
朱智武《〈河西魏晉十六國壁畫墓研究〉評介》，《中國文物報》2015年2月13日第4版。
裴成國《關尾史郎先生〈另一個敦煌〉評介》，《敦煌研究》2015年第6期。

（八）其他

景吉元《新城魏晉磚壁畫博物館介紹》，《隴右文博》2000年第1期。
景吉元《新城魏晉磚壁畫博物館概述》，《絲綢之路》2000年第4期。
呂占光《魏晉〈擠羊奶〉磚壁畫》，《絲綢之路》2001年第5期。
趙萬鈞《魏晉〈牽牛耢地圖〉畫像磚》，《甘肅日報》2002年10月18日。
趙萬鈞《魏晉〈朱雀玄武圖〉畫像磚》，《甘肅日報》2002年12月20日。
李永寧《敦煌佛爺廟灣魏晉至唐代墓群》，劉慶柱主編《中國考古學年鑒·2002》，北京：文物出版社，2003年，第391—392頁。
趙萬鈞《魏晉〈帳居圖〉畫像磚》，《甘肅日報》2003年11月14日。
周文馨、陳宗立《甘肅酒泉發現西涼王李皓墓——該墓規模宏大，墓道寬闊，並有附屬建築，帶有地面宮殿式建築色彩》，《光明日報》2004年7月23日。

甘肅省博物館《嘉峪關魏晉五號壁畫墓搬遷修復工程》,《中國文化遺產》2004年第3期。

呂占光《〈牛耕〉畫像磚》,《人民日報海外版》2005年3月6日。

呂占光《魏晉〈出巡〉磚壁畫》,《甘肅日報》2005年4月29日。

陳菁《從漢晉墓葬看河西走廊磚拱頂建築技術》,《西北民族大學學報》2006年第3期。

陳菁《漢晉時期河西走廊磚墓穹頂技術初探》,《敦煌研究》2006年第3期。

陳菁《漢晉時期河西走廊磚墓穹頂技術芻議》,《建築師》2007年第4期。

楊伯倫《魏晉墓和魏晉時代的河西》,楊生寶主編《嘉峪關年鑒·2008》,烏魯木齊:新疆人民出版社,2009年,第448—449頁。

胡楊《嘉峪關魏晉墓之謎》,楊生寶主編《嘉峪關年鑒·2010》,烏魯木齊:新疆人民出版社,2010年,第479—481頁。

寇克紅《高臺駱駝城前涼墓葬出土衣物疏考釋》,《考古與文物》2011年第2期。

吳浩軍《河西鎮墓文叢考(一)——敦煌墓葬文獻研究系列之五》,《敦煌學輯刊》2014年第1期。

吳浩軍《河西鎮墓文叢考(二)——敦煌墓葬文獻研究系列之五》,《敦煌學輯刊》2014年第3期。

米積屯《從魏晉墓壁畫看"五涼"時期多元化文化的發展》,《嘉峪關年鑒》編纂委員會《嘉峪關年鑒·2014》,蘭州:甘肅人民出版社,2014年,第507—509頁。

吳浩軍《河西鎮墓文叢考(三)——敦煌墓葬文獻研究系列之五》,《敦煌學輯刊》2015年第1期。

(九)碩博士論文[①]

鄭岩《魏晉南北朝壁畫墓研究》,中國社會科學院研究生院,博士,2001年,楊泓。

饒曉怡《行進與悠遊——對嘉峪關魏晉墓室壁畫之平民性生活記錄的現代關注》,中央美術學院,碩士,2003年,曹力。

肖妲《嘉峪關魏晉墓室磚畫研究》,湖北美術學院,碩士,2007年,沈偉。

郭永利《河西魏晉十六國壁畫墓研究》,蘭州大學,博士,2008年,樊錦詩、鄭炳林。

徐秀玲《魏晉南北朝時期西北地方的藝術文化研究》,西北師範大學,碩士,

[①] 體例爲:姓名、學位論文題目、學位授予機構、學位級別、論文答辯年份、指導教師姓名。

2008年,李清凌。

馮麗娟《高臺魏晉墓壁畫形式與風格的研究》,西北師範大學,碩士,2009年,張國榮。

鄭怡楠《河西高臺墓葬壁畫娛樂圖研究》,蘭州大學,碩士,2010年,李天義。

楊宇《讀嘉峪關魏晉墓壁畫,觀晉人風貌》,中央美術學院,碩士,2010年,田黎明。

杜遊《河西走廊地區魏晉十六國墓室壁畫中的人物形象研究》,南京師範大學,碩士,2010年,倪建林。

周偉《北方地區十六國時期墓葬初步研究》,鄭州大學,碩士,2010年,李鋒。

杜伊帆《嘉峪關新城魏晉墓室壁畫磚藝術特色之研究》,西北師範大學,碩士,2010年,田衛戈。

白潔《嘉峪關魏晉墓葬體育彩繪磚畫研究》,蘭州理工大學,碩士,2010年,李金梅。

張子陽《魏晉南北朝墓室肖像畫研究》,山西師範大學,碩士,2010年,李曉庵。

白雪《魏晉北朝河西走廊的民族結構與社會變動》,蘭州大學,博士,2012年,馮培紅。

王偉《漢魏晉南北朝人物圖像研究》,中央美術學院,博士,2012年,鄭岩。

崔一楠《十六國時期北方政權政治模式研究》,南開大學,博士,2012年,張榮明。

王江鵬《魏晉南北朝墓葬人物圖像與藝術轉型》,西安美術學院,博士,2012年,周曉陸。

連鋭《三國時期曹魏墓葬的觀察與研究》,鄭州大學,碩士,2012年,趙海洲。

馬海真《臨澤縣黃家灣灘墓群發掘與分期研究》,南京師範大學,碩士,2012年,湯惠生。

馮星宇《河西走廊魏晉墓葬磚畫的裝飾藝術研究》,遼寧師範大學,碩士,2012年,韓高路。

公阿寧《嘉峪關魏晉壁畫墓中的百姓服裝研究》,南開大學,碩士,2012年,謝朝。

陳麗君《魏晉南北朝裲襠衫研究》,北京服裝學院,碩士,2012年,張玉安。

戴玥《河西黑河流域魏晉十六國墓葬分期的初步研究》,中央民族大學,碩士,2013年,肖小勇。

王寧玲《兩晉喪儀輯考》,南京師範大學,碩士,2013年,吳新江。

周潤山《河西地區魏晉十六國墓葬研究》,鄭州大學,碩士,2013年,李鋒。

侯文娟《魏晉南北朝肖像畫研究》,山西師範大學,碩士,2013年,李曉庵。

曹宇《河西走廊魏晉十六國壁畫墓題榜研究》，西北師範大學，碩士，2014 年，李永平、何玉紅。

汪光榮《漢魏時期少數民族形象探析——以漢魏時期畫像資料爲中心》，西北師範大學，碩士，2014 年，王輝、胡小鵬。

党張婕《淺析嘉峪關魏晉墓室壁畫人物頭飾文化》，西安美術學院，碩士，2015 年，李青。

《敦煌學國際聯絡委員會通訊》稿約

一、本刊由"敦煌學國際聯絡委員會"、"中國敦煌吐魯番學會"和"首都師範大學古文獻研究中心"共同主辦,策劃:高田時雄、柴劍虹;主編:郝春文。本刊的内容以國際敦煌學學術信息爲主,刊發的文章的文種包括中文(繁體字)、日文和英文,每年出版一期。截稿日期爲當年3月底。

二、本刊的主要欄目有:每年的各國敦煌學研究綜述、歷年敦煌學研究的專題綜述、新書訊、各國召開敦煌學學術會議的有關信息、書評或新書出版信息、項目動態及熱點問題爭鳴、對國際敦煌學發展的建議、重要的學術論文提要等,歡迎就以上内容投稿。來稿請寄:北京西三環北路83號:首都師範大學歷史學院郝春文,郵政編碼:100089,電子郵箱:haochunw@cnu.edu.cn。

三、來稿請附作者姓名、性别、工作單位、職稱、詳細位址和郵政編碼以及電子郵箱,歡迎通過電子郵件用電子文本投稿。

圖書在版編目(CIP)數據

2016 敦煌學國際聯絡委員會通訊／郝春文主編.——上海：上海古籍出版社，2016.9
ISBN 978-7-5325-8130-6

Ⅰ.①2… Ⅱ.①郝… Ⅲ.①敦煌學—叢刊 Ⅳ.①K870.6-55

中國版本圖書館 CIP 數據核字(2016)第 130308 號

2016 敦煌學國際聯絡委員會通訊

郝春文　主編

上海世紀出版股份有限公司
上海古籍出版社　出版

(上海瑞金二路 272 號　郵政編碼 200020)

(1) 網址：www.guji.com.cn
(2) E-mail：guji1@guji.com.cn
(3) 易文網網址：www.ewen.co

上海世紀出版股份有限公司發行中心發行經銷
上海惠敦印務有限公司印刷
開本 787×1092　1/16　印張 18.75　插頁 4　字數 340,000
2016 年 9 月第 1 版　2016 年 9 月第 1 次印刷
ISBN 978-7-5325-8130-6
K·2218　定價：92.00 元
如有質量問題,請與承印公司聯繫